AF306363

CELLISTEN

CELLISTS

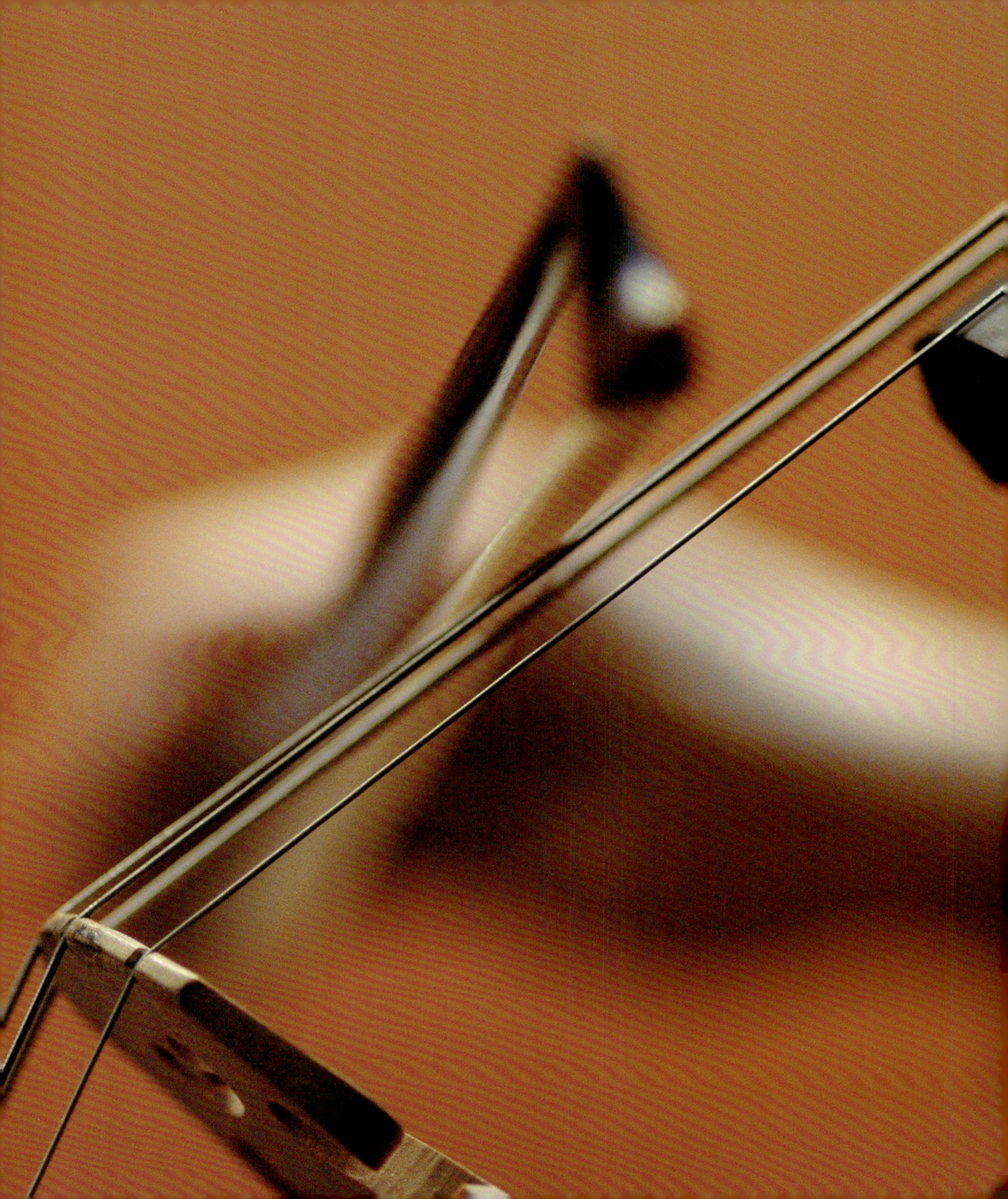

Uta Süße-Krause

CELLISTEN
CELLISTS

PHOTOS

Essay by
Harald Eggebrecht

Michael Imhof Verlag

Inhalt

© 2011 (2. Auflage) Michael Imhof Verlag GmbH & Co. KG
Stettiner Straße 25, D-36100 Petersberg;
Tel. 06 61/9 62 82 86, Fax 06 61/6 36 86; www.imhof-verlag.de
Uta Süße-Krause; www.suessekrause.de

Bildnachweis: alle Fotos Uta Süße-Krause mit Ausnahme:
Umschlagrückseite oben: Thomas Griesbacher; S. 180 (Foto: Casals): wikipedia

Fotos: Uta Süße-Krause
Übersetzung: Dr. Bruce Allen, Tübingen
Wissenschaftliche Redaktion (Kurzbiographien): Susanne von Tobien
Gestaltung und Satz: Uta Süße-Krause
Reproduktion: Küfer (Pforzheim) und Michael Imhof Verlag
Gesamtherstellung: Michael Imhof Verlag
Druck: Meiling Druck, Haldensleben

Printed in EU

ISBN 978-3-86568-540-7

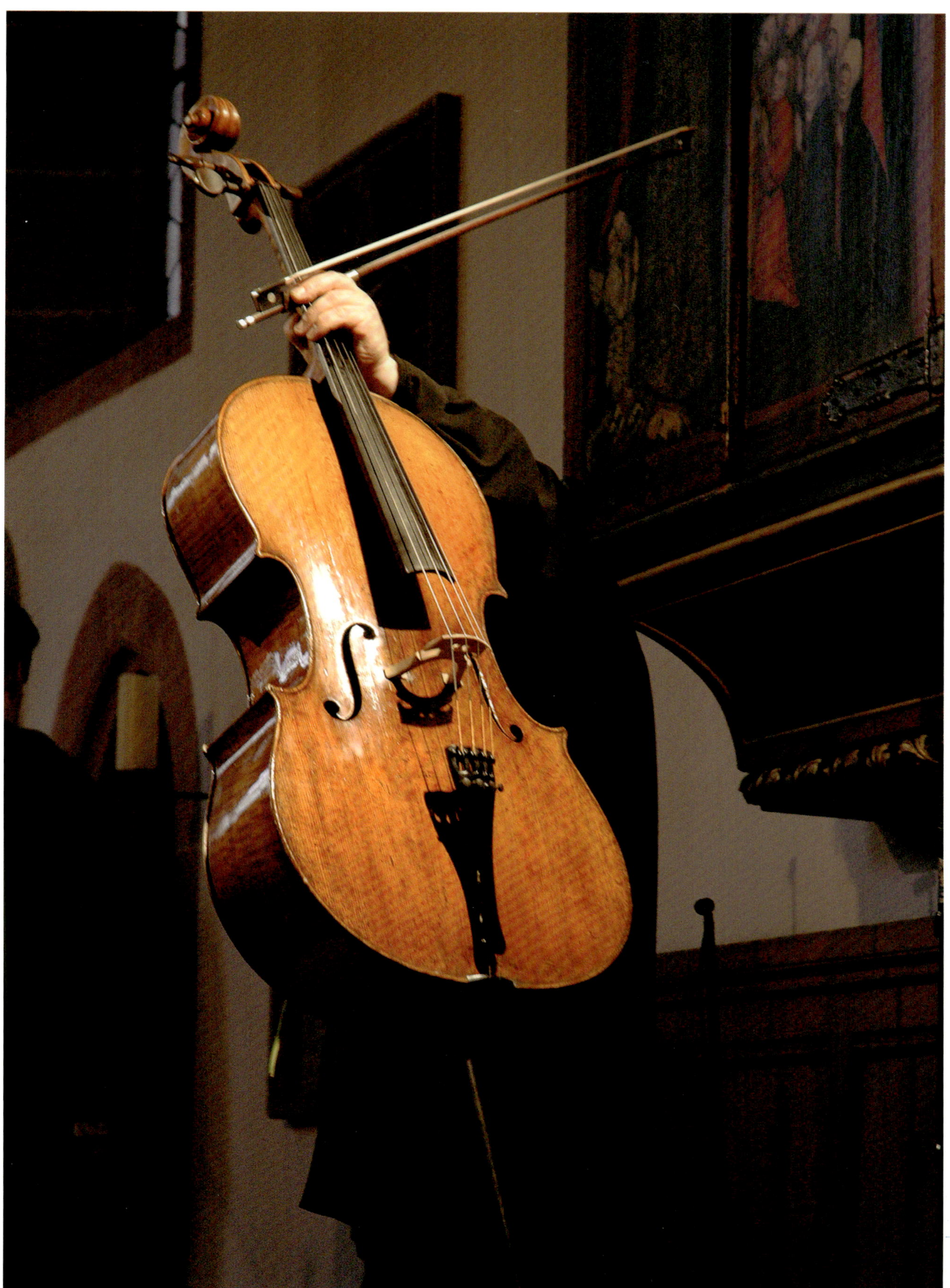

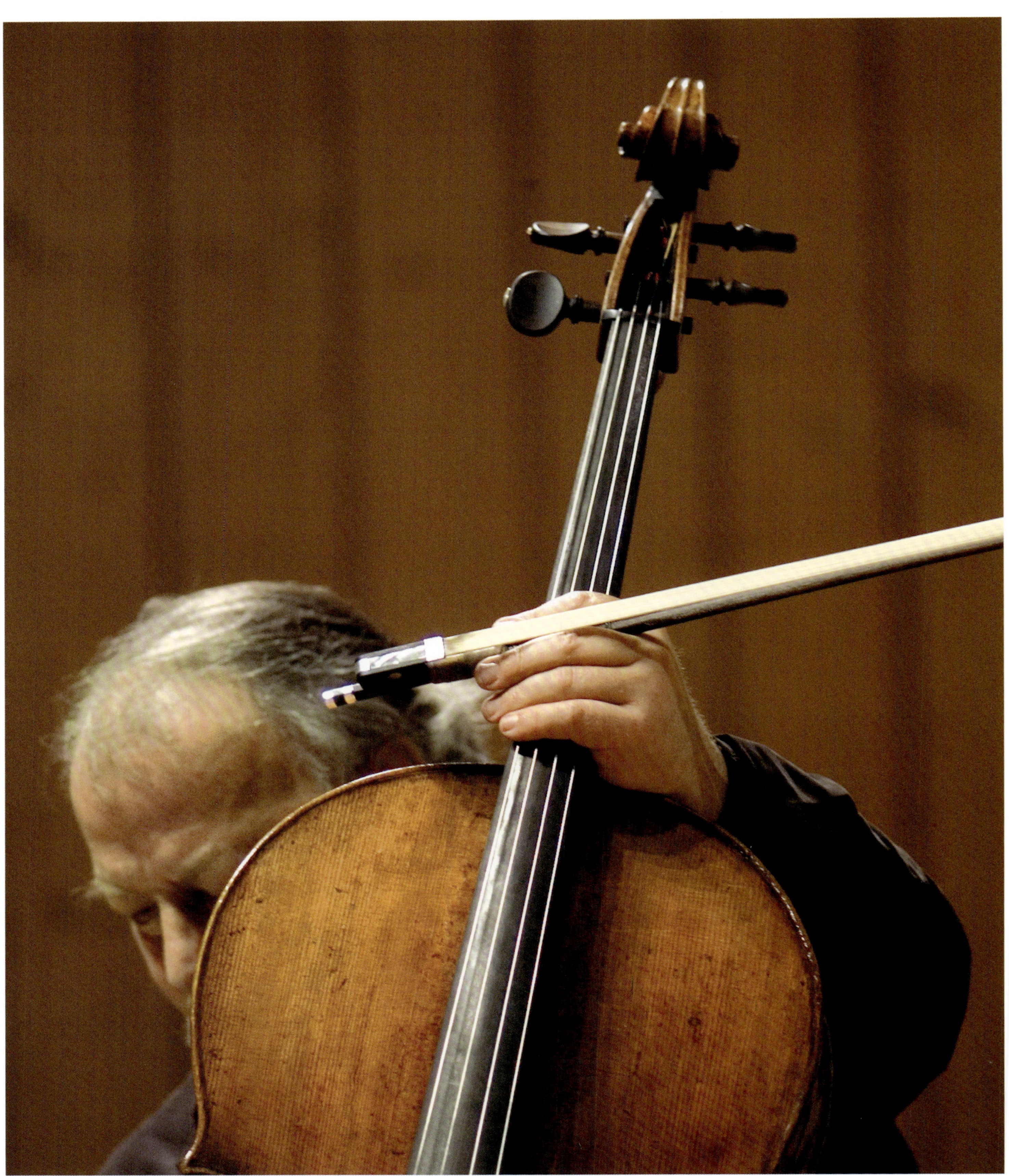

Harald Eggebrecht

Cellospieler – oder großes Instrumentaltheater

Hören und Sehen

Wer glaubt, Musik sei allein fürs Hören bestimmt, der unterschlägt die instrumentale Aktion derer, die die Musik hervorbringen. Dabei muss man nicht gleich soweit gehen wie der berühmte Komponist John Cage, der beispielsweise die lautlosen Vorkehrungen, mit denen ein Hornist während einer Aufführung sein Instrument wieder für den nächsten Einsatz präparierte, wesentlich interessanter fand als das Musikstück selbst.

Doch wer je einem Symphonieorchester oder einem Streichquartett, ja einem einsamen Pianisten beim nachschöpferischen Tun zugesehen hat, weiß, dass das Hören des Erklingenden untrennbar und unmittelbar mit den sichtbaren Handlungen auf dem Podium zusammenhängt. Dagegen wirkt jede Form bildloser Tonaufzeichnung immer um eine entscheidende Dimension ärmer, realitätsferner und auch beliebiger, weil die Erzeugung von Musik auf Platten und CDs unsichtbar geworden ist, außerdem das eigentliche Ereignis schon vergangen ist. Wie anders wirken daher Filmaufnahmen oder Fernsehübertragungen, bei denen man sehen und dann auch hören kann, wohin etwa der Schlag eines Dirigenten überhaupt geht, welche Kommunikation zwischen ihm und dem Orchester sich entwickelt. Oder man kann den Solisten beobachten, wie er sich auf seinen Einsatz konzentriert, kann die Nervosität spüren, weil der Musiker sichtbar ist.

Doch wirklich packend wird es dann im Konzert, in der Probe, wenn wir leibhaftig im gleichen Raum wie die sind, die Musik machen. So wie man als Kind gerne in die Werkstätten der Handwerker ging und zuschaute, wie etwas gefertigt wurde, so kann man in Probe und Konzert mit allen Sinnen miterleben, wie Musik entsteht. Und plötzlich sind wir Sehend-Hörende selbst ein unaustauschbar dazugehörender Teil dieses einmaligen, weil so nie wiederkehrenden Prozesses. Daher ist es in der Tat auch ein urfotografisches und urfilmisches Sujet, einem Musiker bei der Arbeit des Hervorbringens von Ton und Klang zuzuschauen.

Nun gibt es gewiss Unterschiede: Ein Pauker ist immer auch eine optische Attraktion, er sitzt erhöht und allein hinter dem Orchester, auch wenn er nicht spielt, ist er ständig mit dem Nachstimmen seiner Felle beschäftigt, dann legt er die Ohren nah auf's Instrument und klopft mit den Fingern so leise auf, dass nur er hören kann, ob die Spannung des Fells die richtige Tonhöhe produziert. Es ist ein stummes Drama, dass dann mit dem Einsatz akustisch aufgelöst wird, sei es triumphal oder zart oder unheimlich. Und es ist eine Schau, wenn die Schlegel wirbeln oder der Musiker fast unhörbar mit gespanntem Gesichtsausdruck nur einen Schlag ausführt.

Ganz anders sieht es bei den Geigern aus, ihre physischen Aktionen sind im Sitzen weniger spektakulär, vor allem durch die Nähe zum Instrument, das ja während des Spiels gleichsam mit dem Kopf des Spielers so etwas wie eine Einheit bildet. Das gilt auch für Bläser, die ihr Instrument wie Querflötisten an den Mund legen oder wie Blechbläser auf die Lippen drücken oder es wie Oboer und Klarinettisten sogar in den Mund stecken müssen. Oft lässt sich daher nicht erkennen, ob die Mimik der musikalischen Expression oder aber der Anstrengung des Blasens oder der komplizierten Violinhaltung zu verdanken ist, die ja durchaus zu Verkrampfungen führen kann, aber natürlich nicht sollte. Andrerseits vermag ein stehender Violinsolist enorm zu wirken mit all den bogentechnischen Spezialitäten, den Bewegungen seiner linken Hand und selbstverständlich durch seine Gesamterscheinung. Man denke nur an den Geiger aller Geiger, an Niccolo Paganini, der mit seiner schlanken Gestalt, dem schulterlangen Haar, der bleichen Gesichtsfarbe und seinem einzigartigen, bis dahin noch nie gehörten Spiel bei vielen Assoziationen an Hexerei und sogar an den Teufel wachrief.

Doch bei den Streichern sind vor allem die Cellisten optisch interessant: Erst einmal durch die Größe, dann durch die zweifellos erotische Form des Instruments, bei dem alle Details von der Schnecke bis zum Stachel gut sichtbar sind, schließlich durch den Umstand, dass Cellisten zwar hinter ihrem Cello sitzen, aber ihren Kopf frei bewegen können. Außerdem sind beide Hände bei ihrer Arbeit auf dem Cello gut zu sehen. Der Musiker kann sein Instrument wirklich in die Arme nehmen, mit den Knieen wiegen, es mit dem ganzen Körper hin und her schwingen oder sich in den hohen Lagen auf das Griffbrett regelrecht stürzen. Hinzu kommt, das der Celloklang dem der menschlichen Stimme wohl am stärksten ähnelt. Der Cellist spielt also nicht nur auf einem Instrument, sondern er kann, wenn er es denn kann, die vox humana in diesem hölzernen Korpus entdecken und zum Singen, auch Sprechen bringen.

Zu früh und zu spät

Die Kunst der Fotografie verlangt nicht nur genaues Hinsehen, präzise Beobachtung, sondern auch Geistesgegenwart, Reaktionsschnelligkeit und so etwas wie einen siebten Sinn, der es dem Fotografen ermöglicht, am rechten Ort zu sein, um dann den richtigen Augenblick zu erwischen, der aus einem Foto eine bildliche Erhellung macht. Musiker zu fotografieren, scheint im ersten Moment nicht so schwer, die Objekte laufen nicht fort, sie haben ausdrucksvolle Gesichter und das Zusammentreffen von leblosem Instrument und lebendigem Körper sowie die Verschmelzung zu einer Symbiose sind immer ein fesselndes Ereignis.

Doch all das reicht noch nicht aus, um so zu fotografieren, dass sich die Bildergebnisse wirklich einprägen. Deshalb gibt es keineswegs sehr viele gute Musikerfotografen. Es sollten nämlich auch noch musikalische Erfahrungen dabei sein, und wenn es geht, sogar gute Kenntnisse über die Instrumente und ihre Spieltechniken. Gerade in der Musik gibt es nämlich eine Kernproblematik, die auch jeder Fotograf kennt: Man darf nicht zu früh einsetzen oder zu spät, nicht zu früh die größte Expansion erreichen oder nicht zu spät mit dem Expandieren beginnen, nicht zu früh sich klanglich mäßigen und nicht zu spät und so fort. Um das eine Ja zu bekommen oder überhaupt zu ermöglichen, muss man durch die Hölle von Millionen Neins gehen, hat der Dirigent Sergiu Celibidache einmal die Probenarbeit beschrieben, sie bestünde eigentlich nur aus Neins: Nicht so schnell, nicht so laut, nicht schleppen, nicht eilen, nicht die anderen dominieren, nicht dieses, nicht das. Diese Arbeit ist also nichts anderes als eine unermüdliche Annäherung an das Ja, das gleichwohl niemals garantiert ist. Deshalb ist jede ernstzunehmende Aufführung letztlich ein Premierenabenteuer, und das Publikum geht immer wieder ins Konzert, um zu erleben, wie es denn wohl ausgehen wird. Das ähnelt in gewisser Weise einem Fußballspiel, bei dem man auch nicht das Ergebnis im Voraus kennt.

Wie aber lässt sich das Ja, wenn es denn eintritt, fotografieren? Wenn man darauf wartet, als werde es sicher eintreten, droht das „zu spät", bei Ungeduld aber das „zu früh". Nun kann man sich vielleicht helfen, indem man ganze Serien „schießt" in der Hoffnung, es werde schon genug Material dabei sein. Doch selbst da kann einem das Wesentliche entgehen, weil man das Entscheidende doch nicht erkannt hat. Wer also das scheue Wild des musikalischen Ja bildlich erjagen will, muss sich Zeit nehmen, muss beobachten, die Eigenheiten der Spieler kennenlernen, muss ihre Mimik studieren, ihre typischen Handbewegungen, die Auftrittsräume erkunden und sich auch und besonders auf die Musik einlassen. Es kann lange dauern, bis daraus ein im wahren Sinne des Wortes ansehnliches Ergebnis wird. In den in diesem Buch versammelten Fotografien allerdings kann man nun sehen, was es heißt, wirklich am rechten Ort zu sein und im richtigen Moment abzudrücken.

Gesten und Haltungen

Wer sich an den Soloeinsatz in Dvořáks Cellokonzert erinnert, weiß, dass der Cellist dort das herrische Thema mit einer prägnanten Attacke vortragen muss. Also sieht man ihn auf seinem Stuhl bis an die Kante nach vorn rücken, sich aufrichten und den Bogen mit bestimmter und bestimmender Geste auf die Saite setzen. Das ist ein Gesamtvorgang, aber der wissende Fotograf wird sich voll auf diesen allerersten Saitenkontakt konzentrieren, um jenen magischen Moment ins Bild zu bekommen, in dem nach der Orchestereinleitung der Solist und mit ihm „seine" Musik unwiderruflich und explosiv ins Geschehen eingreifen.

Uta Süße-Krause hat viele solcher dynamischen Momente festgehalten, in denen die körperliche Gestik der jeweiligen Cellisten mit der inneren Gestik der Musik übereinstimmt. Da reißt Yo-Yo Ma den Bogen emphatisch von den Saiten, eine riesige raumgreifende Aktion an einem musikalischen Fortehöhepunkt, um einen Schluss triumphal zu bestätigen. Die Wucht und Erregung der Musik hat den Solisten bis in die Tiefen seiner Emotionen ergriffen,

sein Gesicht zeigt geradezu wilde Ekstase. So könnte etwa der Schluss von Cesar Francks großer A-Dur-Sonate „klingend" aussehen.

Dass also Körper und Musik sich in der sichtbaren Gestik des einen und der hörbaren Gestik der anderen treffen, muss einen professionellen Beobachter, wie es ein Fotograf nun mal ist, unbedingt fesseln. Wenn die junge Marie-Elisabeth Hecker die Augen schließt und sich ganz der Kantilene hingibt, fängt man sofort an zu überlegen, was sie in diesem festgehaltenen Moment wohl gerade spielt, vielleicht den Beginn von Schumanns Cellokonzert oder eine der bitter-schwermütigen Melodien aus einem langsamen Satz von Schostakowitsch? Es ist spektakulär, wie nah diese Bilder dem je besonderen Menschen, den ein Musiker darstellt, im Prozess des Musizierens, kommen können. Nun, die Fotografin spielt selbst Cello, sie kennt also jene neuralgischen Punkte, an denen der Spieler ganz in dem Stück aufgehen muss, um es unmissverständlich zum Sprechen zu bringen.

Doch es bleibt nicht bei Porträt-Höhepunkten, sondern in zahlreichen Bildfolgen entdeckt man das Kommunikative, das „Gespräch" der Musiker miteinander. Da dialogisieren Blicke, Mimik und Körperzuund -abneigungen wie bei den Brüdern Capucon beim Klaviertrio. Oder es wird tatsächlich gesprochen während der Probe wie beim Streichtrio mit dem grandiosen Geiger Frank Peter Zimmermann, dem jungen französischen Violahelden Antoine Tamestit und dem fulminanten Cellisten Christian Poltera. Doch alle Worte sind geprägt von den Haltungen an den Instrumenten, denn auf ihnen muss das Gesagte in Klang und dann in Musik umgesetzt werden.

Gesten und Haltungen bei der Produktion von Musik geschehen in bestimmten Räumen, und so werden die verschiedensten Architekturen zu Rahmen und Bühnen für das große Instrumentaltheater, zu dem jedes öffentliche Musikmachen wird und bei den Cellisten besonders plastisch ausfällt: Das kann so monumental, ja erhaben sein wie der Auftritt Emanu-elle Bertrands im Kölner Dom, so klassisch wie bei Steven Isserlis als Konzertsolist in der Kölner Philhar-monie oder so feierlich und doch intim wie bei Zim-mermann/ Tamestit/ Poltera in der Münchner Aller-heiligenhofkirche.

Typen und Charaktere

Wie überall gibt es auch in der Gesellschaft der Cel-lospieler alle möglichen Typen: Den akkuraten Pro-fessor ebenso wie den genialischen Wildling, den blendend aussehenden Jüngling wie den gelasse-nen Altmeister, der schon viele Generationen von Cellisten an sich vorüber hat ziehen sehen, die expressive Cellolady ebenso wie die hocherfahrene Solistin, den witzig-hintersinnigen Kauz ebenso wie den ironisch-strengen unbestechlichen Lehrer oder den schwungvollen Riesen und den zurückhalten-den Forscher.

In diesem Buch begegnet man ihnen allen, und die Vielfalt ist mehr als beeindruckend. Sie zeigt sich am deutlichsten in den Meisterklassen, wenn junge Vir-tuosen auf die kampferprobten Recken treffen, wenn der kundige Blick der Könner die Versuche der Jün-geren begutachtet, um die Schwachstellen heraus-zufinden. Gerade diese Workshops, zu denen die Kronberg Academy nach Kronberg im Taunus lädt, in jenes malerische Städtchen, das Mstislaw Rostropowitsch deshalb und wegen der vielfältigen Aktivitäten dort im Zeichen des Cellos einmal die Welthauptstadt des Cellos genannt hat, sind thea-tralisch par excellence, denn hier wird vorgeführt, übertrieben, wird aus Demonstrationsgründen das Spiel der Studenten karikiert. Das ist ein veritables, spannendes Schauspiel, manchmal Tragikomödie, manchmal Groteske.

Im Unterricht, wie ihn Uta Süße-Krause erhellend festgehalten hat, werden auch die Charaktere derer deutlich, die da Musik machen: Spetakulär und auf-wändig wie bei Mischa Maisky, dessen Auge zwi-sche Bogenhaar und Bogenstange aufglüht wie das eines Raubvogels; aufmerkam, hellwach, ganz auf die Sache konzentriert wie bei Janos Starker; kurios, überraschend und die Studenten animierend, neue Wege zu beschreiten wie bei Anner Bylsma; gestisch ausladend und freudig die Jungen inspirierend wie bei Frans Helmerson; dynamisch, aggressiv, zu-packend wie bei Gary Hofman oder konziliant, milde doch bestimmt wie beim Doyen der Cellisten, Ber-nard Greenhouse. Einzigartig, was die Kronberg Academy da alljährlich an Cellomeisterschaft und Celloneugier zusammenführt!

Es ist diese unverwechselbare individuelle Verschie-denheit der Typen und Charaktere, die auch die Musik so verschieden prägt, die sie spielen. In dieser unaustauschbaren Vielfalt verbirgt sich auch das Geheimnis der ewigen Attraktivität, auch jene Musik immer wieder hören zu können, die man doch meint, mehr als gut zu kennen. Aber bei jedem neuen Cel-lospieler wird es neu klingen, mag er sich noch so sehr an irgendeine Tradition halten, noch so „werk-treu" in Tempo und Strichen sein. Es klingt anders, wenn's ein anderer spielt. Und im Spiel werden die Charaktere deutlich: der Introvertierte wird im glei-chen Stück Intimes, Leises, Verhaltenes entdecken, das der Extrovertierte zuvor als rauschendes Cello-fest gefeiert hat.

Dementsprechend besitzen alle bedeutenden Cellis-ten ihren je eigenen Ton, der aus der innersten Vor-stellung von Klang herausgebildet wird. Der eine liebt den voluminösen Gesang, der andere will so artiku-liert wie möglich sprechen, ein dritter setzt auf schlanke Transparenz, sein Antipode auf furiose Expressivität – so viele Temperamente, so viele Töne. Kann man das fotografieren, sichtbar ma-chen? Das Kapitel über die Workshops und Meister-klassen zeigt nicht nur, dass es möglich ist, sondern dass man anhand der Bilder sogar auf Ton und Gestaltung der Meister, aber auch der Studenten rückschließen kann. Insofern sind die Bilder selbst ein Teil der Workshops, Neugier fördernd, Aufmerksamkeit heischend und lehrreich.

Anfang und Ende

Das Wesen der Musik ist ihr Verschwinden. Das geschieht strukturiert, symphonien- oder sonatenlang, aber es geschieht unweigerlich. Das Nichtbleibende der Musik ist zugleich die ewige Herausforderung, sie wieder aufzuführen, ihr wieder Leben einzuhauchen, individuelles unverwechselbares Leben, wie es sich in den verschiedenen Musikern manifestiert. Wenn einer von ihnen dem Gesetz von Leben und Sterben folgend, selbst verschwinden muss, bleibt er unersetzbar. Für Pablo Casals, Emanuel Feuermann, Gregor Piatigorsky oder Mstislaw Rostropowitsch gibt es keinen Ersatz. Und ihre Aufnahmen sich nur eine schwache Erinnerung an die raumbestimmende Vitalität und das einmalige Charisma ihrer Gegenwart.

Auch Fotografien können das unwiederbringlich Dahingegangene nicht zurückholen, wohl aber Physiognomien, Gestik, das Kommunikative, Eindringliche dieser Persönlichkeiten in konkreten Situationen festhalten und beschwören. Kein Wunder, dass der alte Casals, der Vater des modernen Cellospiels, mit dem der Siegeszug der Cellospieler in den letzten gut hundert Jahren begann, zu einem Star wurde, obwohl er weder schön noch attraktiv im landläufigen Sinne war. Aber seine Charakterfestigkeit gegenüber den Faschisten Europas, seine Integrität im Musikalischen machten ihn rasch zu einer der Ikonen der zweiten Hälfte des vergangenen Jahrhunderts, durchaus vergleichbar mit etwa Picasso oder Einstein. Dass der aufrechte Alte eine schöne junge Frau heiratete, in der ganzen Welt als Friedensbotschafter gefeiert wurde, bis ins höchste Alter auch noch spielen und unterrichten konnte, das alles machte Casals zu einer Art Popstar der sogenannten Klassischen Musik. Von ihm gibt es Fotos, die ihn als Strandläufer in Badehose und Hut mit Regenschirm zeigen oder in trautem Tete-a-Tete mit seiner Frau oder als Cellospieler vor der UNO oder im Weißen Haus vor Präsident Kennedy, von den vielen filmischen Mitschnitten seiner Workshops nicht zu reden. All das lässt sich auf zahllosen Fotos nachsehen.

Uta Süße-Krauses Kompendium von Cellospielern konzentriert sich aber allein auf jene Momente, auf die es wirklich ankommt, auf die Musik und die Arbeit an ihr. Noch einmal Celibidache: Takt vierhundert ist das Ergebnis aller vorausgehenden Takte, also auch des Anfangs. Zugleich ist in Takt vierhundert alles enthalten, was noch kommen wird, also auch das Ende. Die Kunst großer Musiker ist es, die Entwicklung von Anfang zum Ende hin so entfalten zu können, dass eben der Anfang im Ende und das Ende im Anfang zu erleben sind. Dieses Buch erzählt in all seinen Bildern von jenen Männern und Frauen, die einst und jetzt aufgebrochen sind, auf dem Cello das Geheimnis dieser Kunst zu ergründen, Anfang und Ende in eins zu bringen. Und das ist gewiss, sie werden nicht die Letzten sein, sondern es muss immer wieder von Neuem getan werden.

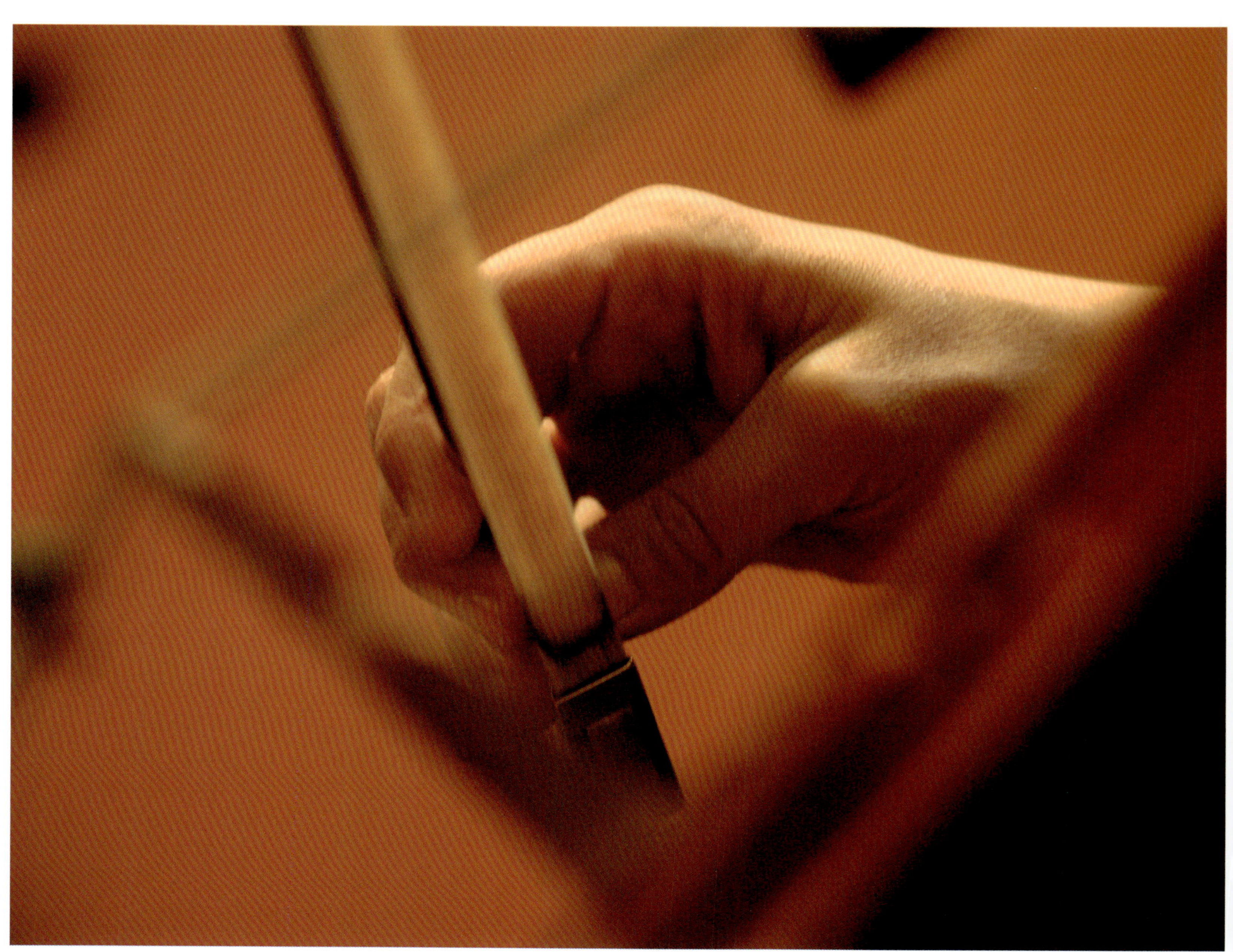

Harald Eggebrecht

Cello Players – Or Great Instrumental Theater

Ear and Eye

Those who think music is meant only for the ear overlook what musicians actually do with as opposed to, on their instruments. We need not go quite as far as the composer John Cage, who famously found a horn player's silent preparations during a performance, as he readied his instrument for the next entry to be more interesting than the piece itself. Anyone who has seen a symphony orchestra, a string quartet or even a solo pianist actively winding down after their creative labours knows that how we hear sound is intimately and indissolubly linked to what goes on visibly on the podium itself. Alternatively, any form of non pictorial sound recording strikes us as leaving out a key element, as having taken a step back from reality, as arbitrary even, because playing music on records and CDs bypasses the eye entirely – and in any case, the sound we hear stems from the past. How different the images are which are captured on film or television. Here we see, and in consequence hear too, what the conductor is doing with his baton, who he is signaling to with his movements: thus we can track the communication unfolding between him and the orchestra. Also one can observe the soloist as he concentrates on his entry, the tension is palpable as the musician is seated before our eyes. Indeed, to truly succumb to the spell of a concert, or a rehearsal, we need to be physically there with the musicians. Think of it on the lines of a child watching craftsmen going about their business, witnessing their prowess at first hand. So it is when we are at a concert or a rehearsal, straining with all our senses that music is brought into being. Suddenly we find ourselves seeing and hearing in unison, inextricably caught up in a process as unique as it is unrepeatable – at least in that particular form. Therefore, to watch a musician at work, giving birth to sound and melody, is for photographers and filmmakers alike a golden opportunity to rethink, relearn even, the basics of their trade.

However, we need to make a few distinctions. A timpanist for instance, is always a magnet for the eye, seated higher up and all alone at the back of the orchestra; even when not actually playing, he is sure to be constantly tinkering with the head of his drum, putting his ear close up to the instrument and tapping it with his fingers – so gently that only he can hear if it has the right pitch for the next entry. This is a silent drama, only acoustically resolved when the timpanist effects his triumphant, tender or unearthly entry. It is also a feast for the eye to see the drumsticks whirling or just the merest, barely audible tap applied – all the while the timpanist's face tense with concentration.

The violinists make a rather different impression. When seated, their physical actions are less spectacular, due largely to their proximity to the instrument, so much so that when playing their heads seem to have fused with it. Much the same can be said of the wind section, where instruments like the flute have to be placed against the mouth; others like those in the brass section, for instance, have to be pressed to the lips; and there are others – the oboe and the clarinet – that have to be placed in the mouth. Thus it is often hard to tell whether it is the mimicry of musical expression, or the strain of incessant blowing, or the complexities of gripping the violin, that gives rise to the cramps that frequently occur (though of course they shouldn't). By contrast, a standing violinist is a sight to behold, with his virtuosic flourishing of the bow, the way he moves his left hand and of course, the whole manner of his appearance. One need only recall that violinist of violinists, Niccolo Paganini, who with his thin frame, shoulder-length hair, pale complexion, and a unique style of playing whose like had never been heard or seen before, aroused in many people associations of witchcraft, even of the devil Himself.

In the string section it is really the cellists who most catch the eye: First by the sheer size, then the undeniably erotic shape of their instrument, in which all details from the scroll to the end pin are readily visible, and again by the fact that although the cellist sits behind his cello, his head can still move freely. Moreover, both hands can be followed as they engage with the cello. The musician can actually hug the instrument to his body, rock it with his knees, swing it this way and that with his whole body, or, dash up the fingerboard for the high notes. Curiously too, the cello's sound comes closest to the human voice. So the cellist does not just play an instrument; he can, if he has the skill, discover the vox humana in this wooden sound box and make it sing, or even speak.

Too Soon and Too Late

The art of photography requires accurate seeing, close observation; it also requires presence of mind, fast reactions, something of a seventh sense – without which the photographer will not be able to seize the brief window of opportunity that alone can turn a photo into a lucid image of truth. Photographing musicians would seem, at first glance, not so difficult; after all, ones subjects will not run away from the camera and they do have expressive faces. Also,

the encounter between lifeless instrument and living body, with a symbiosis resulting between the two, is bound to be a gripping experience.

Yet, not just these things will suffice for indelible images, images that make an impression. That's why there aren't too many really good photographers of musicians. It is desirable that the photographer should have had some previous contact with music and, if possible, be familiar with the instruments and their playing techniques. Especially in music we find a core issue known to all photographers: how important it is not to come in too soon or too late: not too soon in the sense of premature expansion, and not too late in the sense of delayed expansion not too soon when it comes to toning down the volume but not too late either, and so on. In order to get a single Yes, or even to make this conceivable, you have to go through the hell of a million Nos – thus did the conductor Sergiu Celibidache describe the rigours of rehearsal; he then went on to paint an even bleaker picture: rehearsing was nothing but a series of Nos: not too fast, not too loud, don't dawdle, don't rush, don't drown out the others, don't do this and don't do that. And the fruits of this effort, assuming there were any, consisted only in sedulously gravitating toward a Yes – but never as a foregone conclusion. That was why a serious performance was, in the final analysis, as adventurous as a premiere, and if the public persisted in going to concerts, it was because they were curious to see how it would all turn out. In a way, a concert was like a game of football; there was no knowing the result in advance.

But how can the "Yes", if and when it finally comes, be photographed? If one simply waits for it, sure in the knowledge that it will eventually turn up, the risk of "too late" is great; but if one is impatient and tries to force matters, the risk now becomes one of "too soon". A way around this problem might be to "shoot" a whole batch of shots in the hope that that some at least will deliver the goods. But this carries a risk of its own, that of taking one's eye off the ball, because one has no idea what the ball is. Those, therefore, who would hunt down the shy game that is the musical Yes and capture their prey on film must learn to take their time, must observe and grow familiar with players' quirks and mannerisms, must study their patterns of mimicry, must explore their characteristic hand movements and (this not least) how they manage to come in on cue at the just right moment – in short, must enter into the spirit of the music. True, it might take a while for halfway decent results to emerge, results that tell the story. These provisos aside, in the photographs assembled here we do see what pressing the button at the right place and time means.

Gestures and Attitudes

Those who can recall the solo entry in Dvorak's cello concerto will know that the cellist must launch the imperial theme by attacking vigorously. We see him lean forward on the edge of his stool, bolt upright, then apply the bow to the strings in a gesture as definite as it is defining. The process is nothing if not holistic, but the knowing photographer will be fully focused on the moment of first contact between strings and bow, an instant of purest magic coming after the orchestral introduction, when the soloist – with a "touch" all his own – intervenes irreversibly and explosively in the stream of events.

Uta Suesse-Krause has caught many such dynamic instants, when the physical gestures of the cellist accord with the inner gestures of the music. We see Yo-Yo Ma tearing his bow emphatically from the strings in an act as space-straddling as it is gargantuan, marking a forte with a flourish all his own, triumphally endorsing the finale. The power of the music, its power to move the soul, has stirred the soloist to this emotional depths, his face is incandescent with almost demented ecstasy. Thus might the finale of say, Cesar Franck's great sonata in A major look like, if the eye could ever see what the ear can hear.

That therefore body and music should meet in the visible gestures of the one and the audible gestures of the other, is something a professional observer (and a photographer is that) must find riveting. When the young Marie-Elisabeth Hecker closes her eyes and absorbs herself in the melody, one immediately starts to wonder what it is she is playing. Is it the opening of Schumann's cello concerto or perhaps a bitter, lugubrious melody from one of Shostakovich's slow movements? Striking is the extent to which these pictures close with the personality a musician manifests when making music. The photographer, as it happens, herself plays the cello, meaning she knows the neuralgic points where a musician must wholly surrender to the piece, if the piece is to speak with its own voice.

The portraits – highpoints though they undoubtedly are – do not exhaust this photographer's art. In numerous sequences, we are initiated into the communicative dimension, into the running dialogue that musicians conduct with one another. Dialogue is the right word, and it is waged on many levels – looks, mimicry, physical attraction and antipathy – as when the Capucon brothers play the piano trio. Or else during rehearsal there is an exchange of words, as we see in the violin trio featuring the outstanding violinist Frank Peter Zimmermann, the young French viola hero Antoine Tamestit, and the fulminant cellist Christian Poltera. Yet whatever is said bears, in the final analysis, the stamp of how the players relate to their instruments, for it is on them that words have to be turned into sound, then into music.

Gestures and attitudes in the production of music need their designated spaces; so it is that architectural creations on all kinds figure as cockpit and stage for what we might call the Great Instrumental Theater, where music is made in the full gaze of the public; here cellists particularly can be counted on to leave a graphic impression. This can be monumental, sublime even, as when Emanuelle Bertrand performs in Cologne Cathedral; it can be classical, as when Steven Isserlis appears as soloist with the Kölner Philharmonie; it can be festive yet intimate, as when Zimmermann, Tamestit, and Poltera team up in Munich's Allerheiligenhofkirche.

Types and Characters

As is true anywhere, the world of cellists encompasses all possible types: you have the meticulous professor and the manic improviser; the dazzling young thing and the serene old master, who has seen many generations of cellists come and go; the coloratura "cellolady" and the highly experienced soloist; the oddball with a cryptic wit and the acerbic, unerring teacher; the zestful giant and the taciturn researcher.

In this volume you get to see them all, and they are impressive in all their diversity. Nowhere do we see this better than in the master classes, where the young virtuosos encounter battle-hardened warriors. Under the knowing gaze of the experts, who are alert to each and every weakness, budding cellists strut their stuff. [Such workshops are intensely theatrical affairs, with exaggeration as central as performance; as a teaching technique, the way students play is caricatured back at them. What you get, as a result, is pure spectacle, at times verging on tragicomody, at times on the grotesque. Especially these workshops (where Kronberg Academy invites young musicians to the eponymous, scenic town in the Taunus mountains – Mstislav called it the world capitol of the cello due to the multifaceted activities taking place there at any given time on or around that instrument) are intensely theatrical

affairs. The tools of exaggeration, caricature even, are enlisted to drive home lessons, with students' renditions being instantly played back to them. A gripping spectacle this, tragicomic at times, grotesque at others. Definitely the real thing.

It is when teaching classes that the characters of musicians are very much on display, as Uta Suesse-Krause lucidly documents. Spectacular but painstaking, in the case of Mischa Maisky, whose glowing eyes look out from between bow stick and hair like those of a bird of prey; attentive and wide awake, fully focused on the matter in hand, in the case of Janos Starker; curious, given to surprises, able to animate students into treading terra incognita, in the case of Anner Bylsma; rich in gestures, joie de vivre, inspirational in a way young talent can pick up on, in the case of Frans Helmerson; dynamic, no nonsense given to tackling problems head on, in the case of Gary Hofman; conciliatory and mild (but no pushover) in the case of the doyen of cellists, Bernard Greenhouse. What the Kronberg Academy brings together each year in terms of cello mastery and cello curiosity is truly amazing!

It is this unique medley of types and characters that explains the diversity we find in their music. Unmistakabily variation is the watchword here; in it lies the secret of why their music never ceases to fascinate, why we go on wanting to hear music we thought we knew well enough. With the advent of each new cellist of stature, a new kind of sound is born, no matter how much that cellist is the product of some tradition or other, or adheres to the "dictates" of the piece being performed in matters of tempo and bowing. The bottom line never alters: that same piece sounds altogether different when played by another. It is in playing that the cellist's character will come to the fore. An introvert will discover intimacy, reticence and composure in the same piece an extravert has earlier read as calling for a bravura display.

Hence it is that all of today's top cellists have their individual sound, which is formed from their personal interpretation of their inner voice. One has a gift for full-bodied melody, another seeks to speak with a maximum of articulation; a third has pared his music down to the bone, and a fourth, his polar opposite, has made expressive frenzy his signature. One thing though is clear: with each of these temperaments, our ear is served a different offering. Now, can anyone render that visible, capture it on camera? The chapter on the workshops and the master classes supplies the answer. Not only can it be done, it can be done so well that, by consulting the pictures, we can even infer the sounds and arrangements of these master cellists – and, as if that was not enough, of their students as well. So the pictures are themselves part of the workshops: they stir curiosity, hold our attention; they seem to seek our blessing even as they would instruct us.

Beginning and End

The essence of music is that it ends in silence. However structured – full-scale symphony or sonata – there is no getting around its evanescence. However, in its nature as a creature of the hour a challenge abides. That challenge is to perform it again and yet again, to breathe into it renewed life, to fill it with individual, utterly distinctive being, such as we find manifested in musicians of stature. Whenever one of them, obeying the order of nature, passes from the scene, the loss is irreparable. There can be no second Pablo Casals, Emanuel Feuermann, Gregor Piatigorsky, or Mstislav Rostropovich. Even the recordings they left us can but weakly remind us of the overdimensional vitality, the charismatic presence once theirs.
Nor can photography restore what has gone forever; what it can do, certainly, is encapsulate and evoke in concrete situations the physiognomies of these great personalities, their gestures and postures – in short, their unique outer face, the surface they wore to the world. Small wonder that old Casals, the father of modern cello playing, the inaugurator of the triumphal progress of cellists over the last century or so, became a star, not that he was good-looking or attractive in any conventional way. However, the strength of character he displayed against European Fascism, his integrity in all matters musical, quickly made him an icon of the second half of the last century, comparable in every way to, say, Picasso or Einstein. That this upright old man married a beautiful young woman, was hailed throughout the world as an ambassador of peace, that he continued to play and teach into advanced old age, all this turned Casals into something of a pop star of "classical music." There are photos showing Casals promenading on the beach in his swimming costume, sporting a hat and an umbrella to boot; chatting nonchalantly with his wife; playing before the United Nations in New York or before President Kennedy at the White House – quite aside from the many shots taken at his celebrated workshops. A musical life, we might say, abundantly etched in celluloid.
Uta Suesse-Krause's compendium of cello players seizes only the moments that matter: the music and the working with the music. To return to Celibidache: the four-hundredth bar is the product of all the preceding bars, including the opening one. At the same time, the four-hundredth bar contains within it all the bars that are yet to come, including the last one. The art of great musicians consists in letting the progression from beginning to end so unfold that indeed the beginning is experienced in the end, the end in the beginning. This volume tells, in its images, of those men and women who sallied forth, now and in former times, to probe with their cello the secret art of music, the art whereby the beginning and end become one. Of one thing we can be sure they will not be the last to attempt this task, given its necessarily provisional nature.

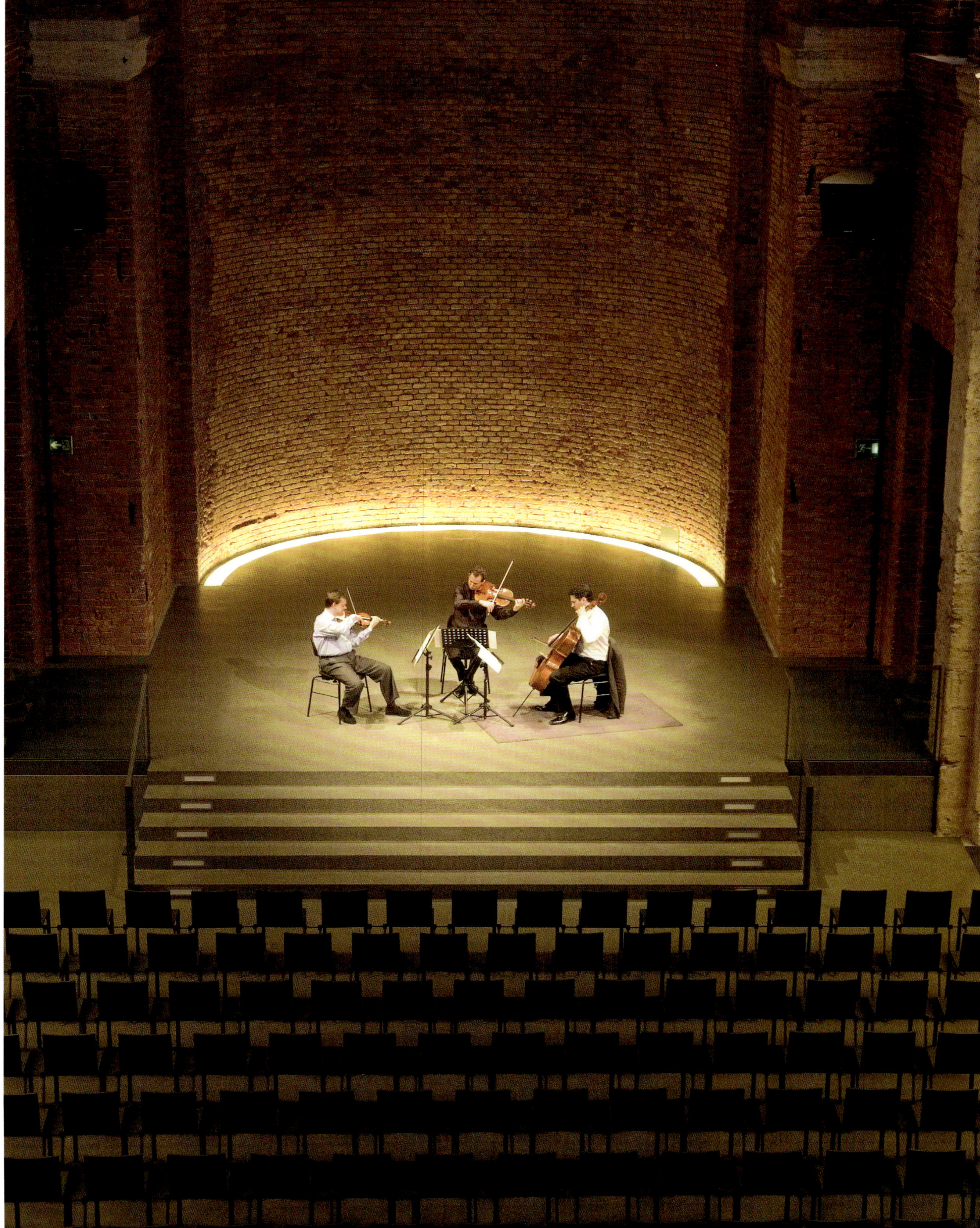

Konzertorte und Ensembles

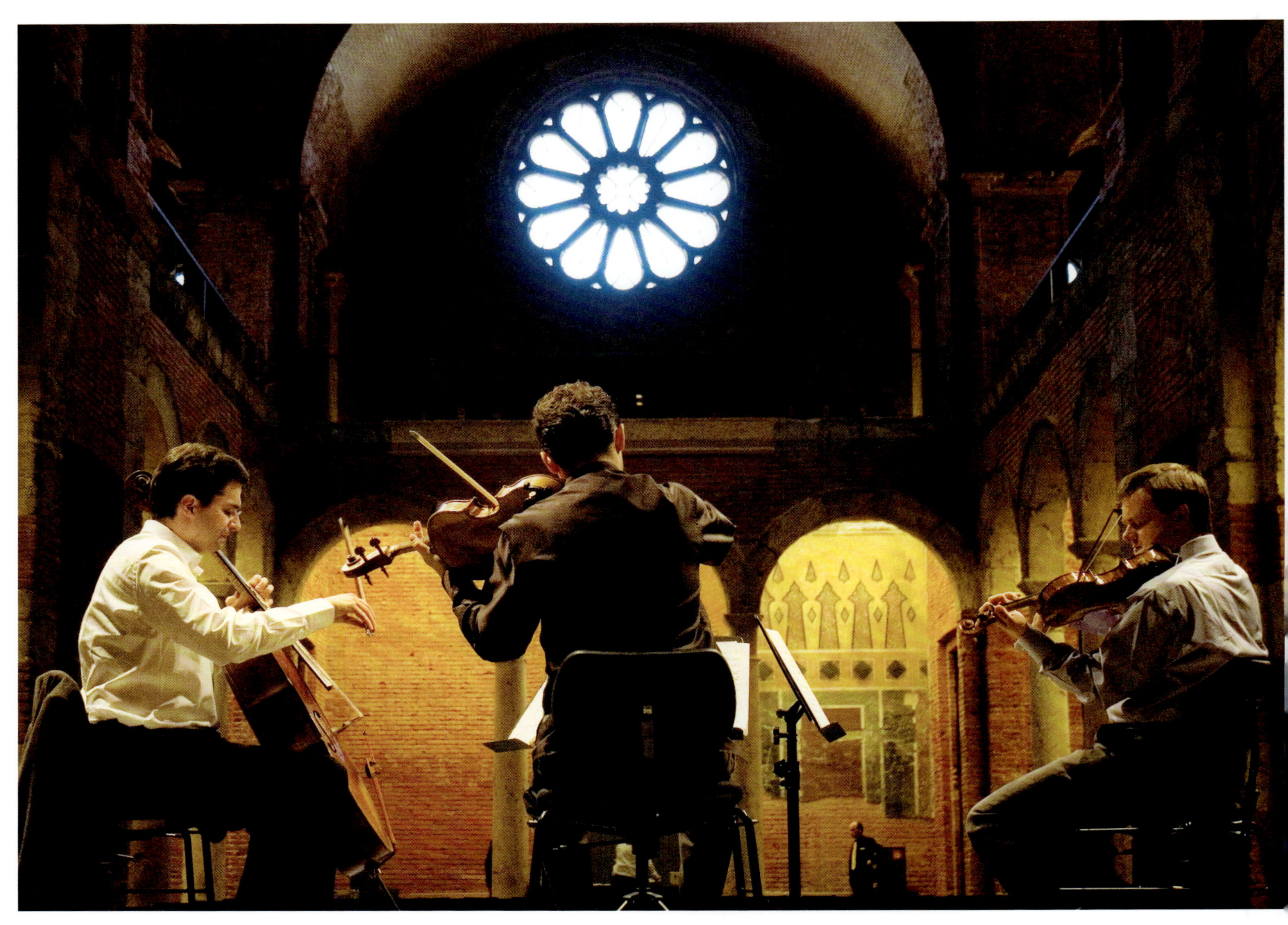

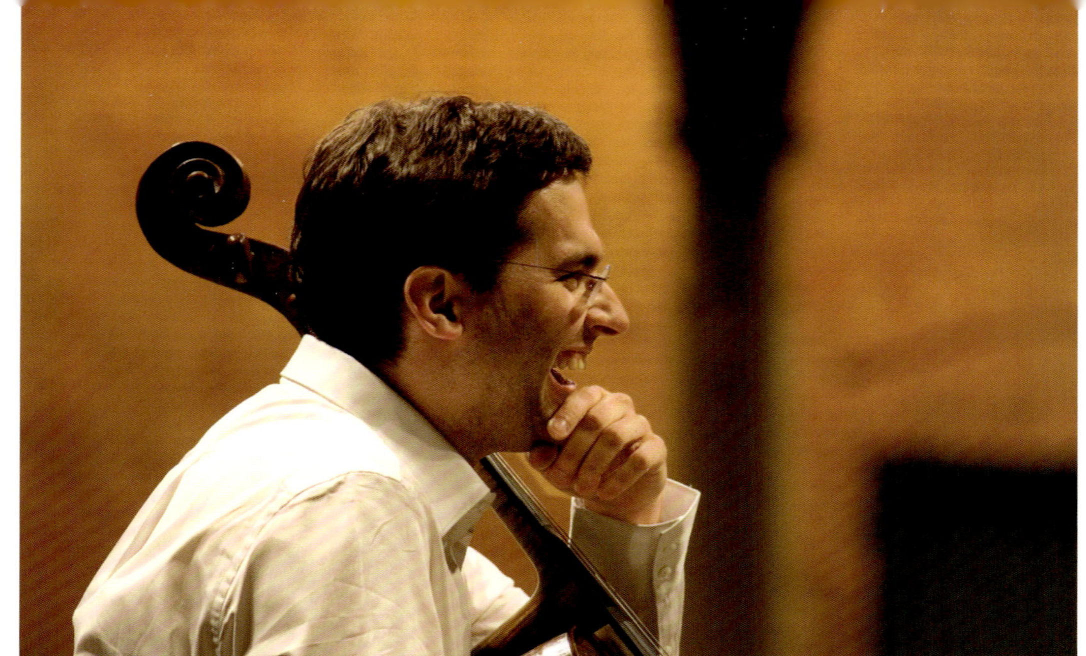

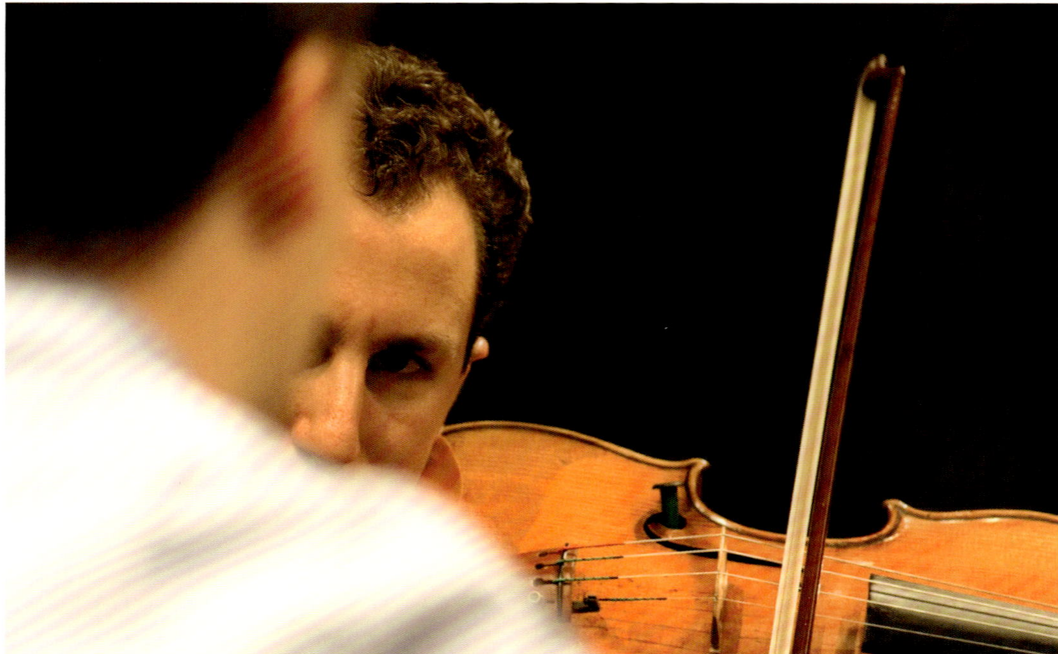

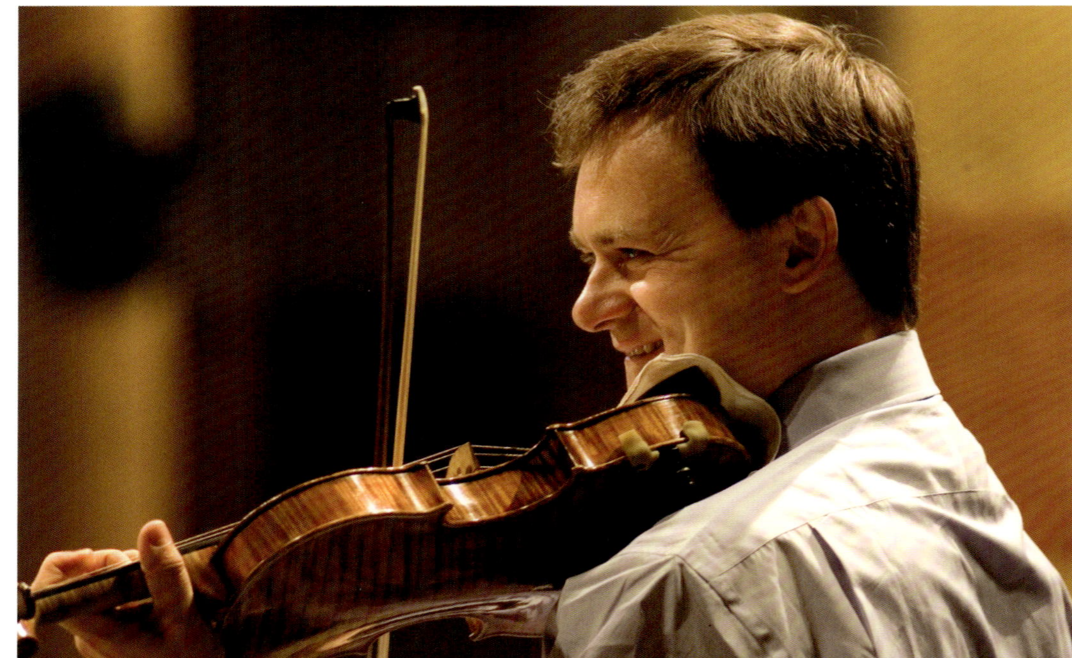

Christian Poltéra
Antoine Tamestit
Frank Peter Zimmermann

Allerheiligen-Hofkirche
München 2008
Werke von Mozart und Beethoven

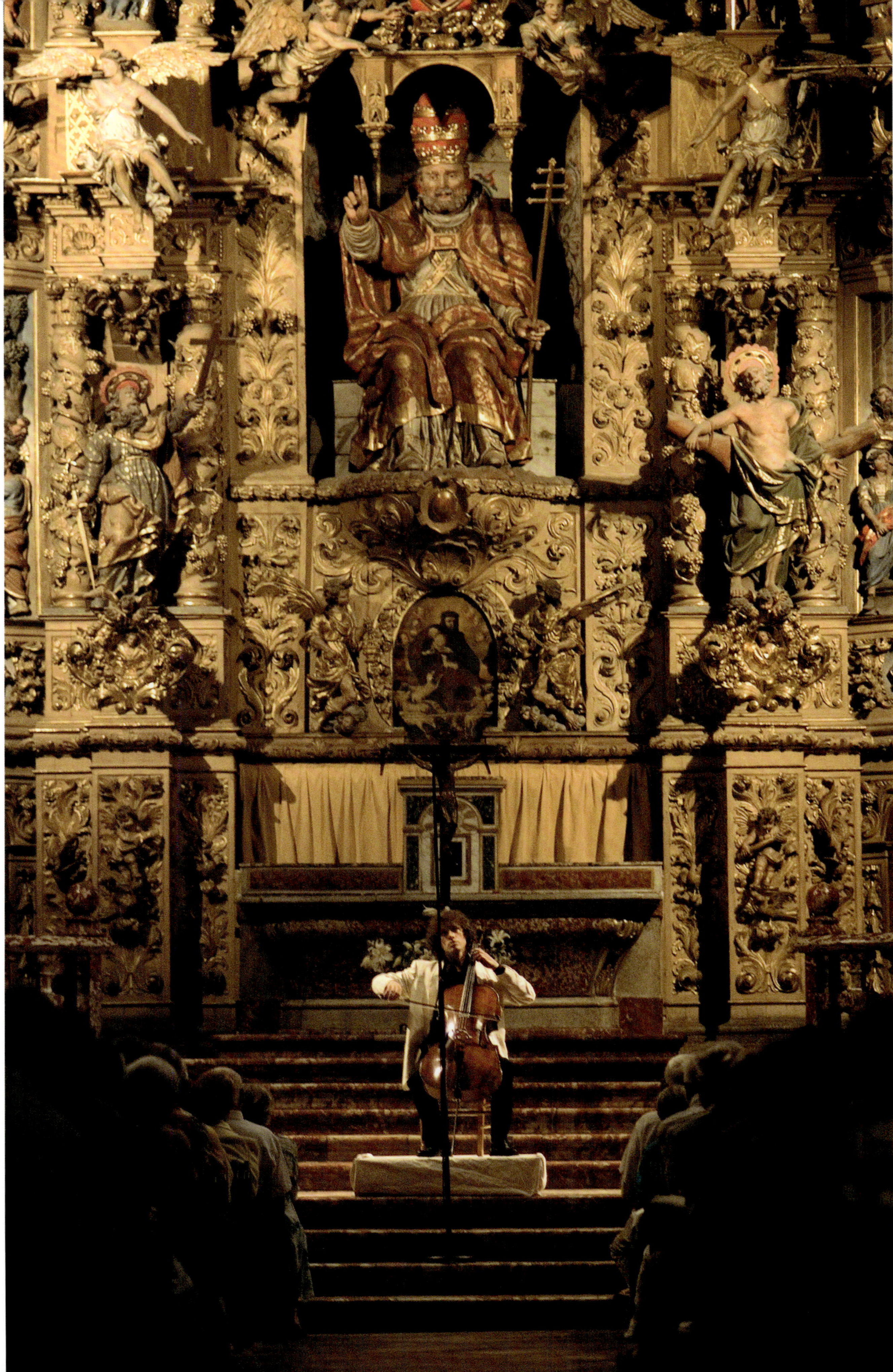

Hommage à Pablo Casals (1876–1973)

François Salque spielt die 1. Solosuite von Bach und „Le chant des oiseaux" von Pablo
Casals in der Kirche Saint-Pierre de Prades. Pablo Casals, Katalane, emigrierte gegen
Ende des Spanischen Bürgerkriegs nach Prades ins französische Exil in den Pyrenäen,
wo er 1950 die Casals Festspiele begründete. Das katalanische Volkslied „Le chant des
oiseaux" ist ein Symbol für den Freiheitswunsch des katalanischen Volkes.

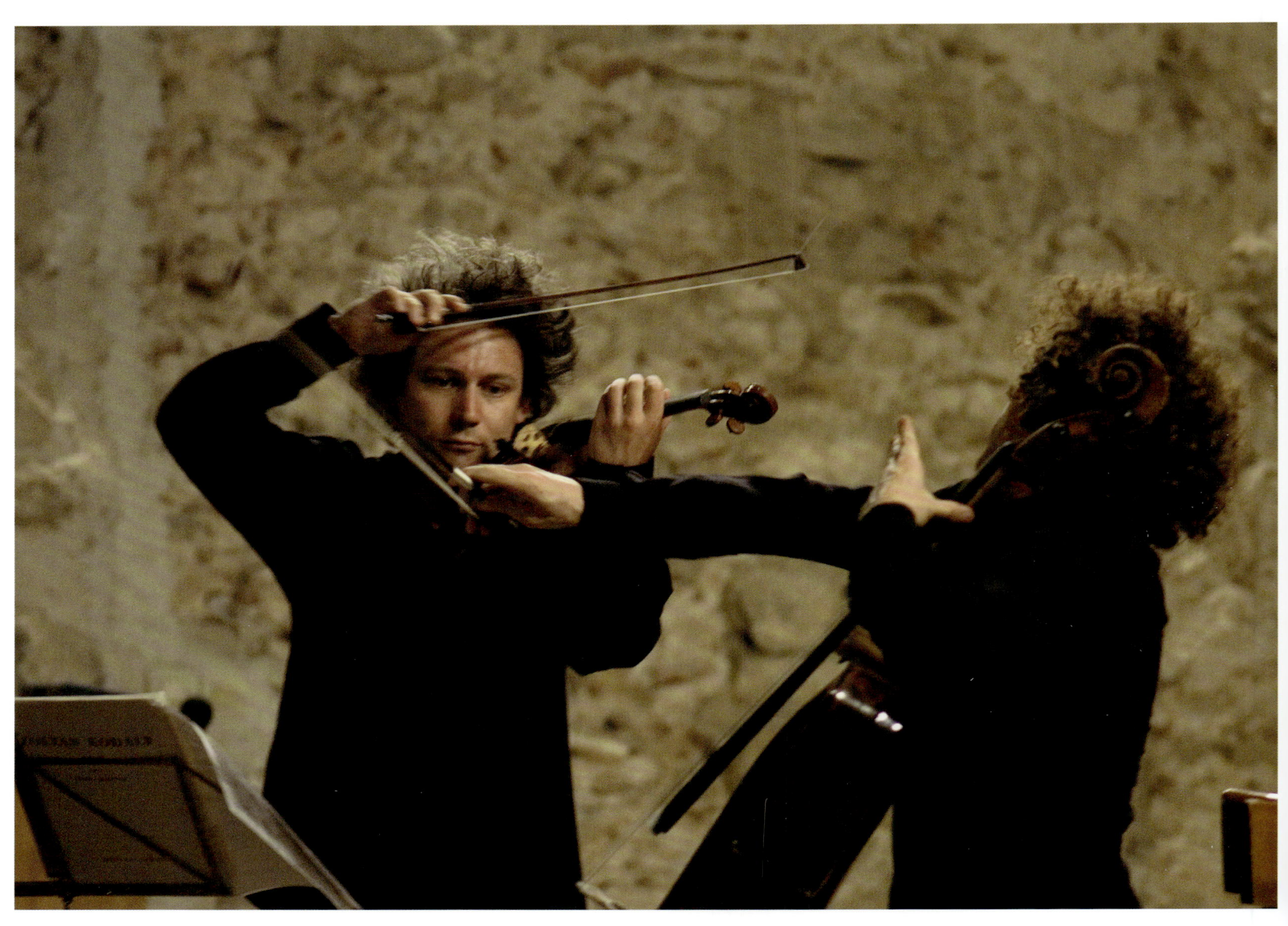

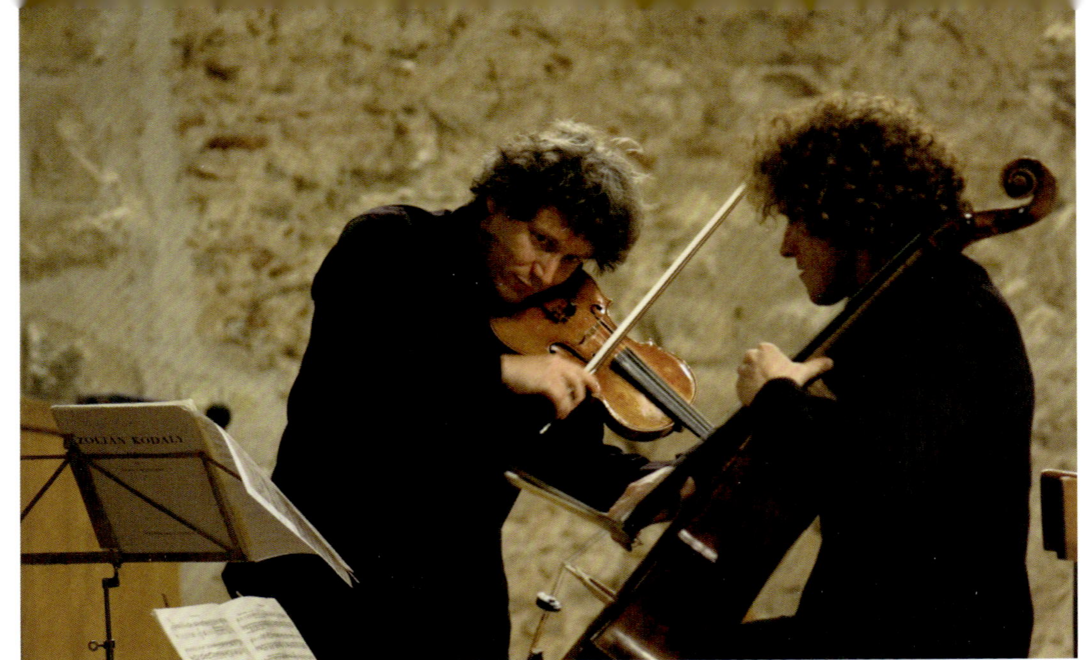

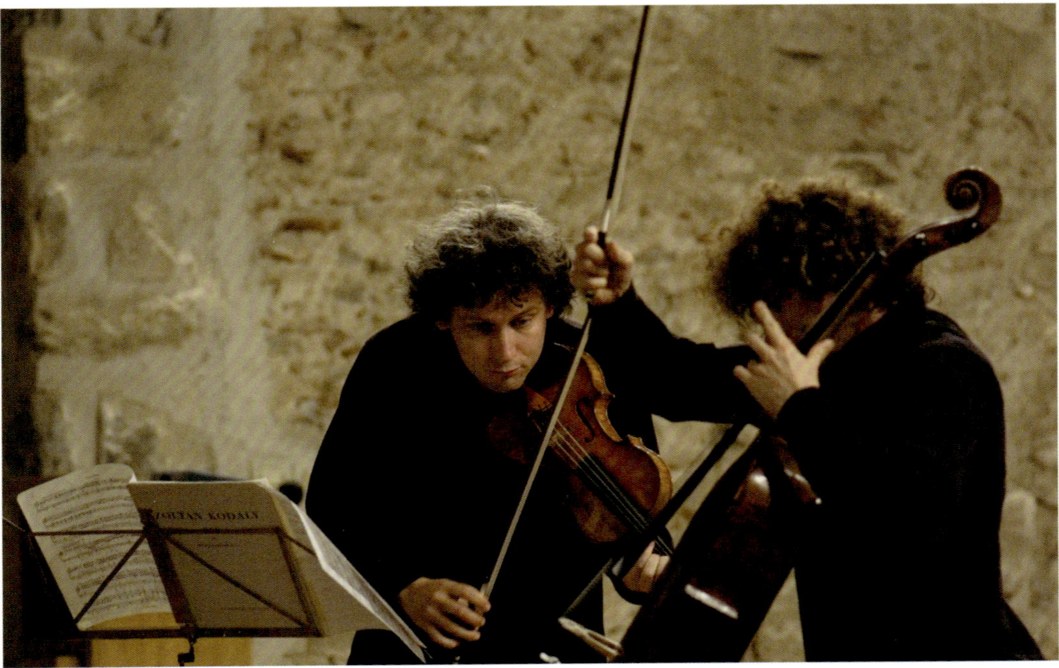

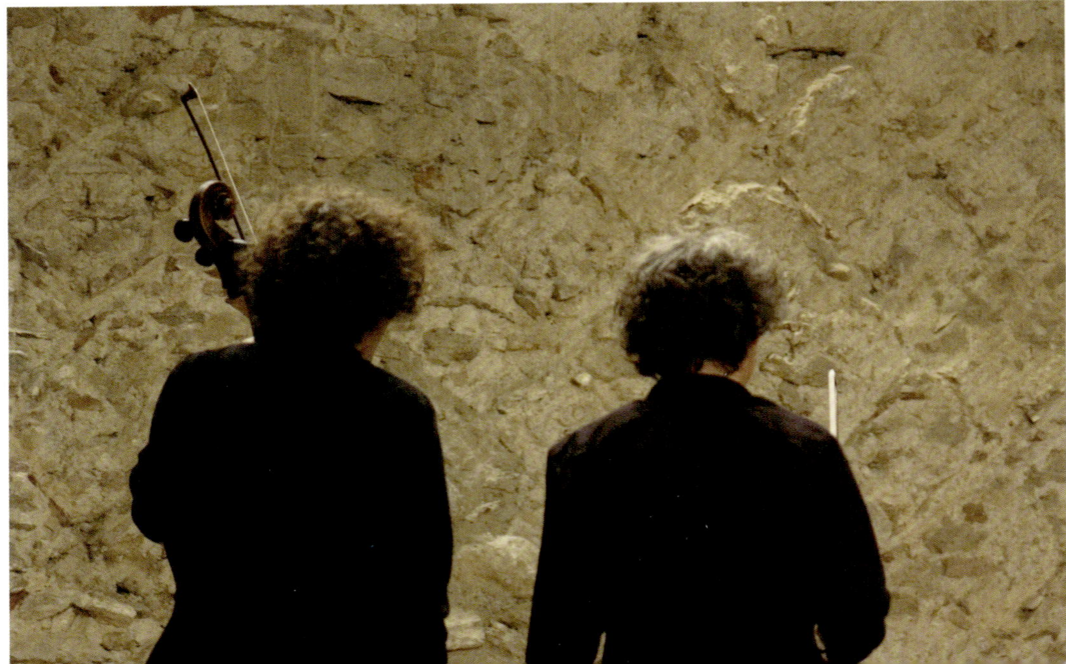

David Grimal, Violine
François Salque

Abbaye Saint Michel de Cuxa
Festival Pablo Casals
Prades 2007
Zoltan Kodaly Duo op. 7

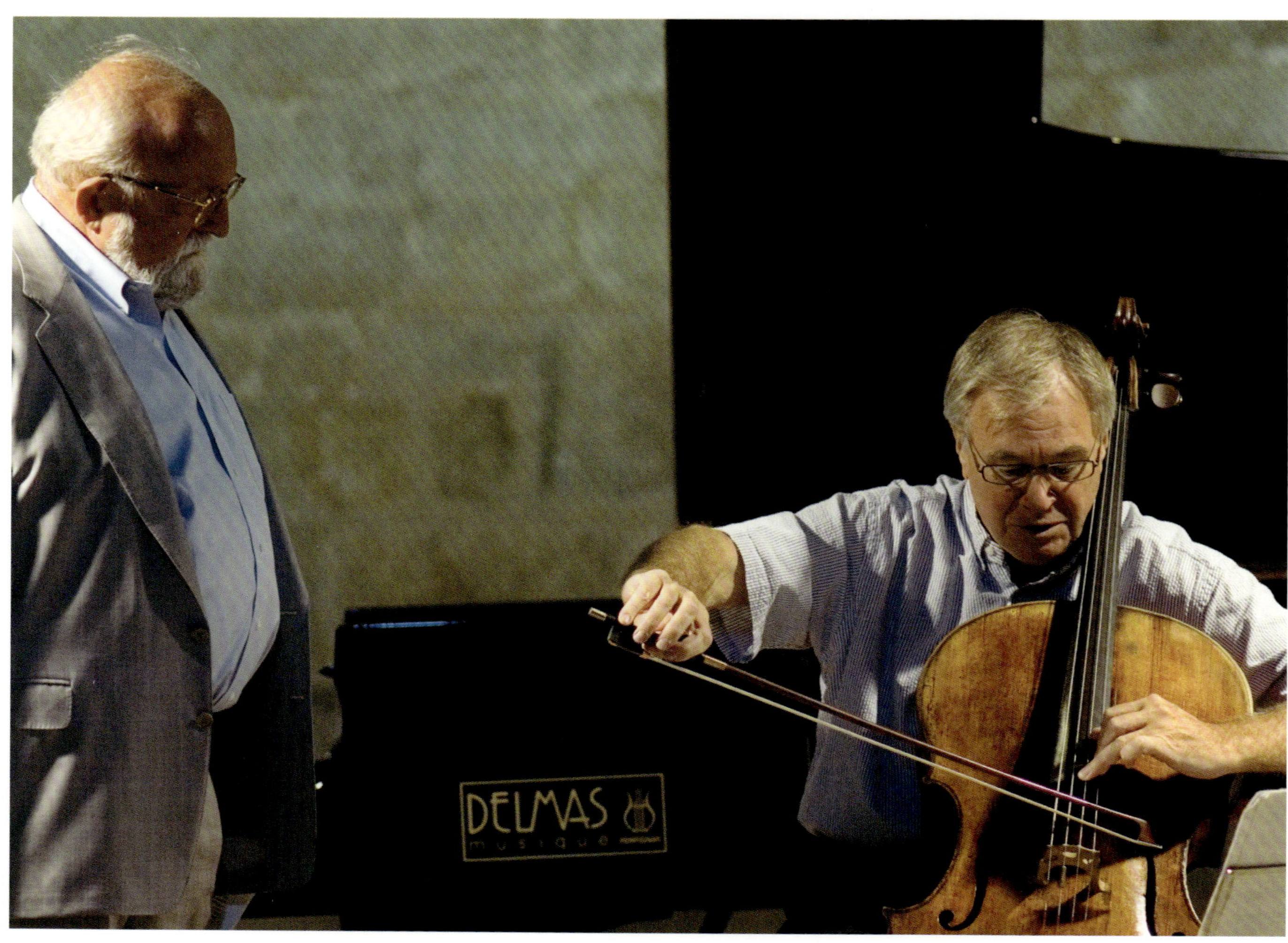

Arto Noras probt Krzysztof Pendereckis Divertimento für Solocello für die Uraufführung am 9. August 2007 in Marcevol im Beisein des Komponisten anlässlich des Pablo Casals Festivals in Prades, Pyrenäen

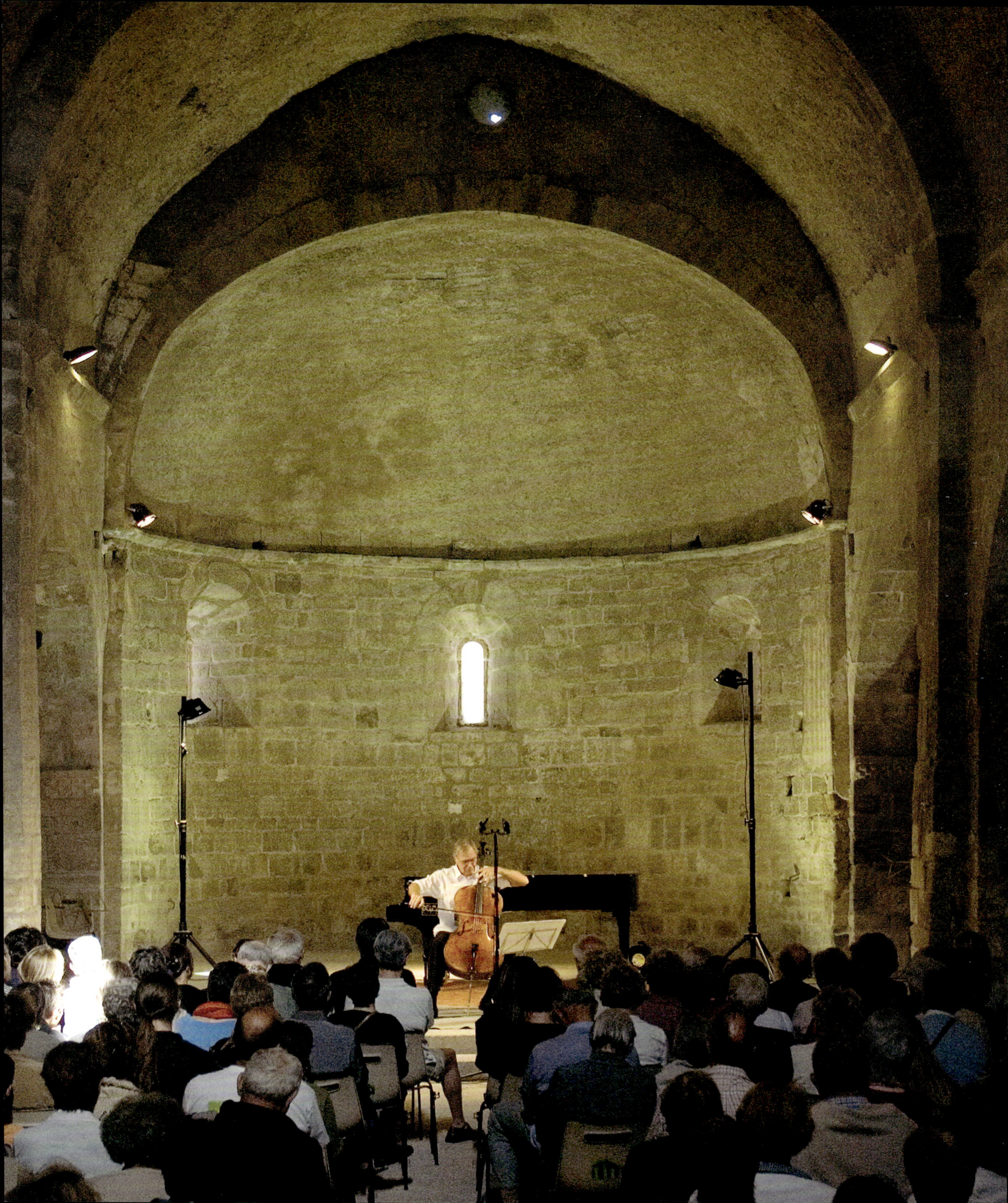

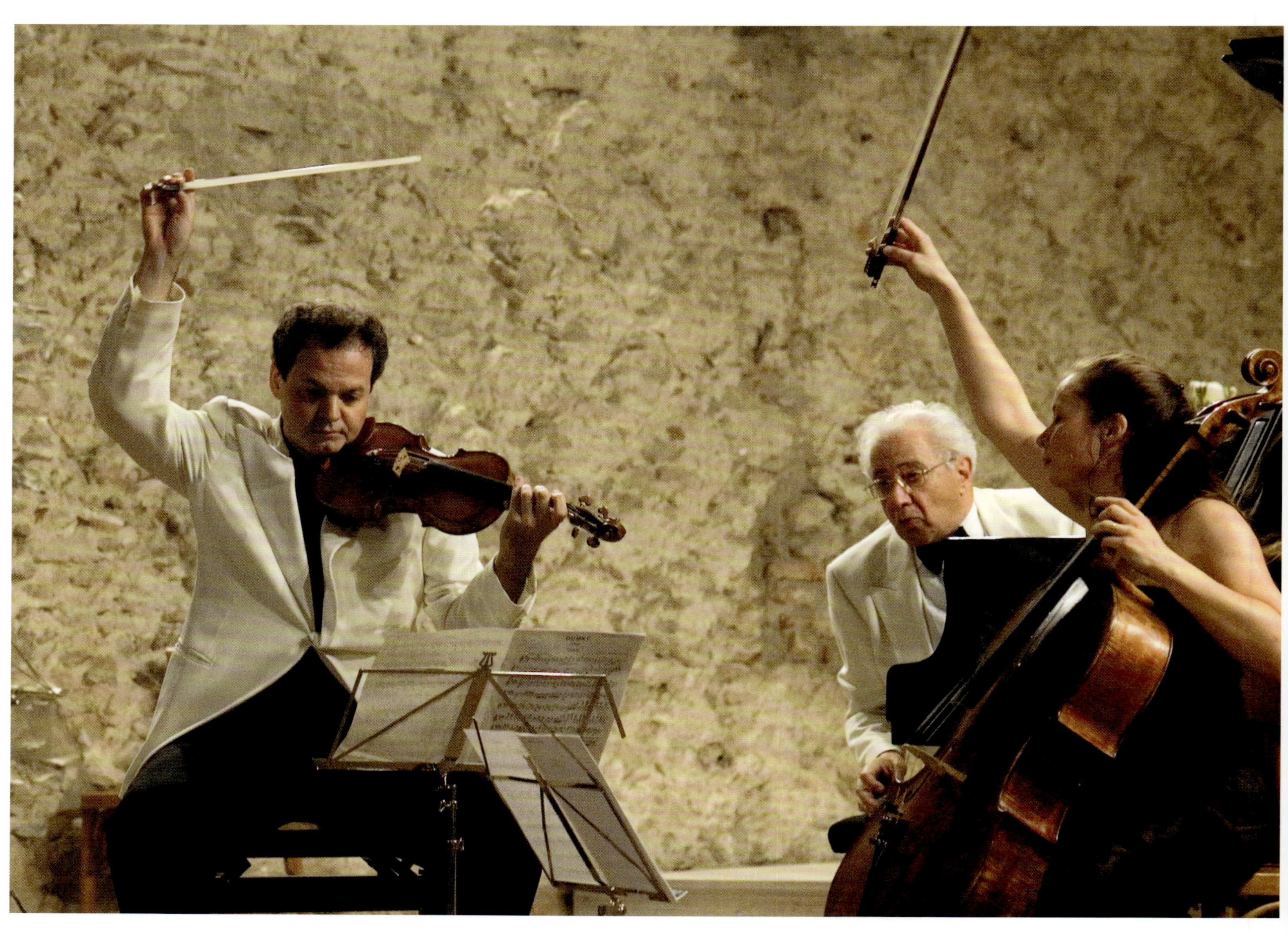

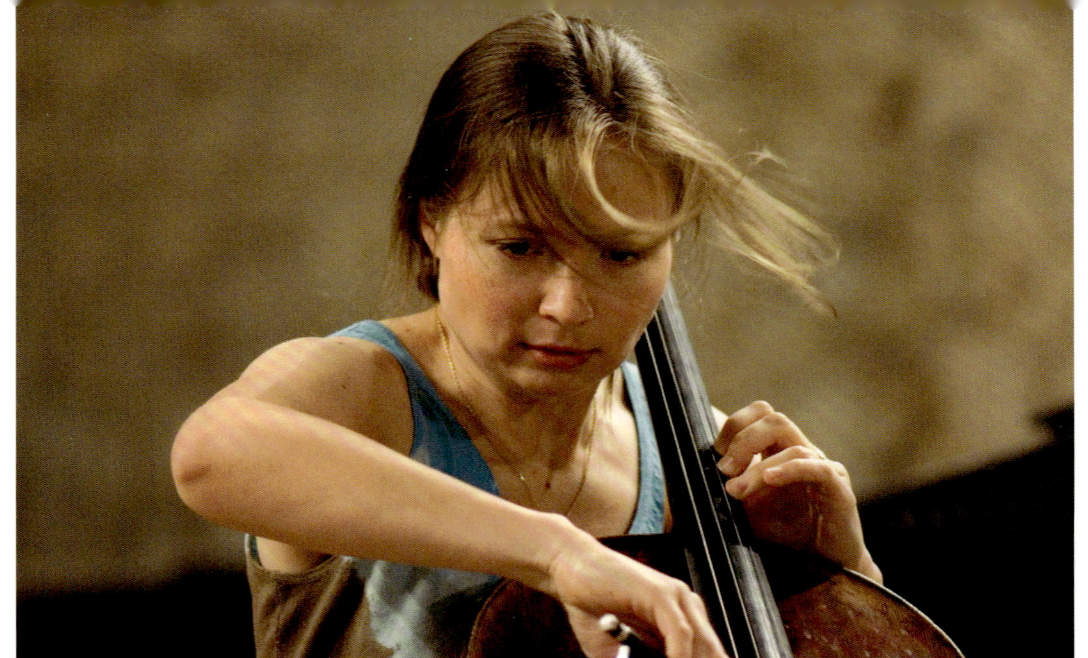

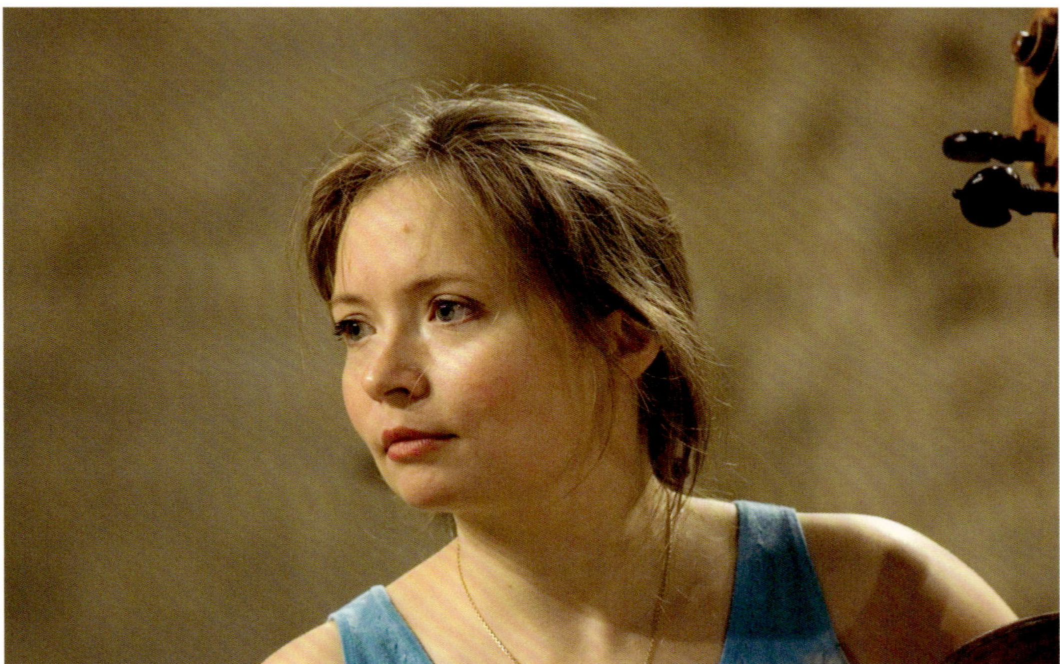

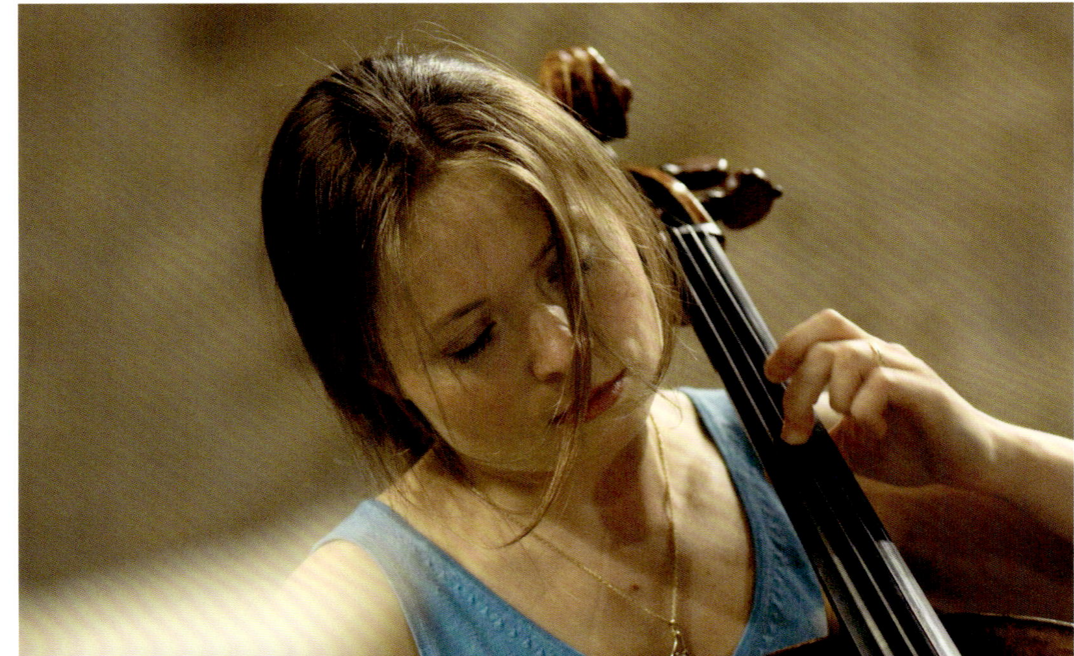

Marie Hallynck, Cello
Christian Altenburger, Violine
Peter Frankl, Klavier

Festival Pablo Casals
Prades 2007
Antonin Dvořák, Dumky-Trio op. 90

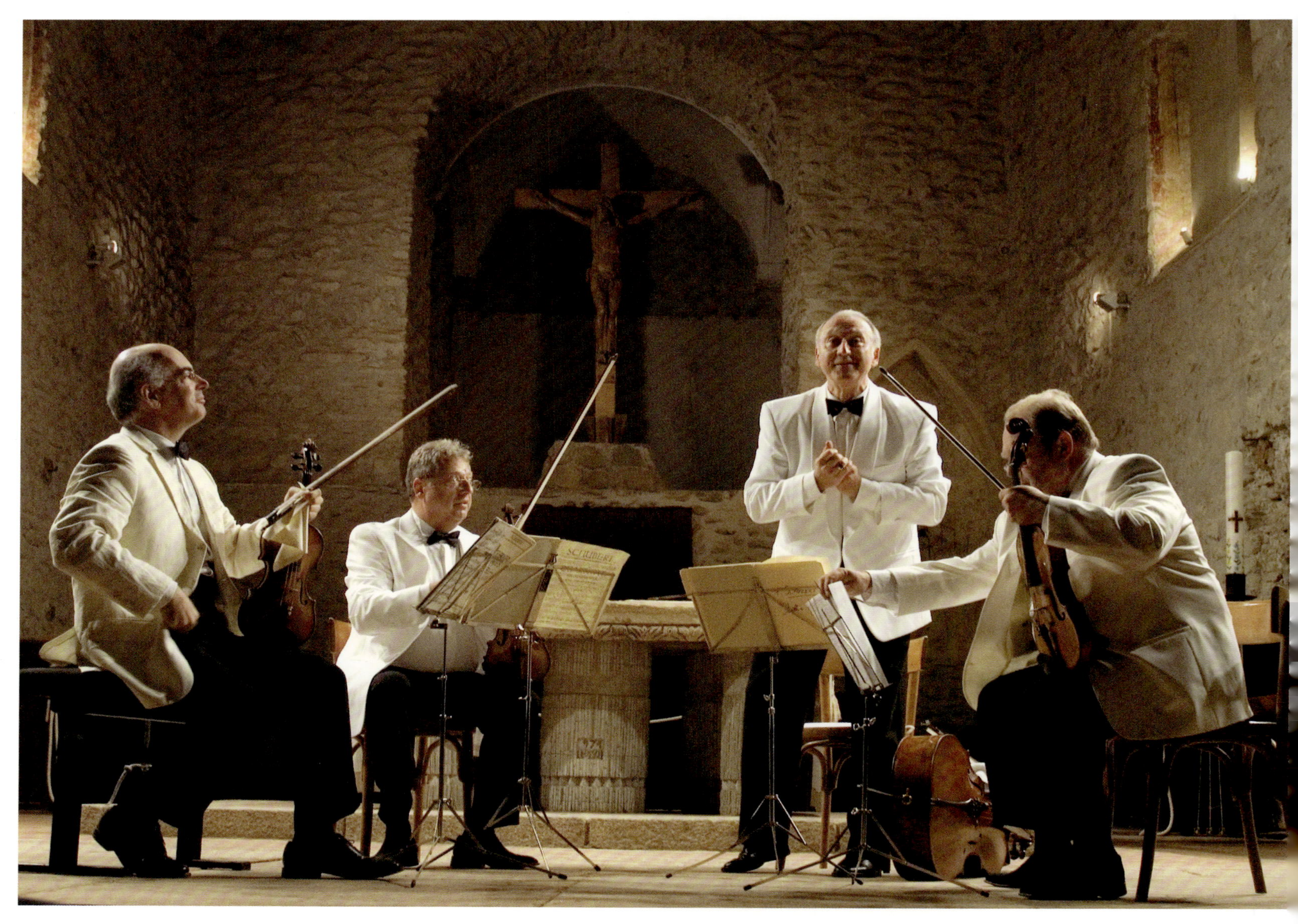

Fine Arts Quartett
Wolfgang Laufer, Cello
Ralph Evans, 1. Violine
Efim Boico, 2. Violine
Yuri Gandelsman, Viola

Festival Pablo Casals
Prades 2007
Schubert Quartett
„Rosamunde"

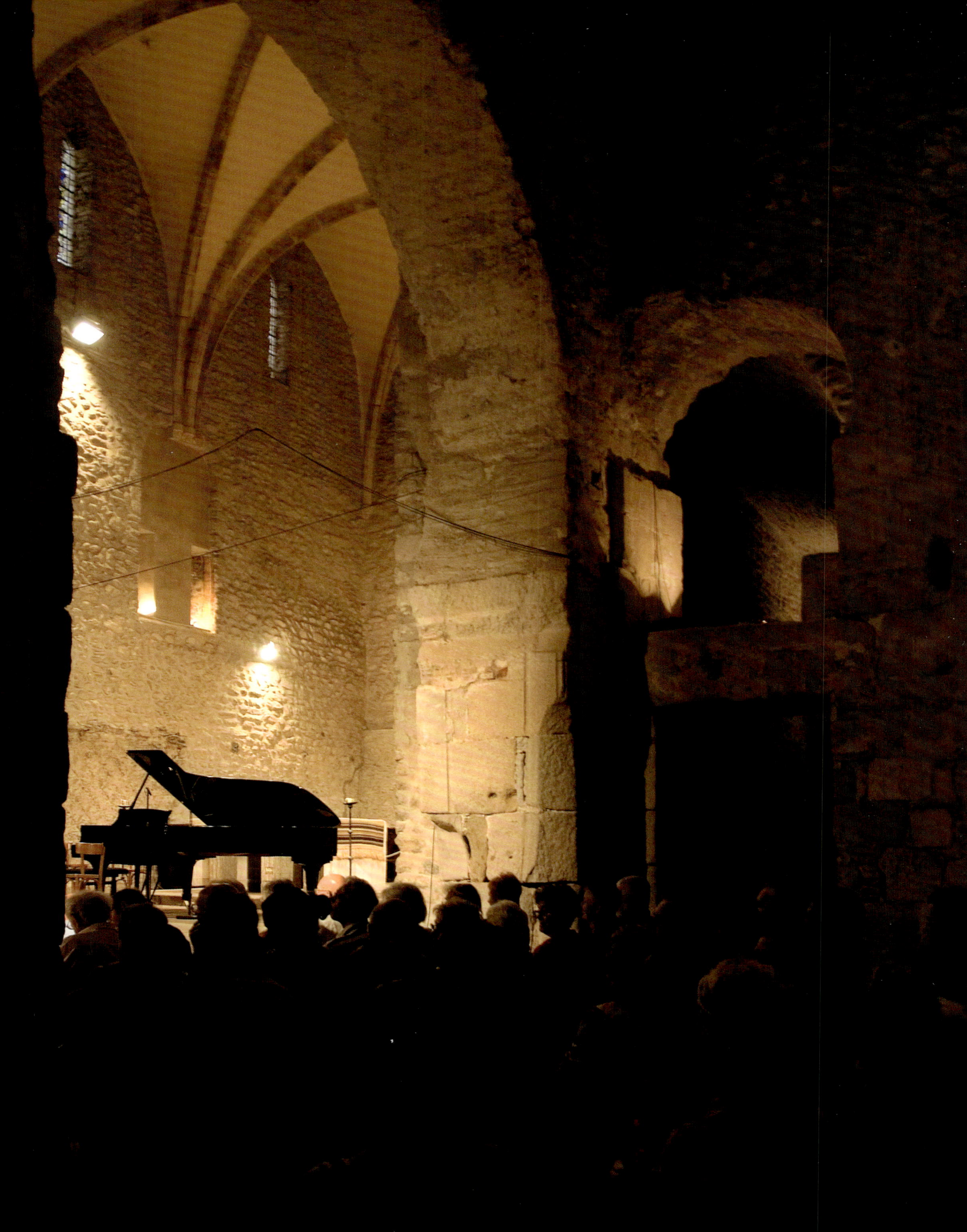

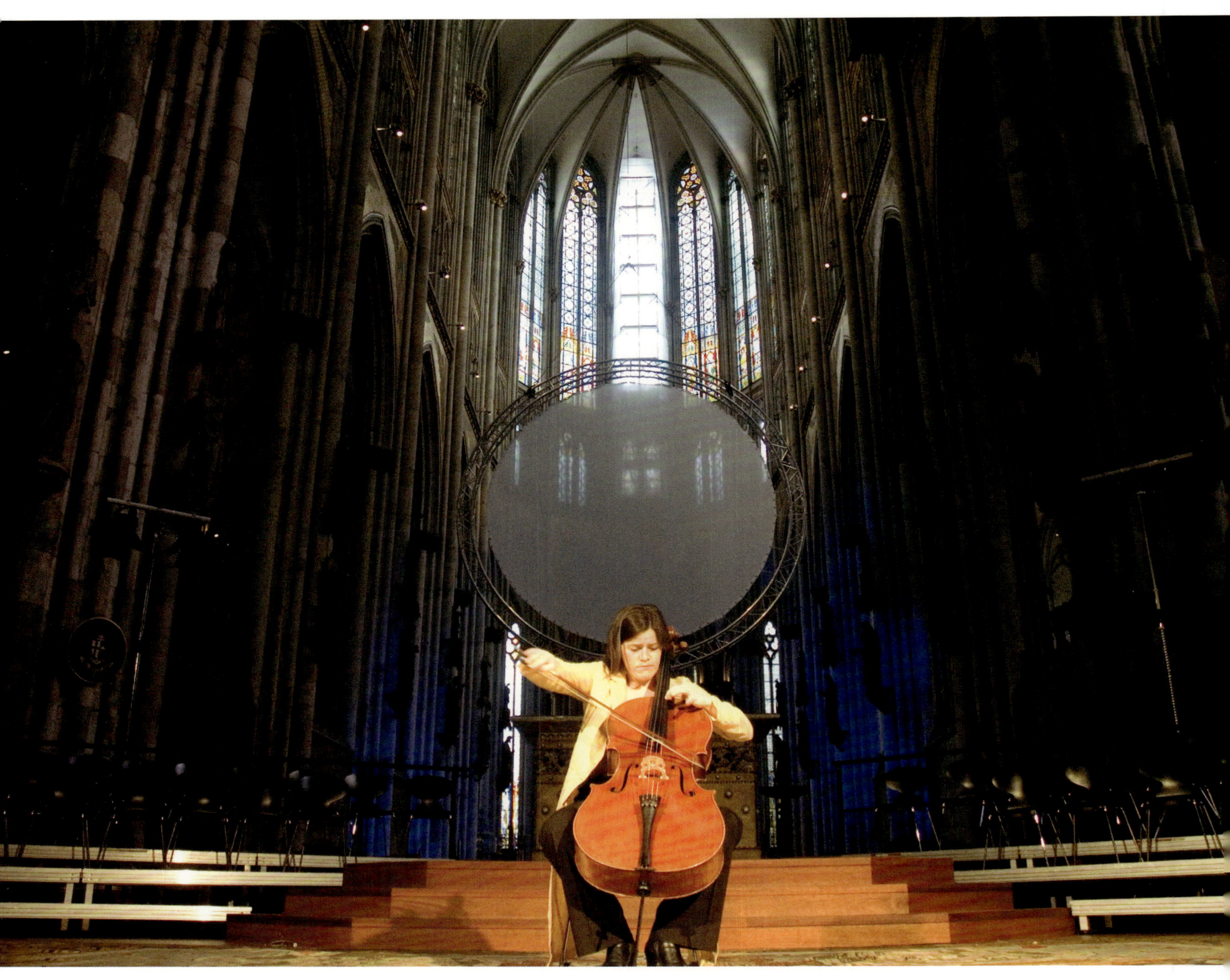

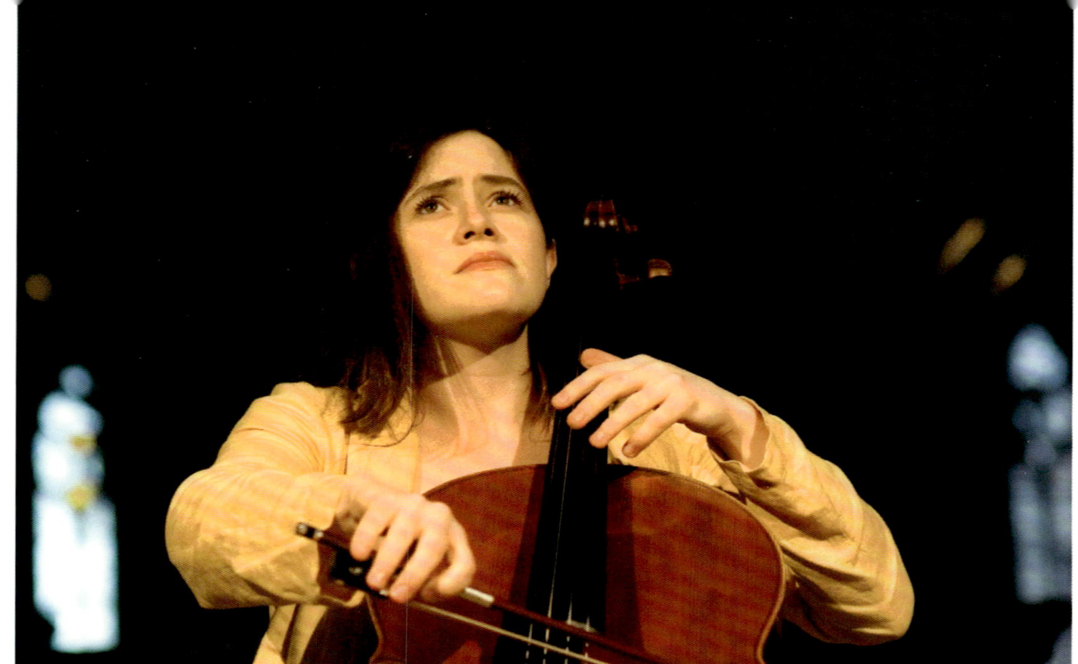

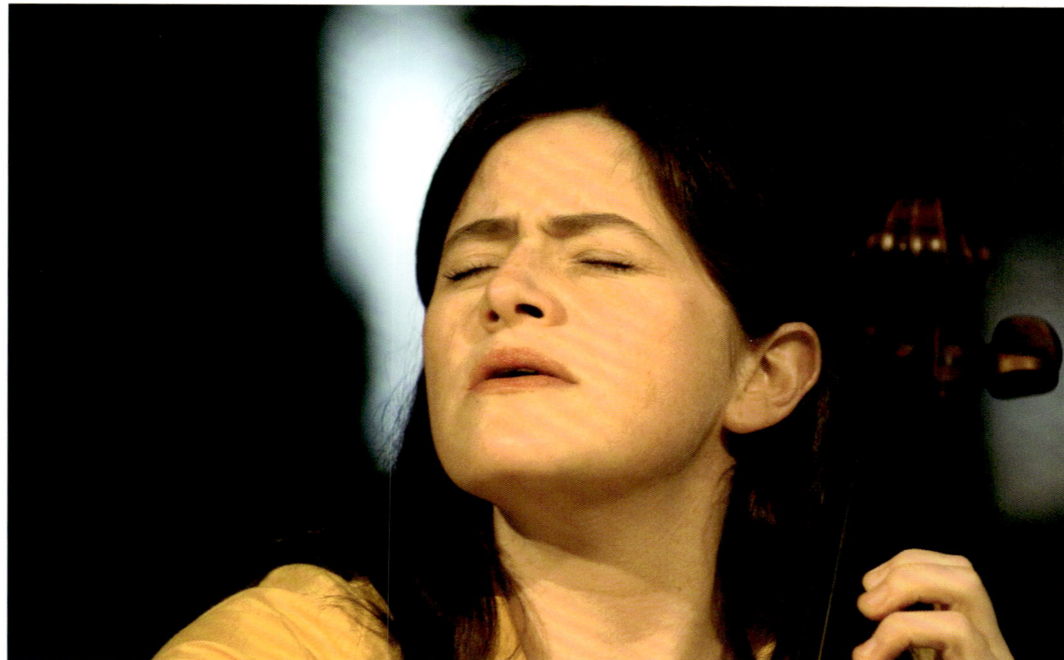

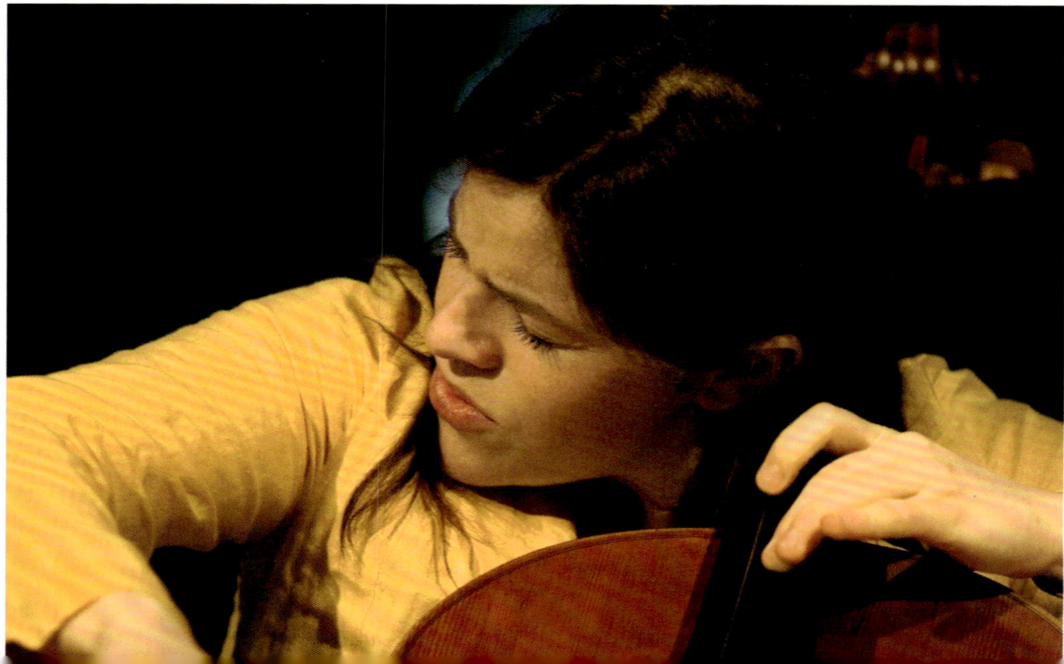

Emmanuelle Bertrand

Kölner Dom, 2008
Helge Burggrabe, Stella Maris,
Marienoratorium

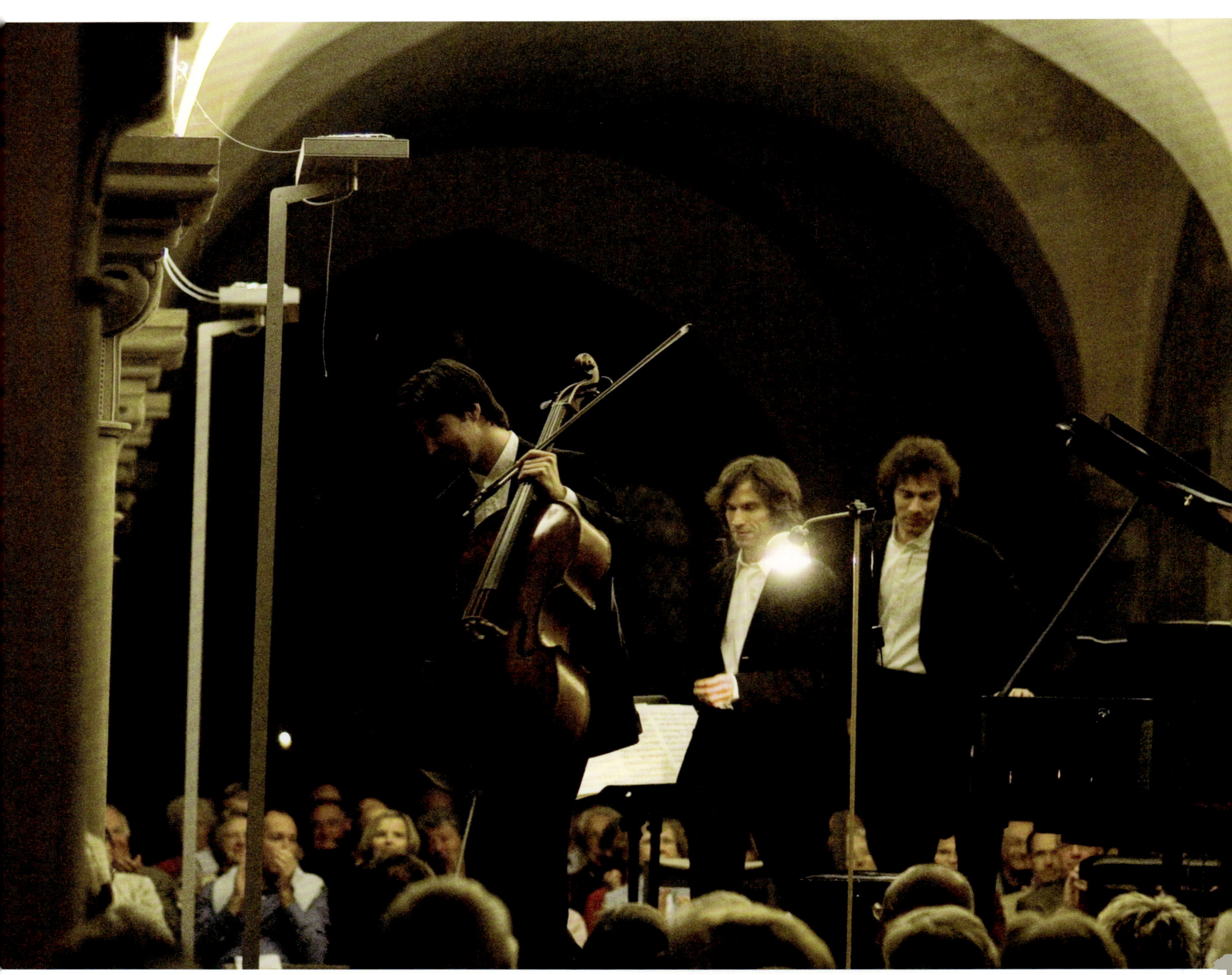

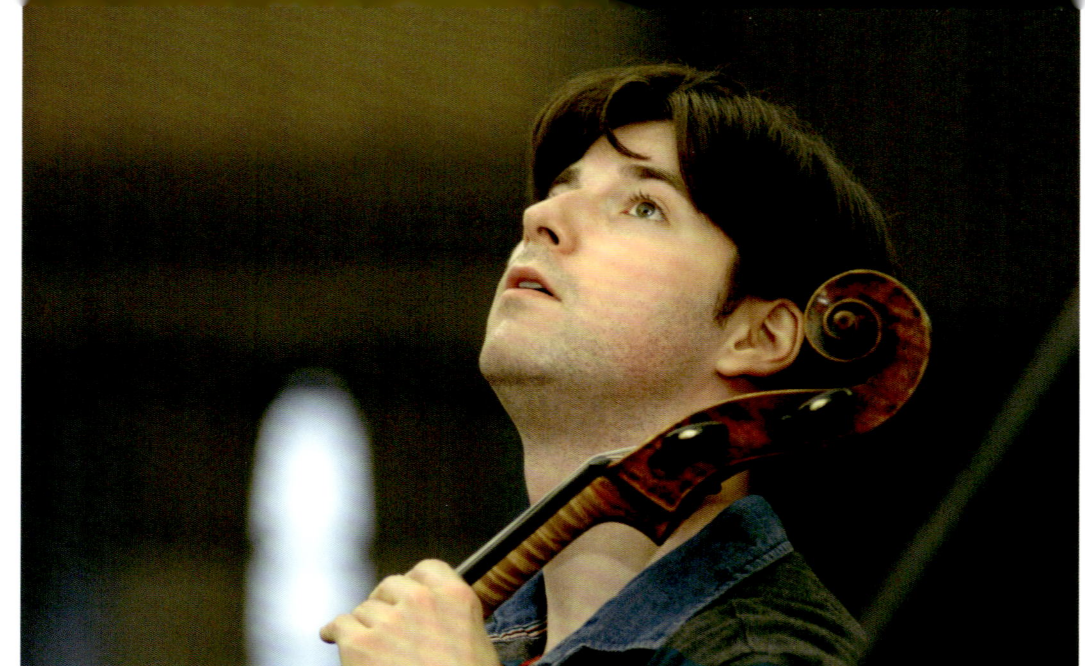

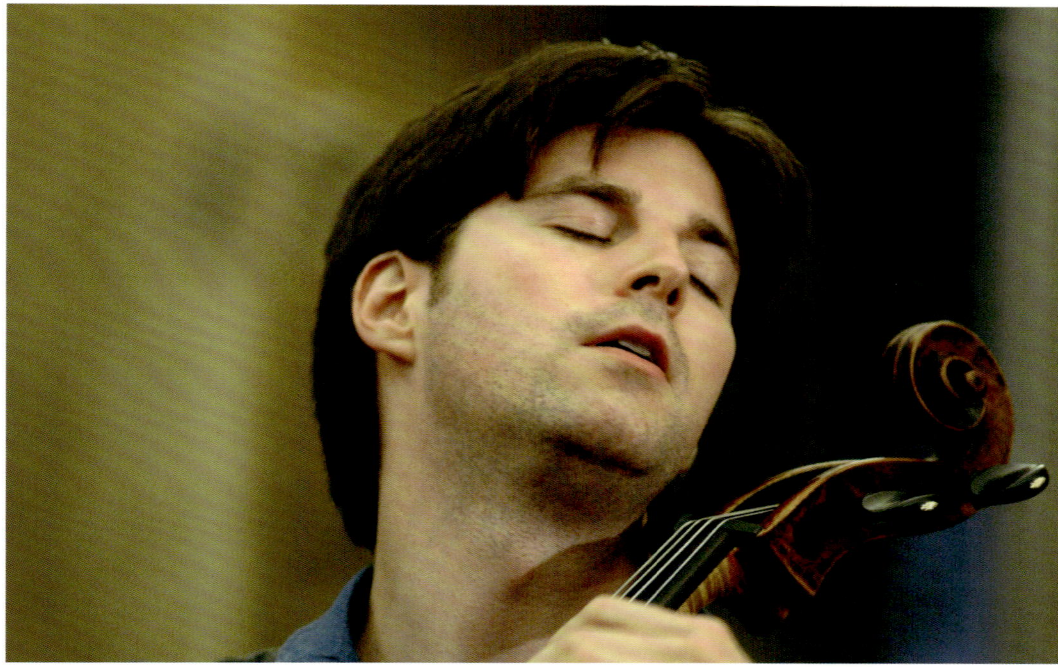

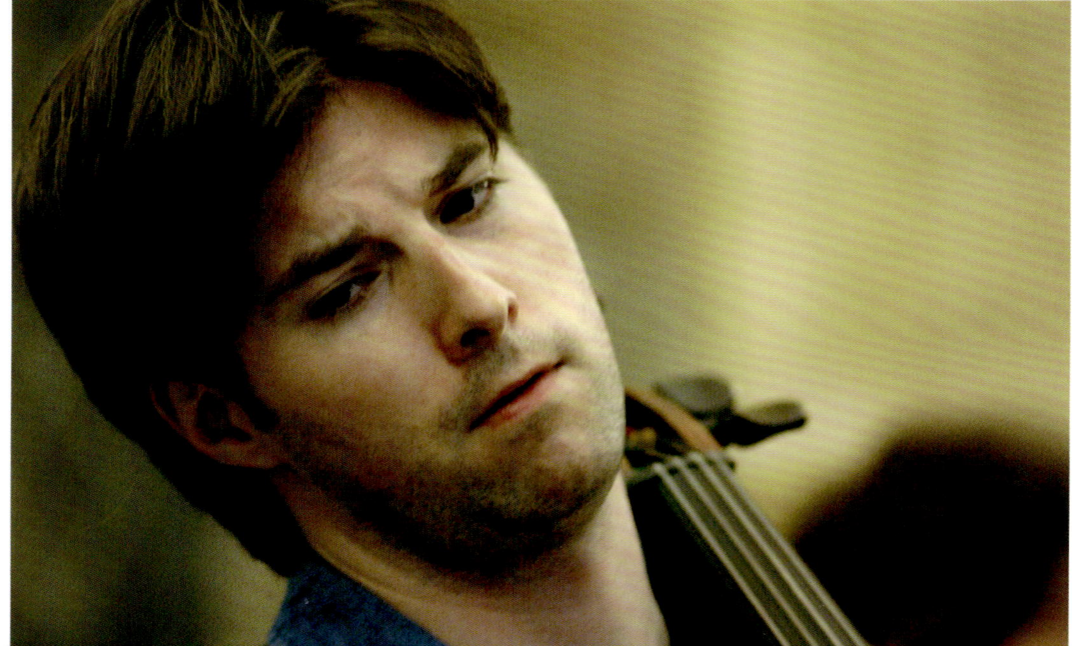

Daniel Müller-Schott, Cello
Bernd Glemser, Klavier
Dimitri Ashkenazy, Klarinette

Kloster Maulbronn, 2007
Ludwig van Beethoven,
Cellosonate Nr. 3 op. 69
Johannes Brahms, Klarinettentrio
a-Moll op. 114

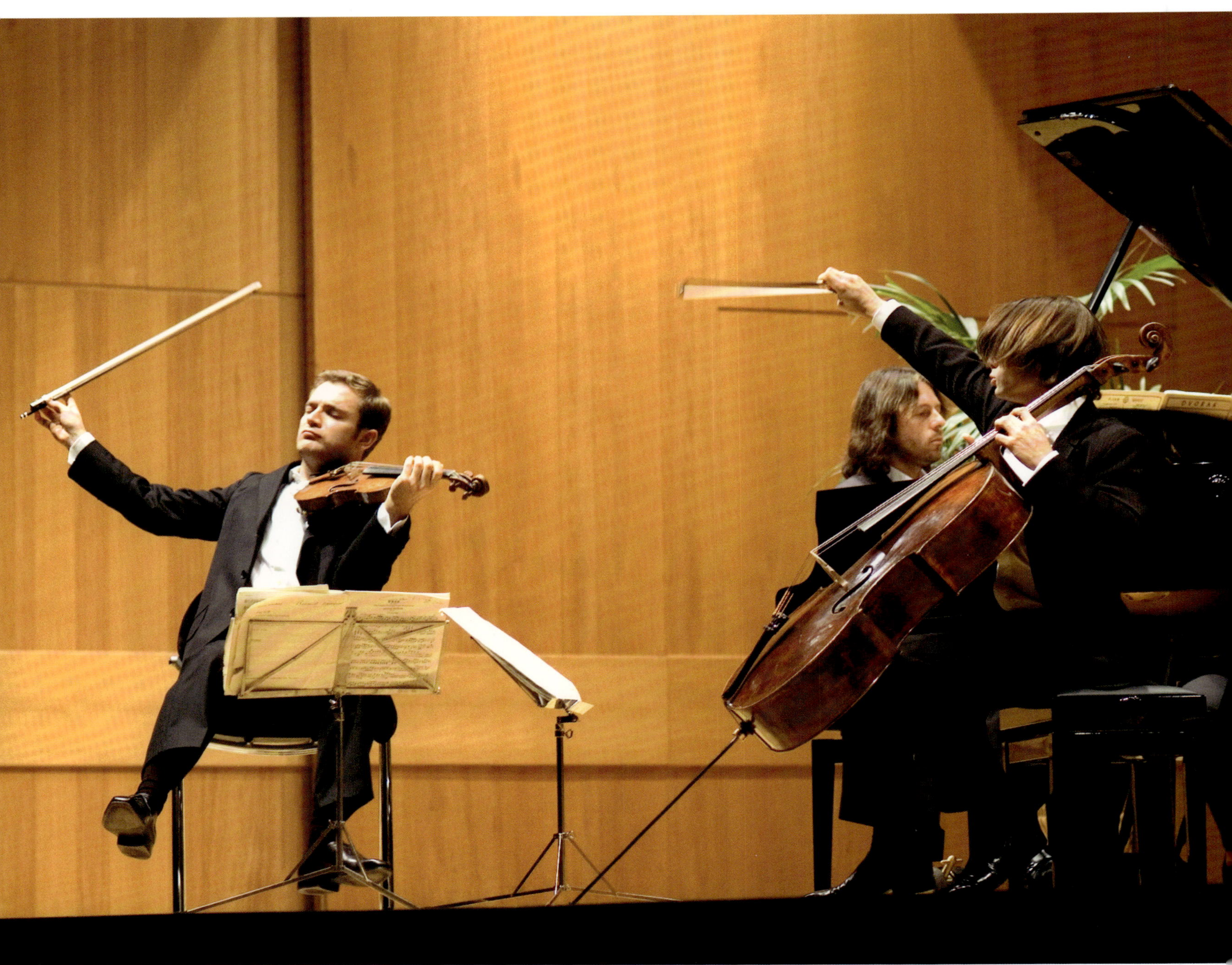

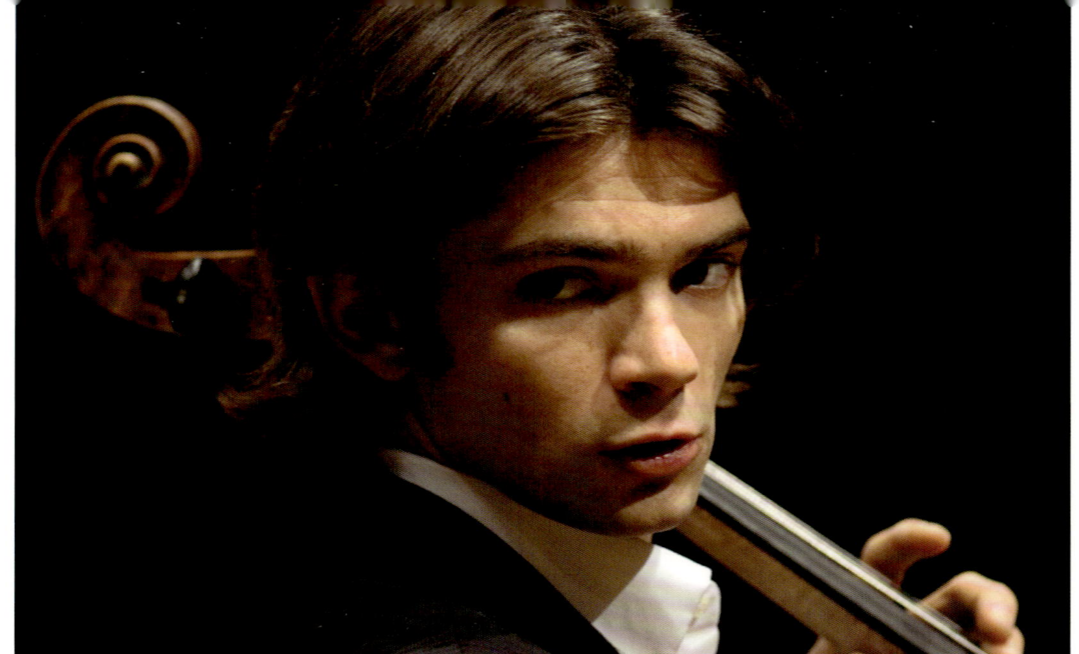

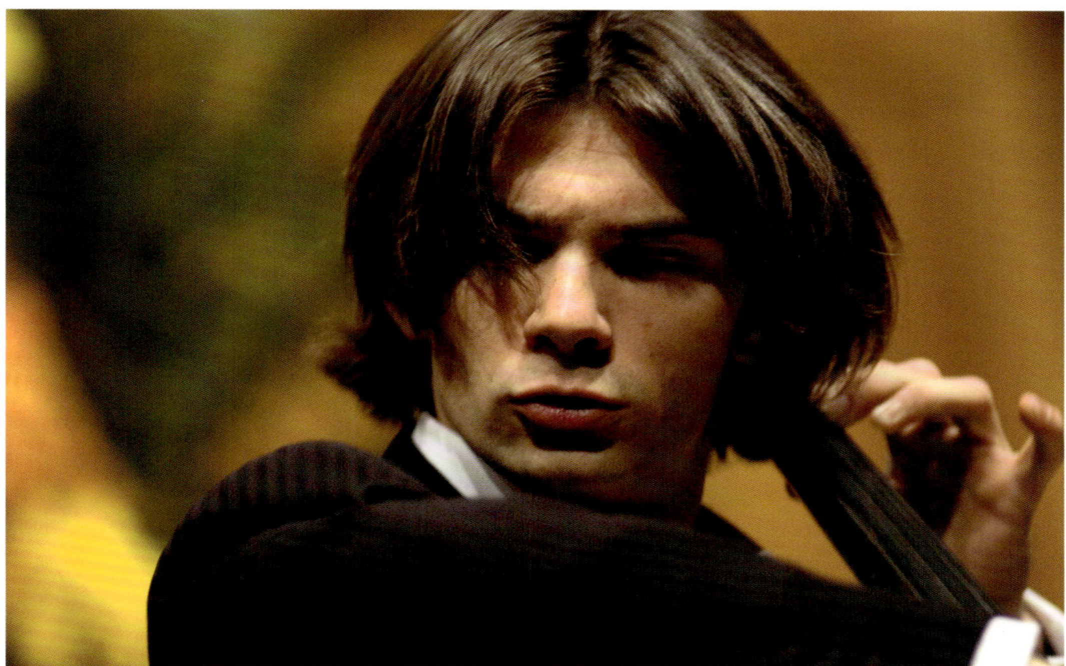

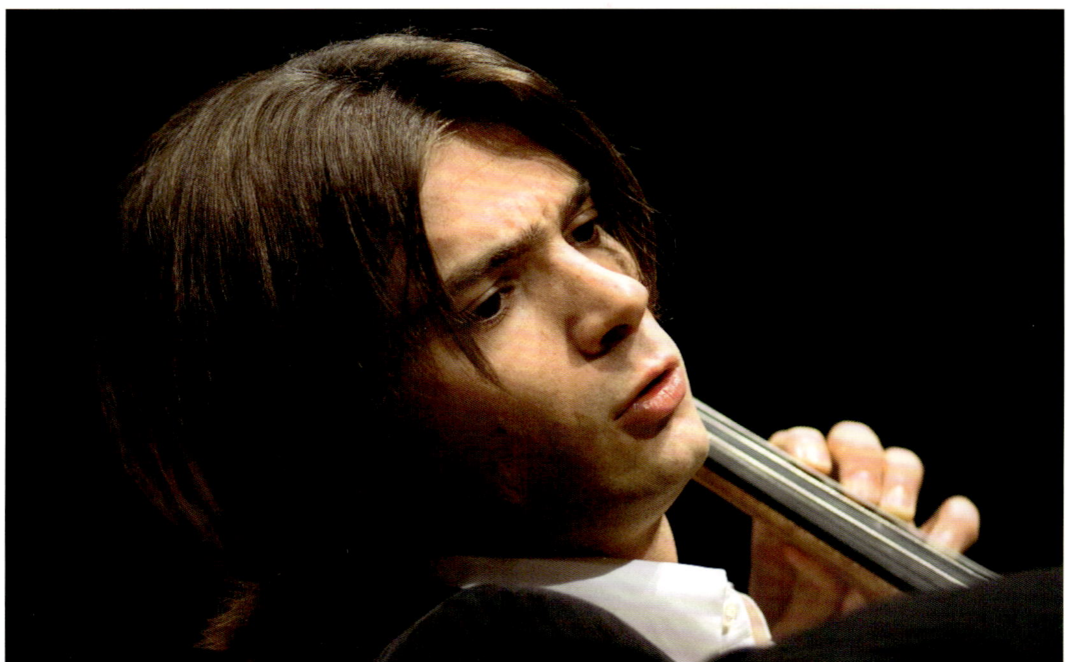

Klaviertrio Capuçon mit
Gautier Capuçon, Cello
Renaud Capuçon, Violine
Frank Braley, Klavier

Heilbronn, 2007
Franz Schubert Trios op. 99, op.100

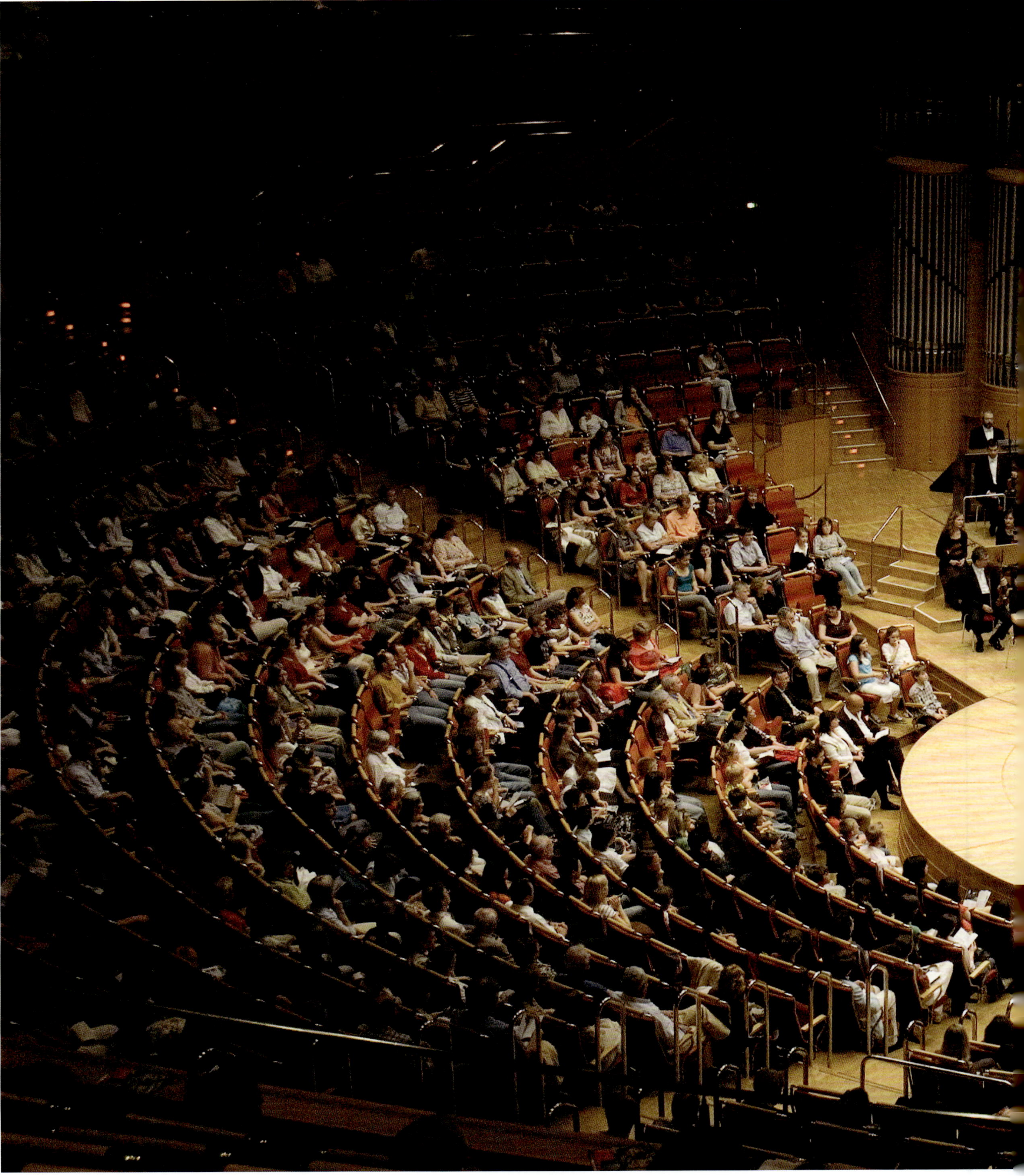

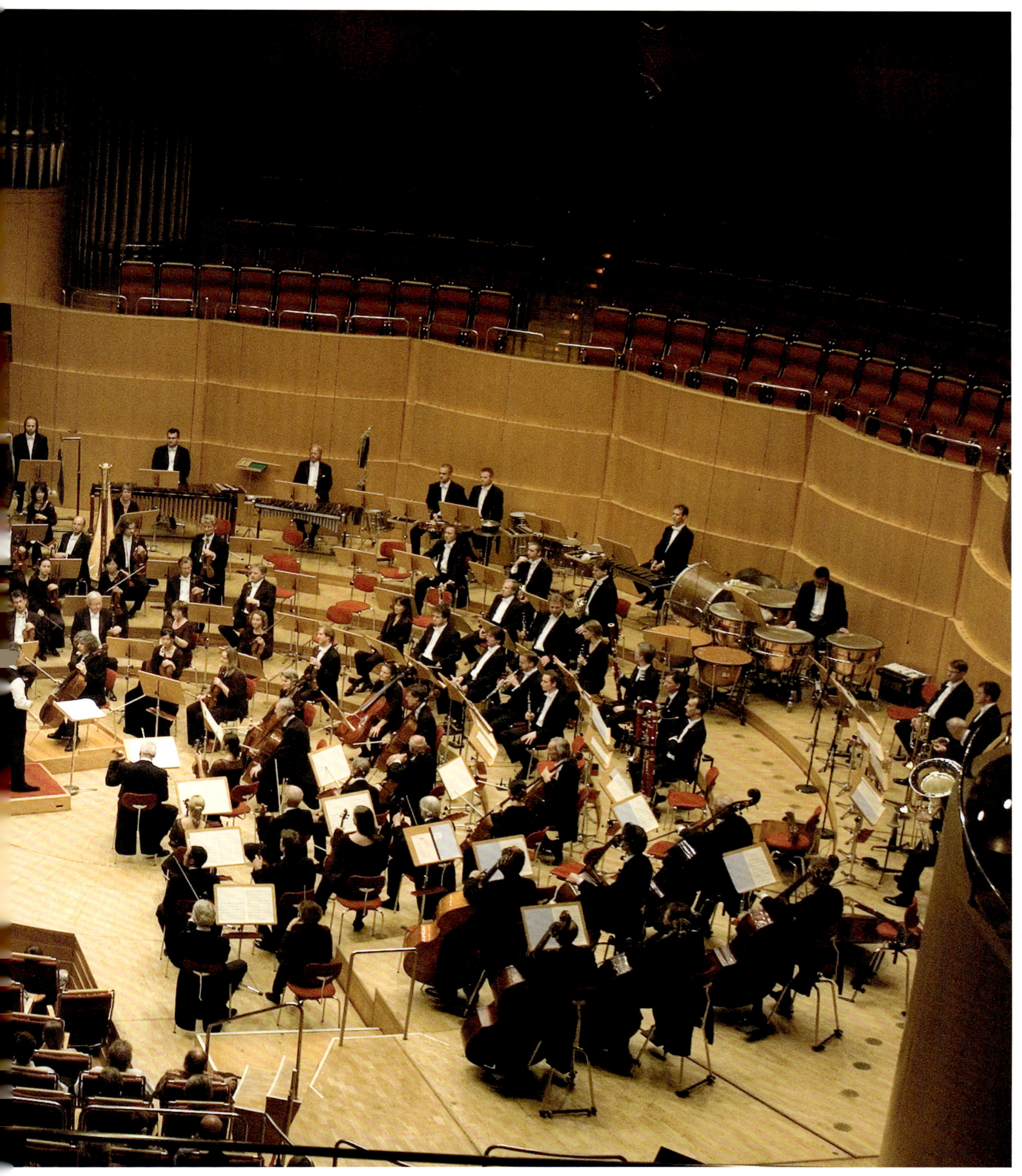

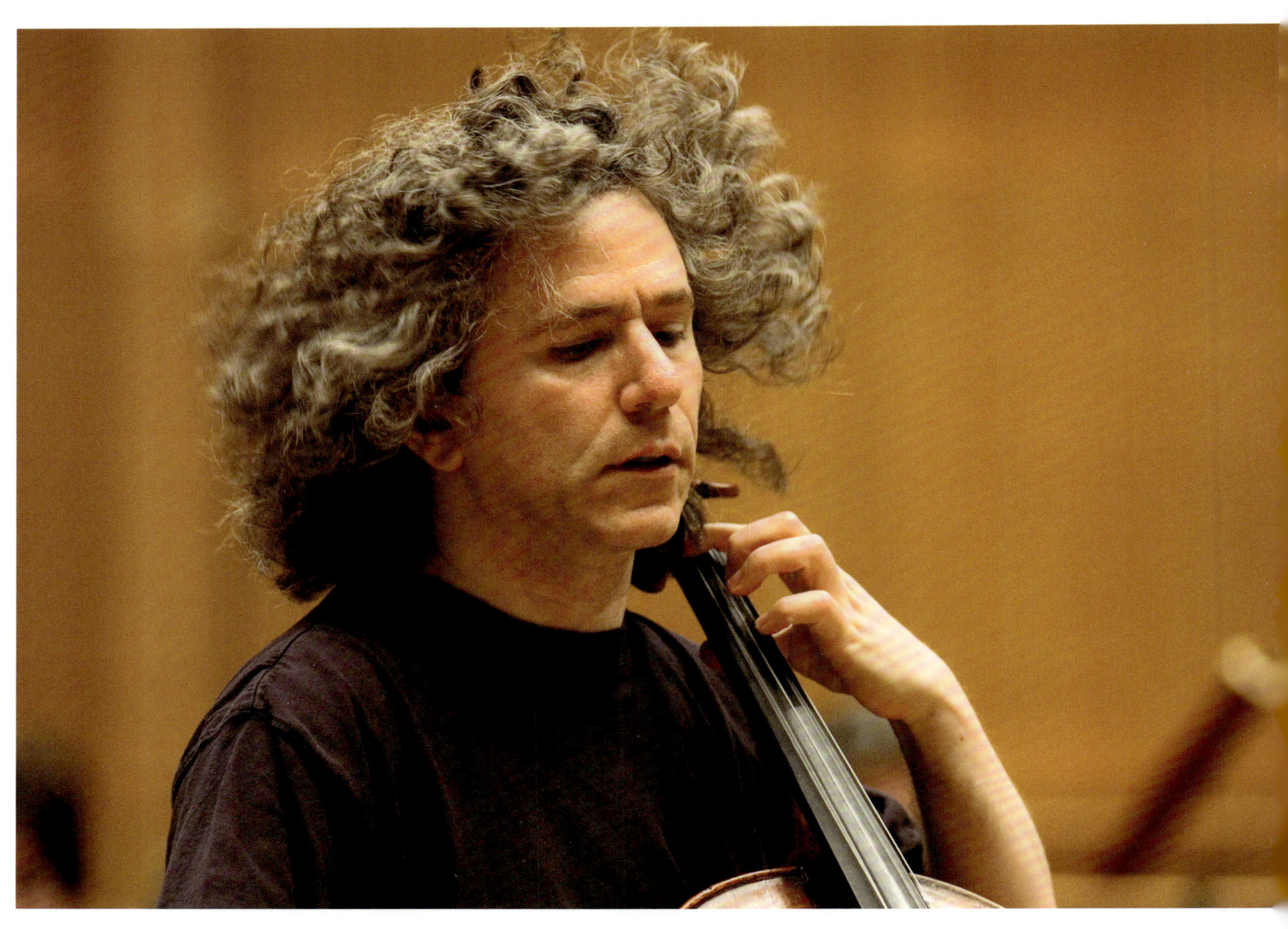

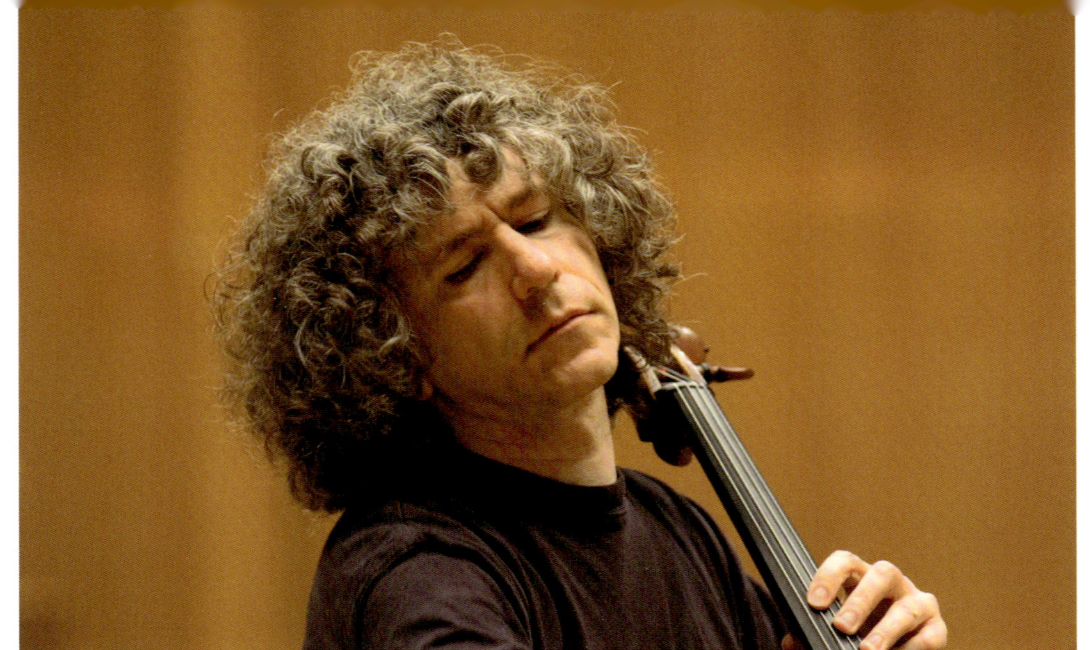

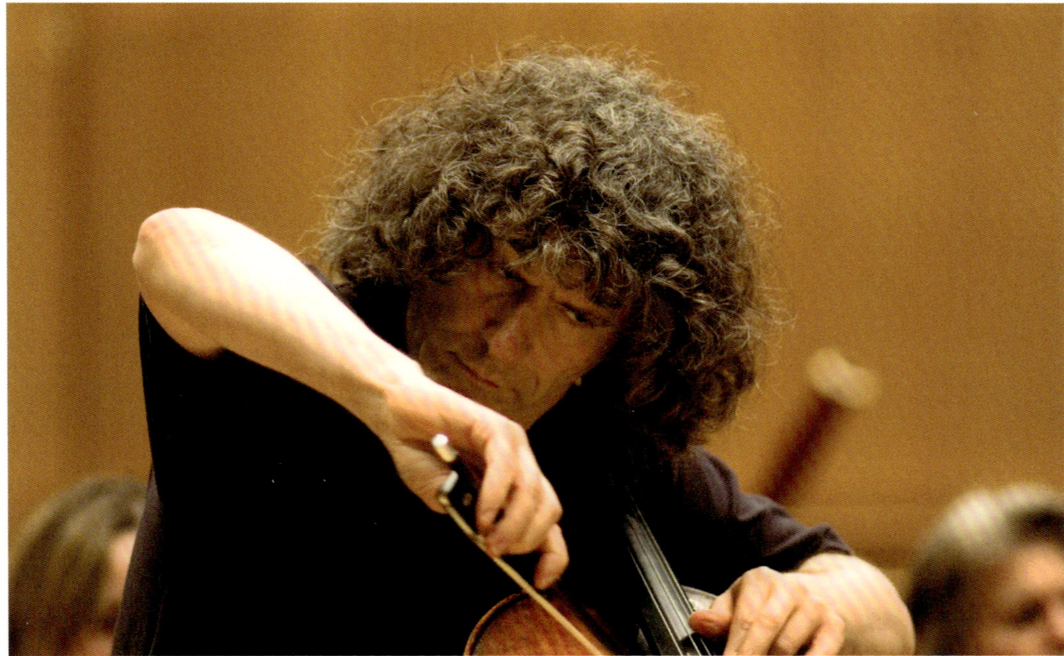

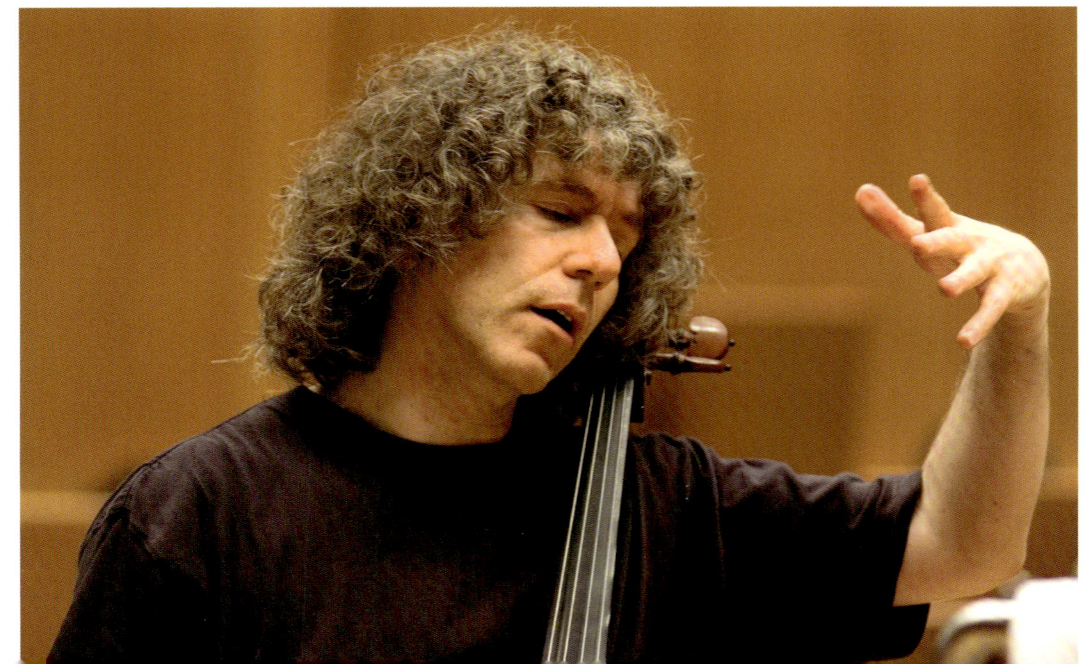

Steven Isserlis, Cello
WDR Sinfonieorchester Köln
unter Semyon Bychkov

Kölner Philharmonie, 2007
Henri Dutilleux, Cellokonzert
„Tout un monde lointain"
Jugendkonzert

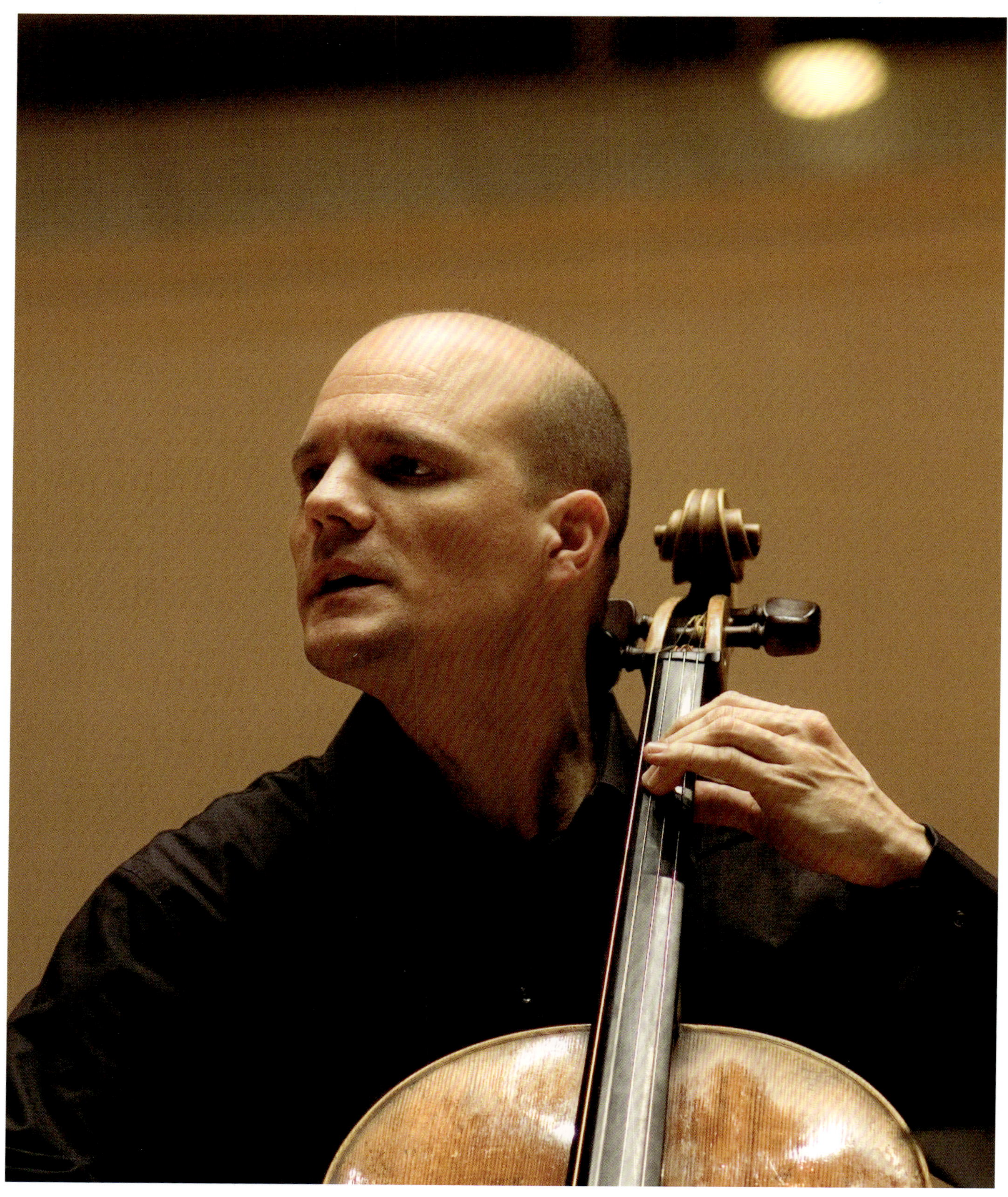

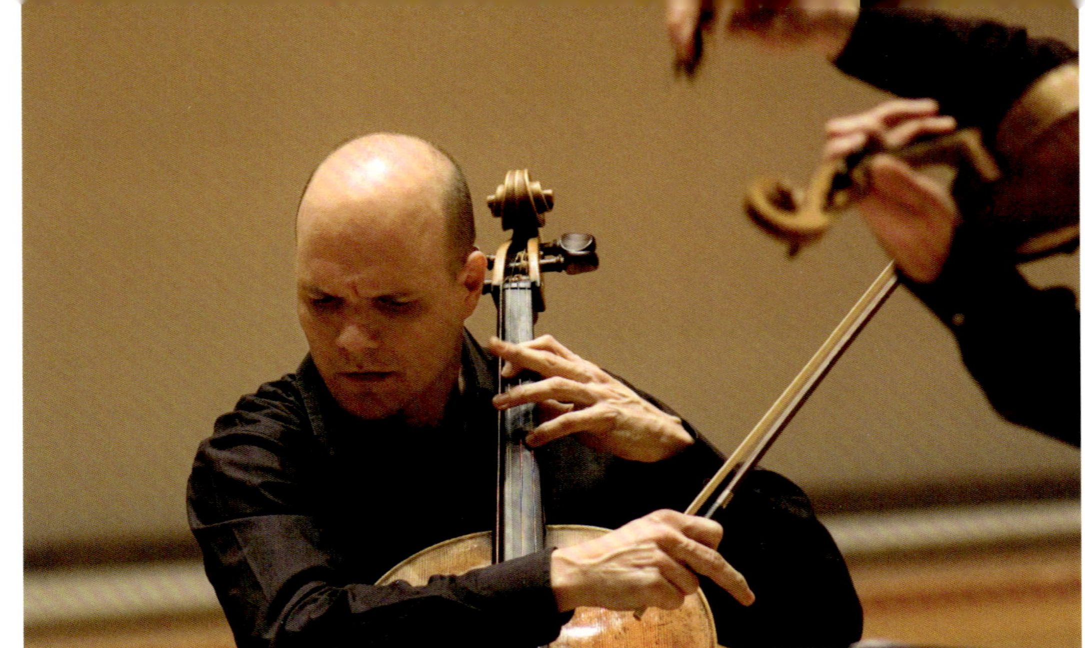

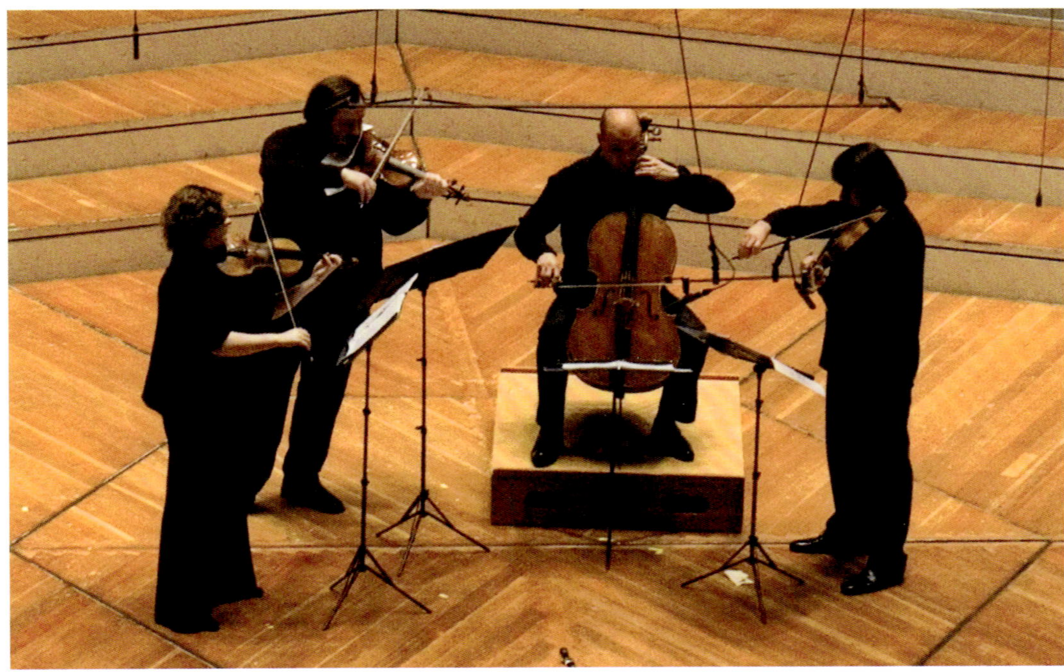

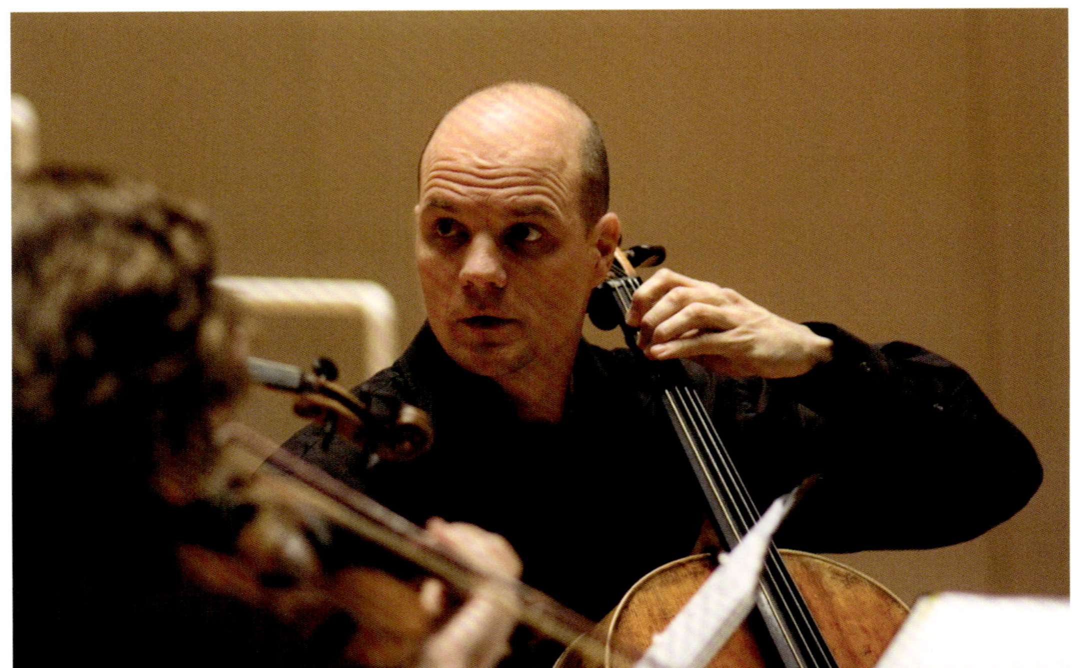

Eckart Runge
mit dem Artemis Quartett

Philharmonie Berlin, 2008
Kammermusiksaal
Dmitri Schostakowitsch
Streichquartett Nr. 9

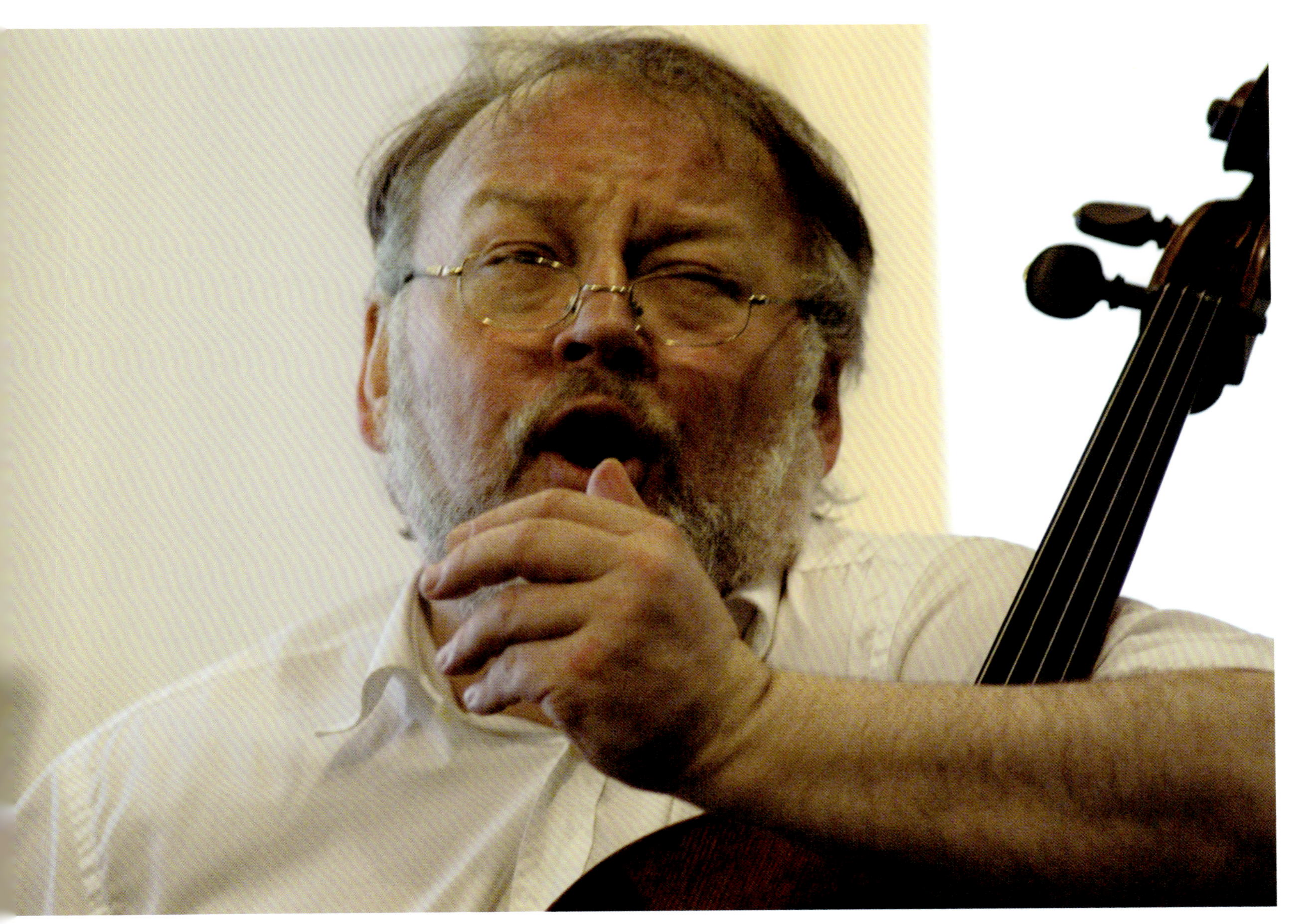

Heinrich Schiff, Kammermusikfestival Kronberg 2006

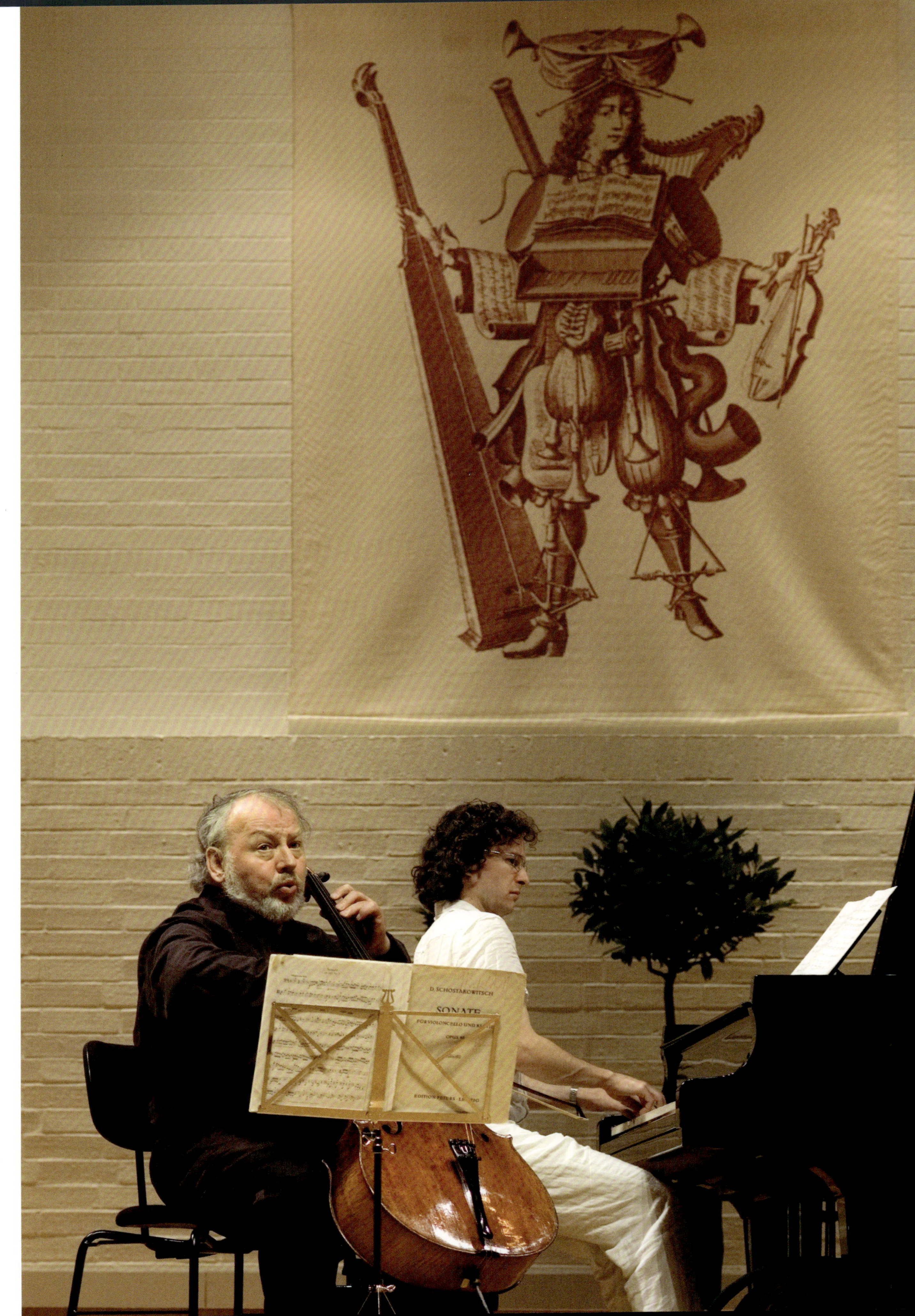
D. SCHOSTAKOWITSCH
SONATE
FÜR VIOLONCELLO UND KLAVIER
OPUS 40
EDITION PETERS

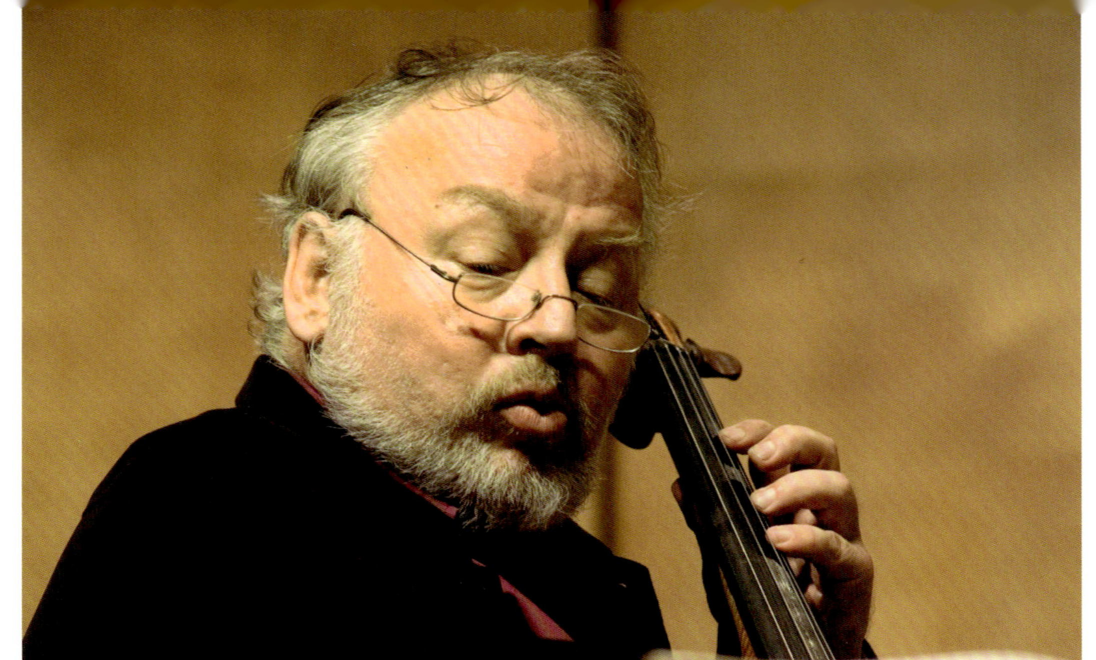

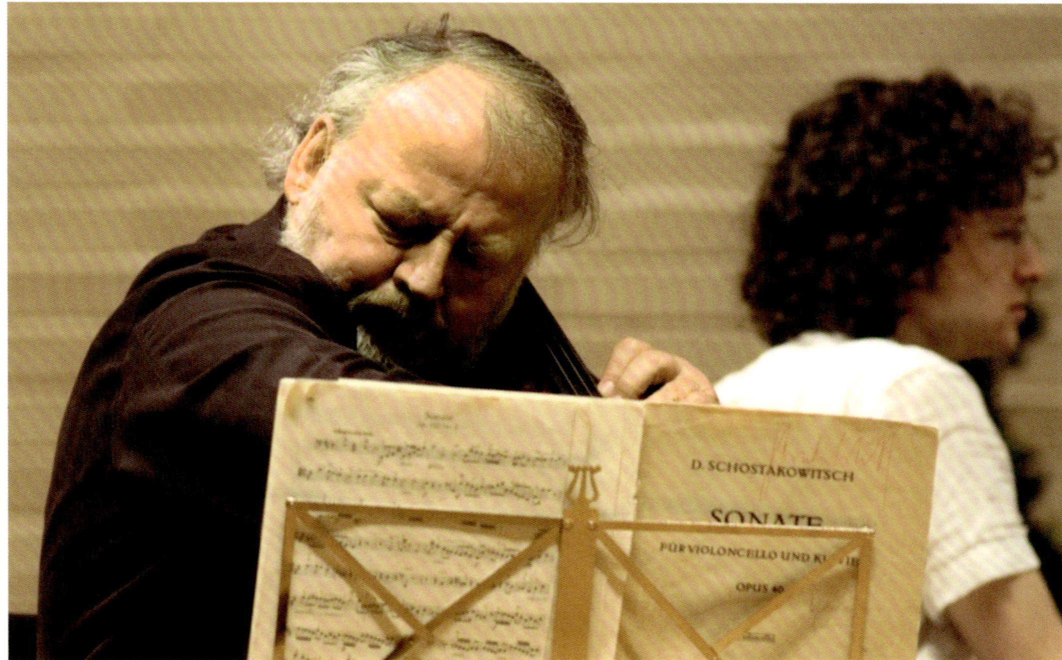

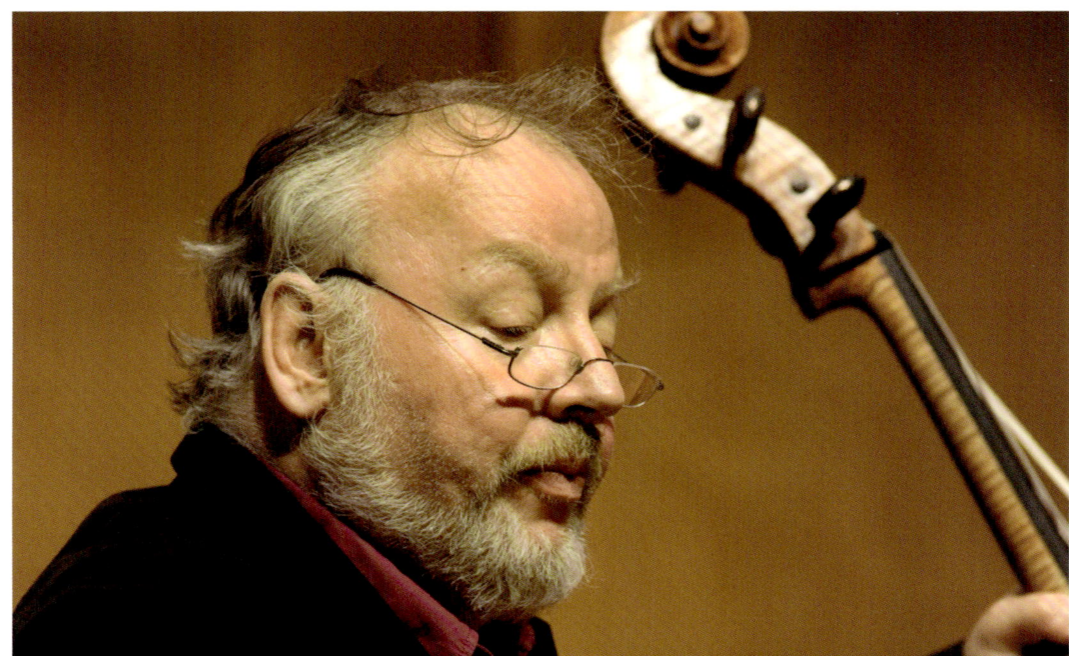

Heinrich Schiff, Cello
Martin Helmchen, Klavier

Reitstadel Neumarkt, 2009
Dmitri Schostakowitsch
Sonate d-Moll op. 40

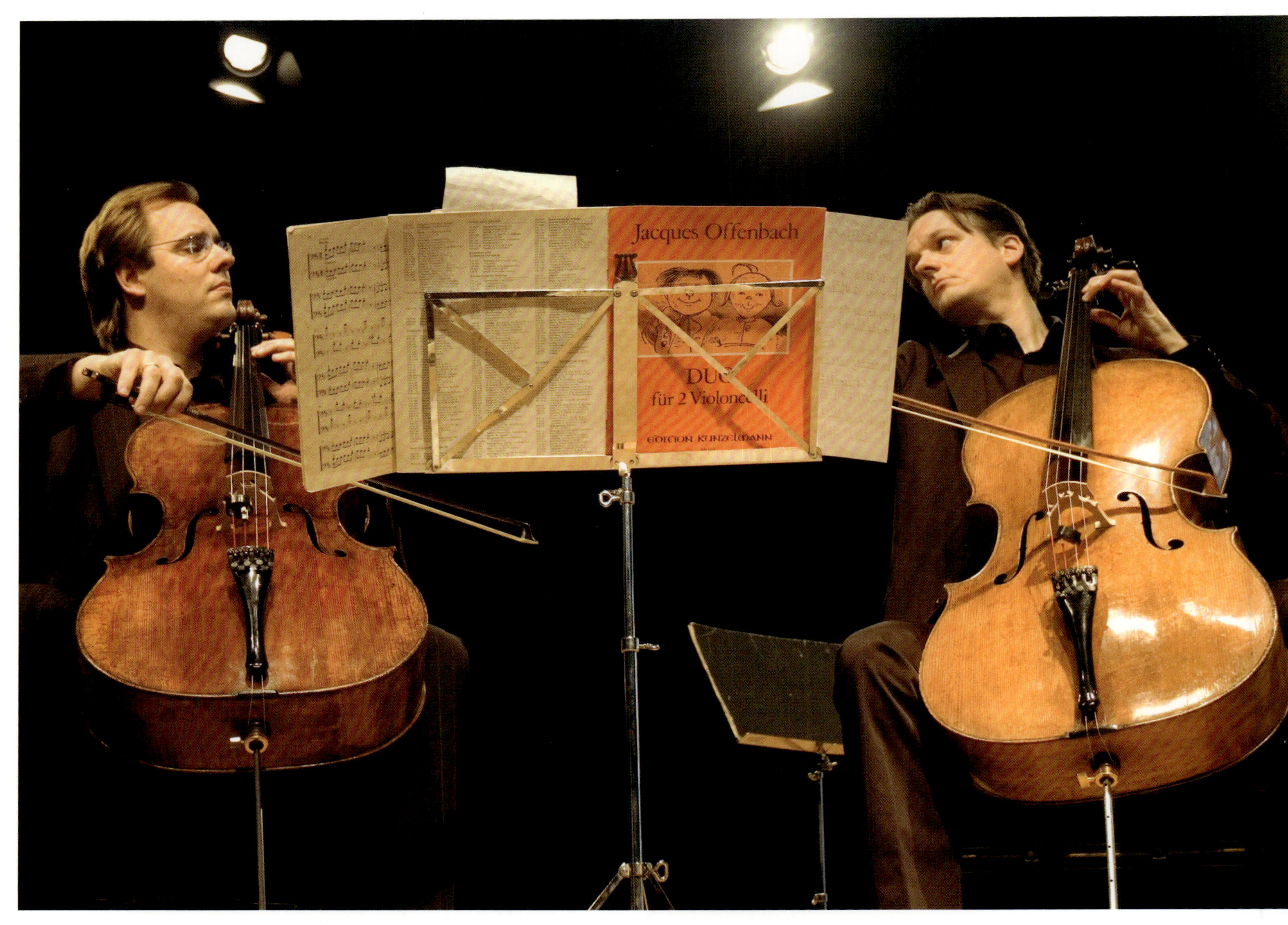

Cello Duello, Wolfgang Emanuel Schmidt und Jens Peter Maintz

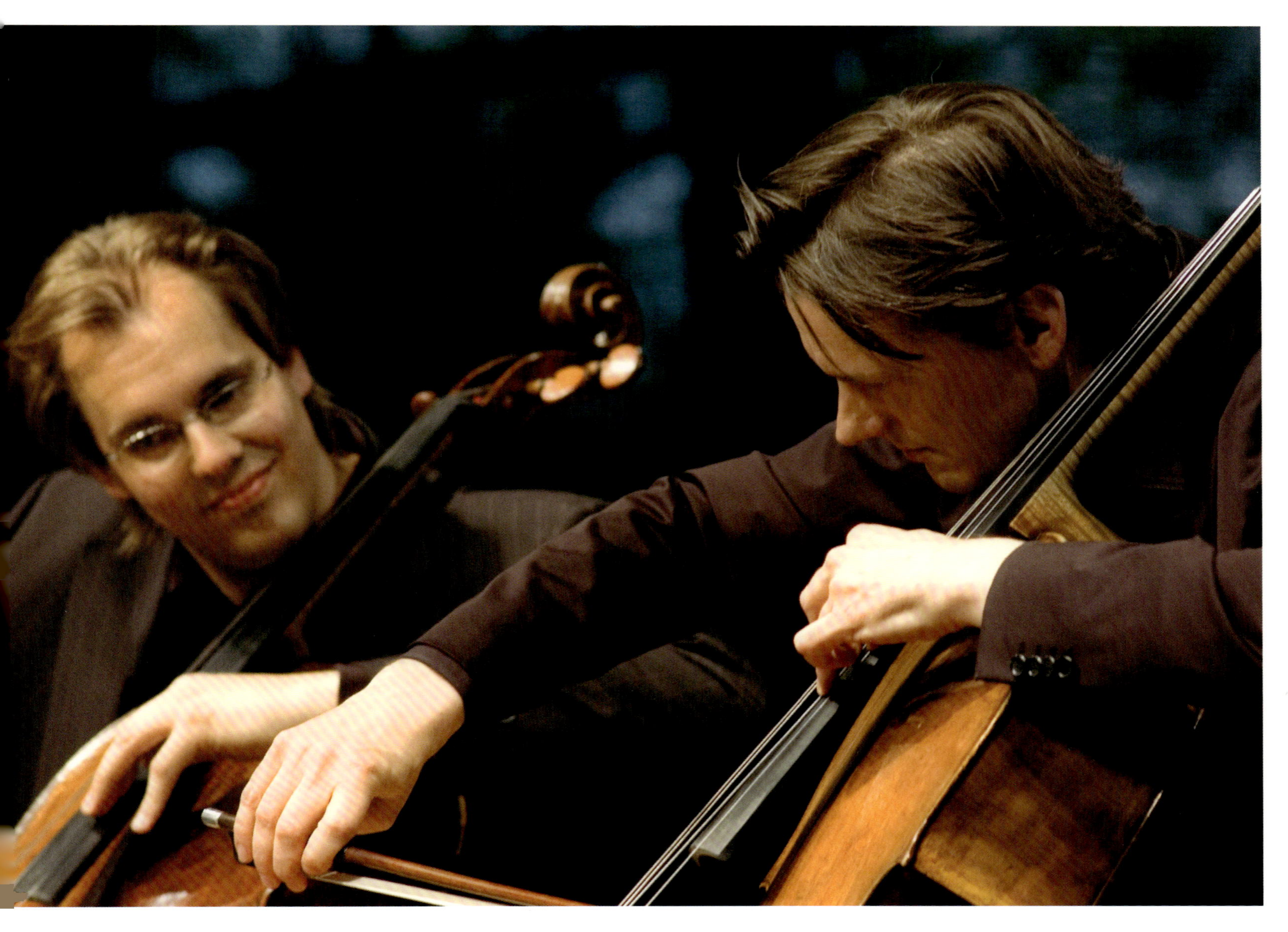

Meisterkurse Rutesheim 2009, Jaques Offenbach, Duo in E-Dur

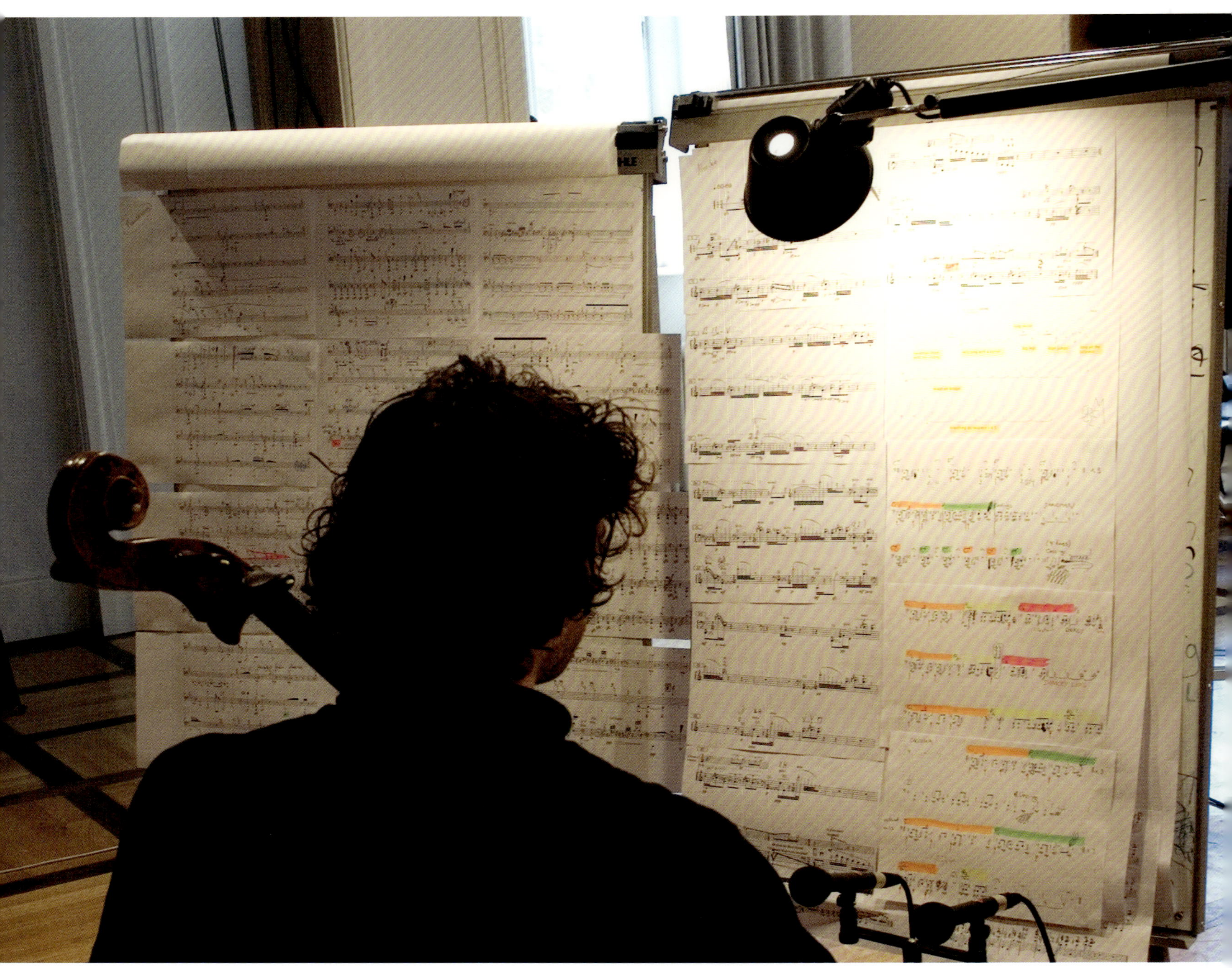

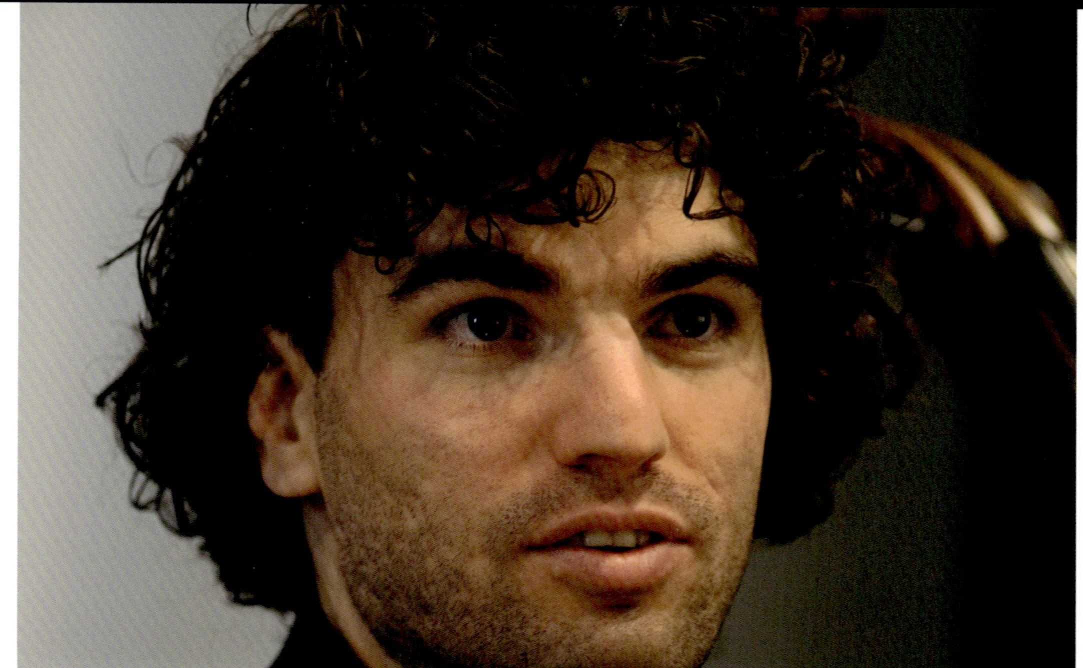

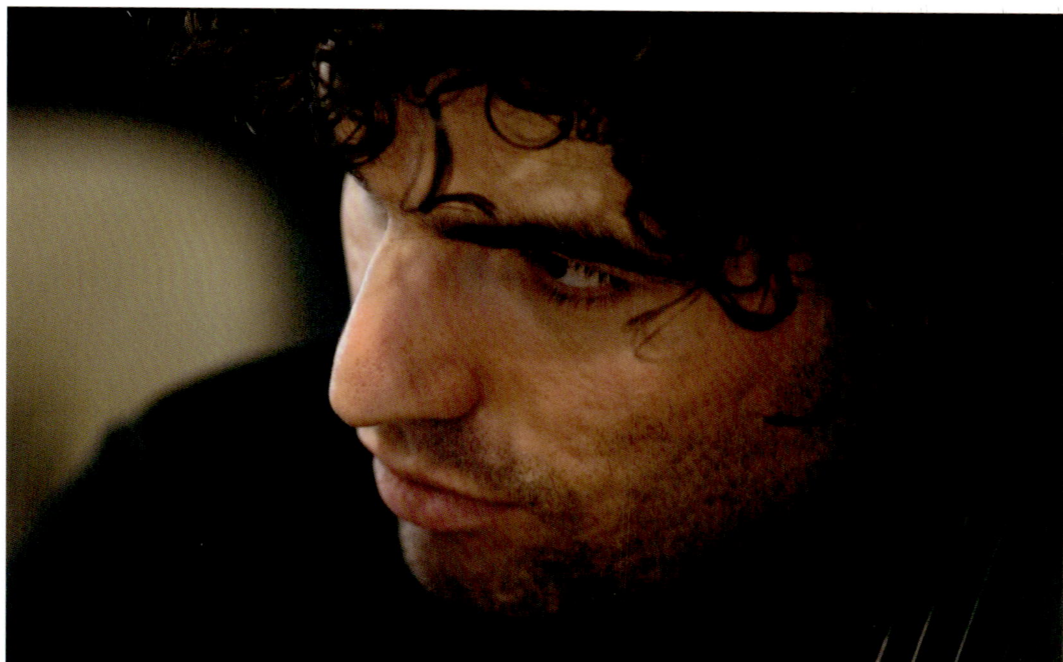

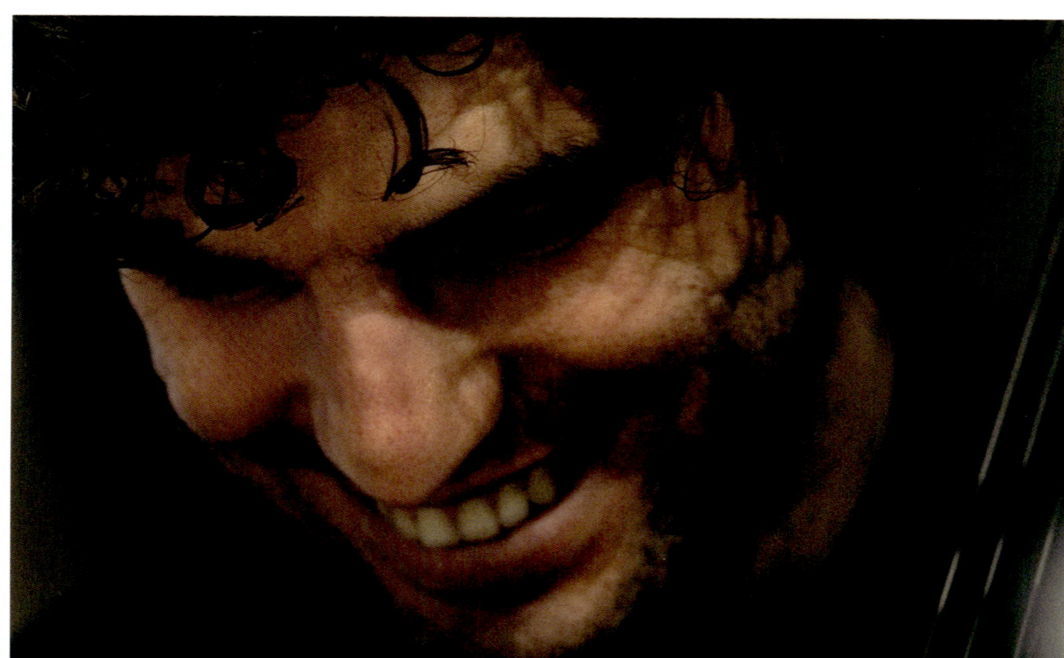

Gavriel Lipkind
Stuttgart, Schloss Solitüde, 2007

Live-Elektronik und Cello Solo

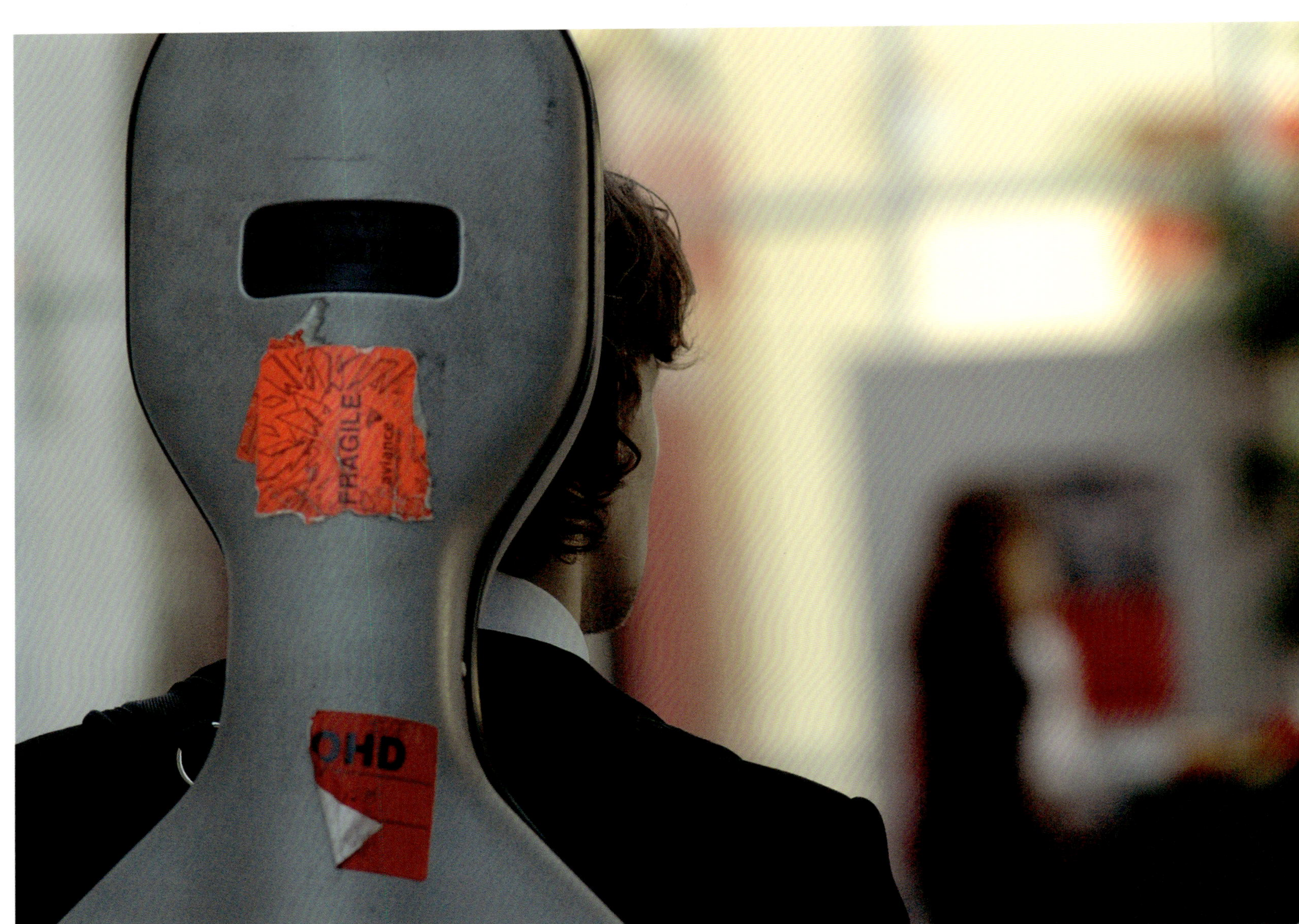
FRAGILE
aviance
OHD

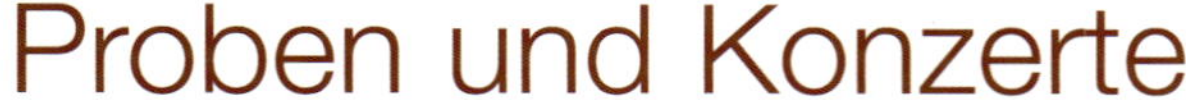

Proben und Konzerte

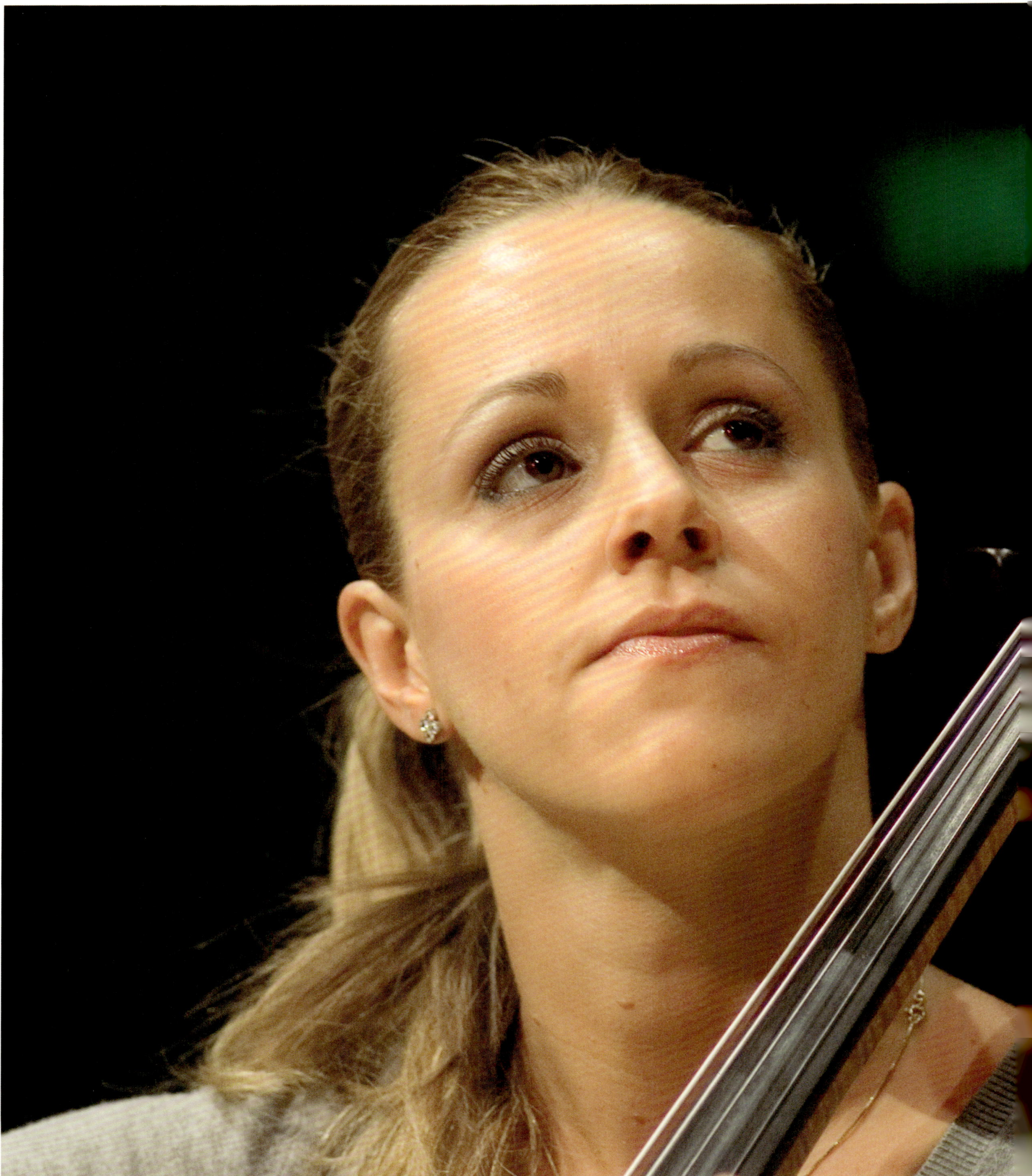

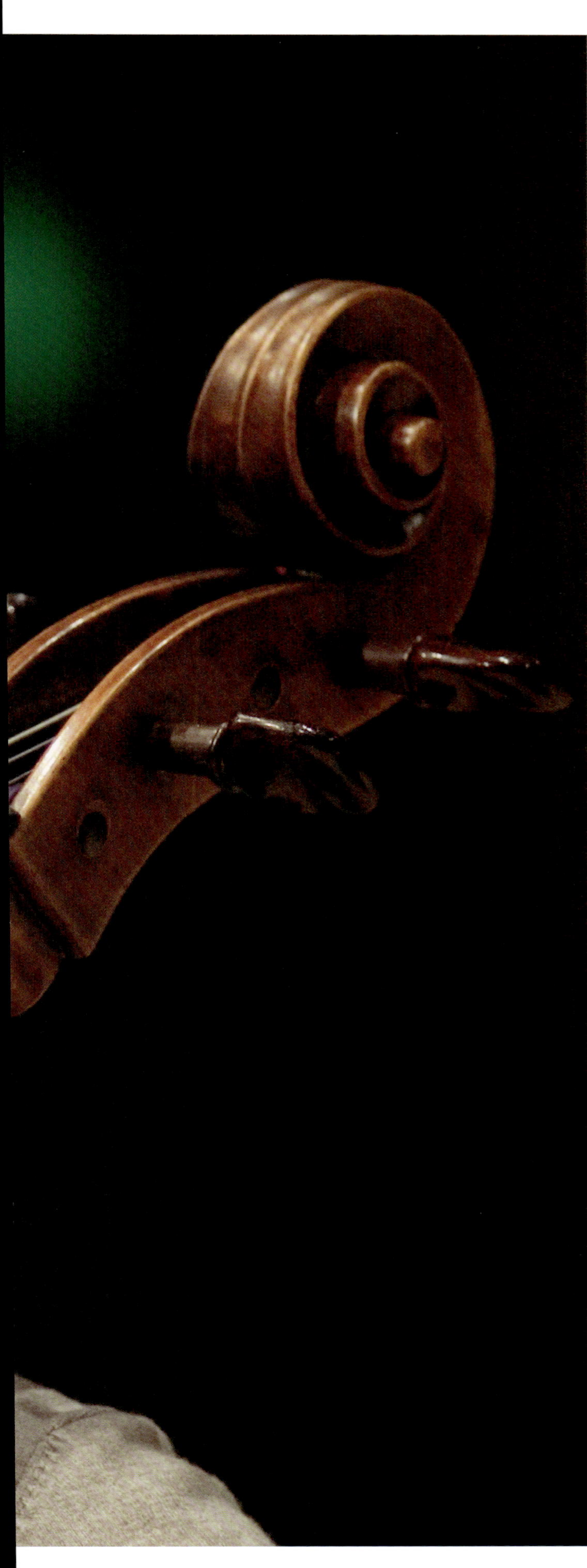

Sol Gabetta

Cello Festival Manchester 2007
Gambensonaten von Johann Sebastian Bach

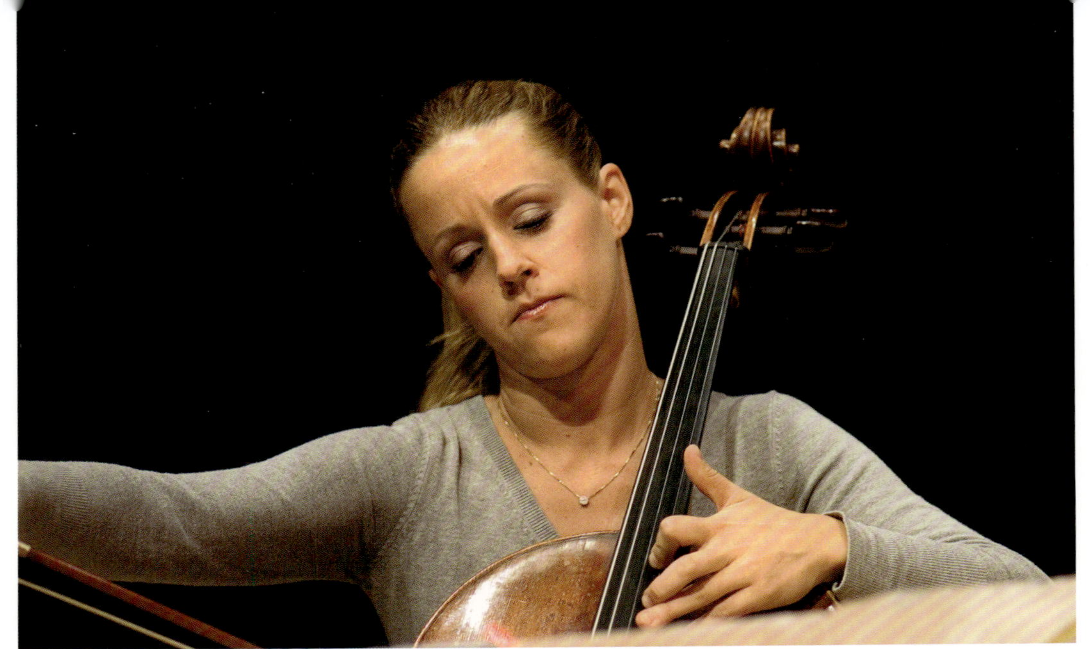

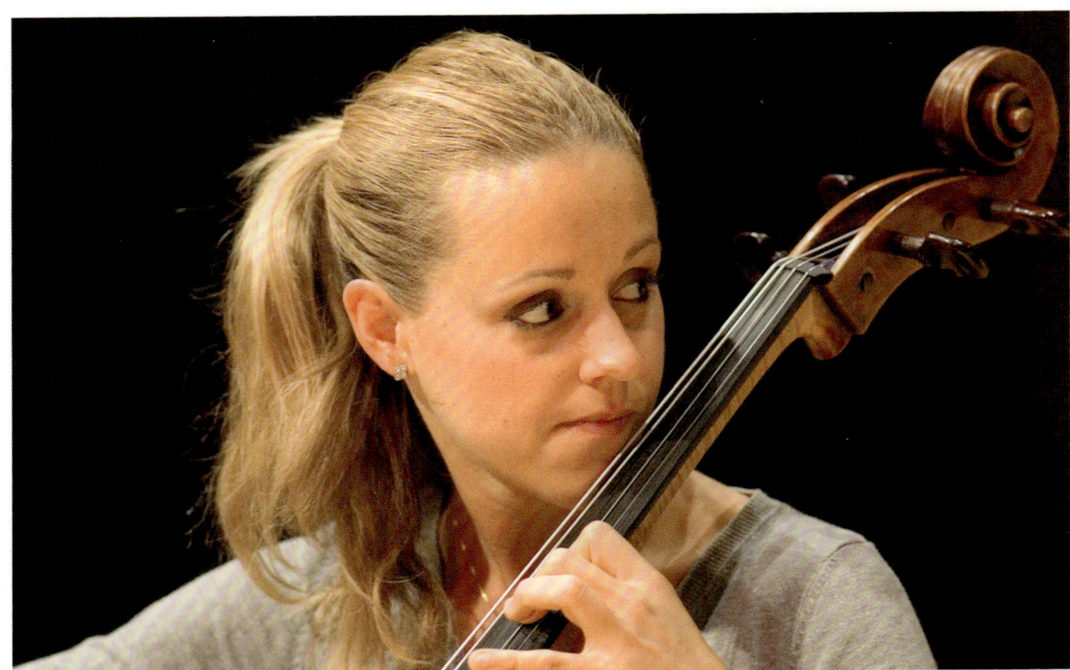

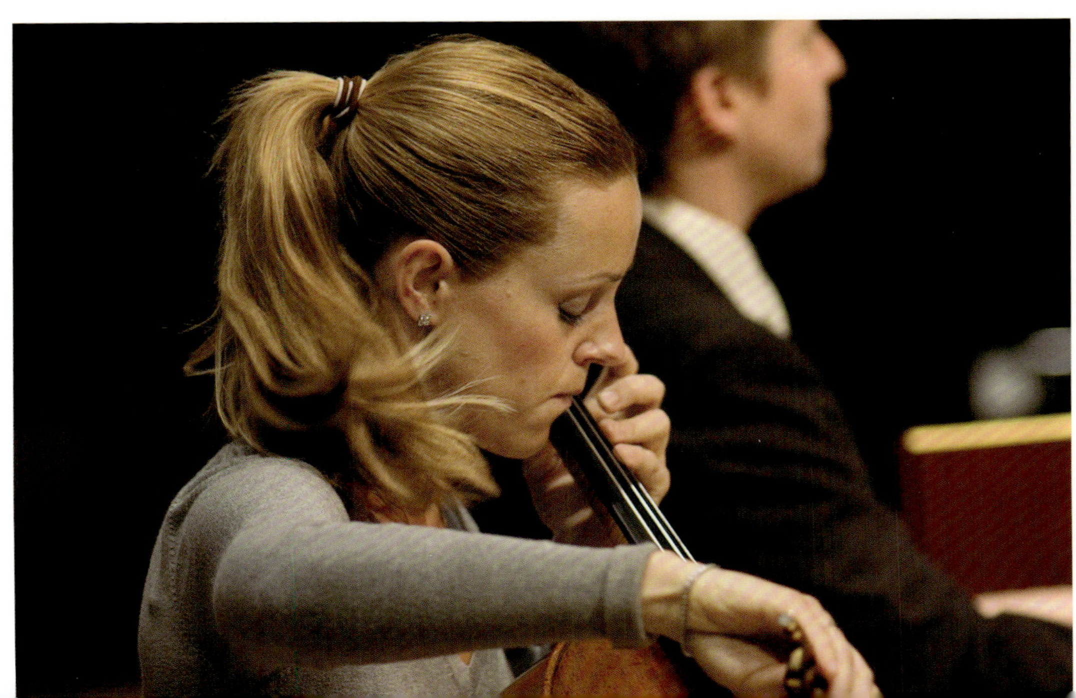

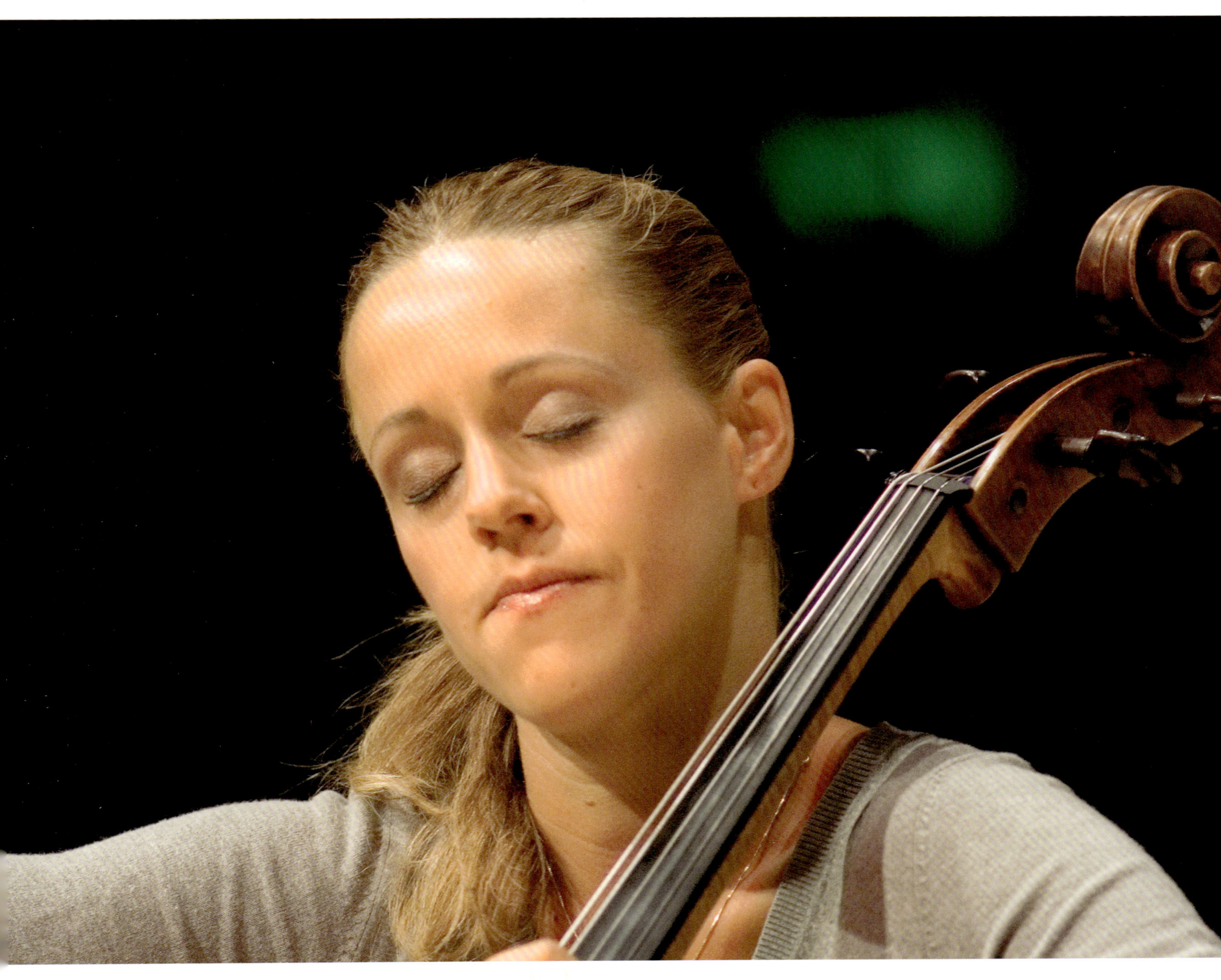

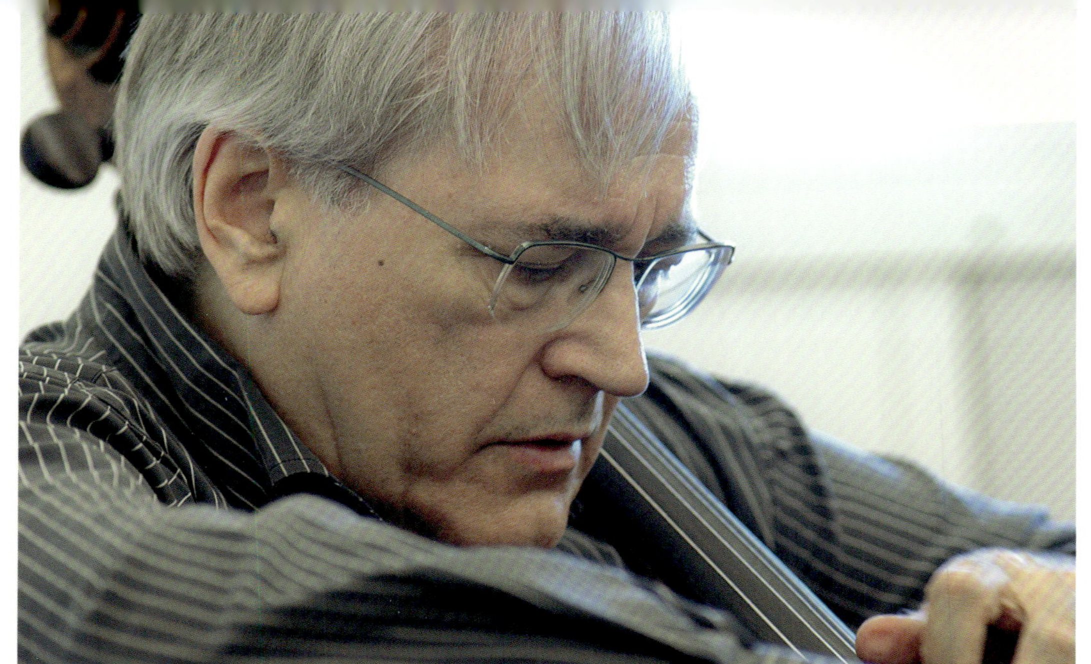

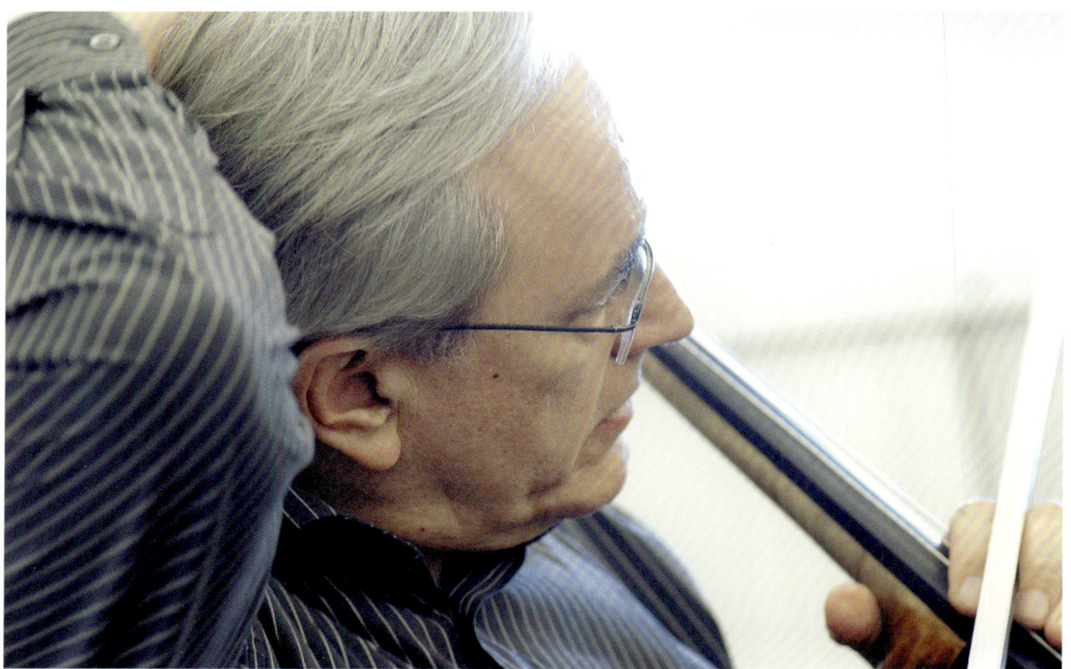

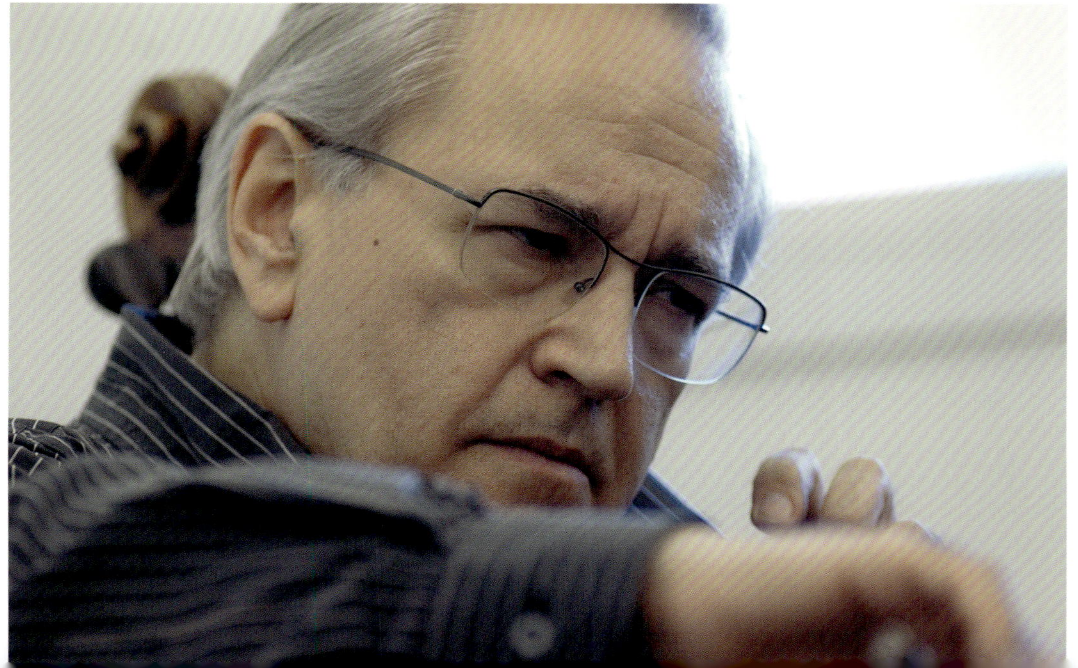

David Geringas

Cello Festival Manchester 2007
Richard Strauss
Cellosonate F-Dur

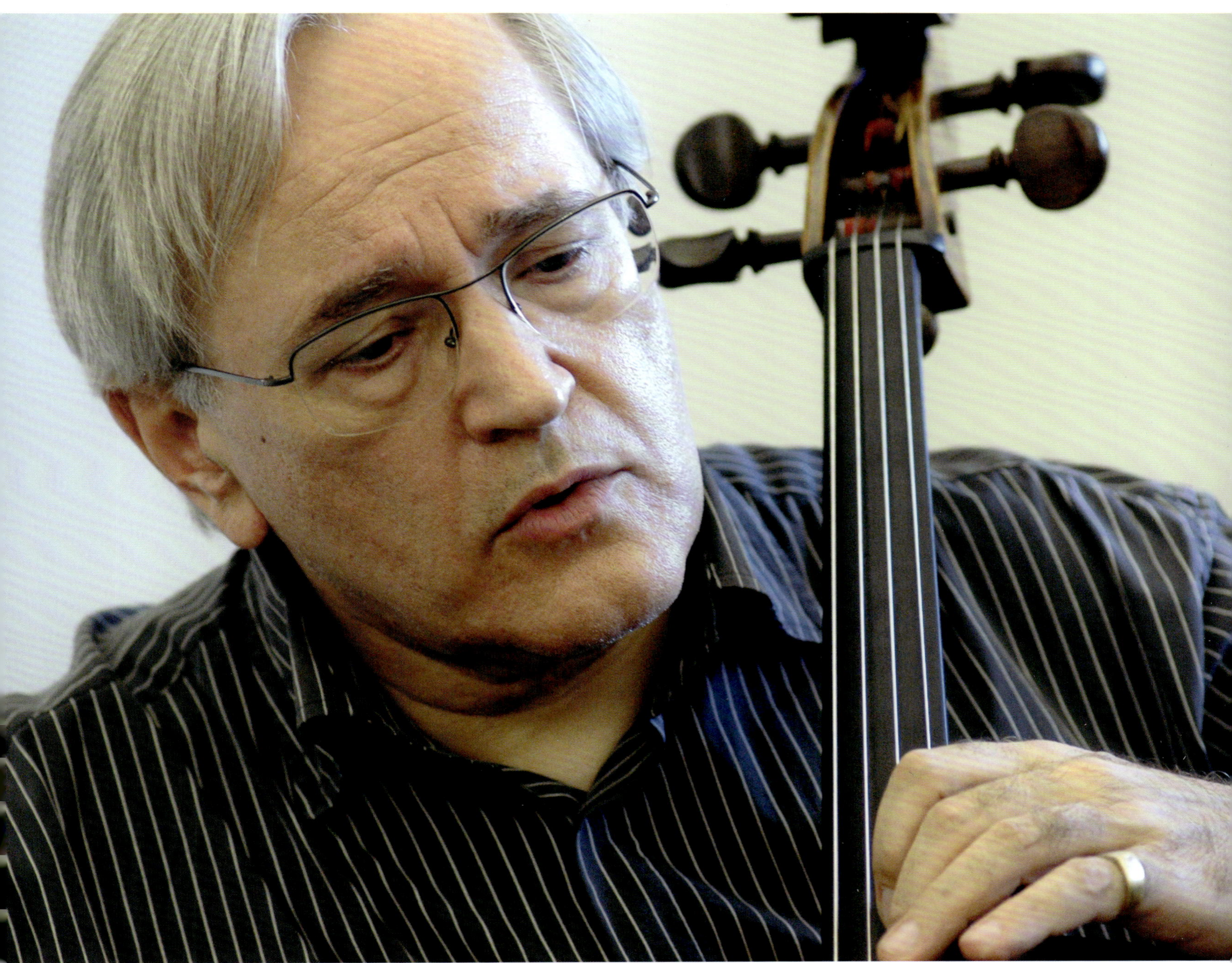

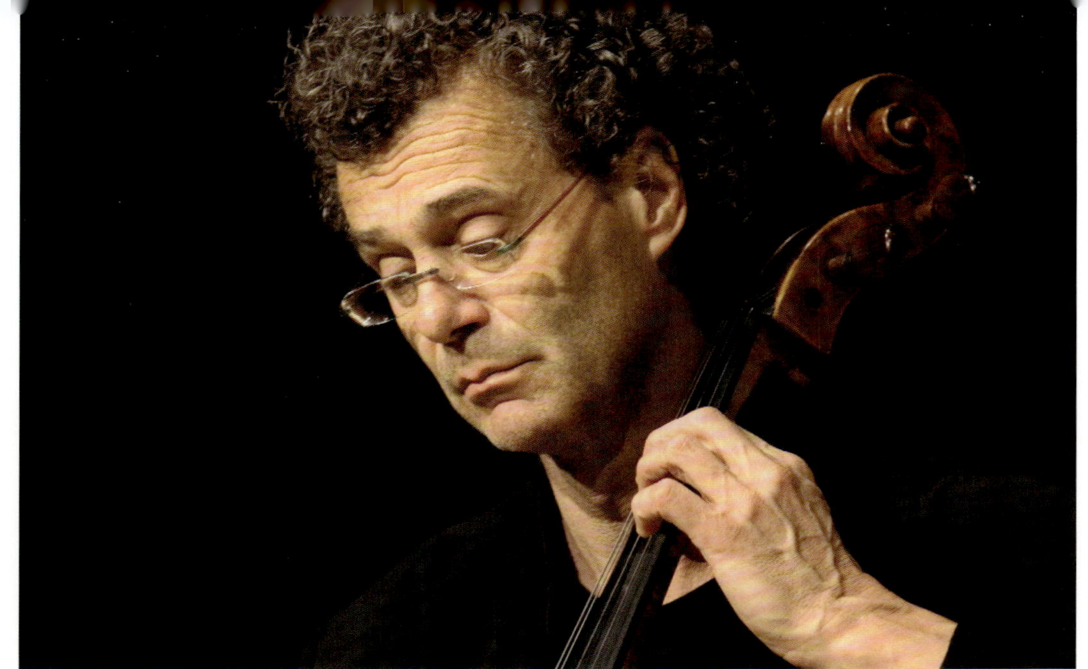

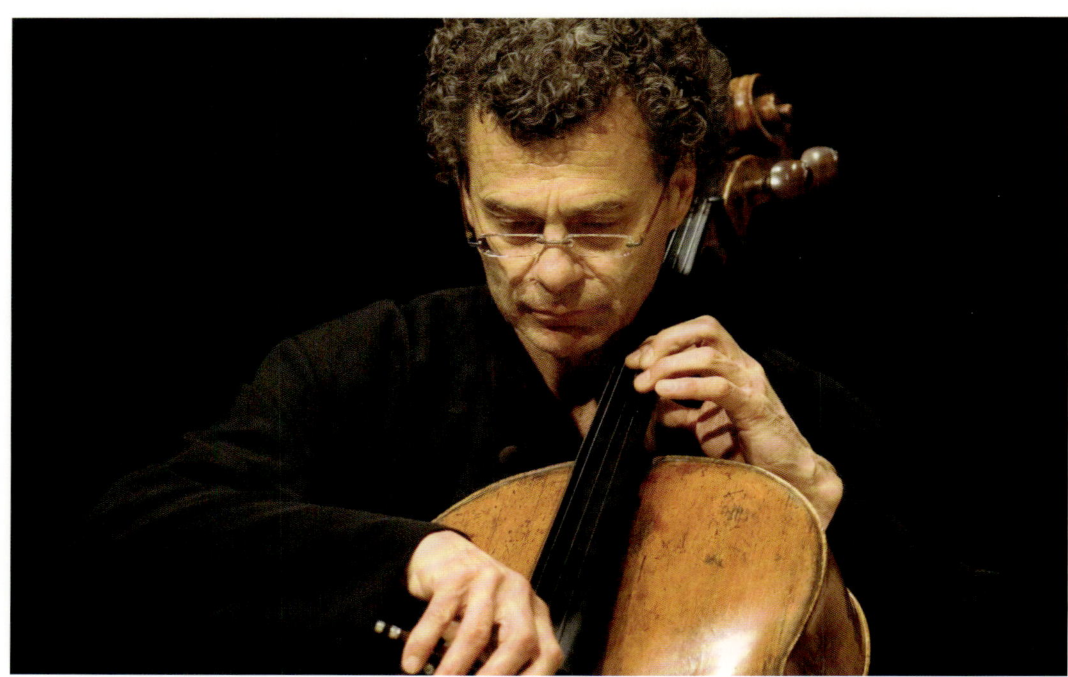

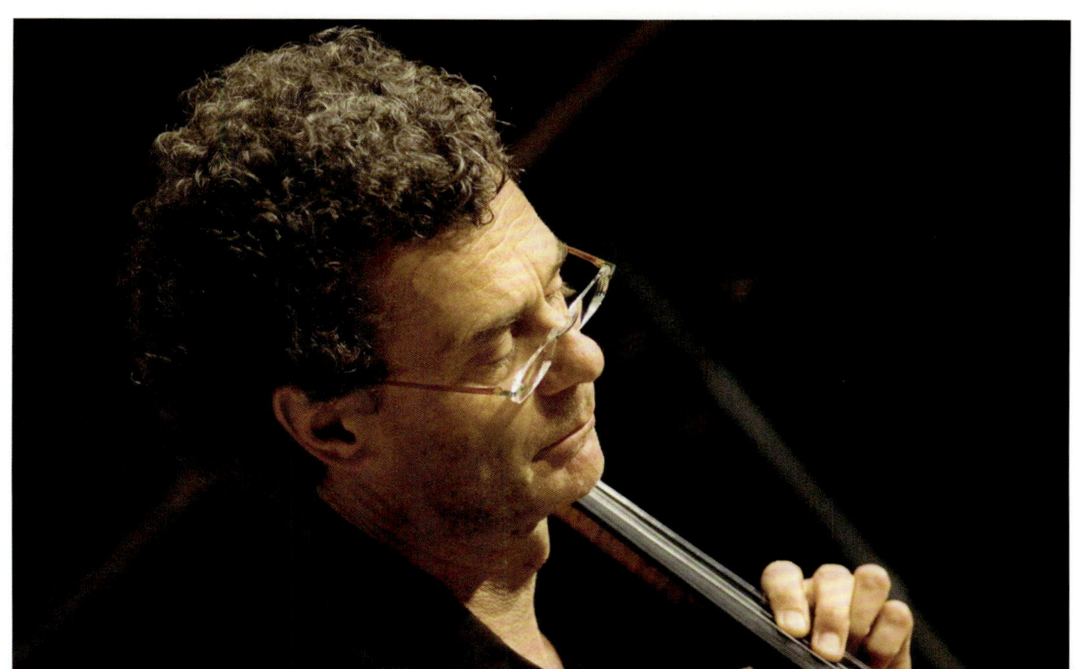

Thomas Demenga

Cello Festival Manchester 2007
Felix Mendelssohn Bartholdy
Sonate in B-Dur

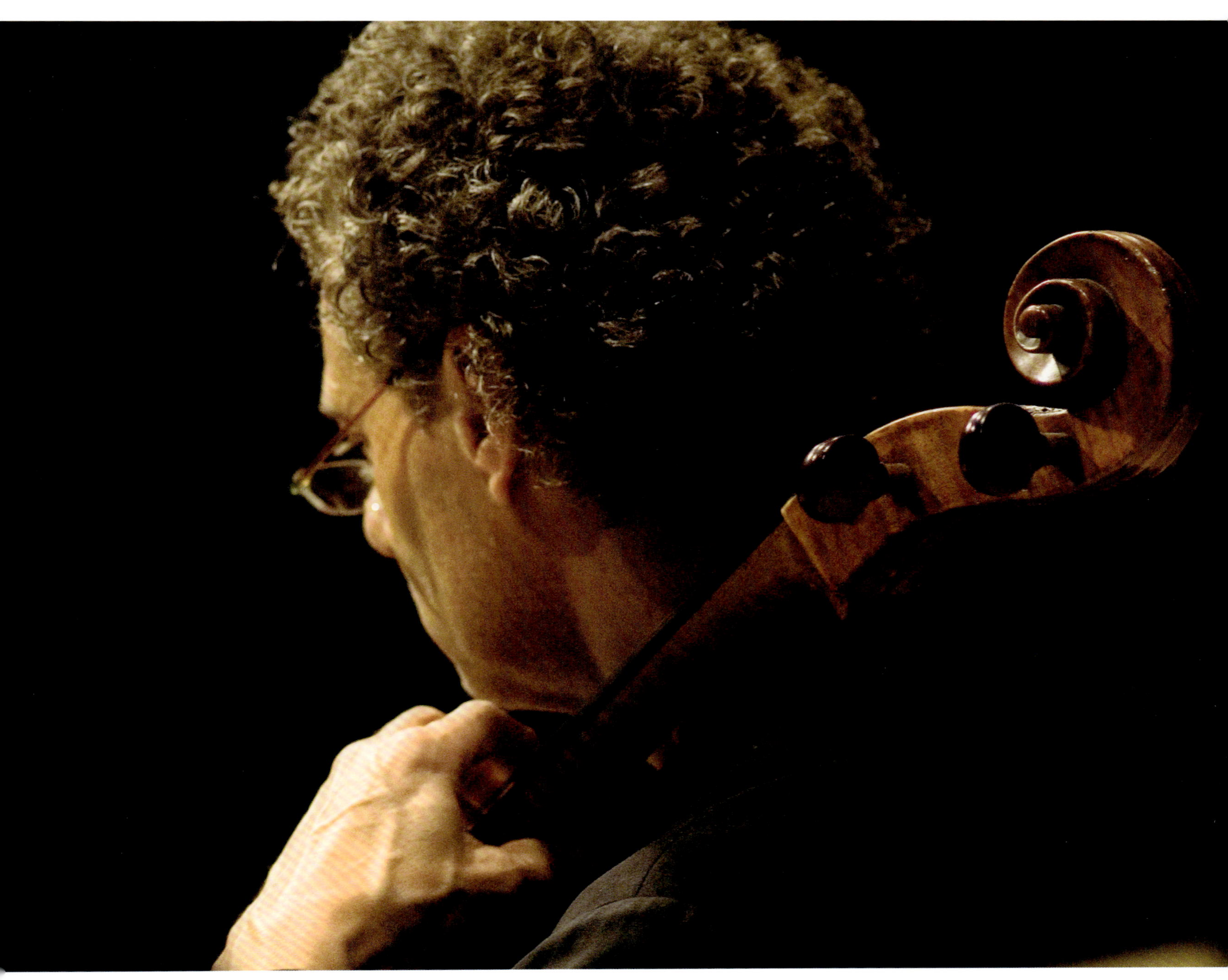

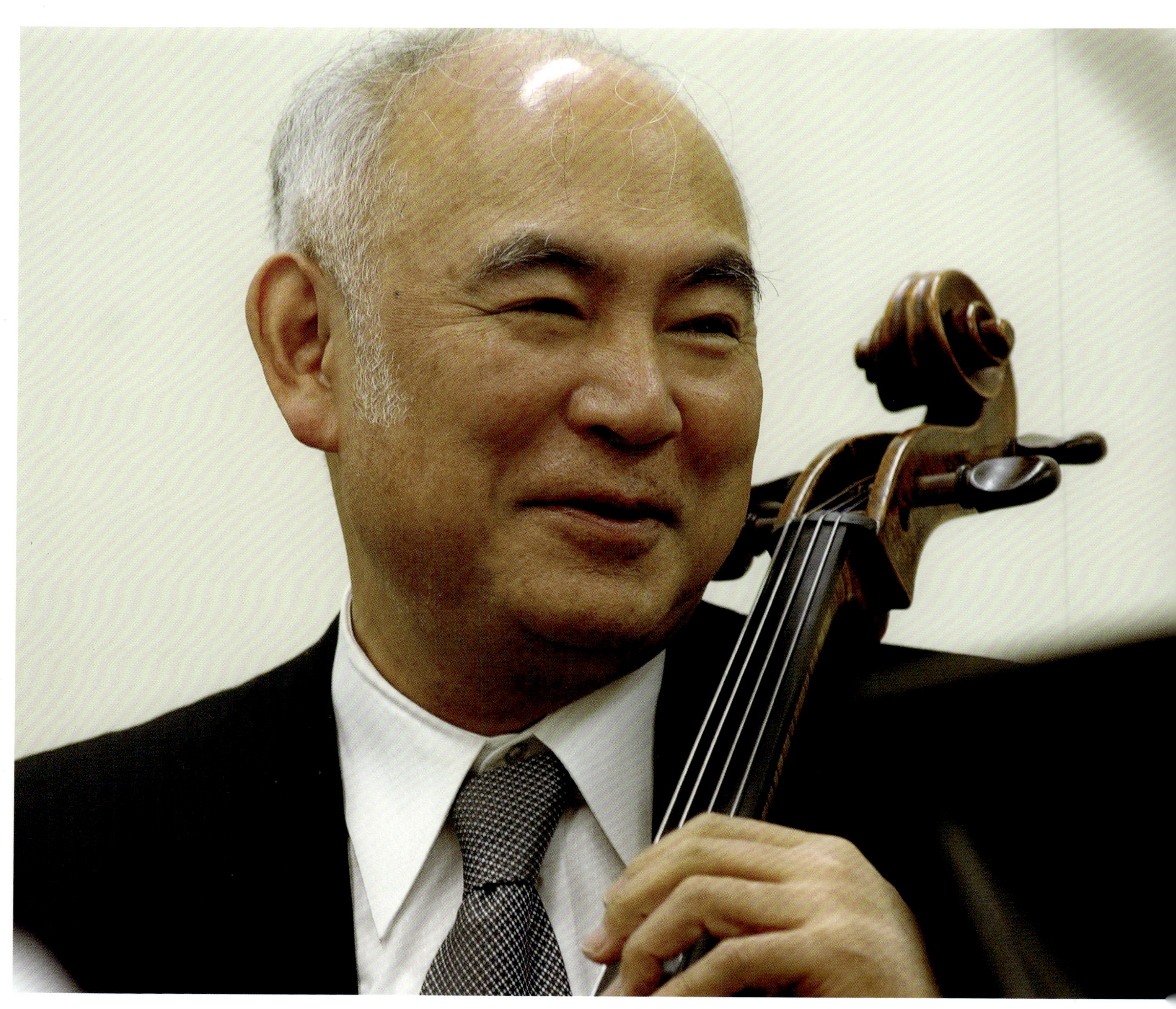

Tsuyoshi Tsutsumi, Cello Festival Manchester 2007, Luigi Boccherini, Quintett in C-Dur

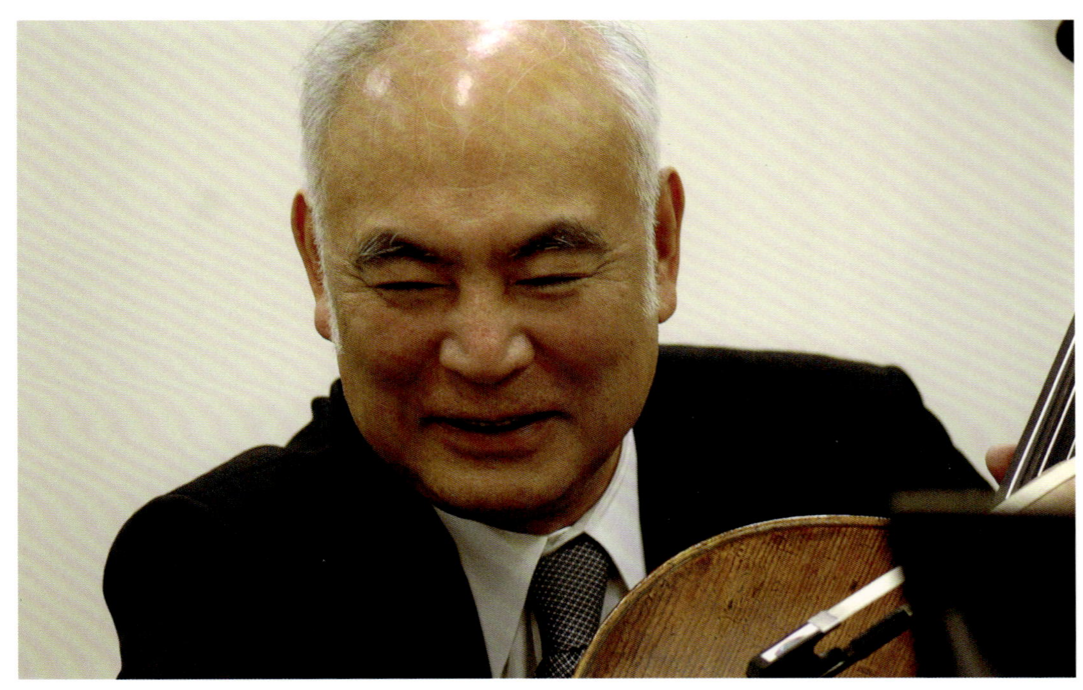

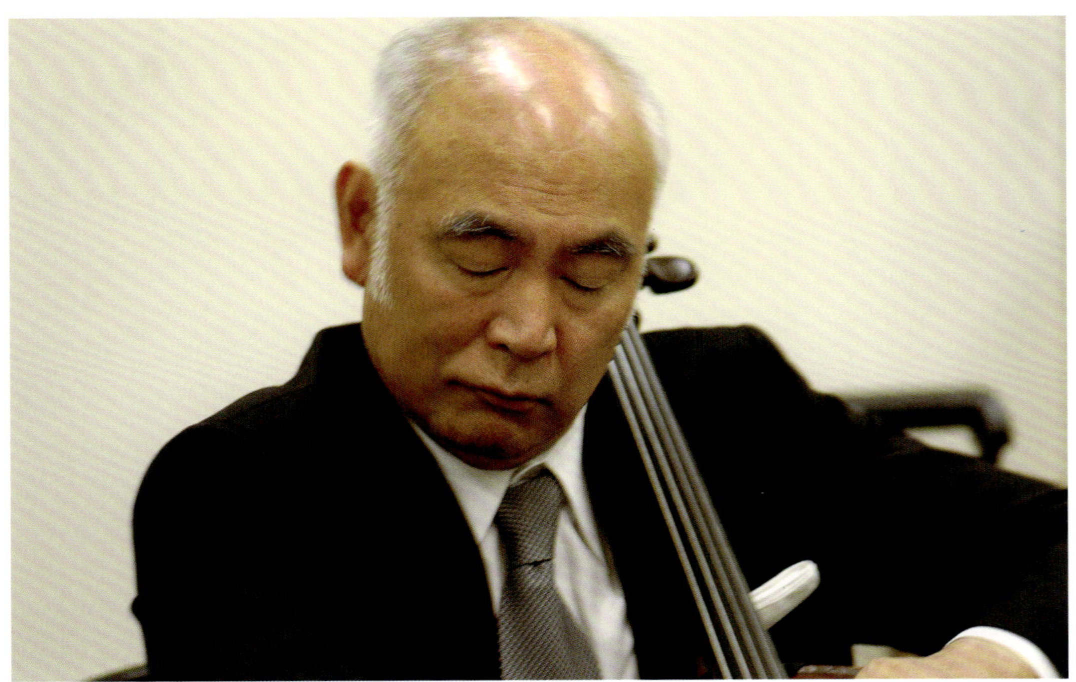

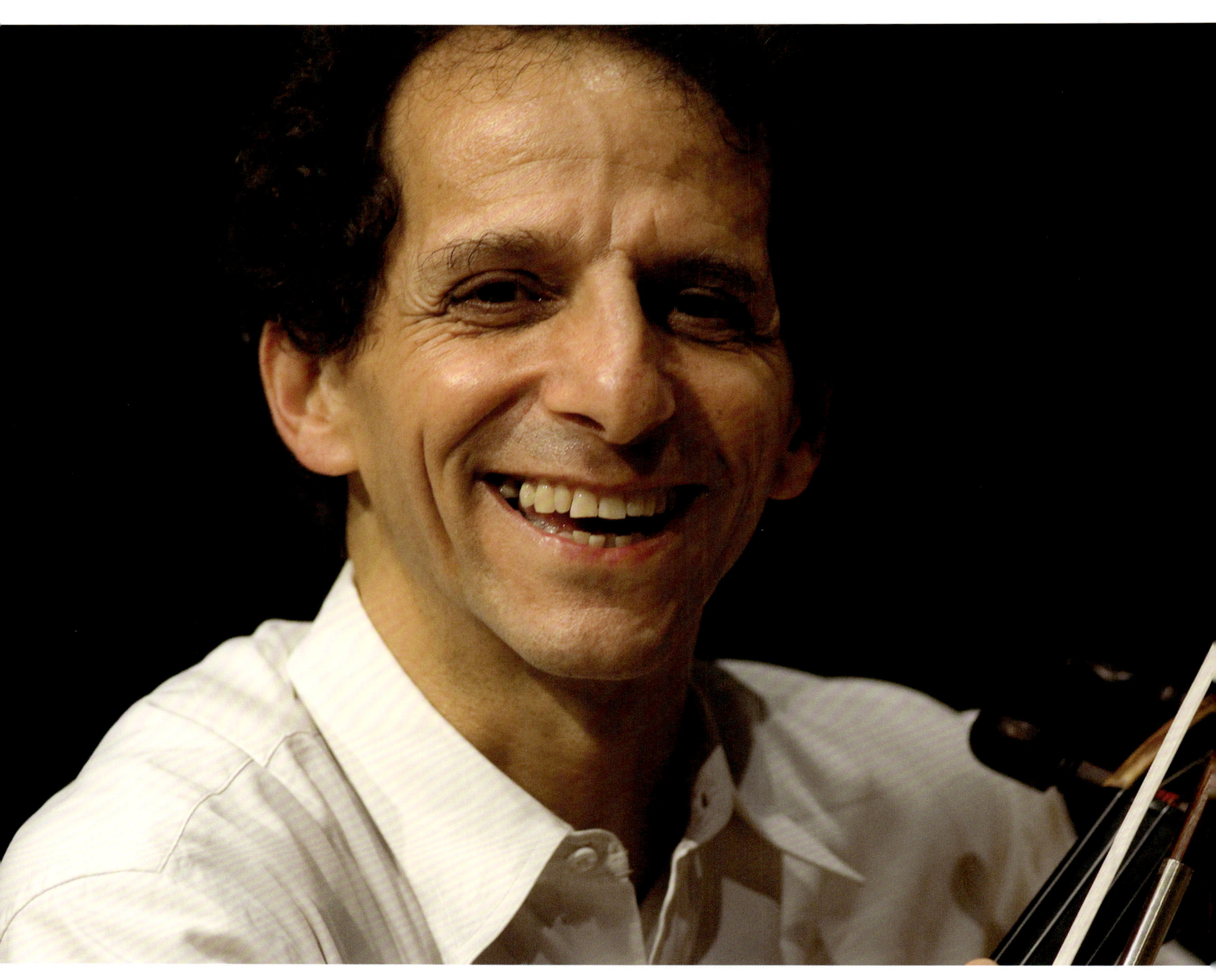

Colin Carr, Cello Festival Manchester 2007, Johannes Brahms, Cellosonate in e-Moll

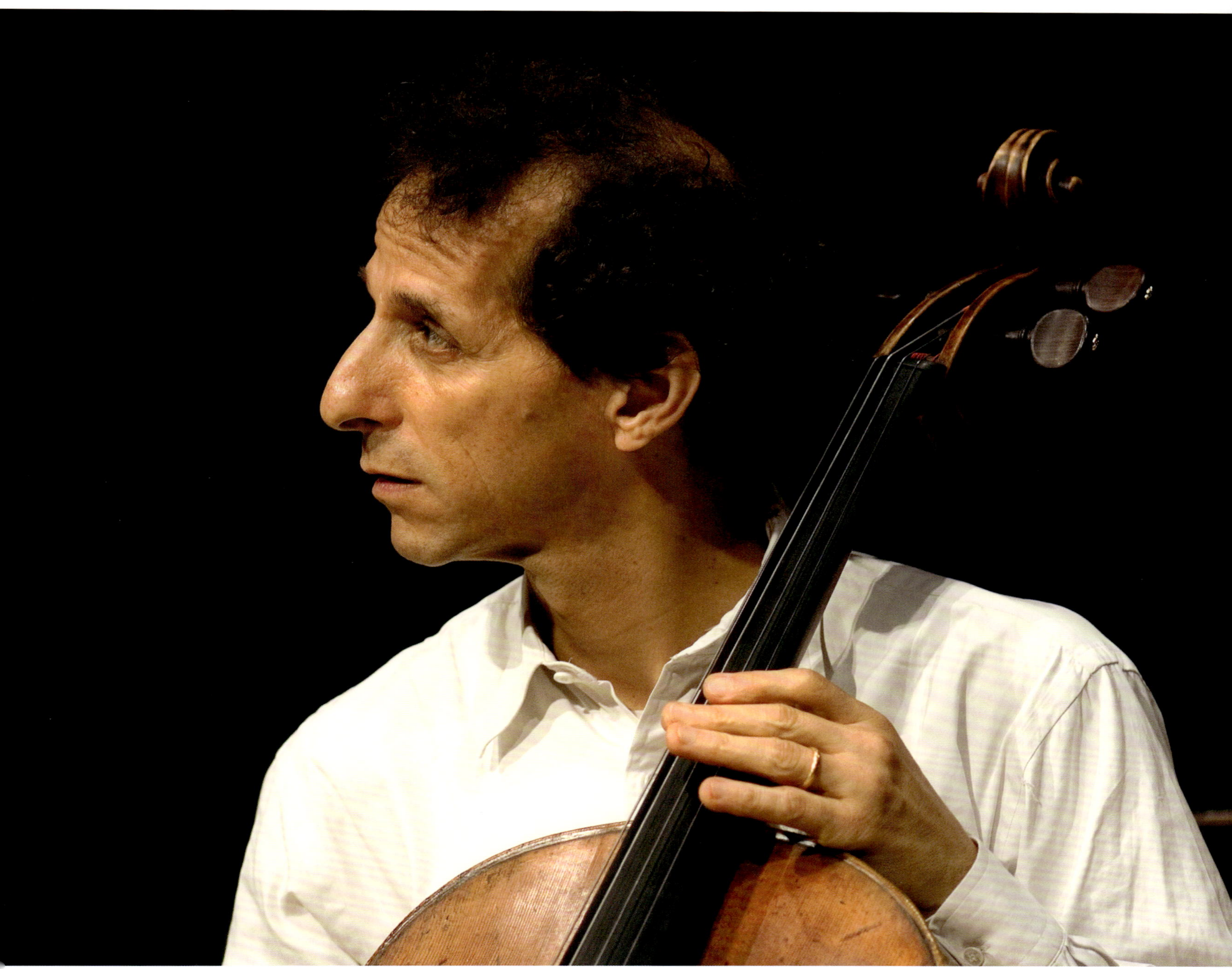

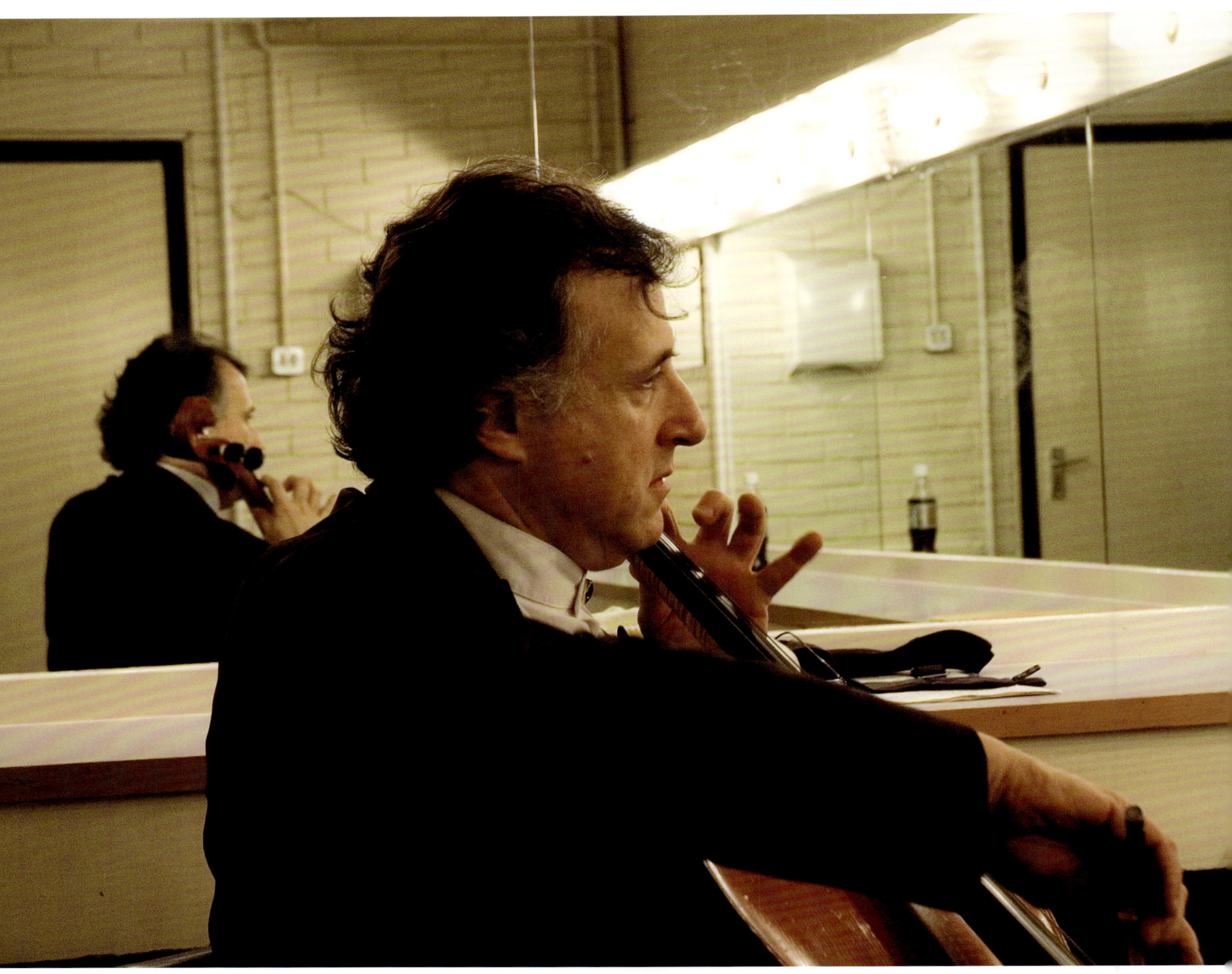

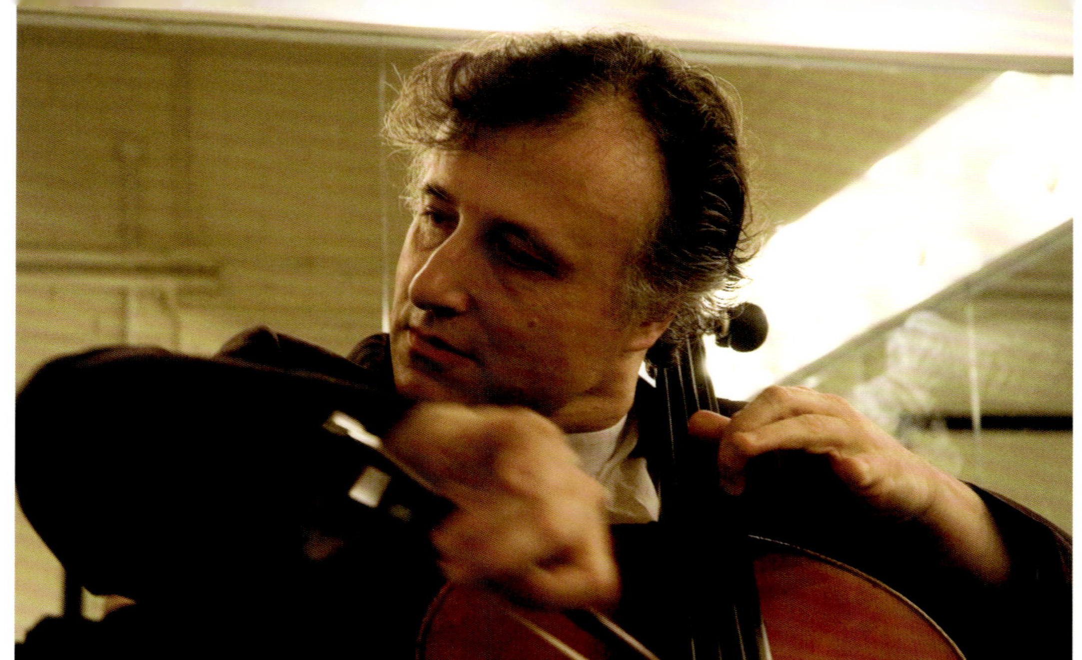

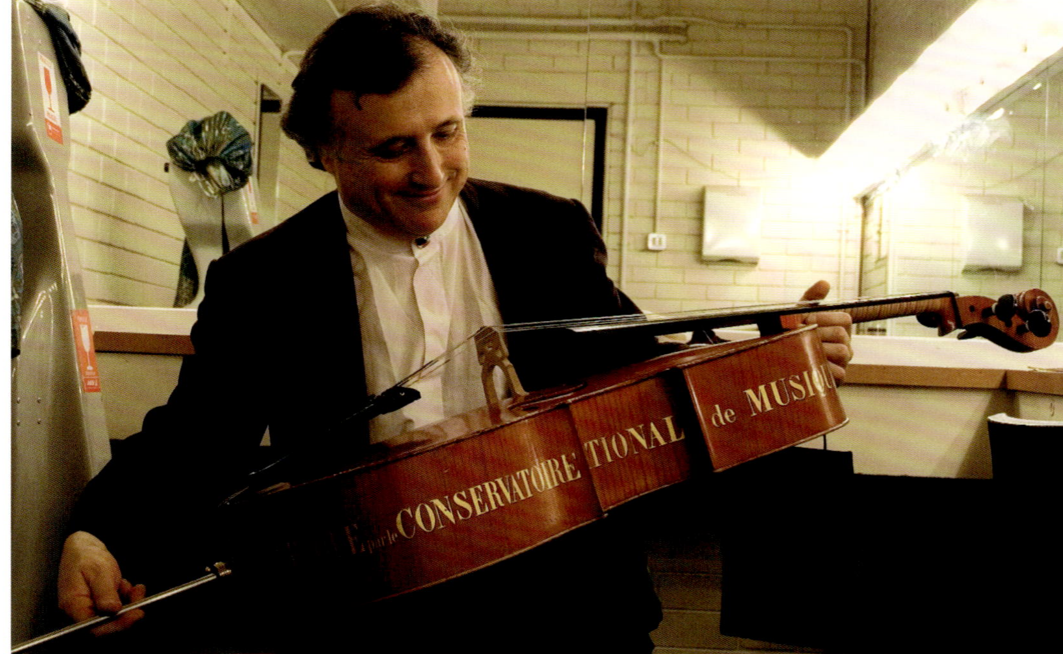

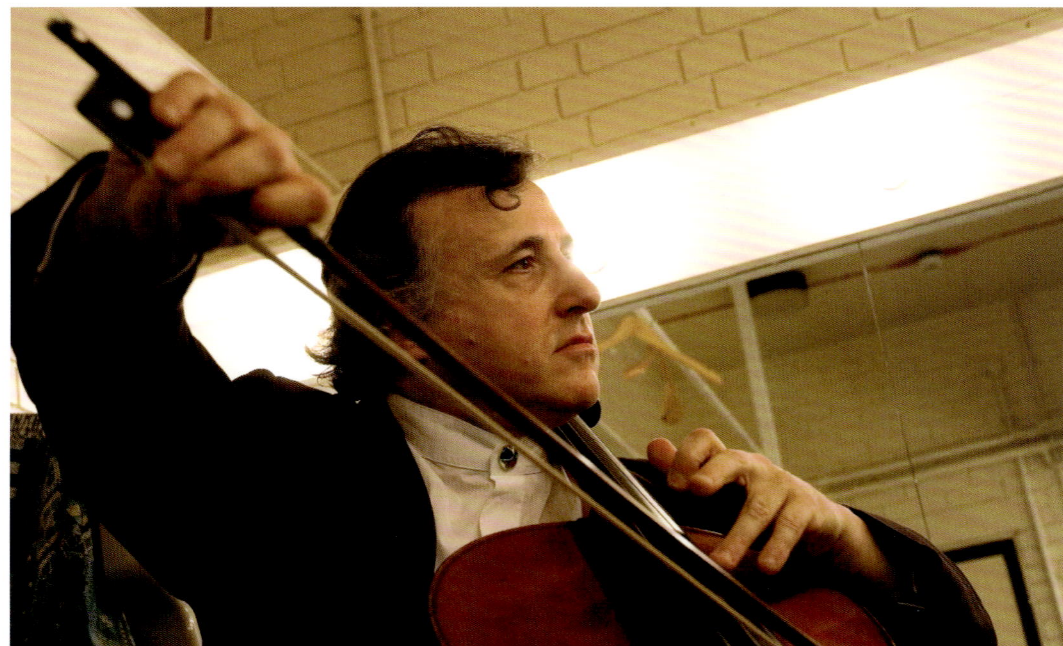

Raphael Wallfisch
Cello Festival Manchester 2007
Künstlergarderobe

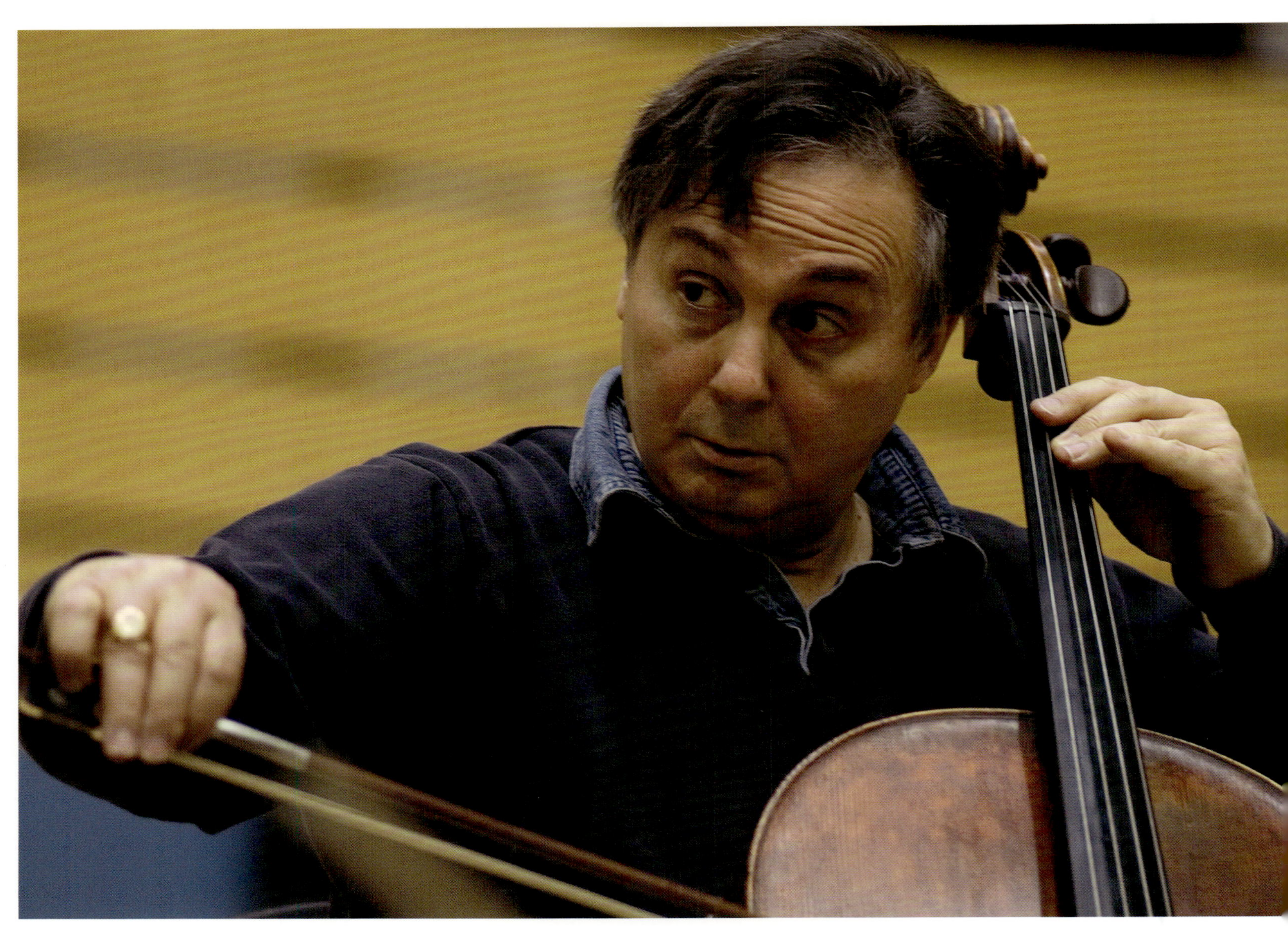

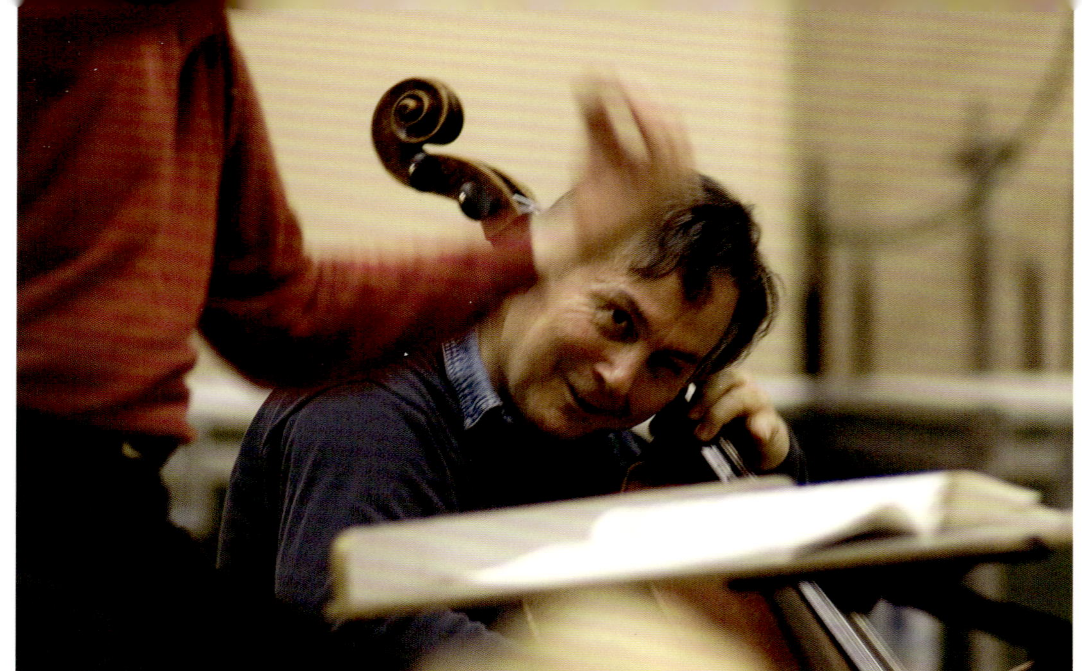

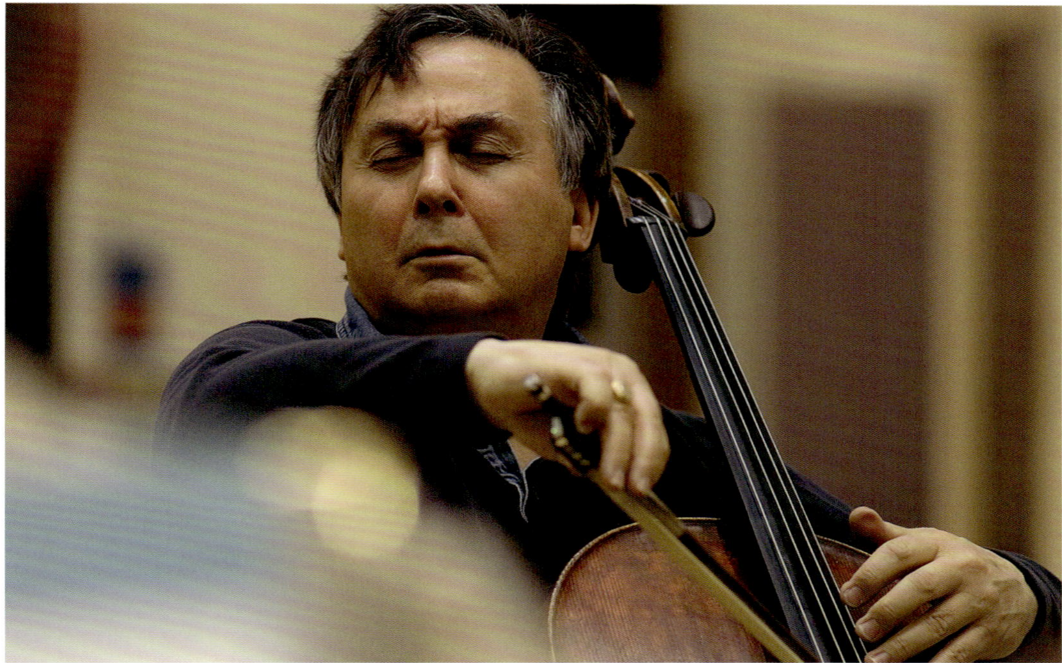

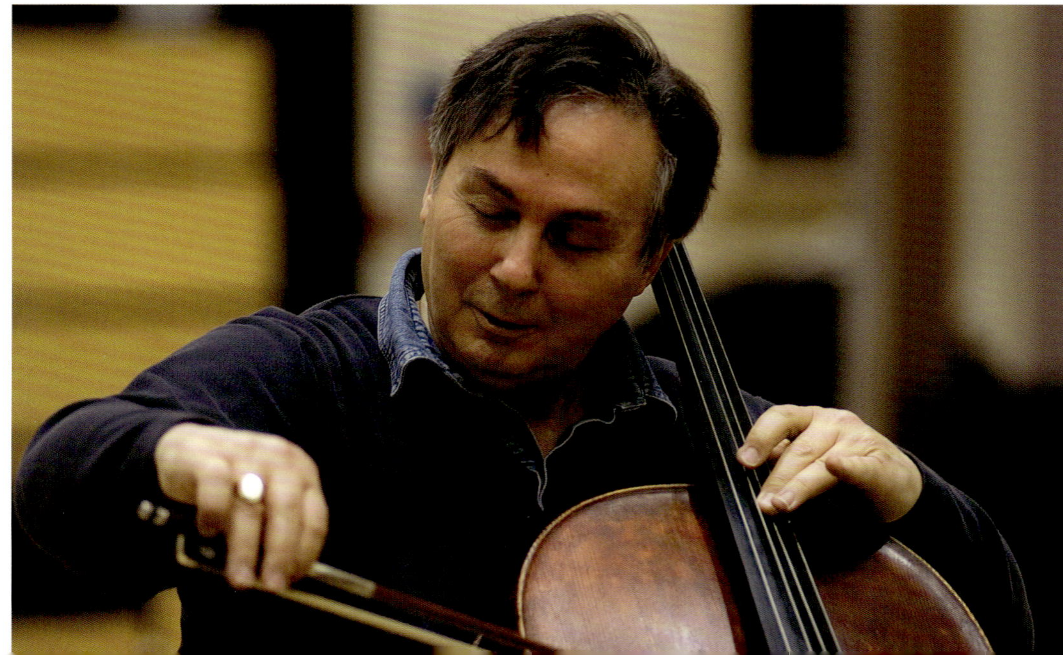

Ralph Kirshbaum
BBC Philharmonic unter
Gianandrea Noseda

Cello Festival Manchester 2007
Edward Elgar, Cellokonzert

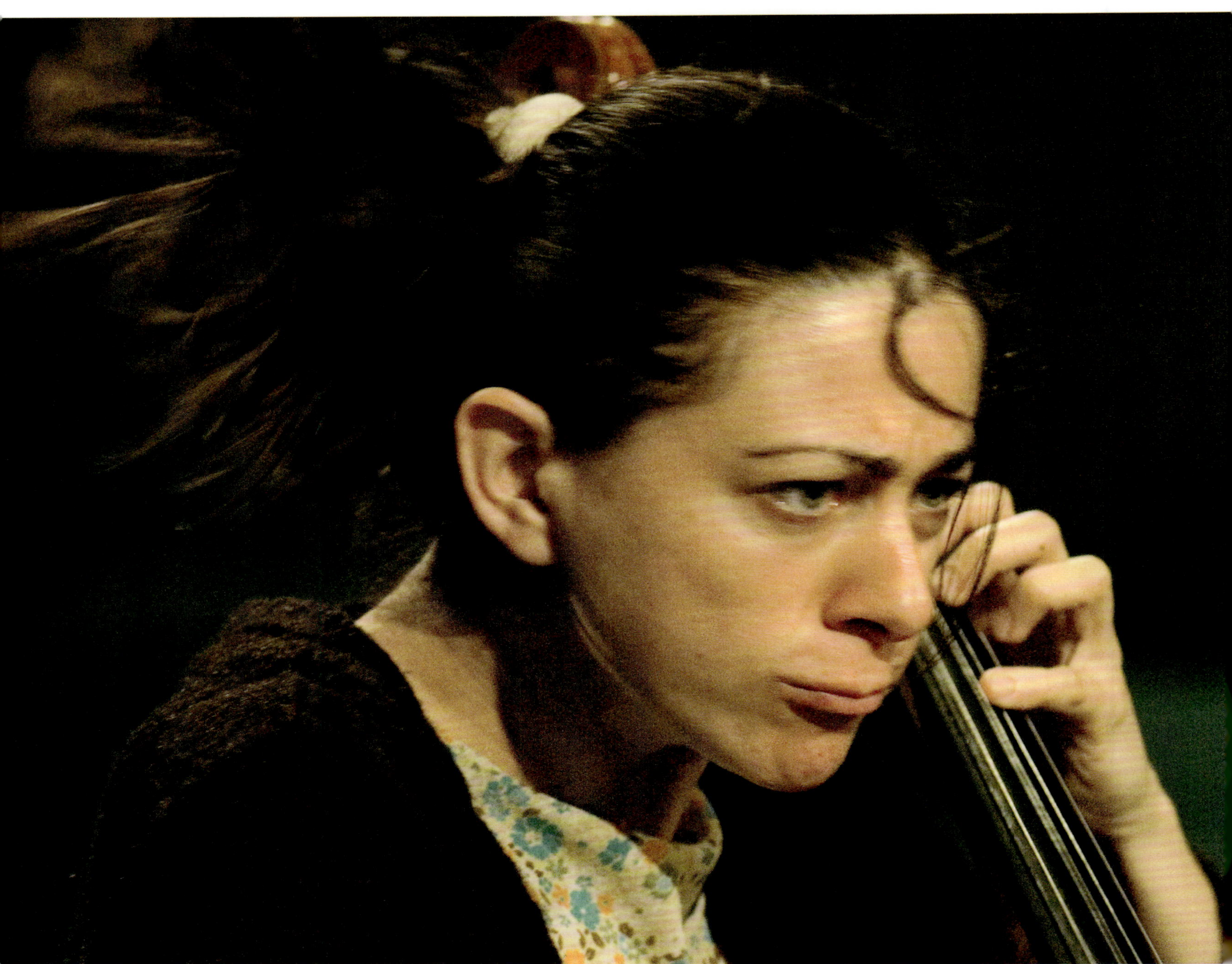

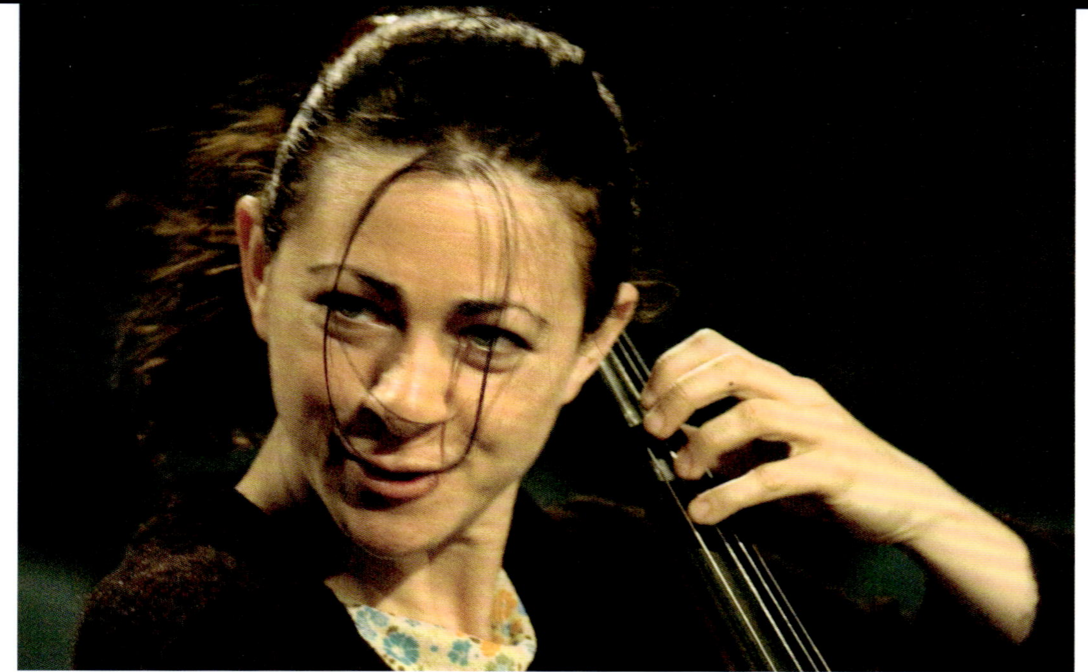

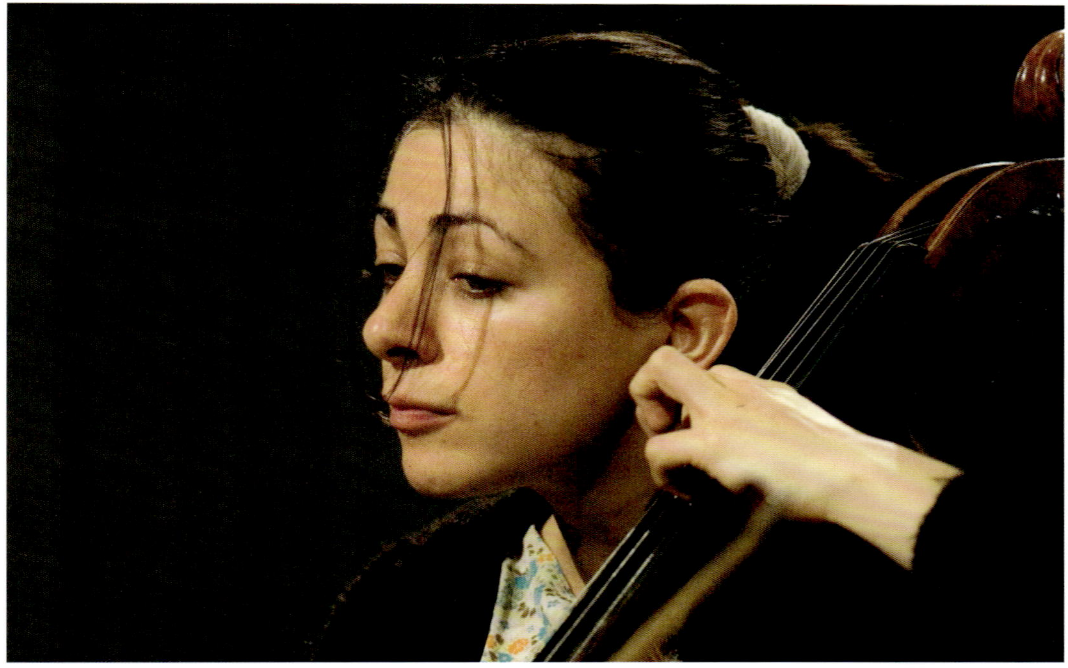

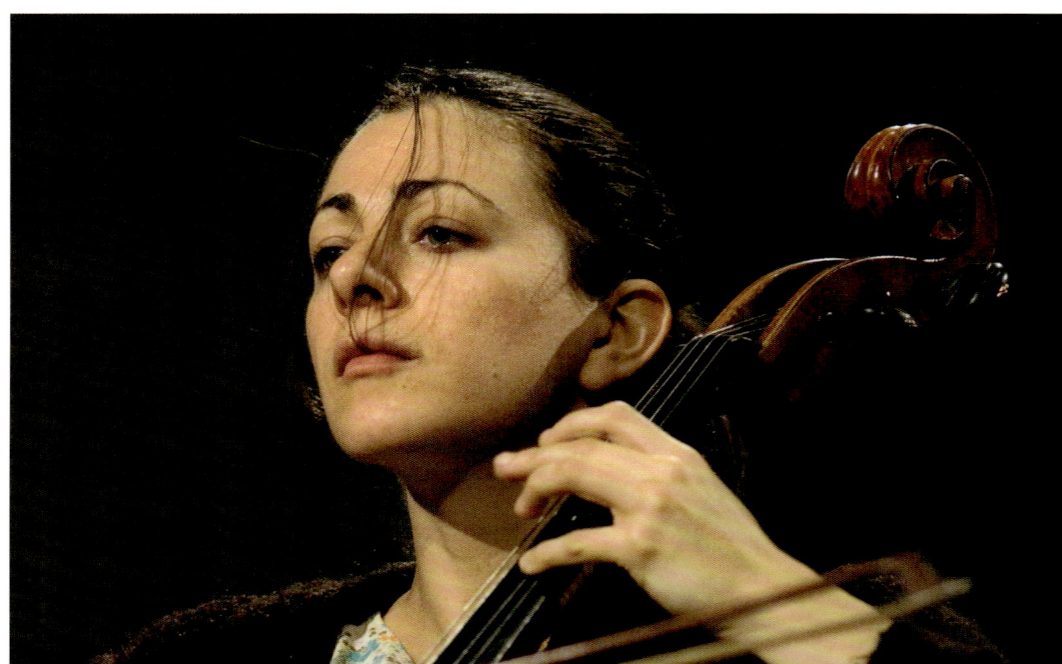

Natalie Clein
und Chilingirian Quartett

Cello Festival Manchester 2007
George Onslow, Quintett in C-Dur

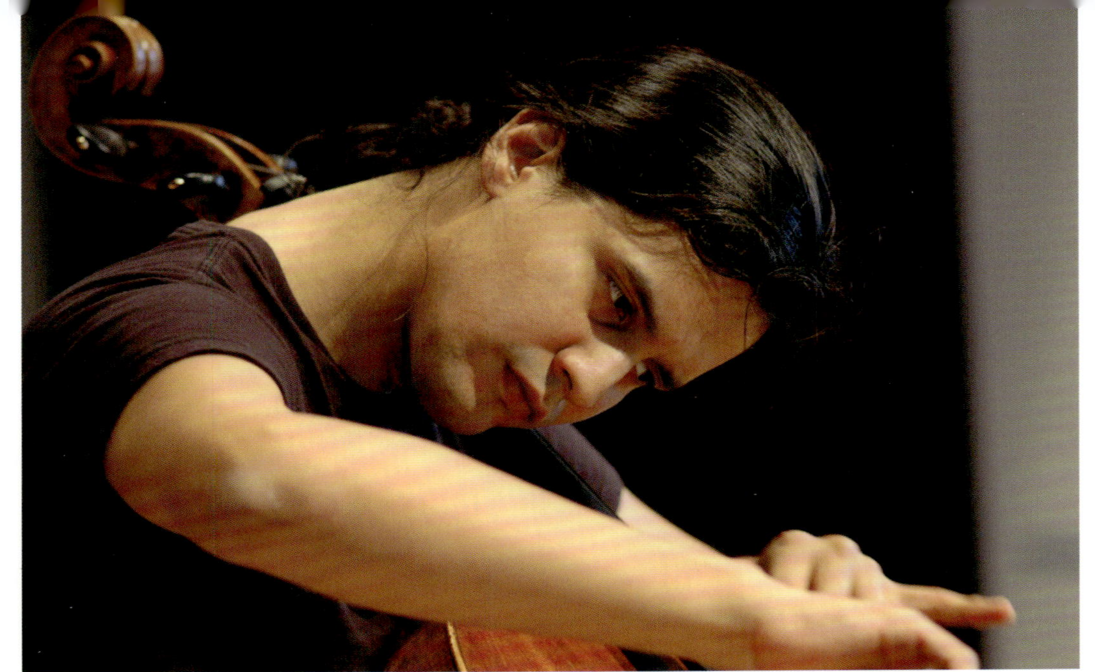

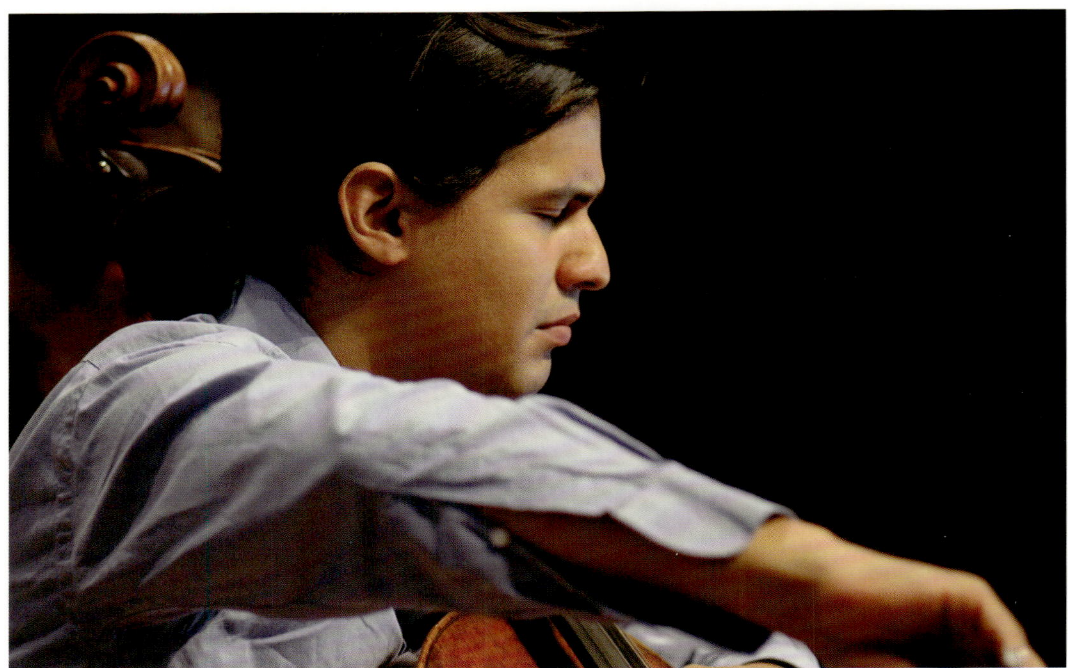

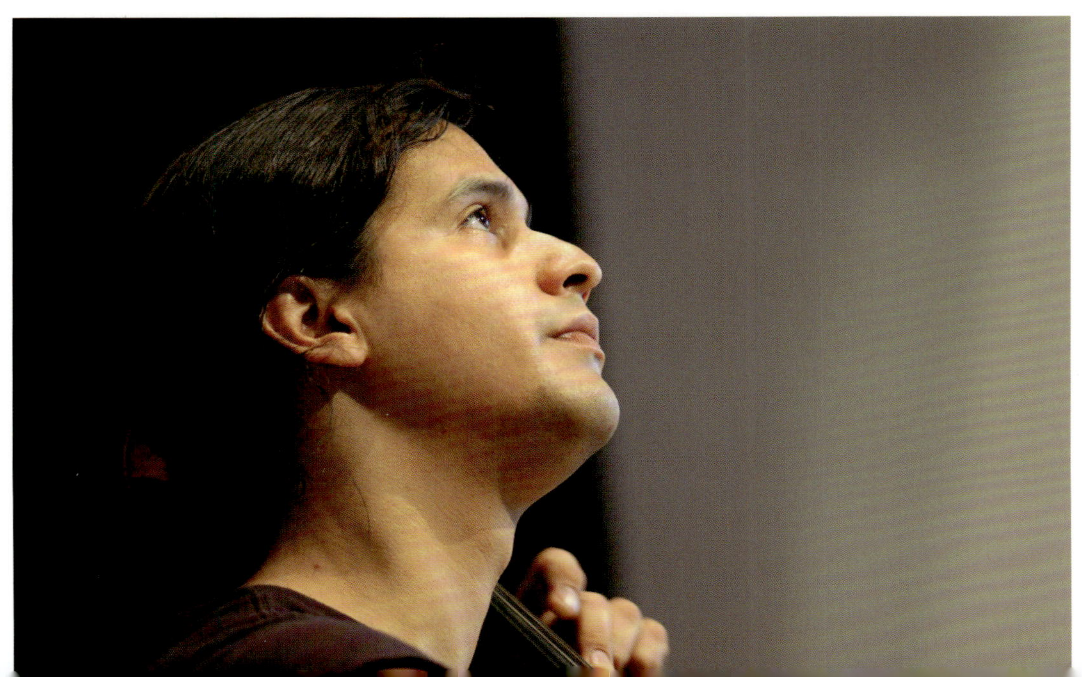

Claudio Bohórquez

Kronberg 2006
Paul Hindemith, Solosonate op. 2

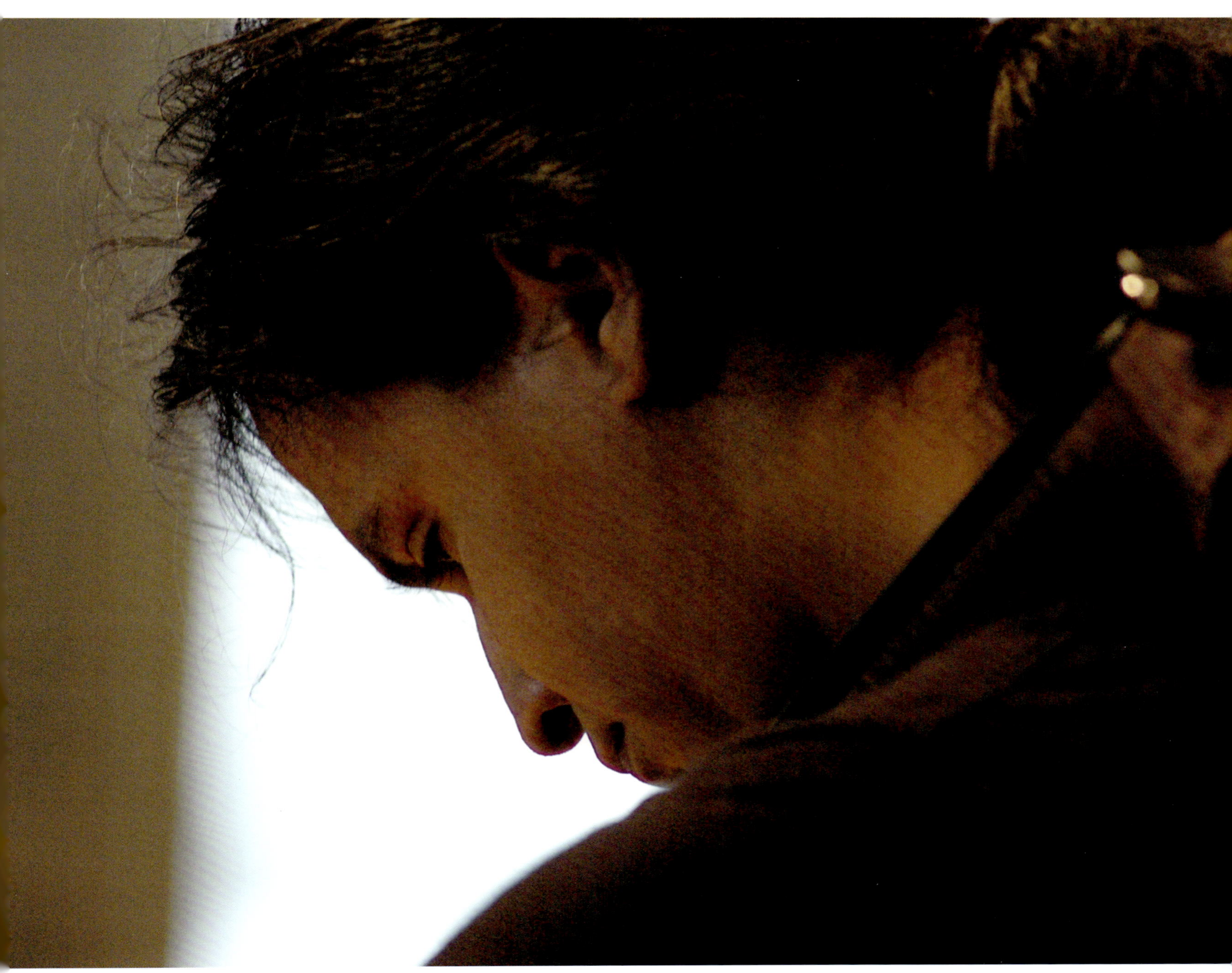

Natalia Gutman
Cello Festival Kronberg 2007
mit der ihr gewidmeten
Cellosonate Nr. 1 von
Alfred Schnittke

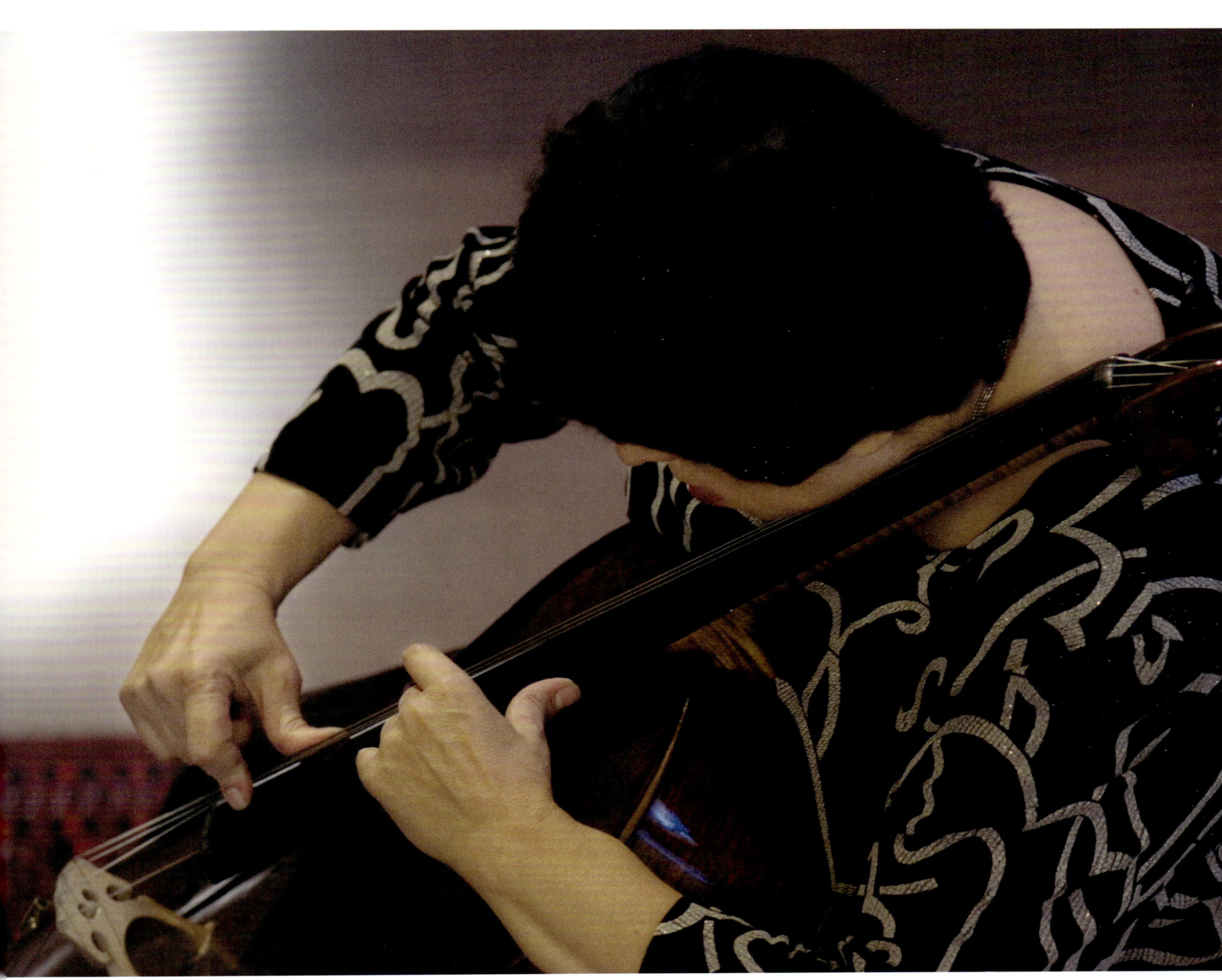

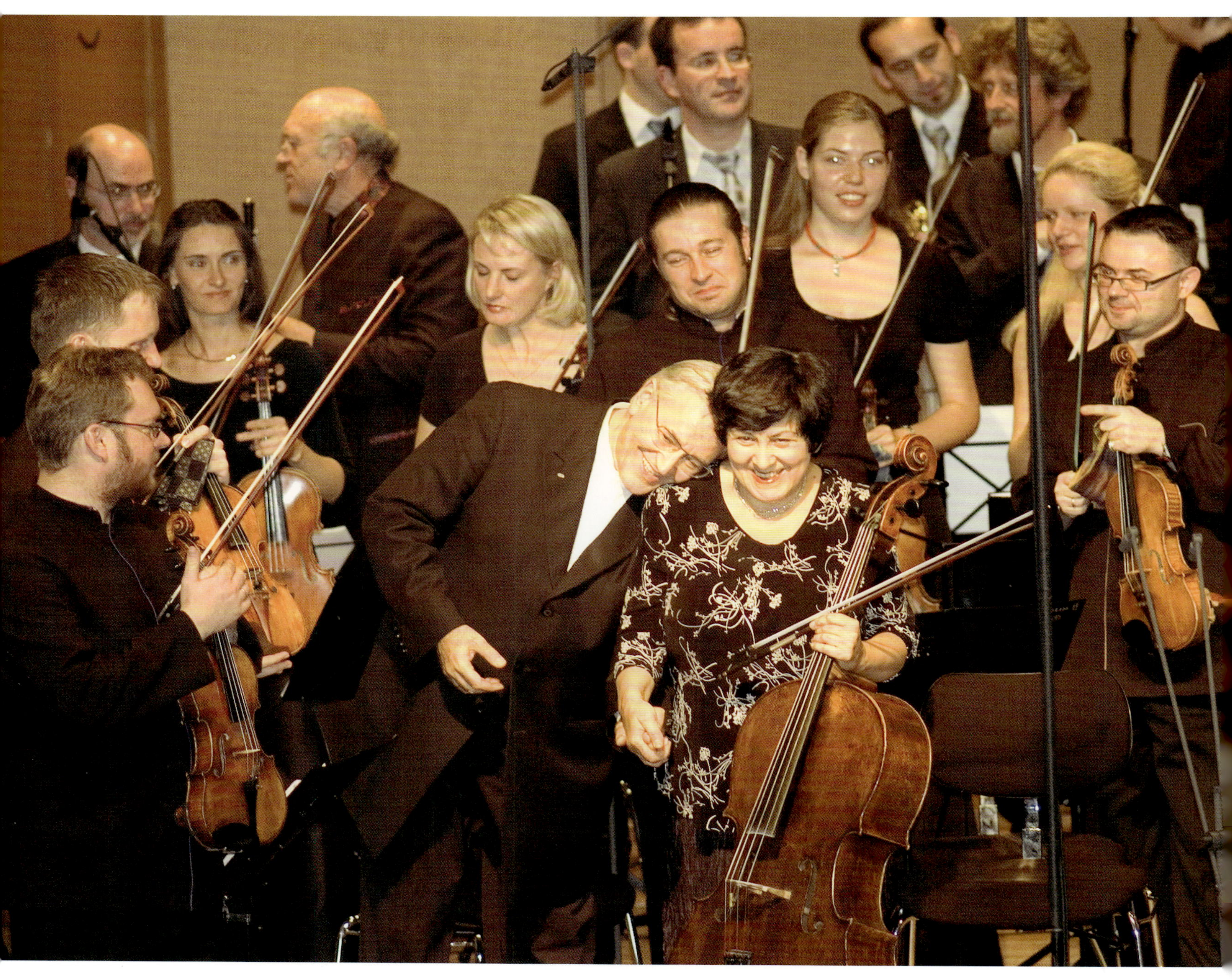

Natalia Gutman
David Geringas (Dirigent)
und die Kremarata Baltica

Cello Festival Kronberg 2007
Camille Saint-Saëns
Cellokonzert Nr. 1

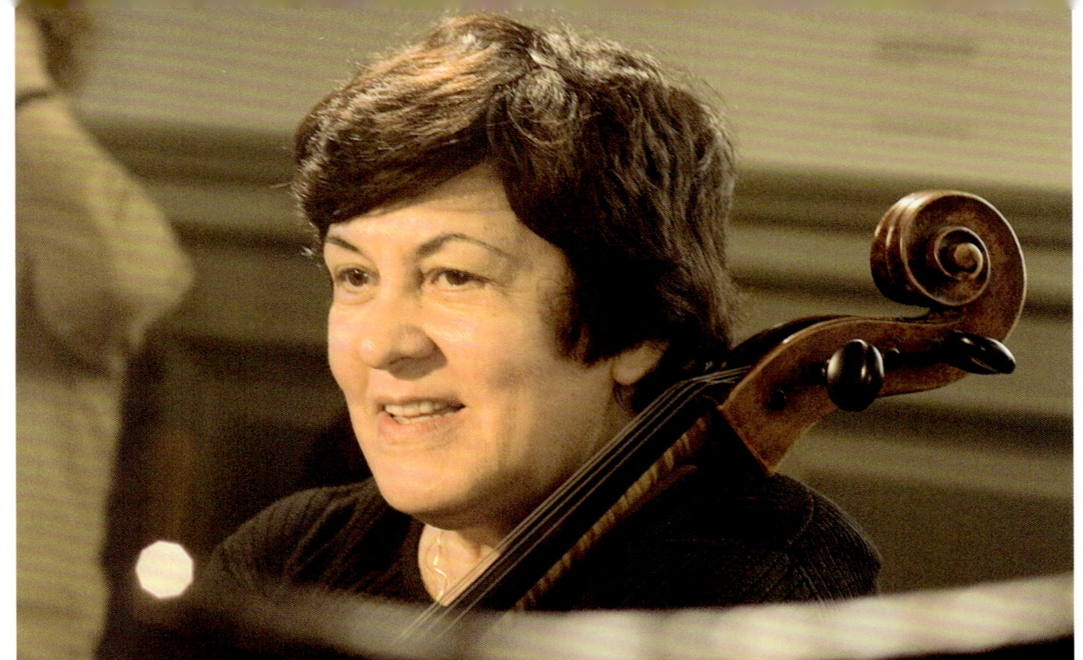

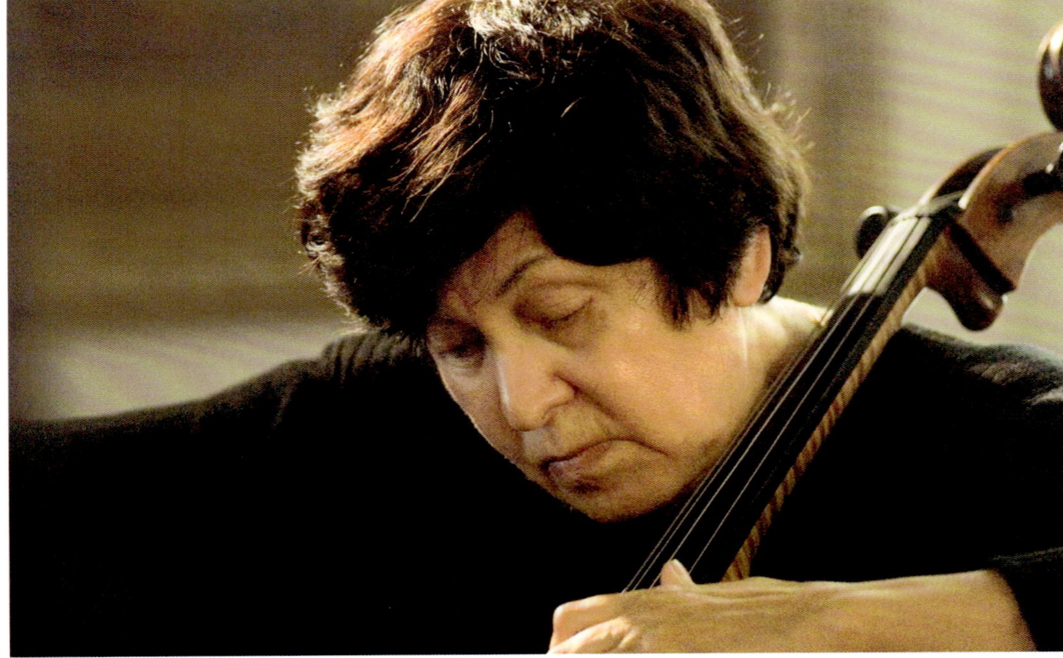

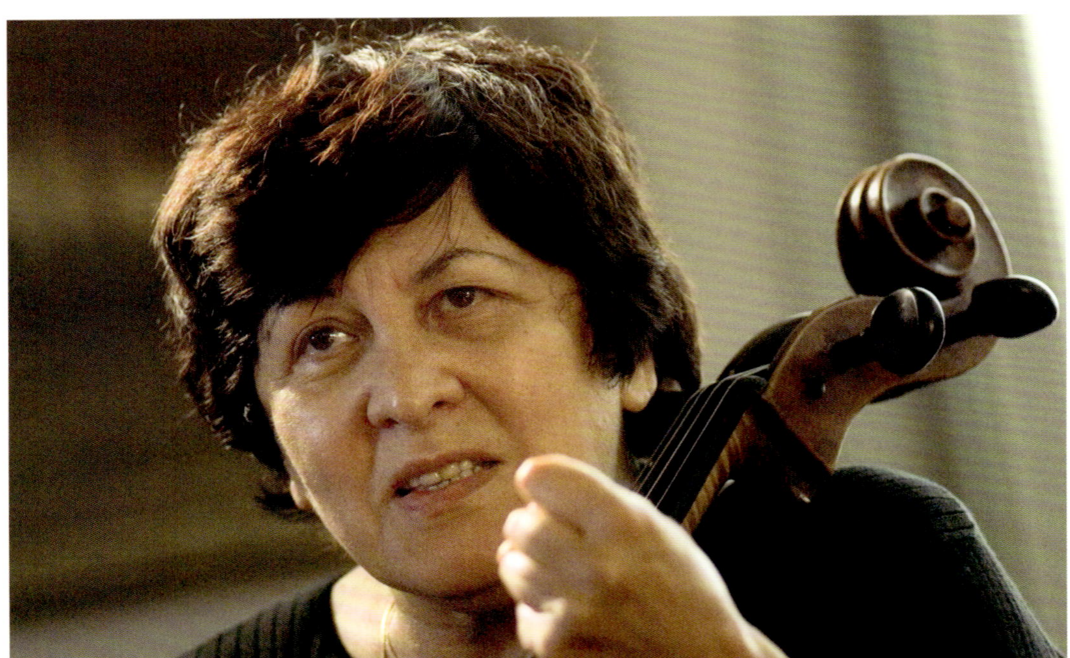

Natalia Gutman

Cello Festival Kronberg 2007
Workshop

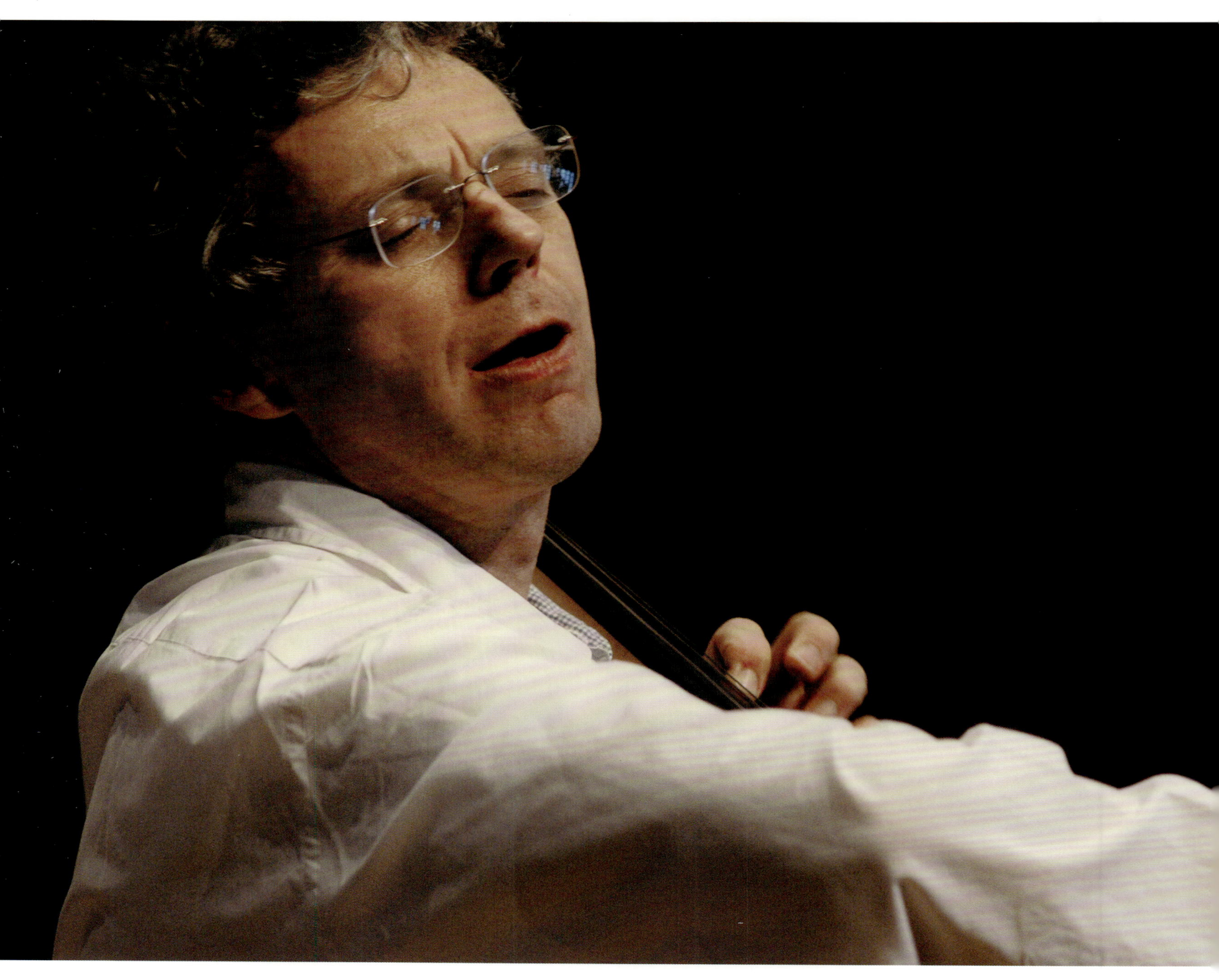

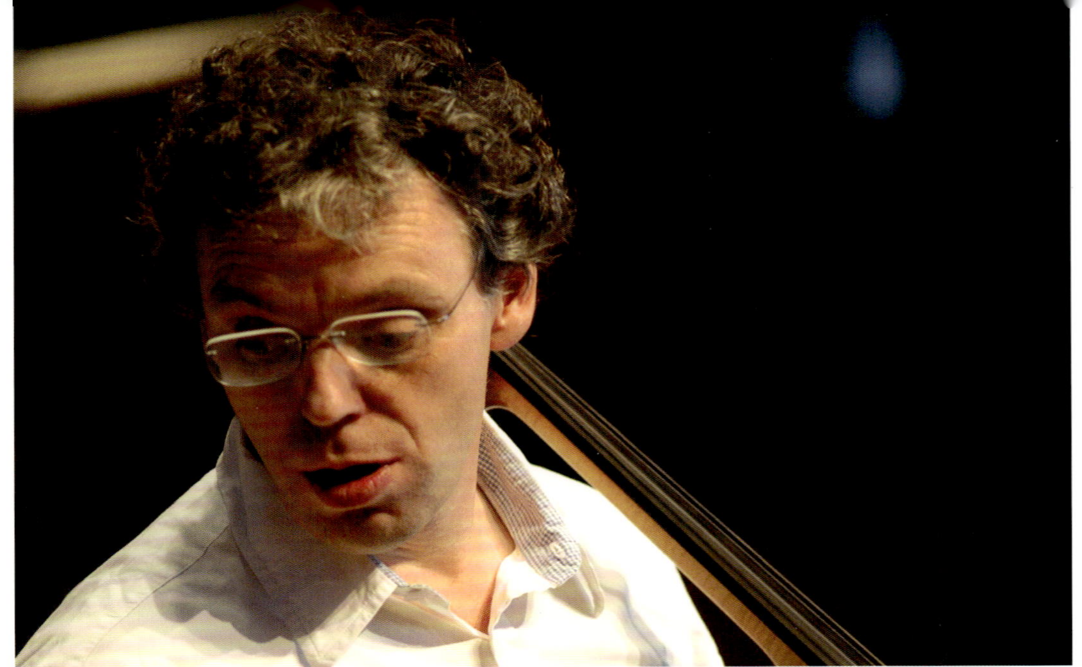

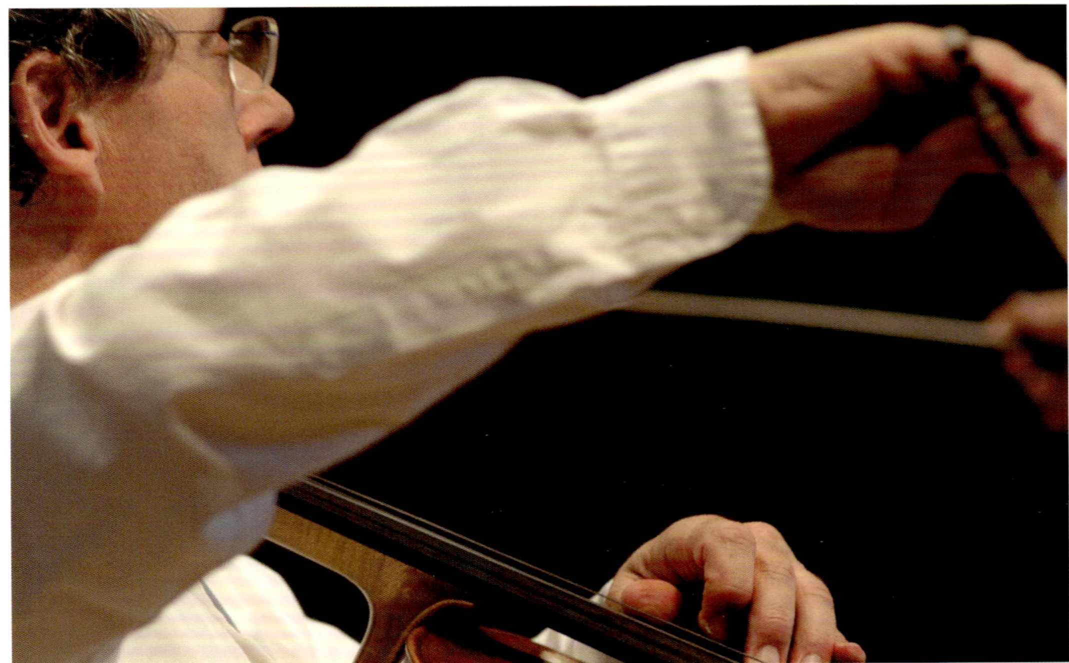

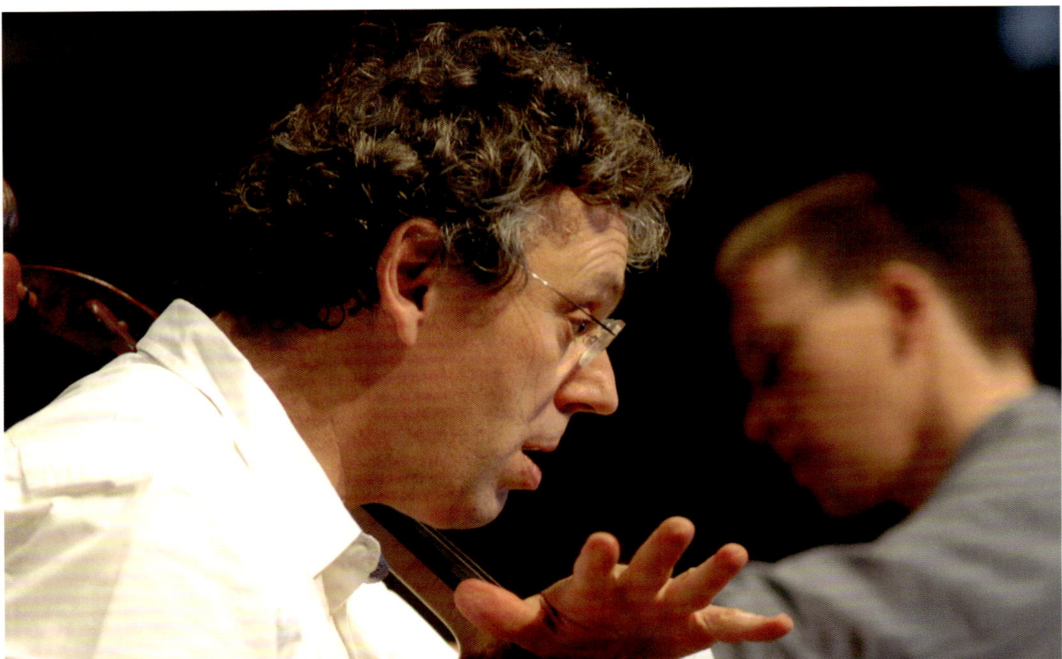

Julius Berger
mit dem Südwestdeutschen
Kammerorchester unter
Sebastian Tewinkel

Cello Festival Kronberg 2005
Luigi Boccherini Cellokonzert Es-Dur

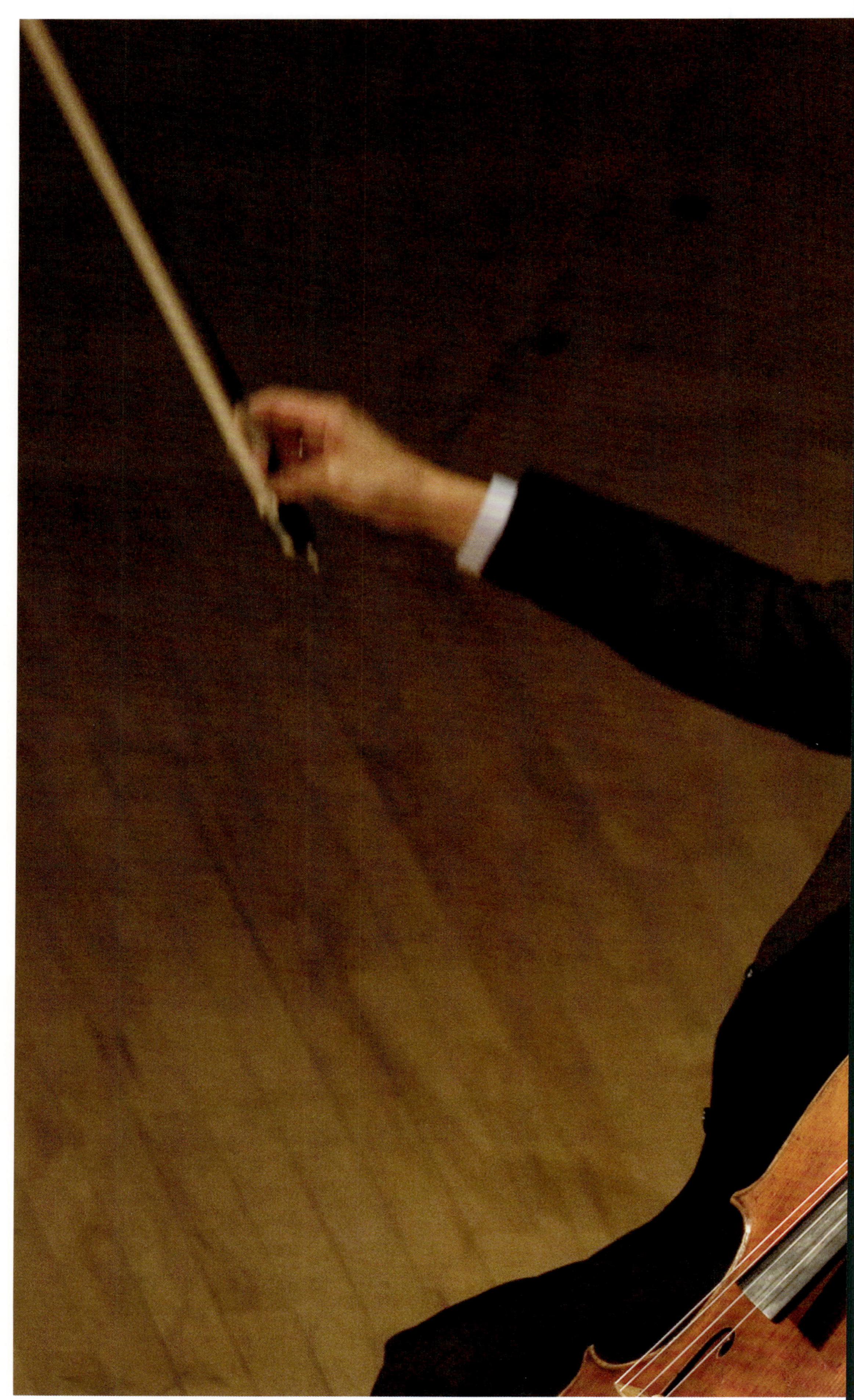

Yo-Yo Ma, Cello
Kathryn Stott, Klavier

Manchester Cello Festival 2007
Astor Piazzolla, Grand Tango

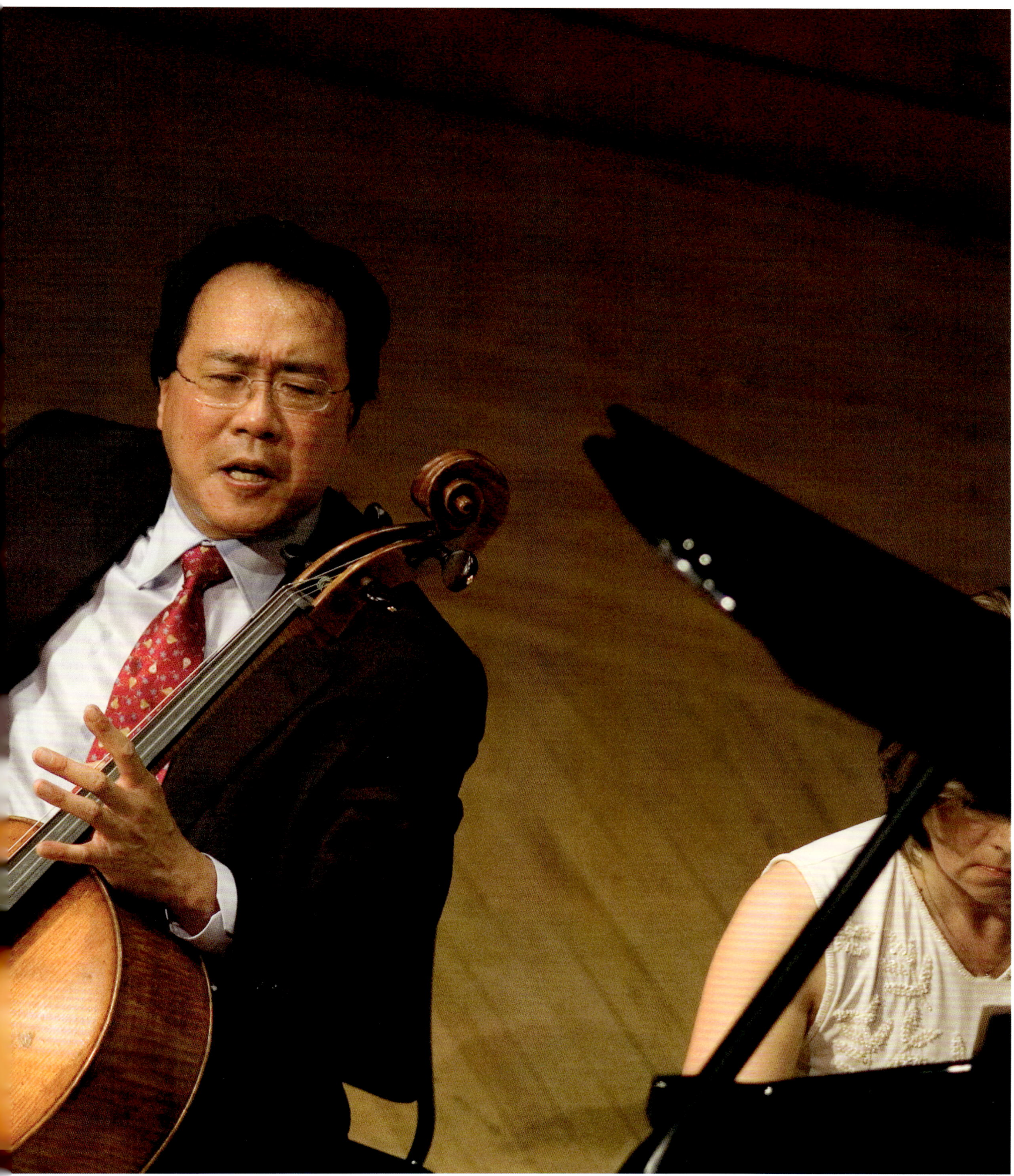

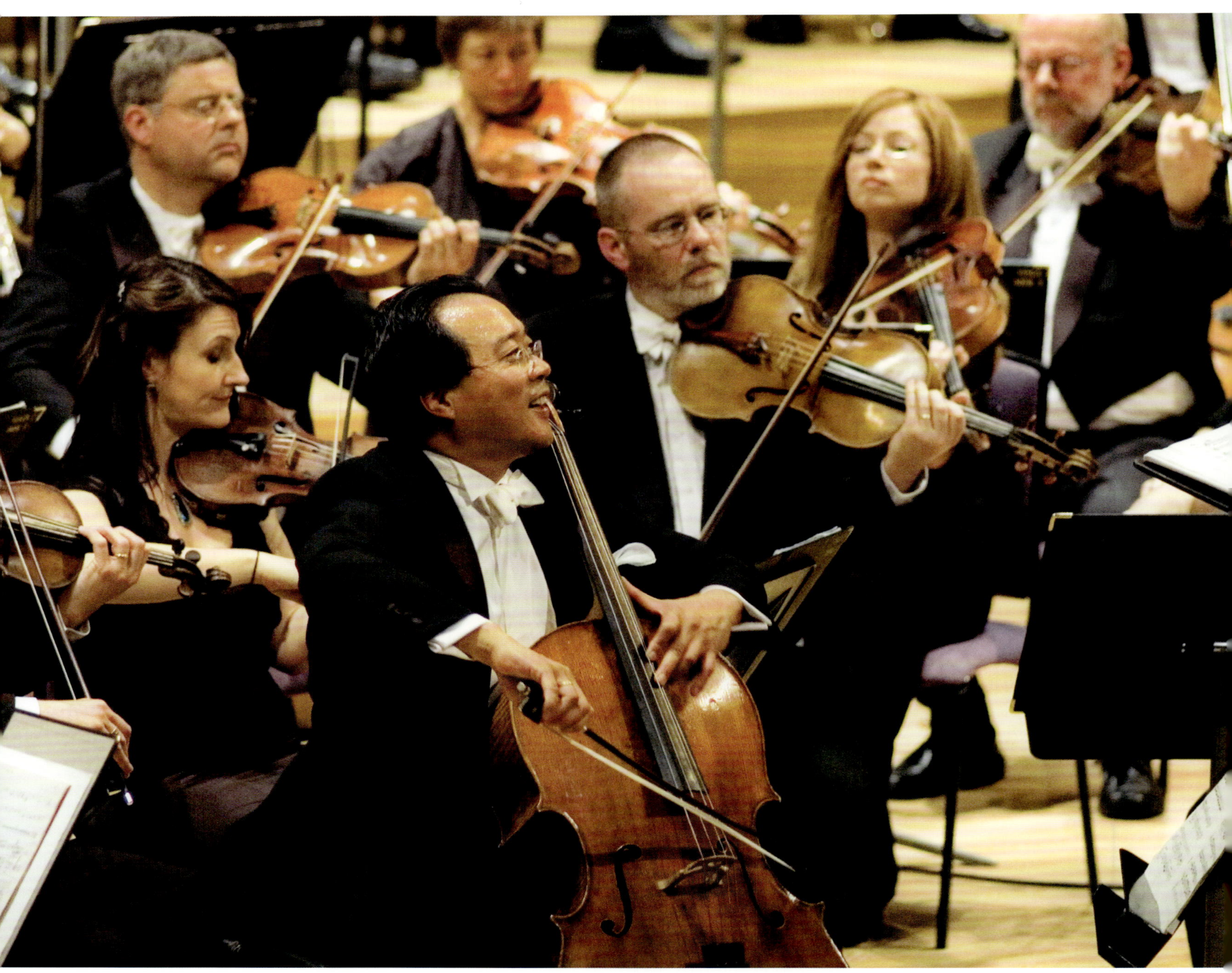

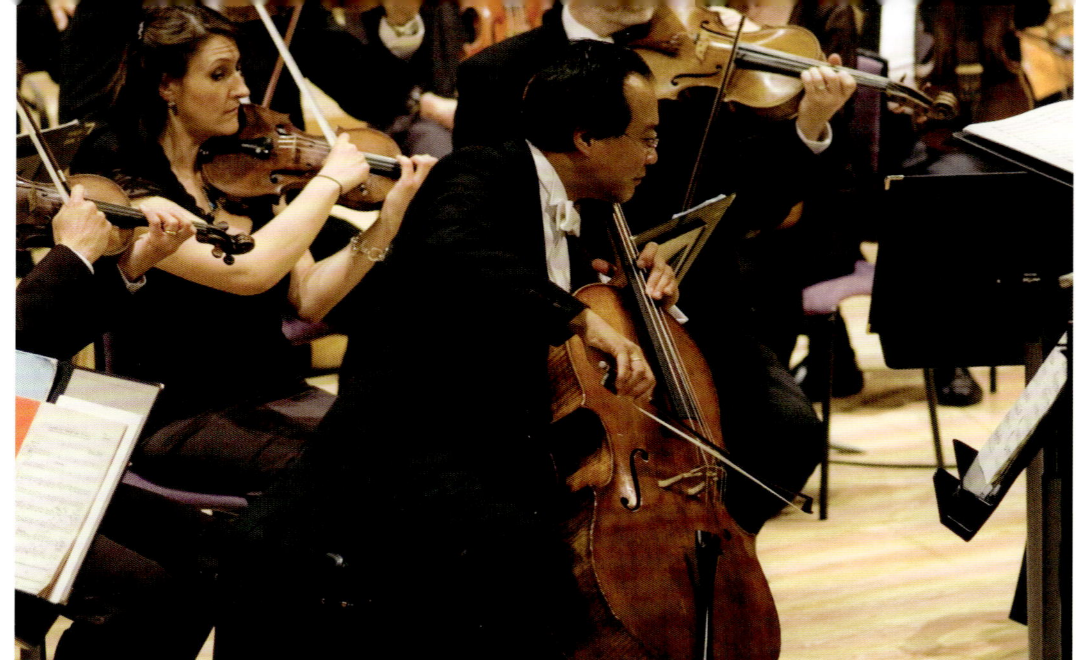

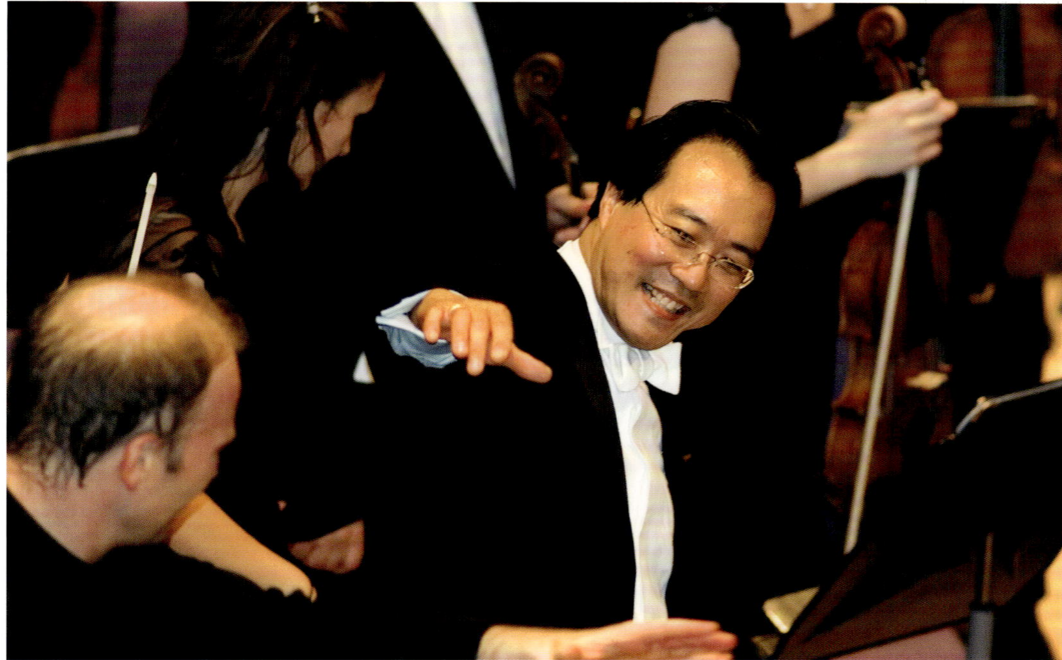

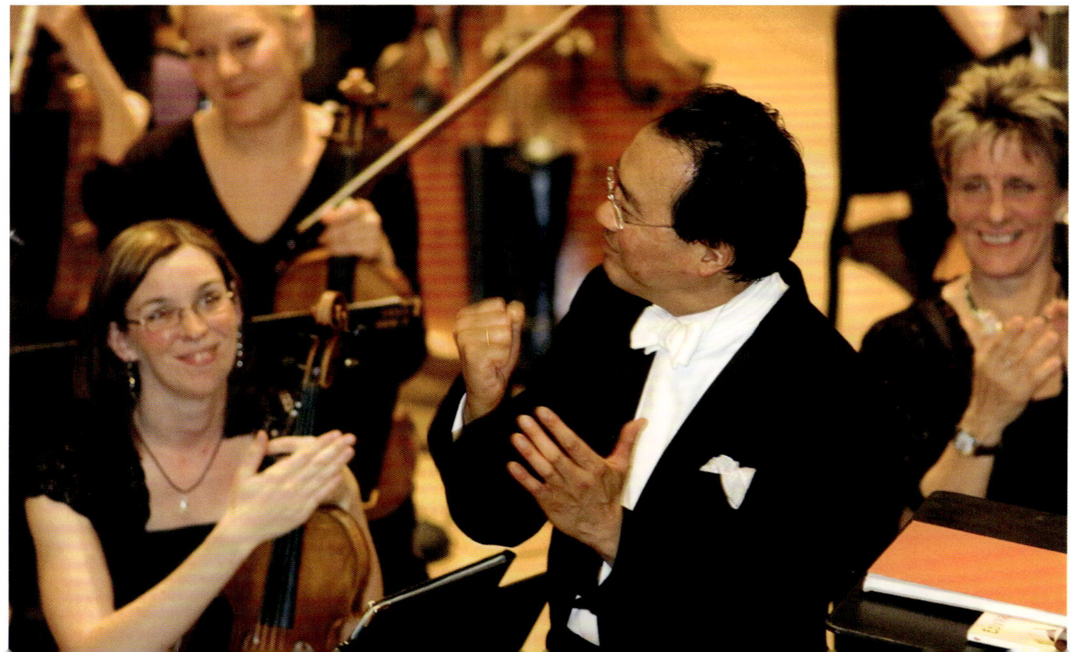

Yo-Yo Ma
BBC Philharmonic
unter Gianandrea Noseda

Cello Festival Manchester 2007

William Walton, Cellokonzert

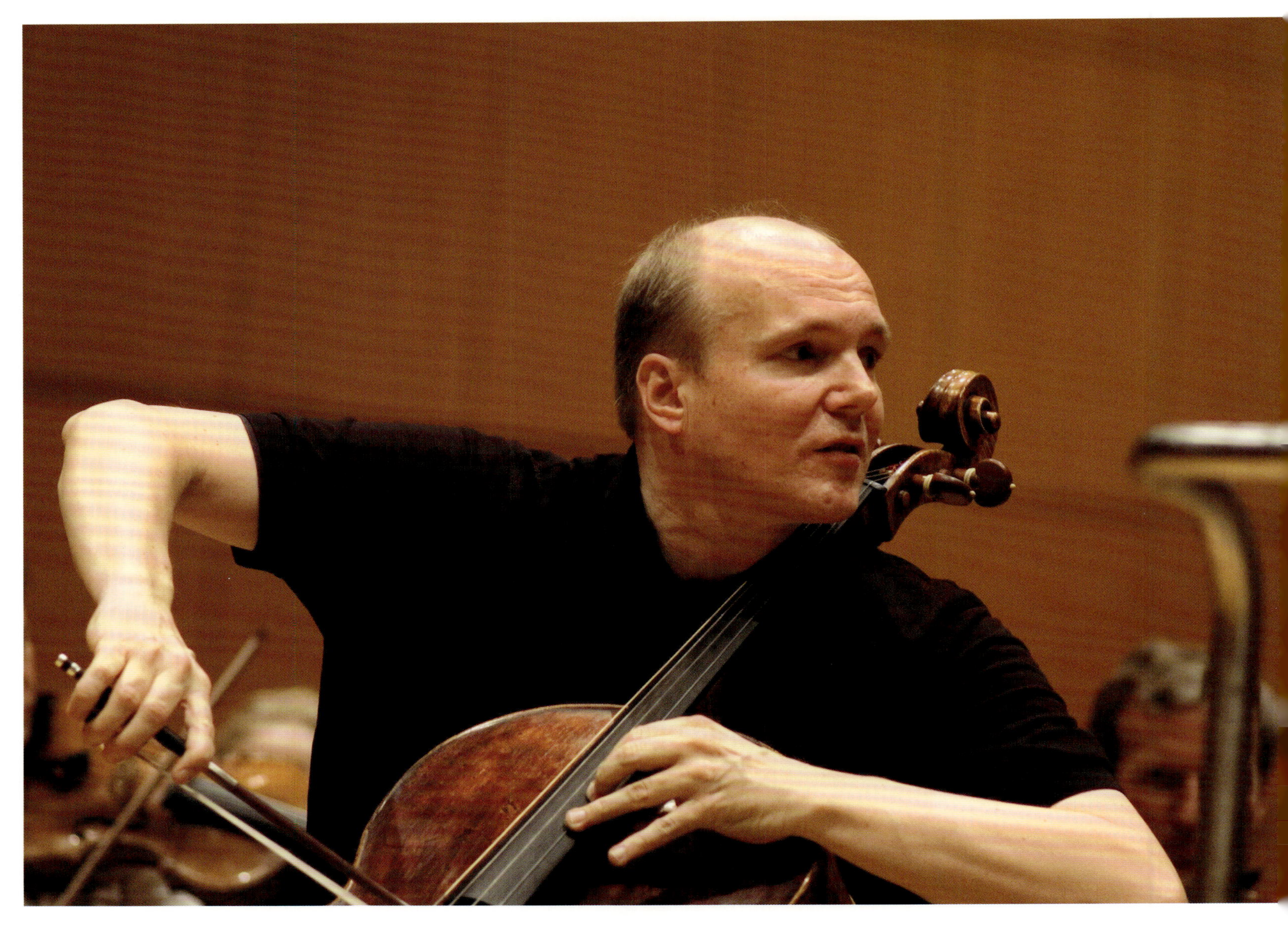

Truls Mørk
mit dem Symphonieorchester
des Bayrischen Rundfunks
unter Neeme Järvi

Philharmonie München, 2008
Antonin Dvořák, Cellokonzert h-Moll

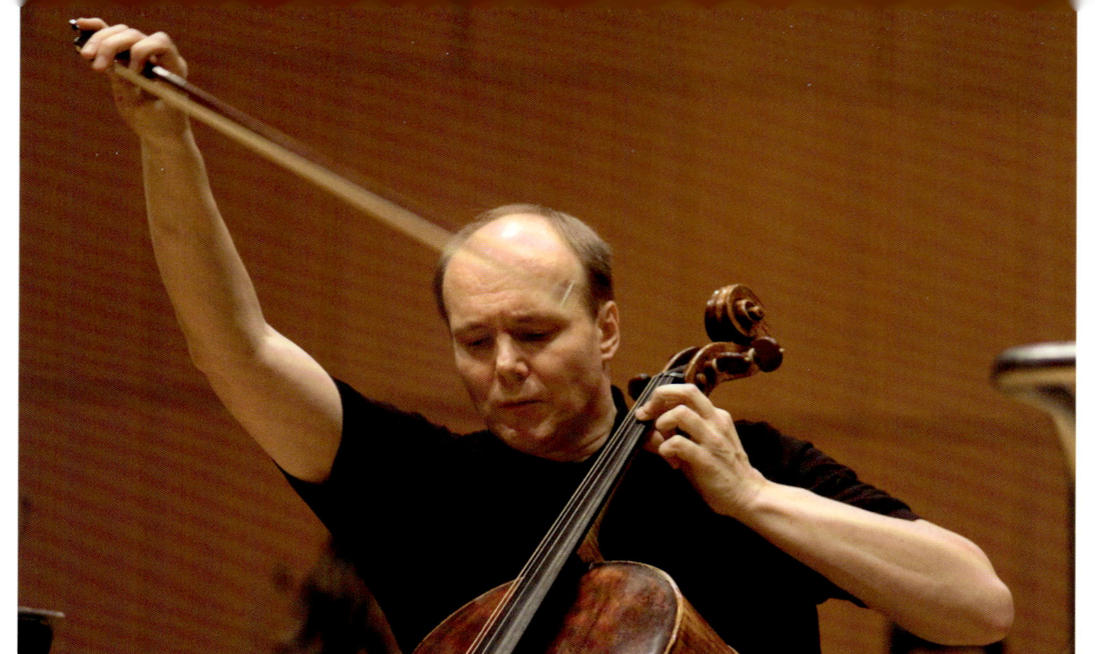

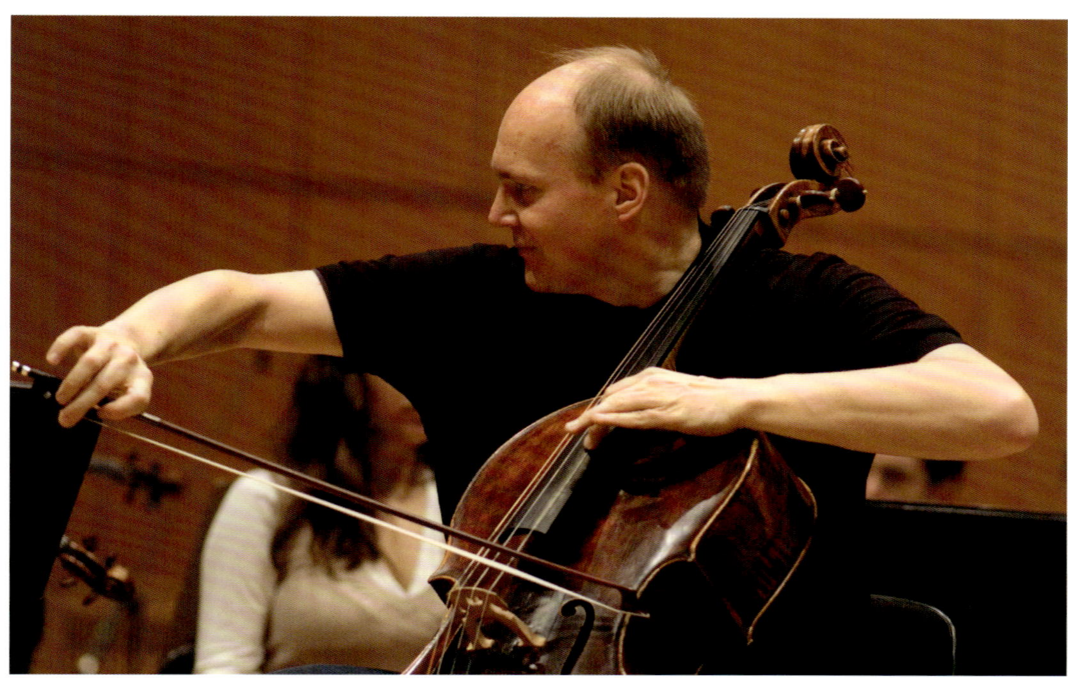

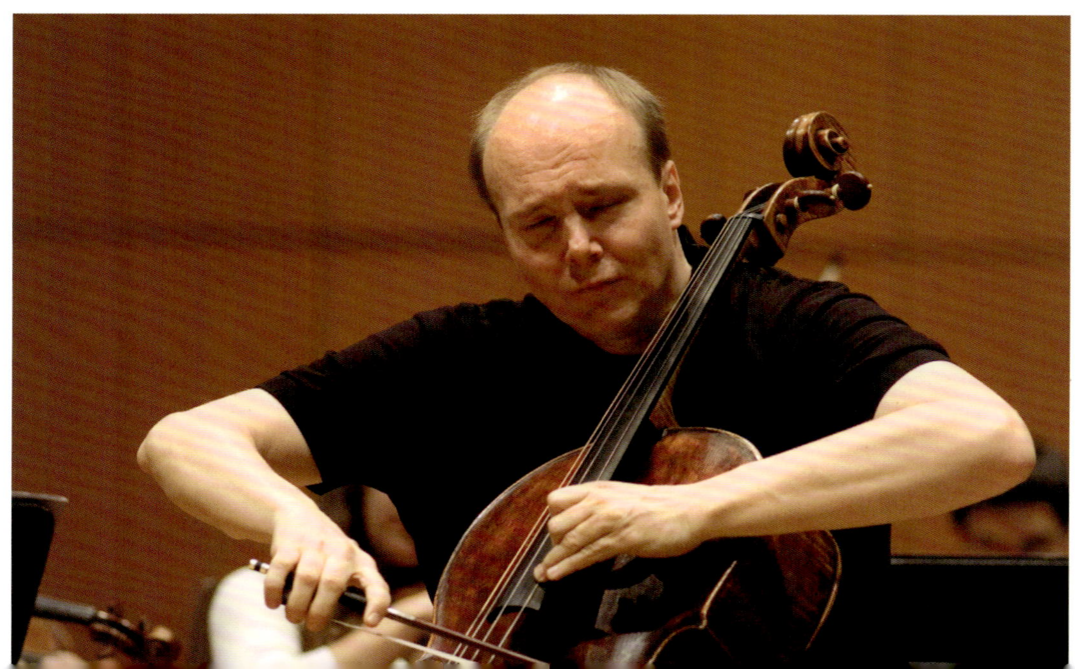

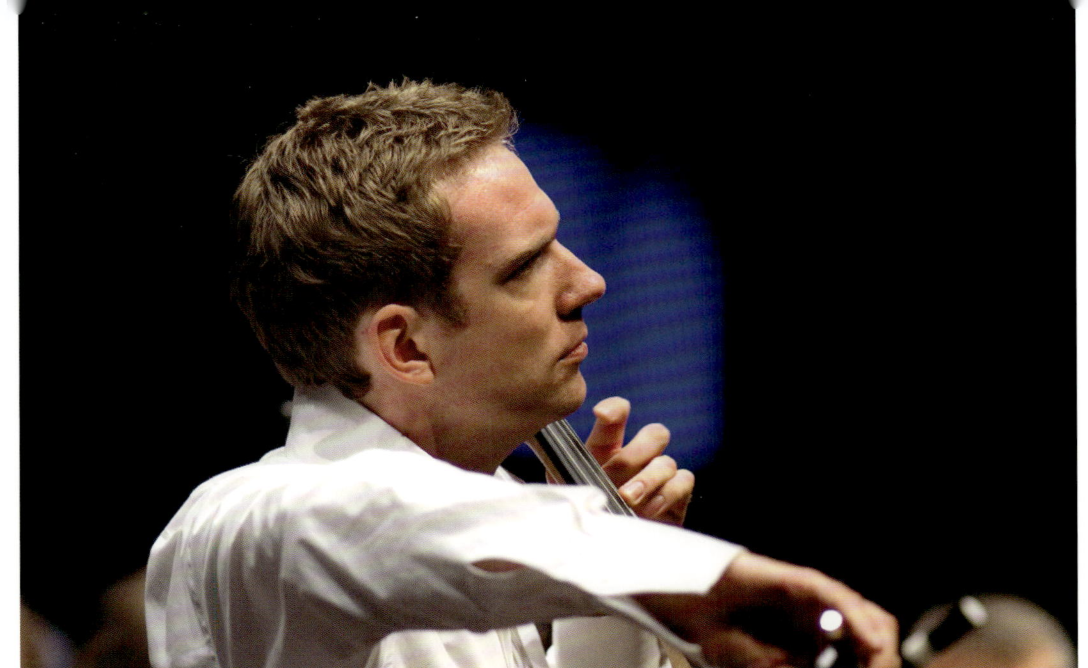

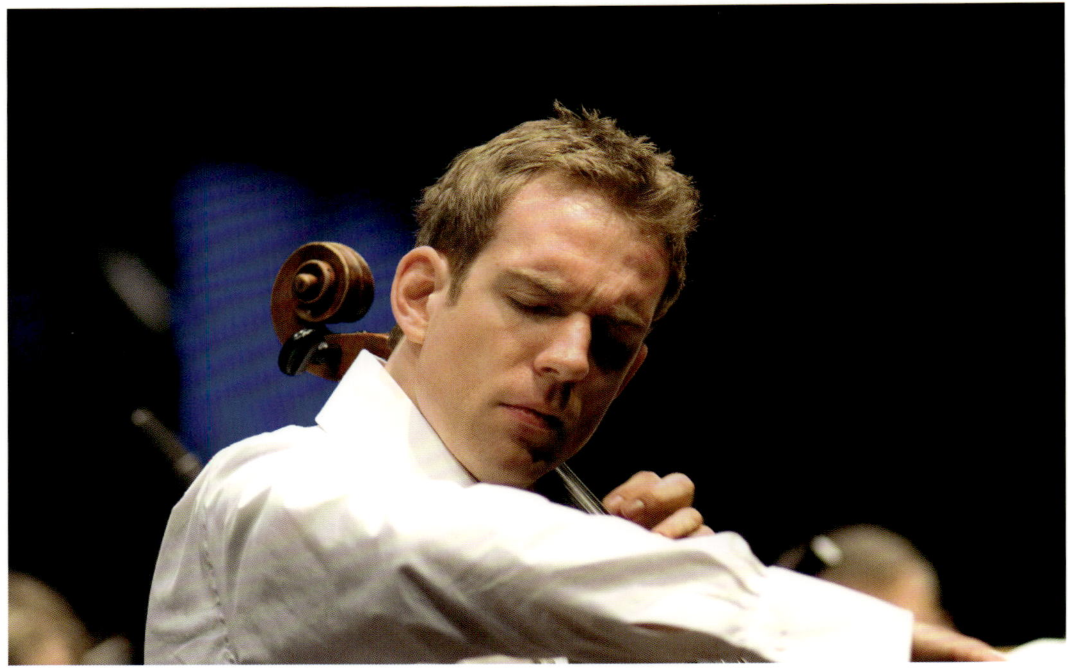

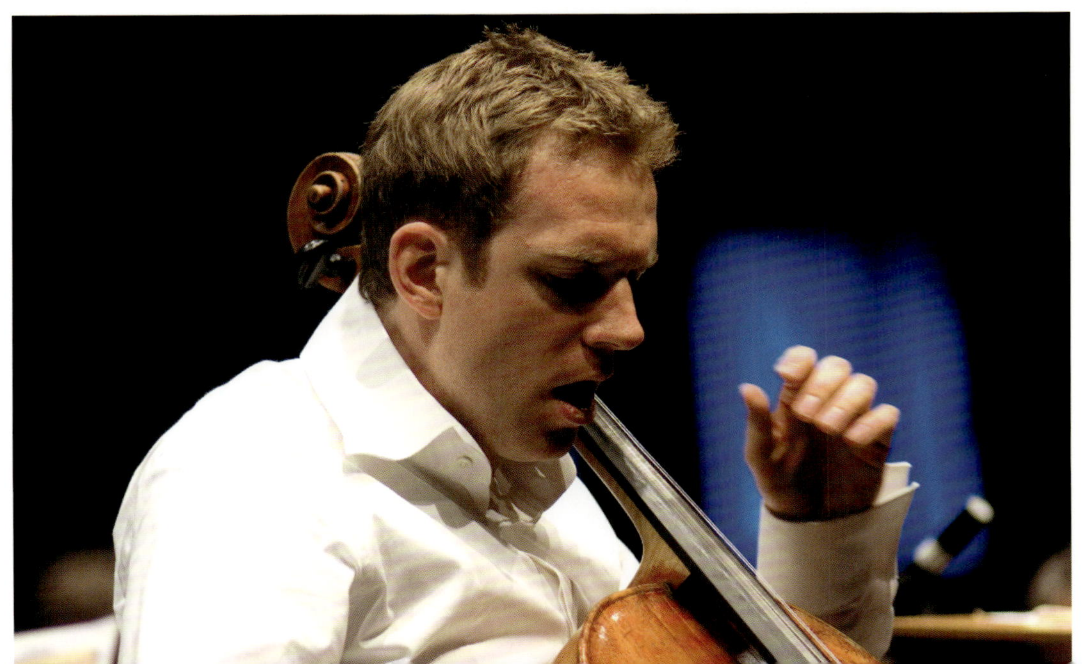

Johannes Moser
SWR Sinfonieorchester

Stuttgart, 2007
Camille Saint-Saëns
Cellokonzert Nr. 1 a-Moll

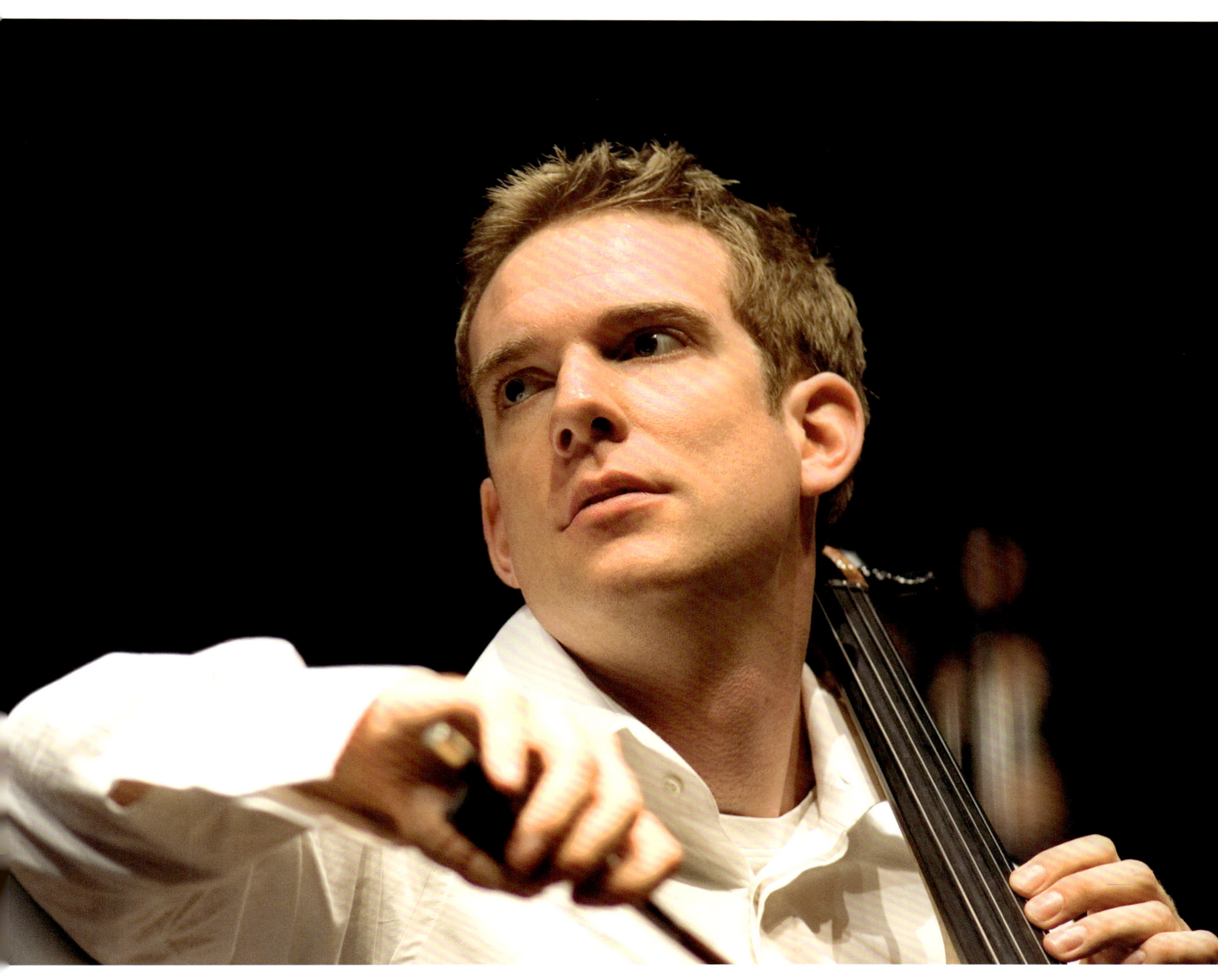

Alban Gerhardt

Seeschloss Monrepos
Ludwigsburg, 2007
György Ligeti
und Zoltan Kodaly
Solosonaten

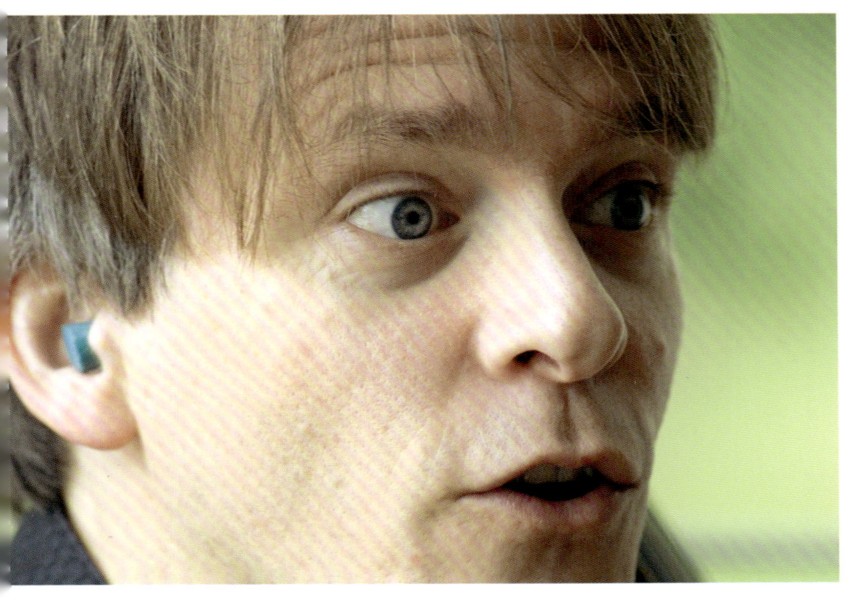
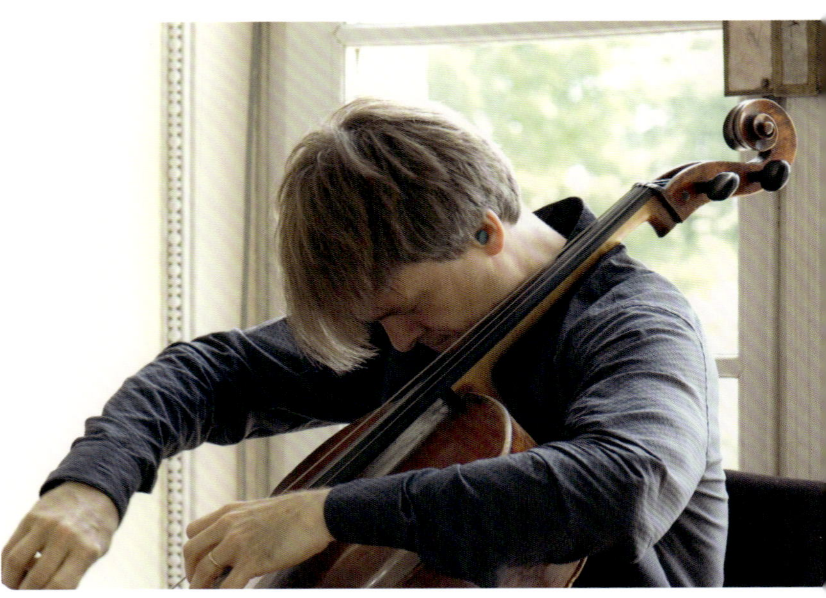
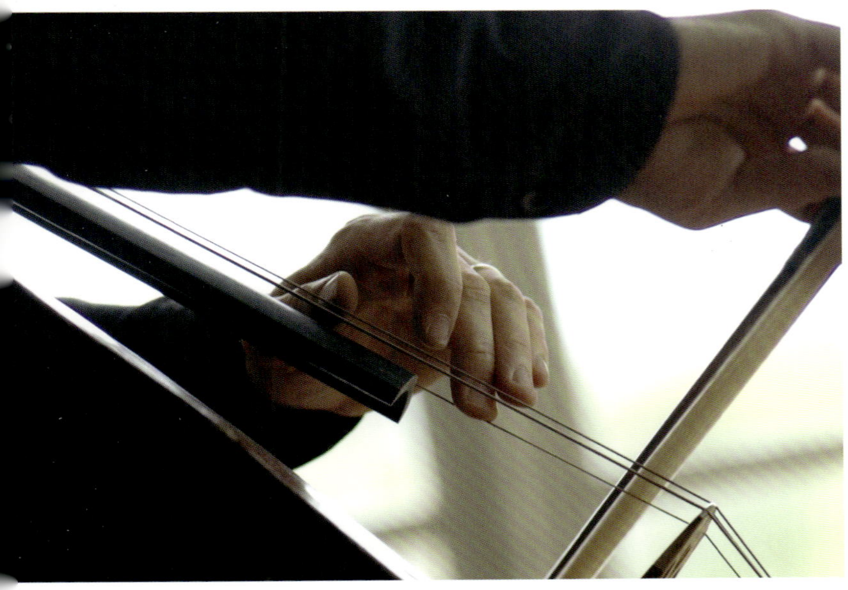
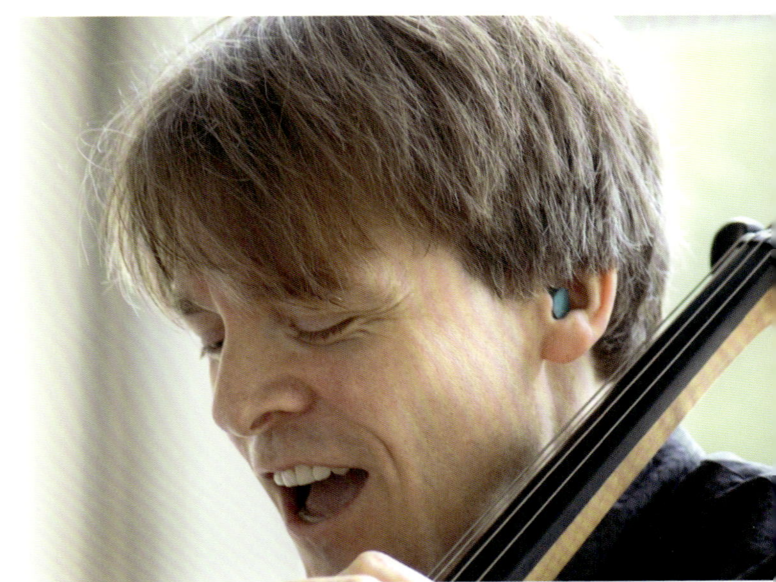
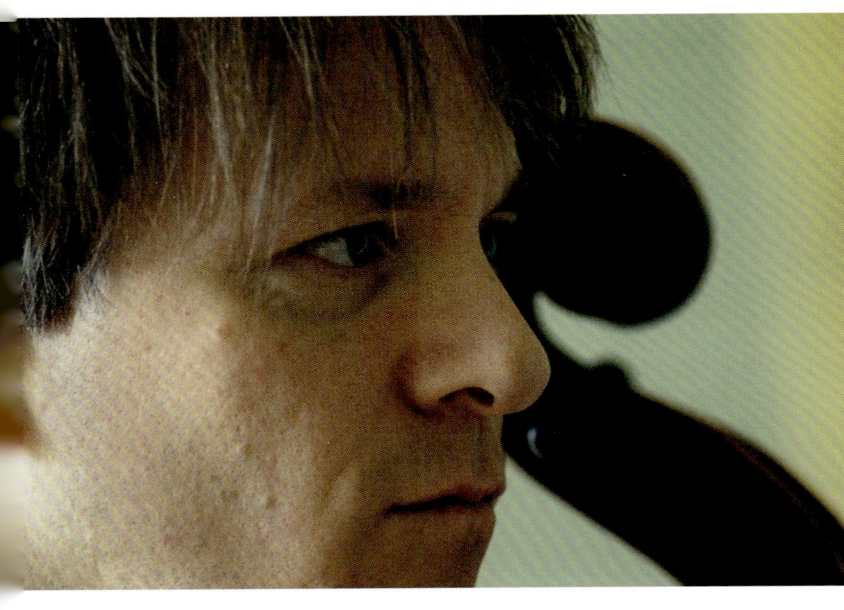
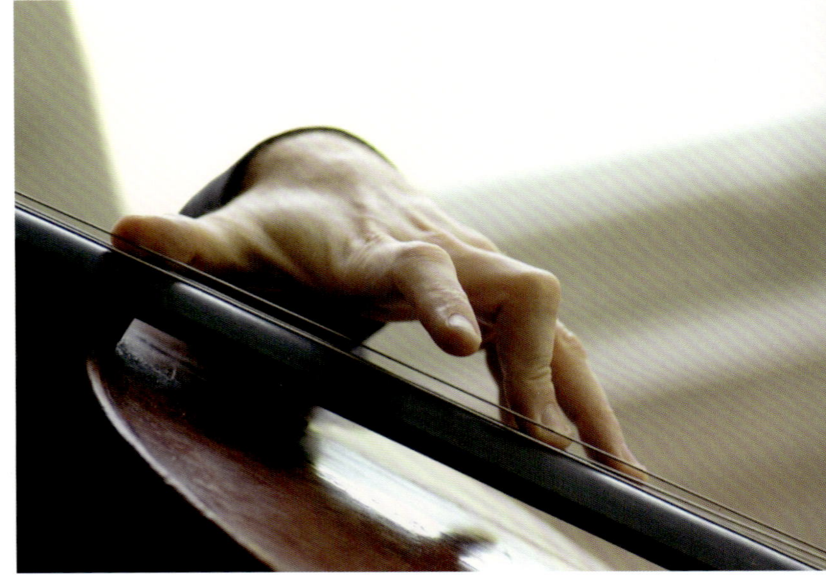

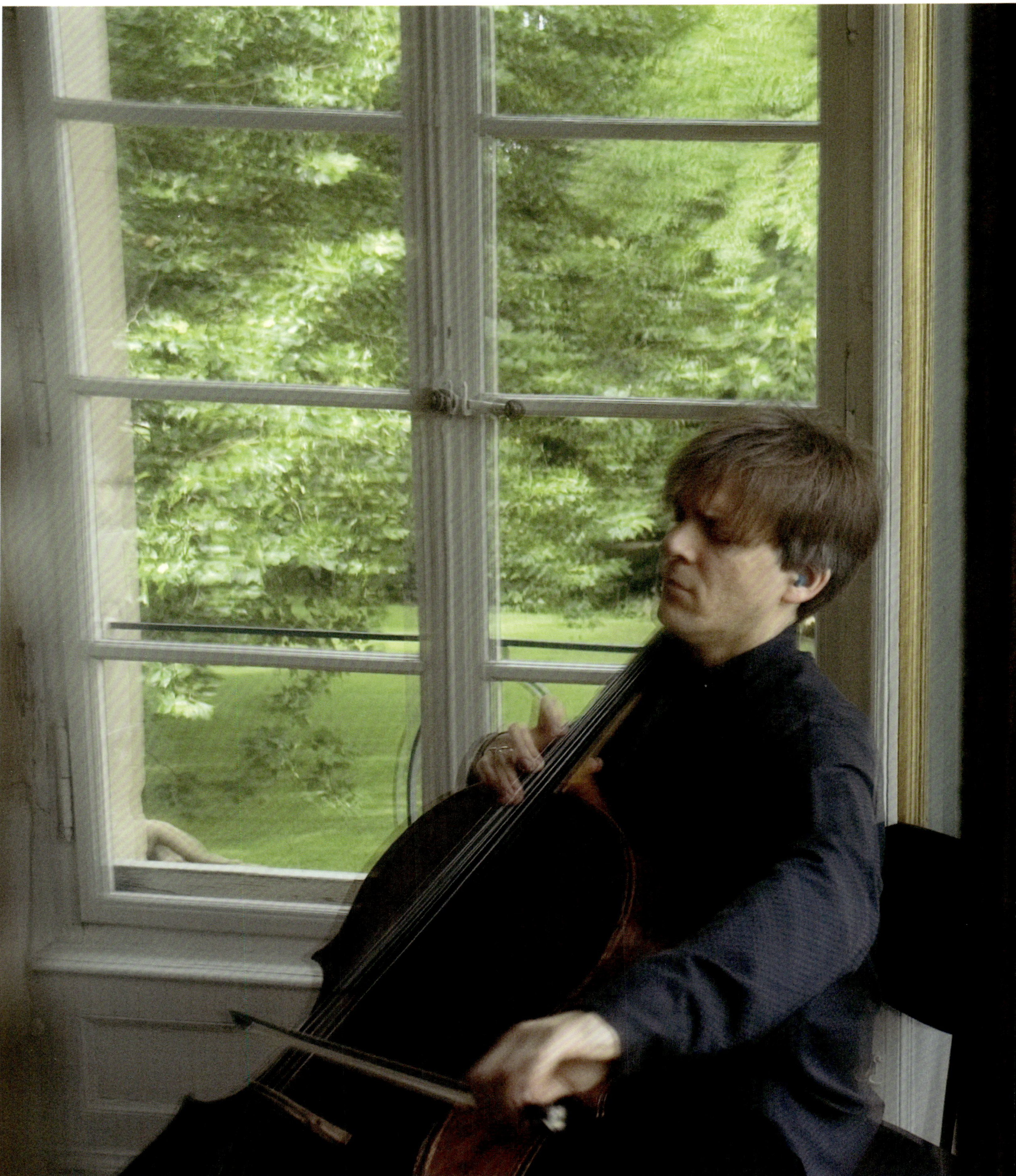

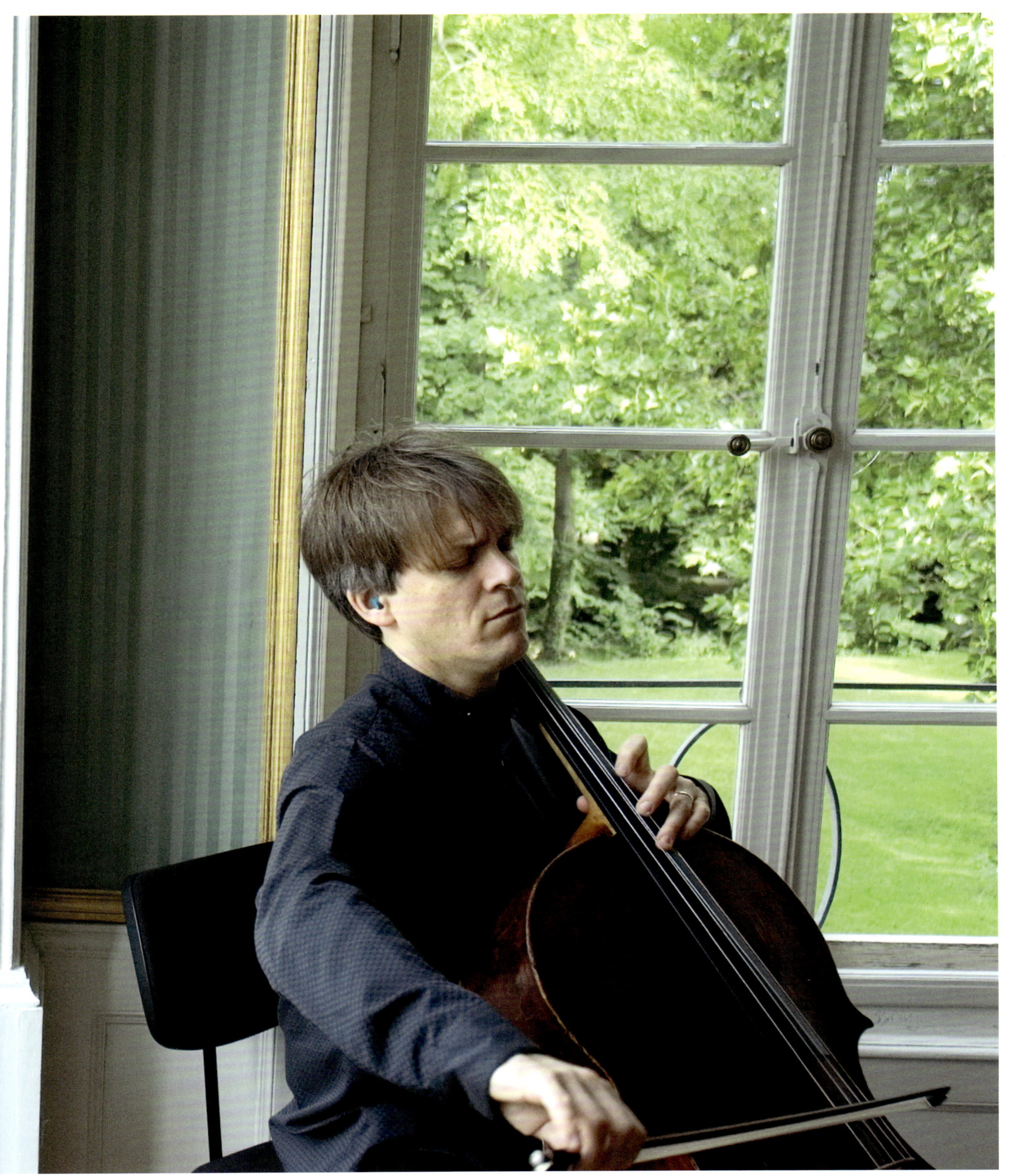

Pieter Wispelwey

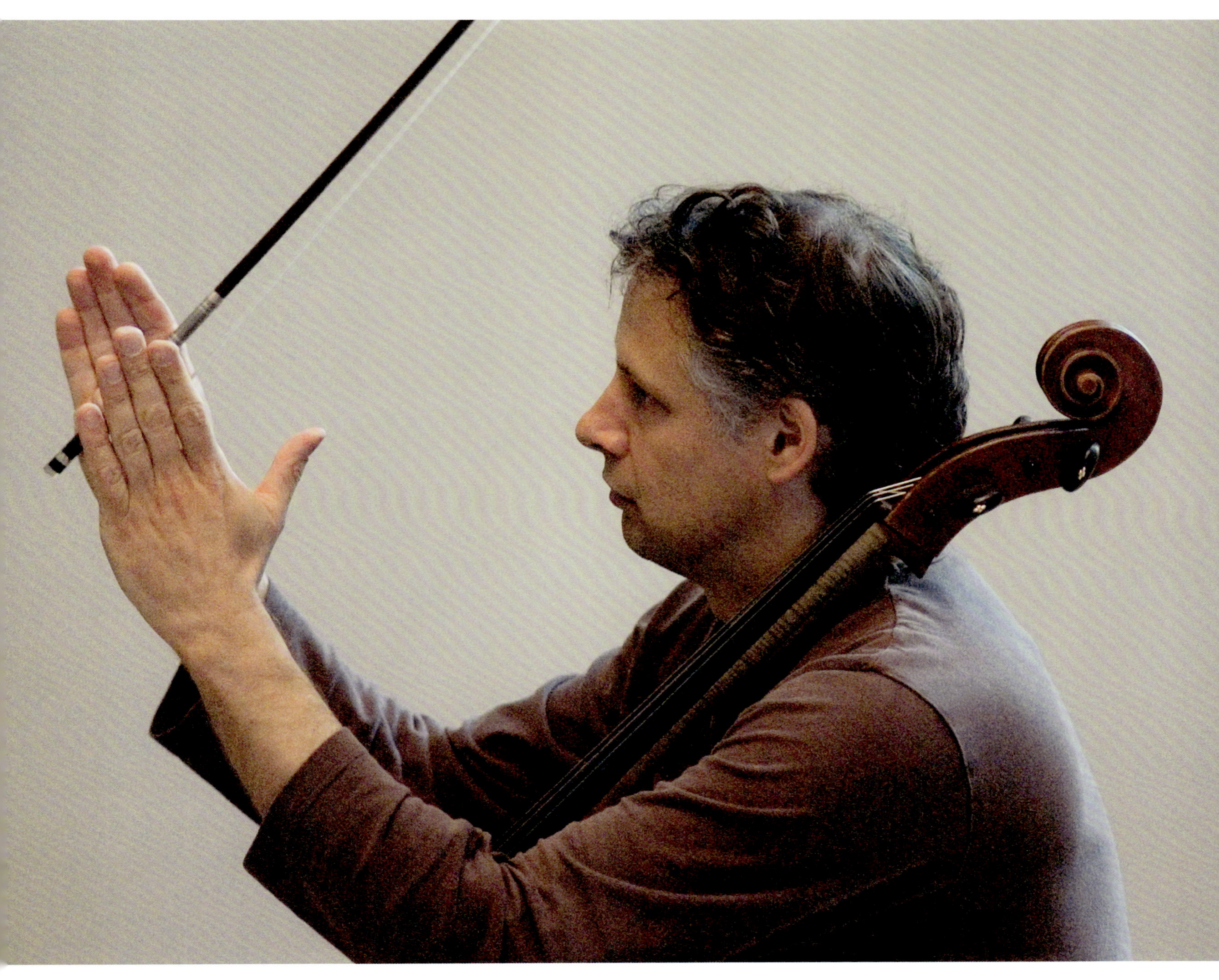

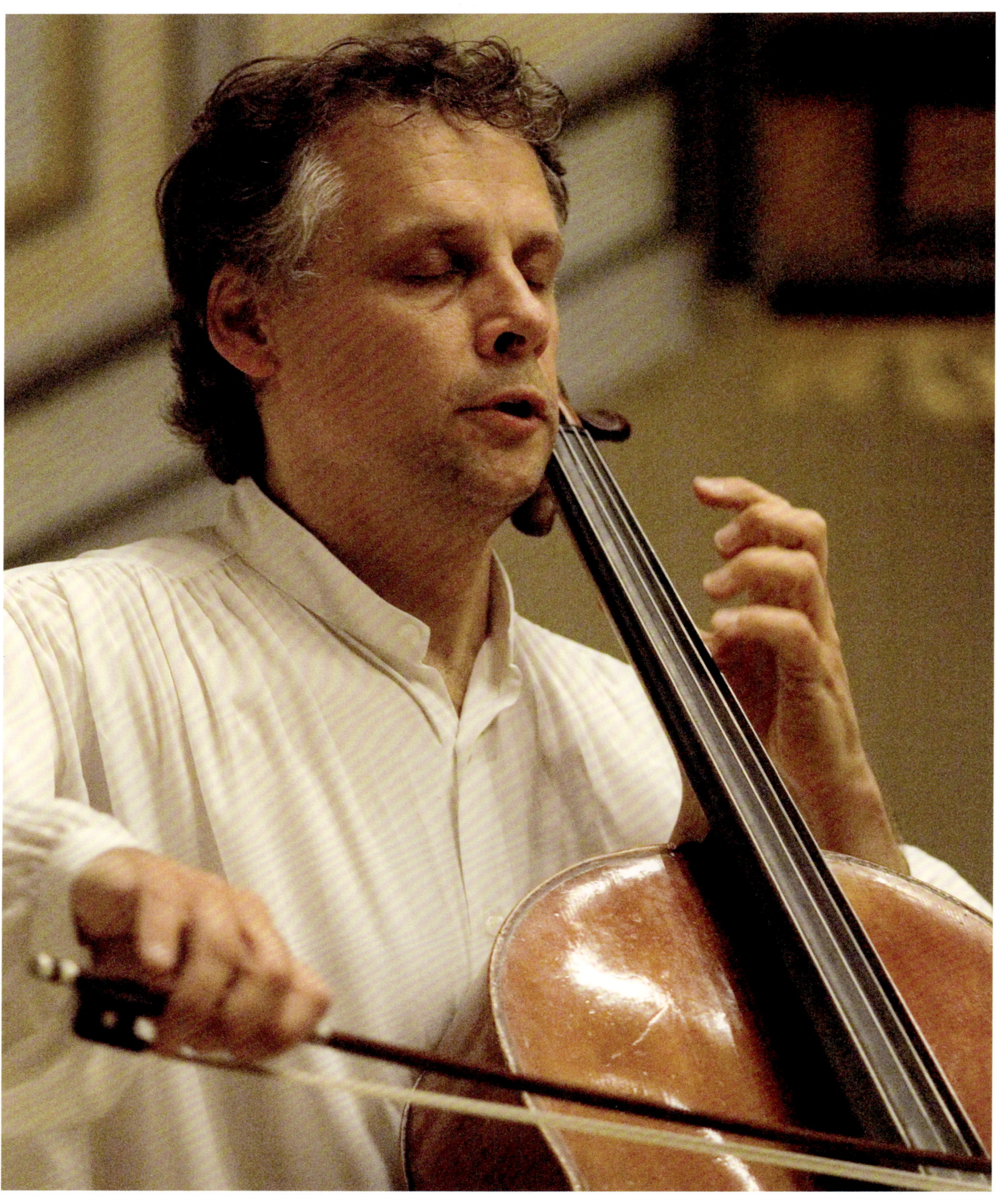

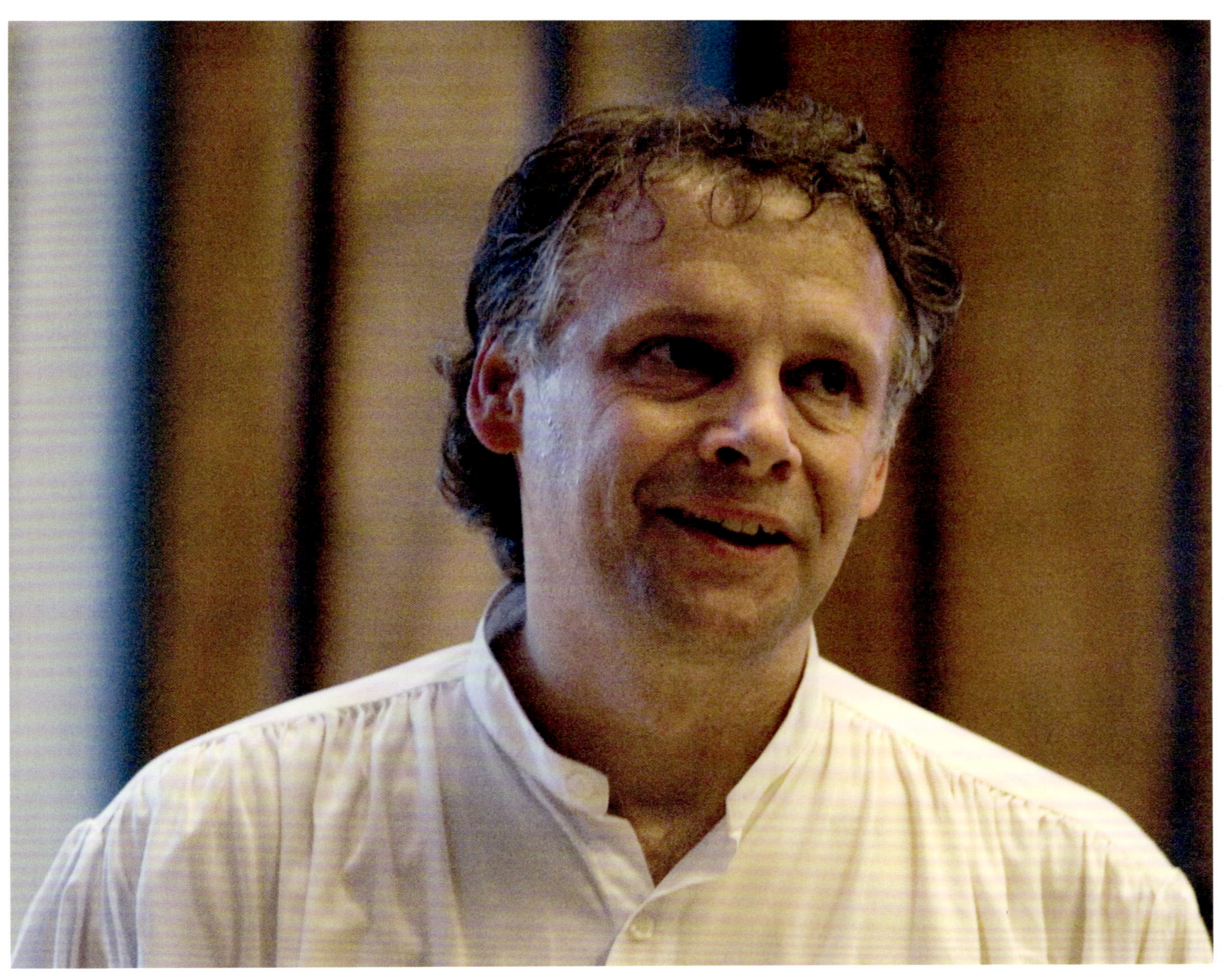

Pieter Wispelwey, Stuttgart 2007, während und nach den 6 Solosuiten von Johann Sebastian Bach

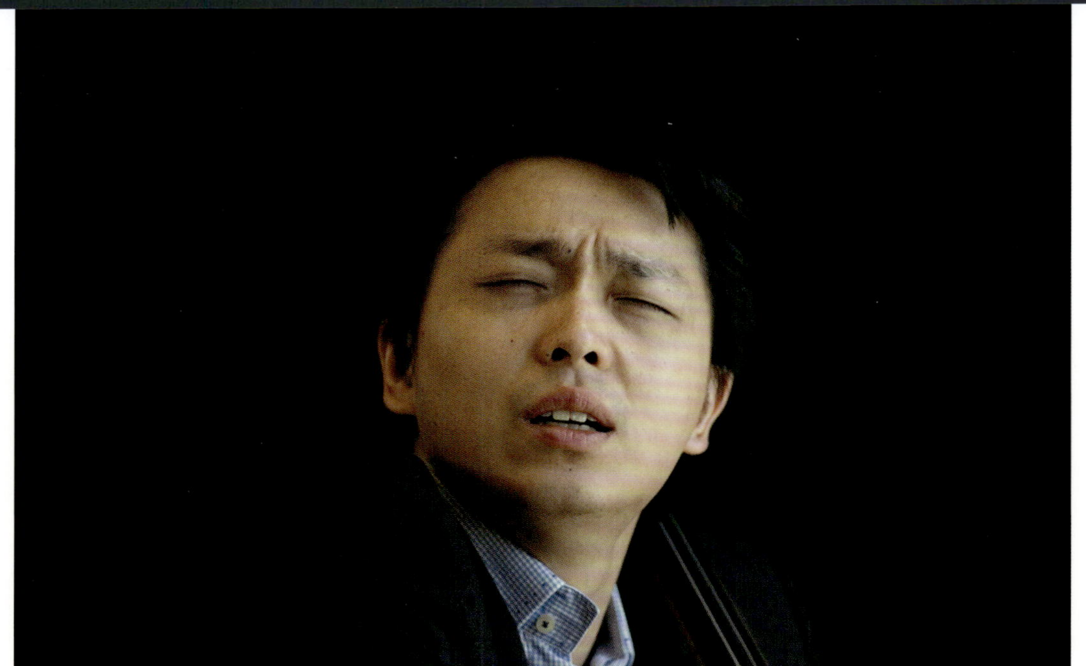

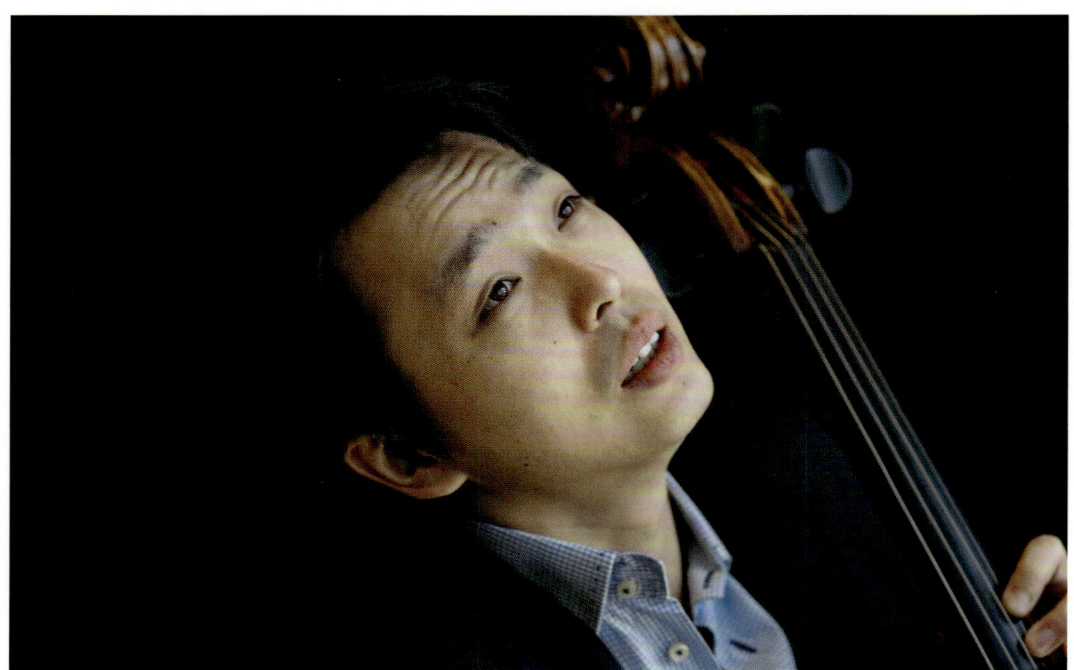

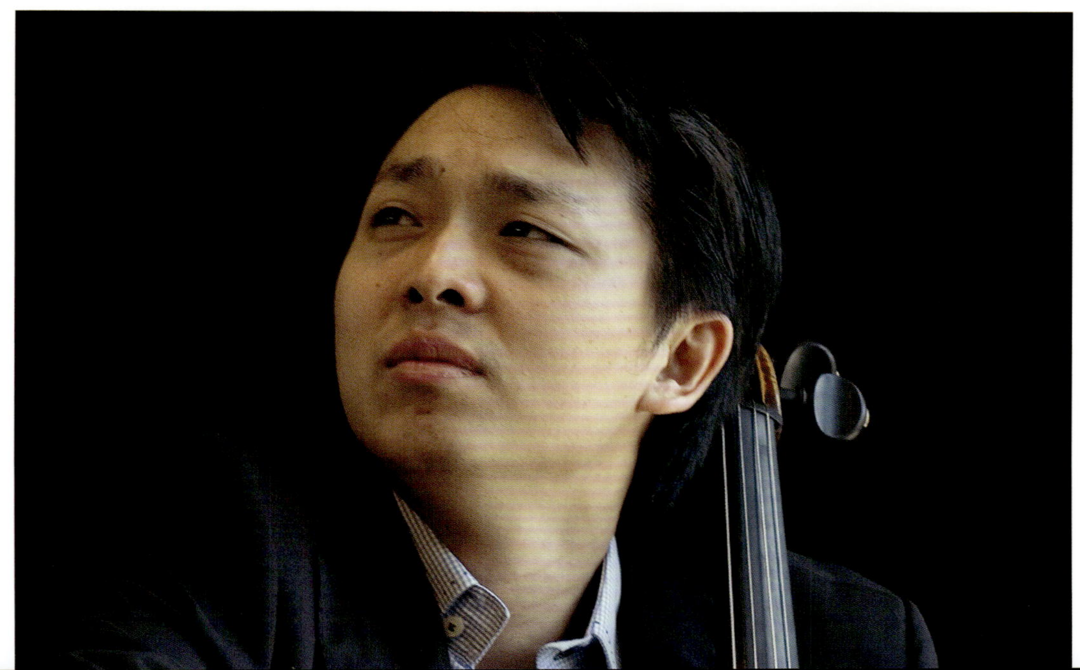

Qin Li-Wei
Cello Festival Manchester, 200

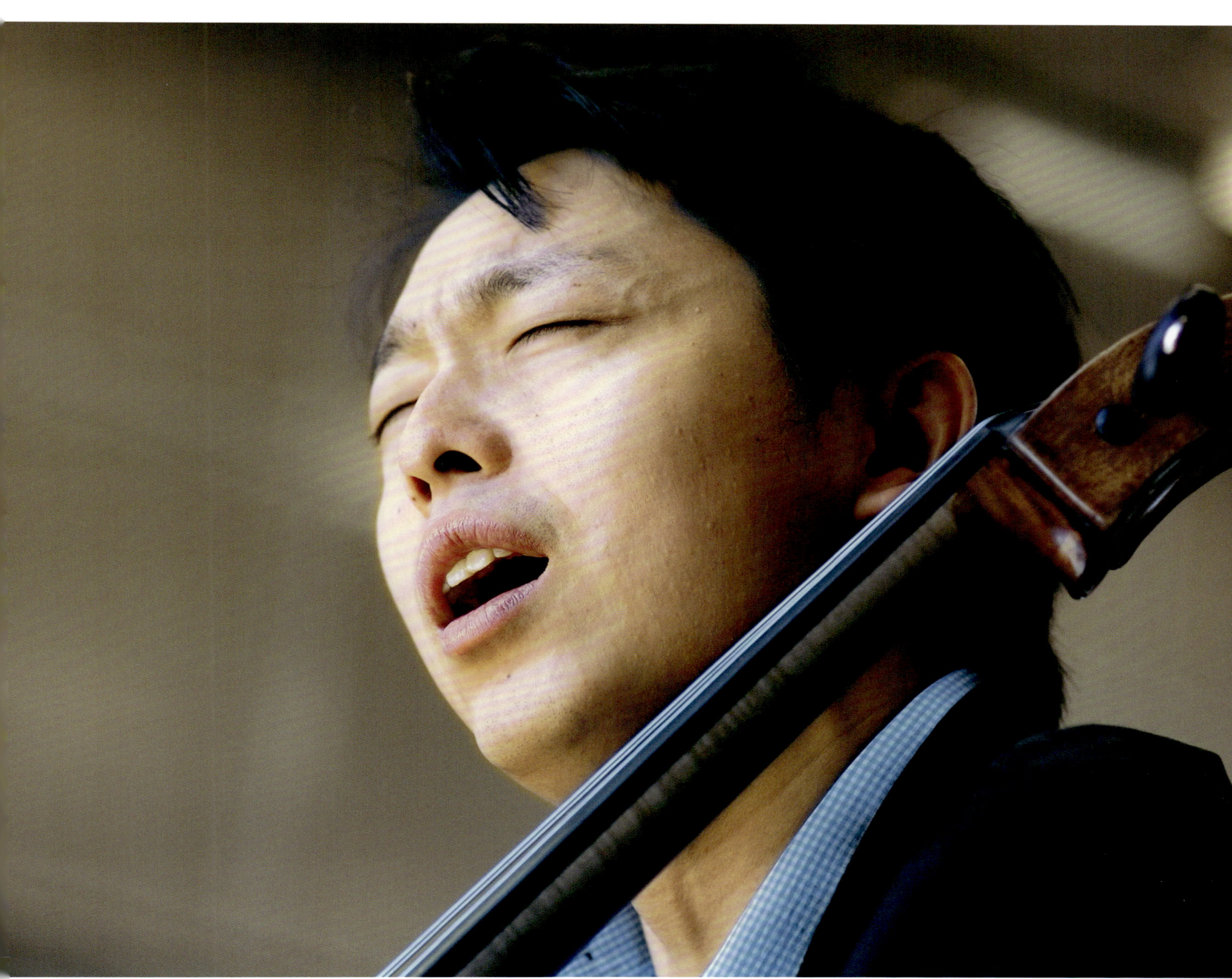

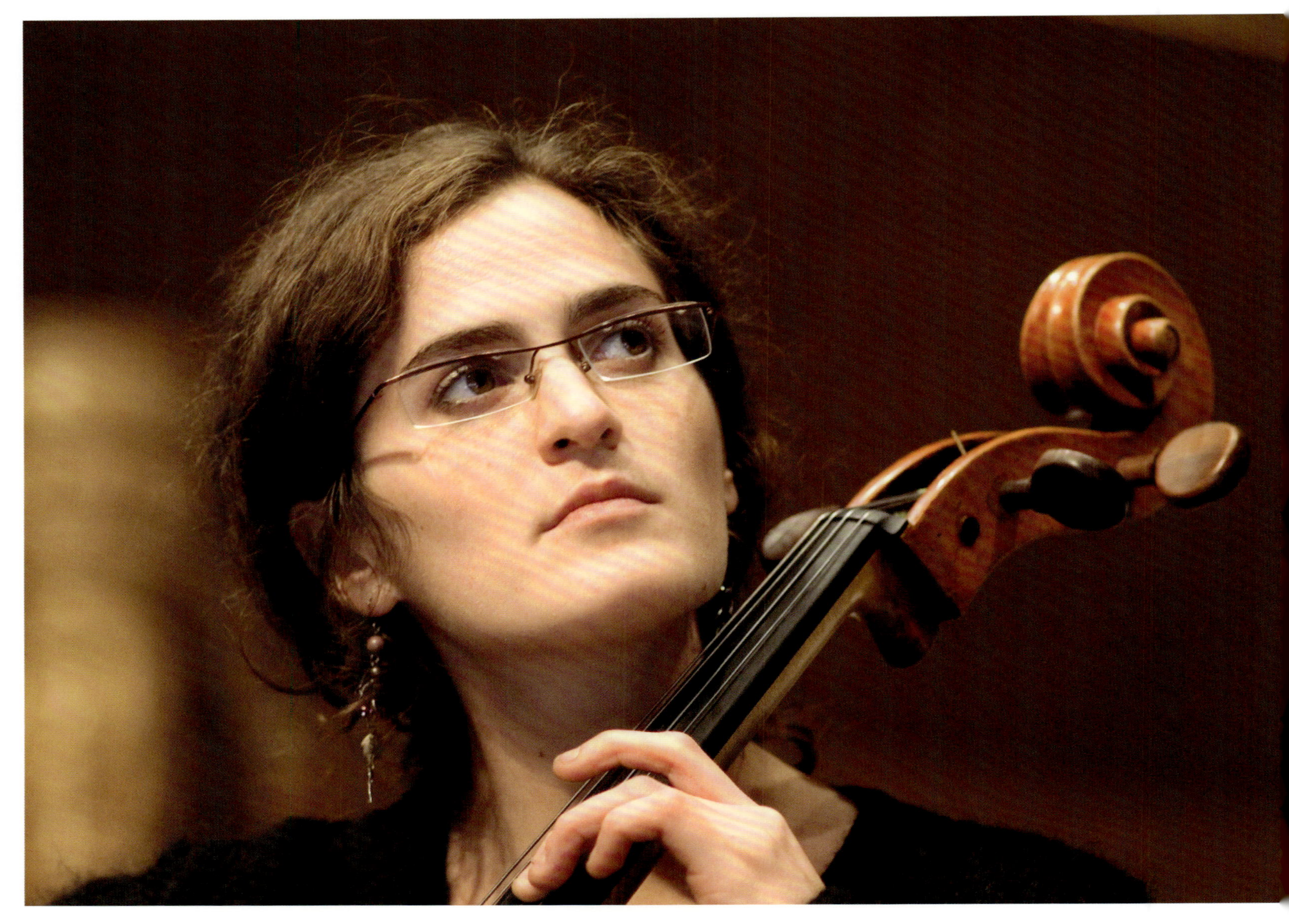

Monika Leskovar, Cello Festival Kronberg 200

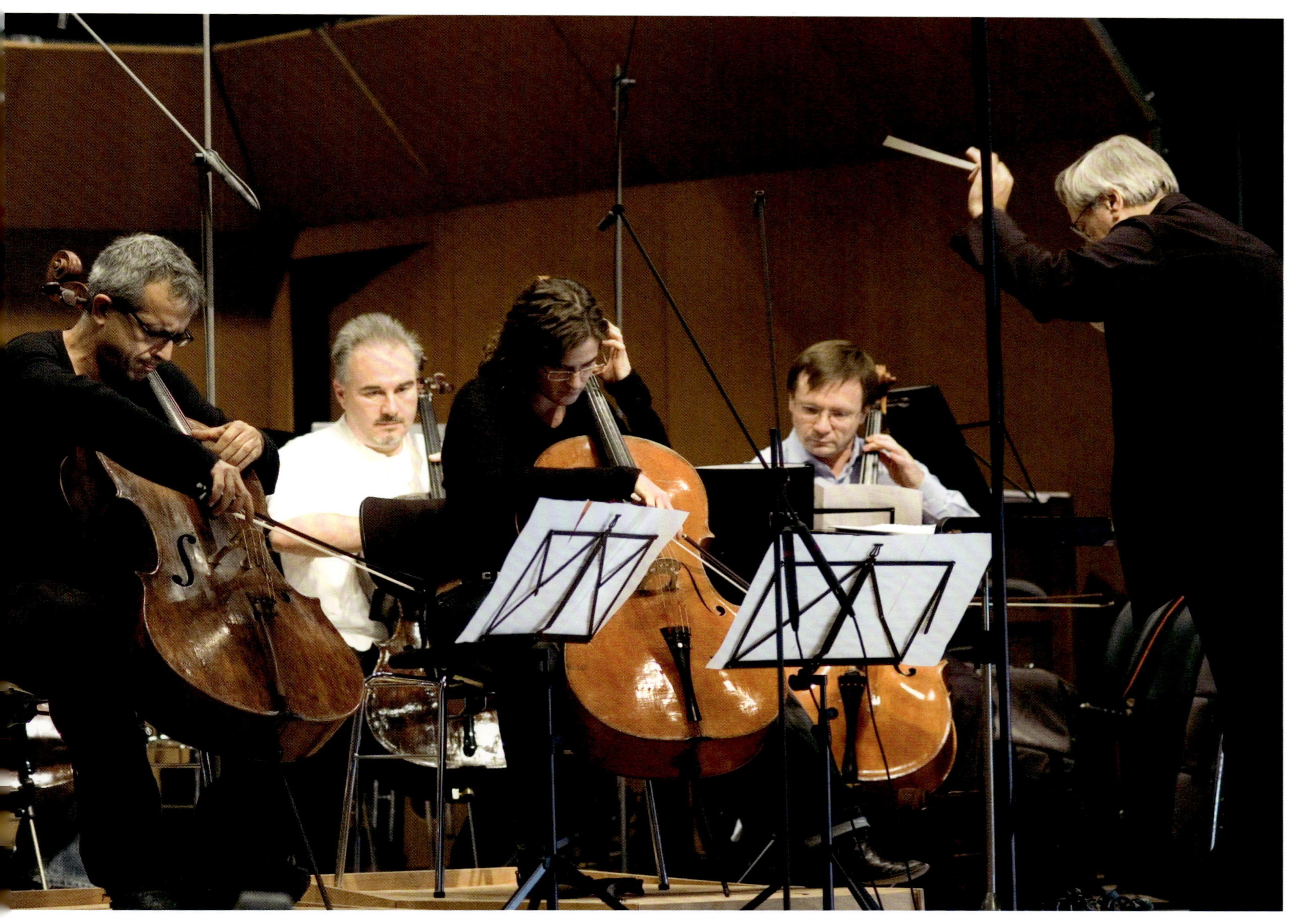

Monika Leskovar
Giovanni Sollima
Ensemble Cellissimo
unter David Geringas

Cello Festival Kronberg 2007
Romualds Kalson
Composition „Aluzija"

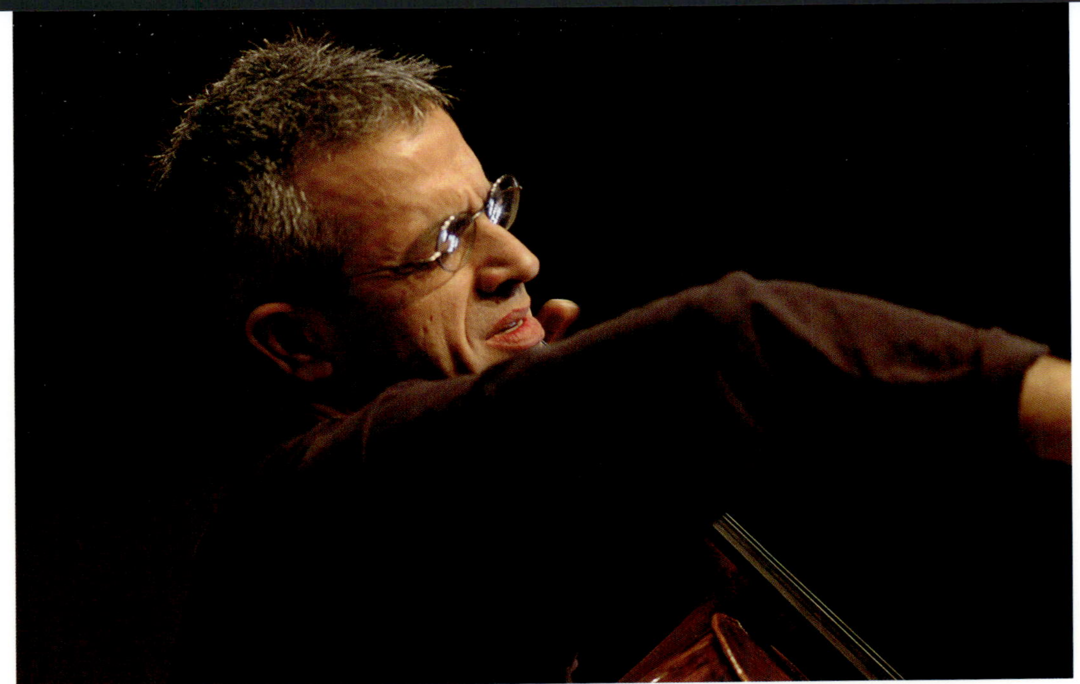

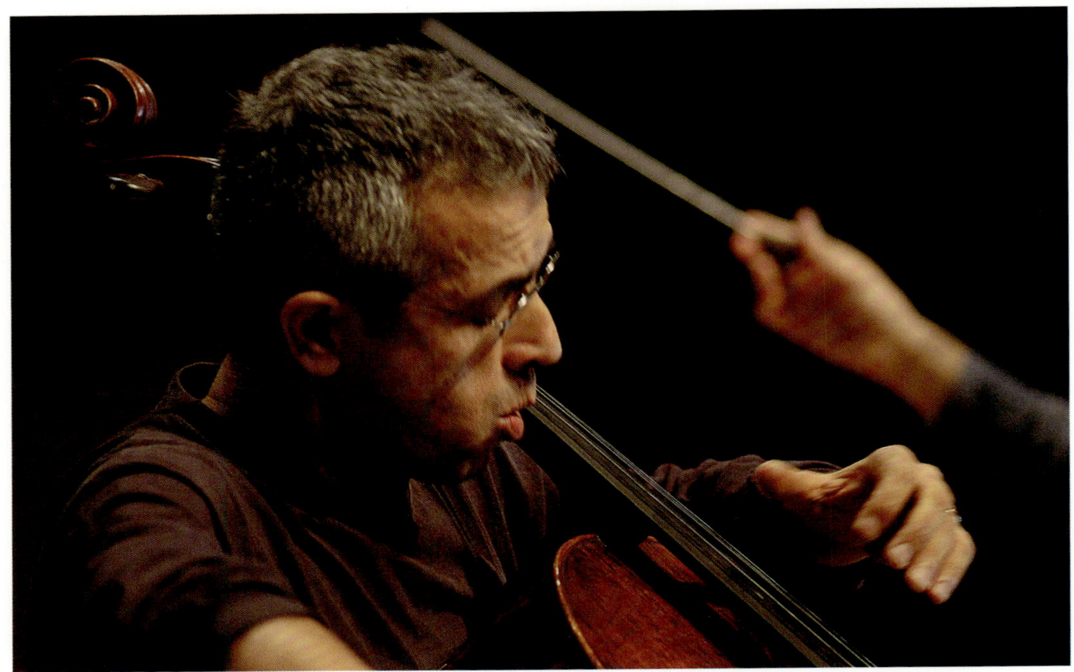

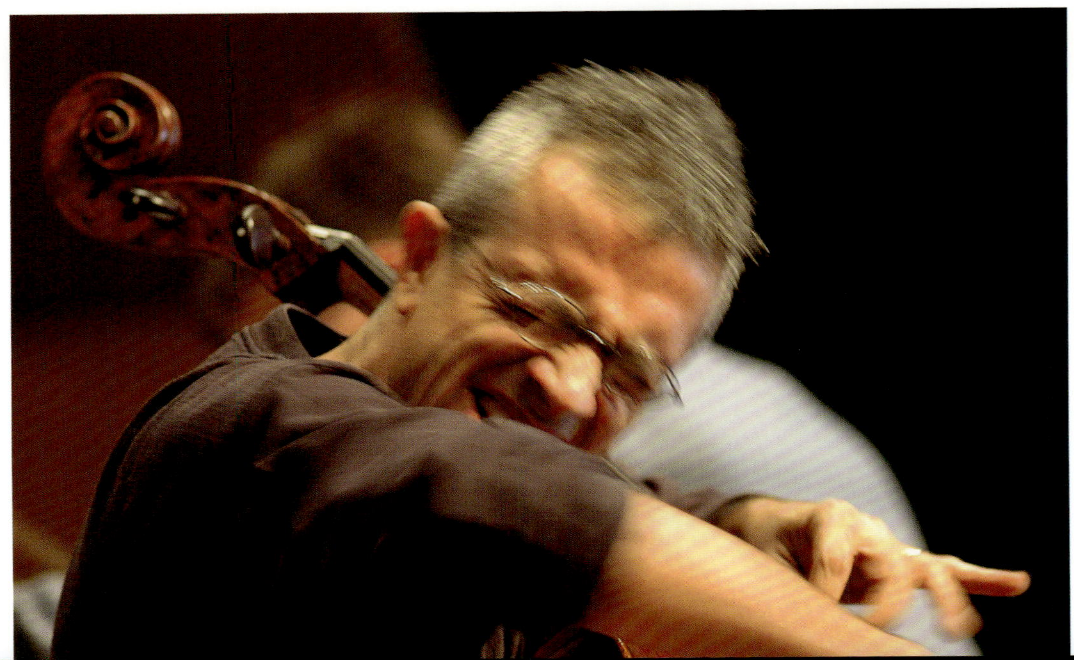

Giovanni Sollima
Südwestdeutsches Kammerorchester
Pforzheim

Cello Festival Kronberg 2005
Giovanni Sollima
„Hommage an Luigi Boccherini"

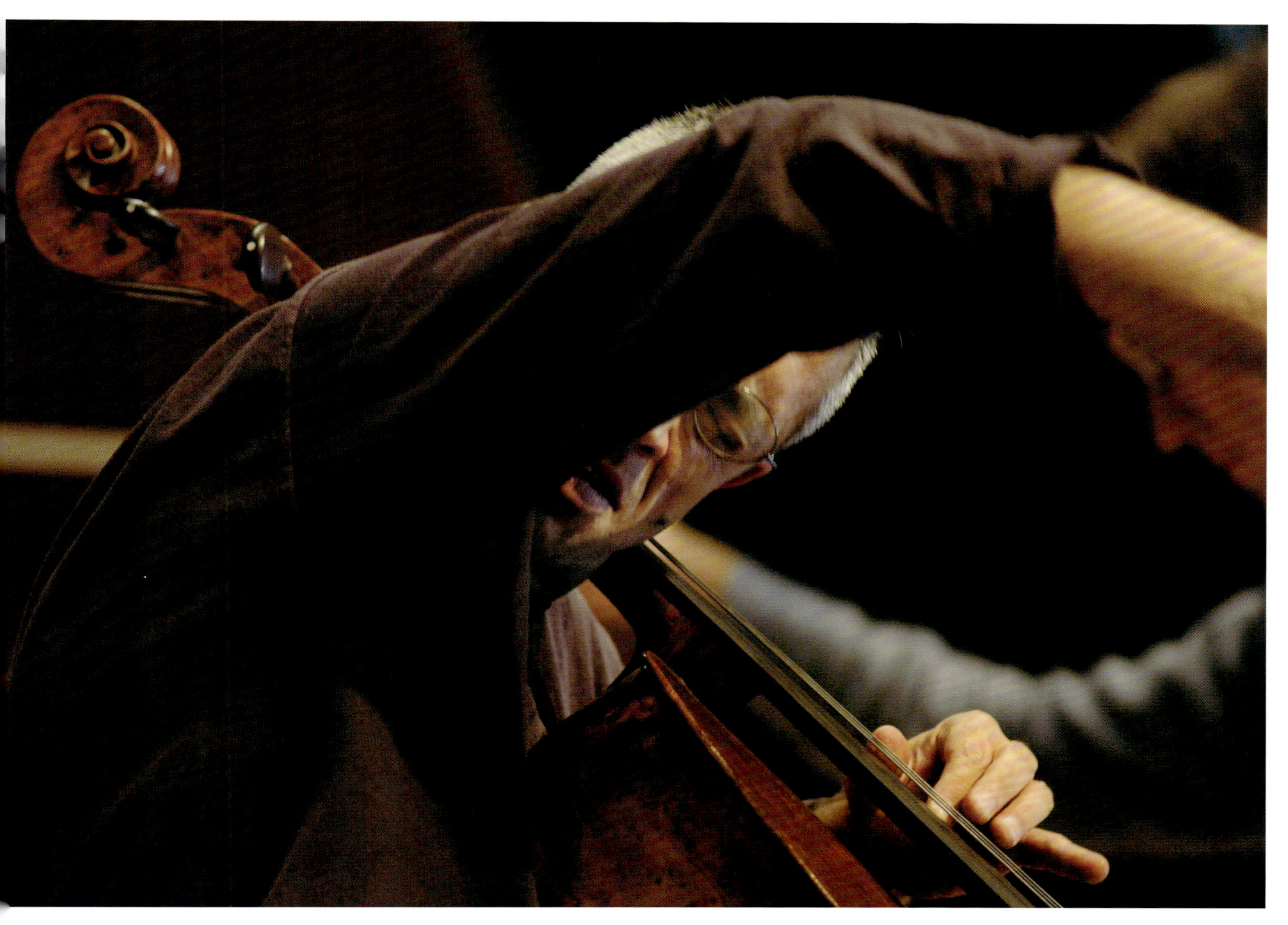

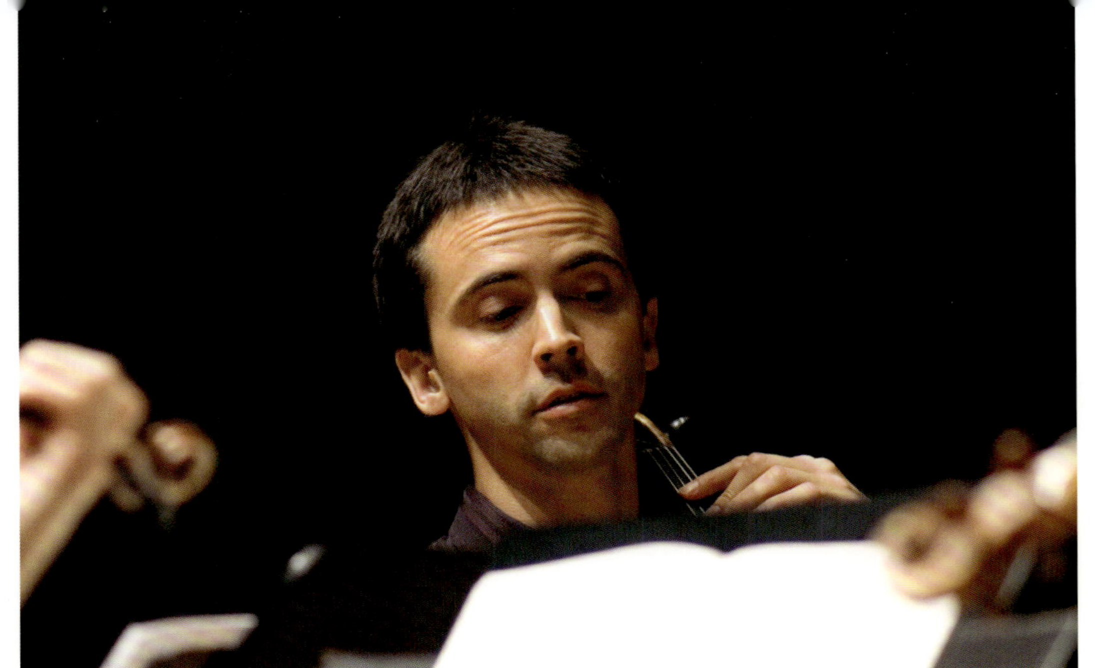

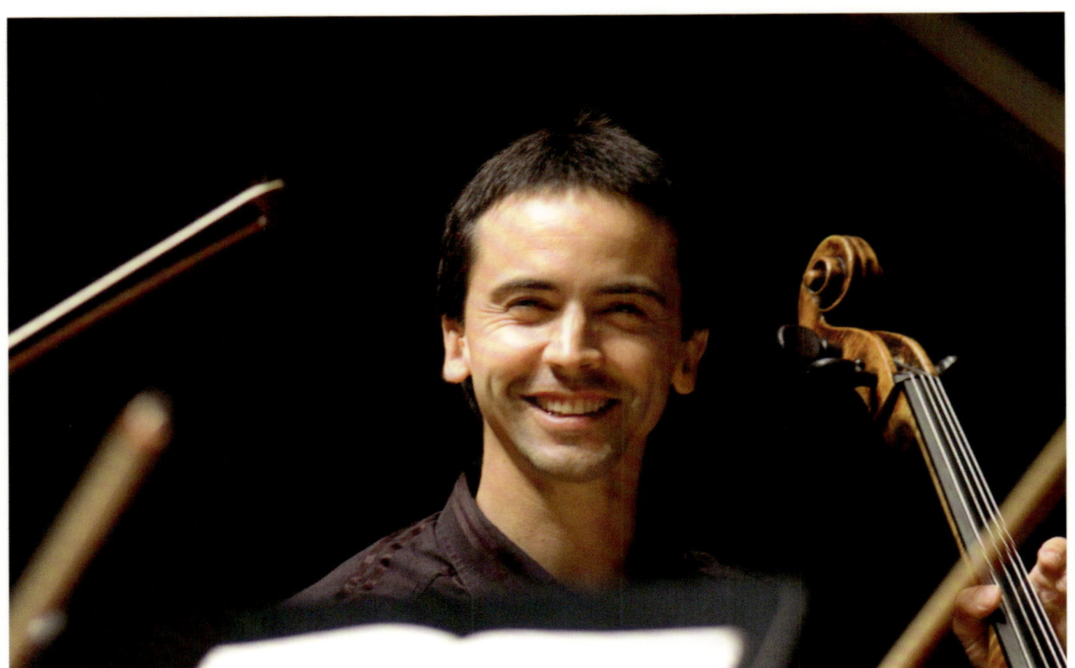

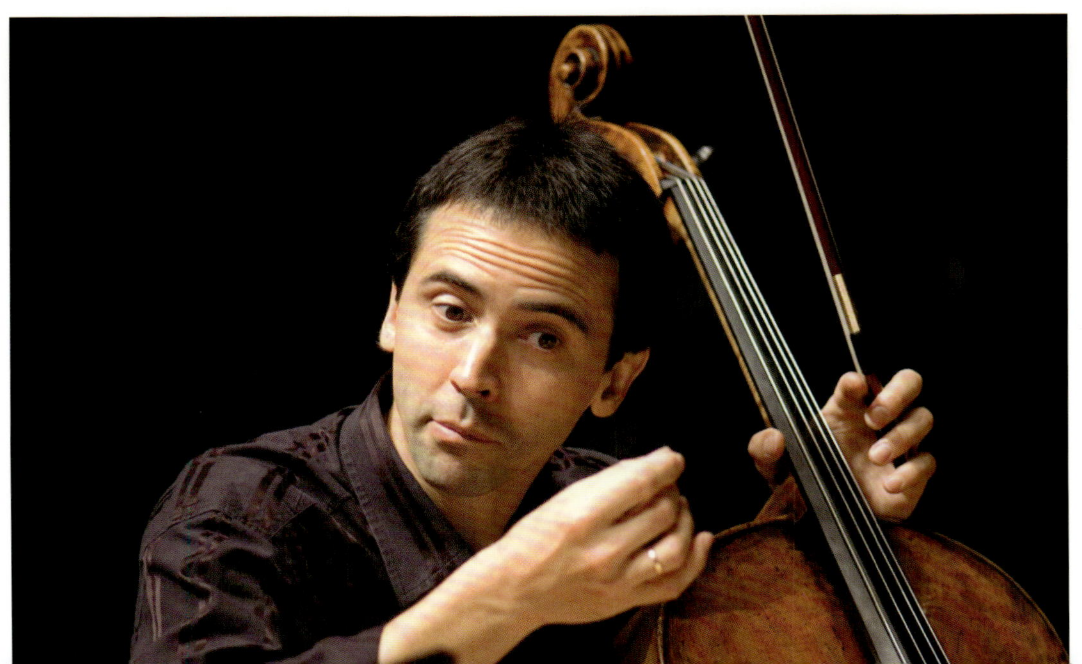

Jean-Guihen Queyras
Arcanto Quartett

Liederhalle Stuttgart, 2008
Ludwig van Beethoven
Streichquartette

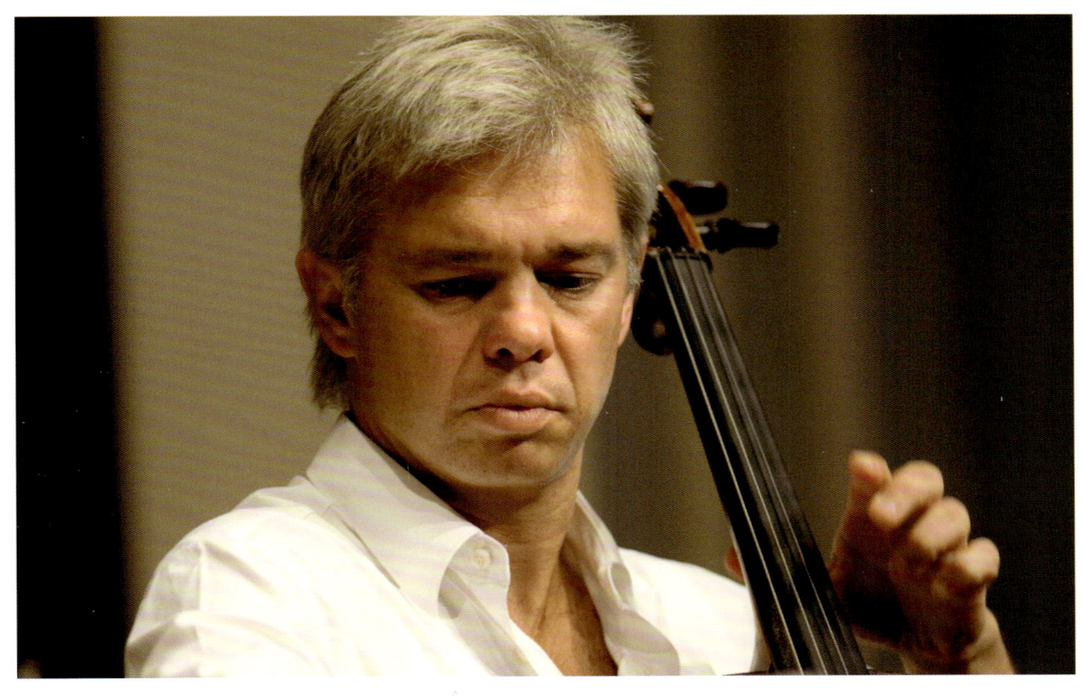

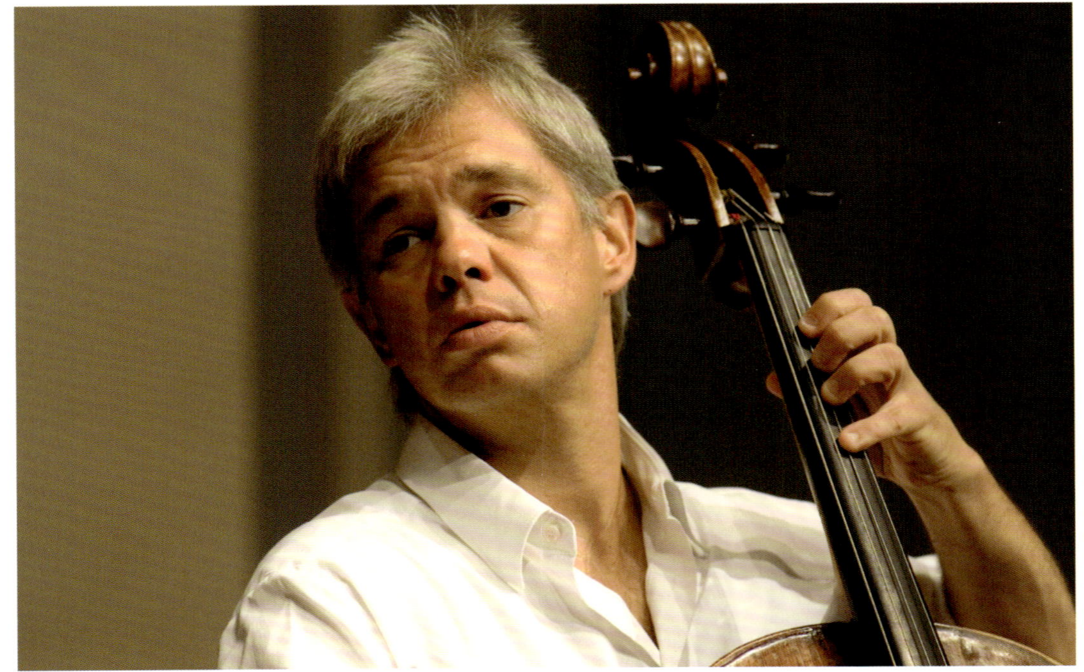

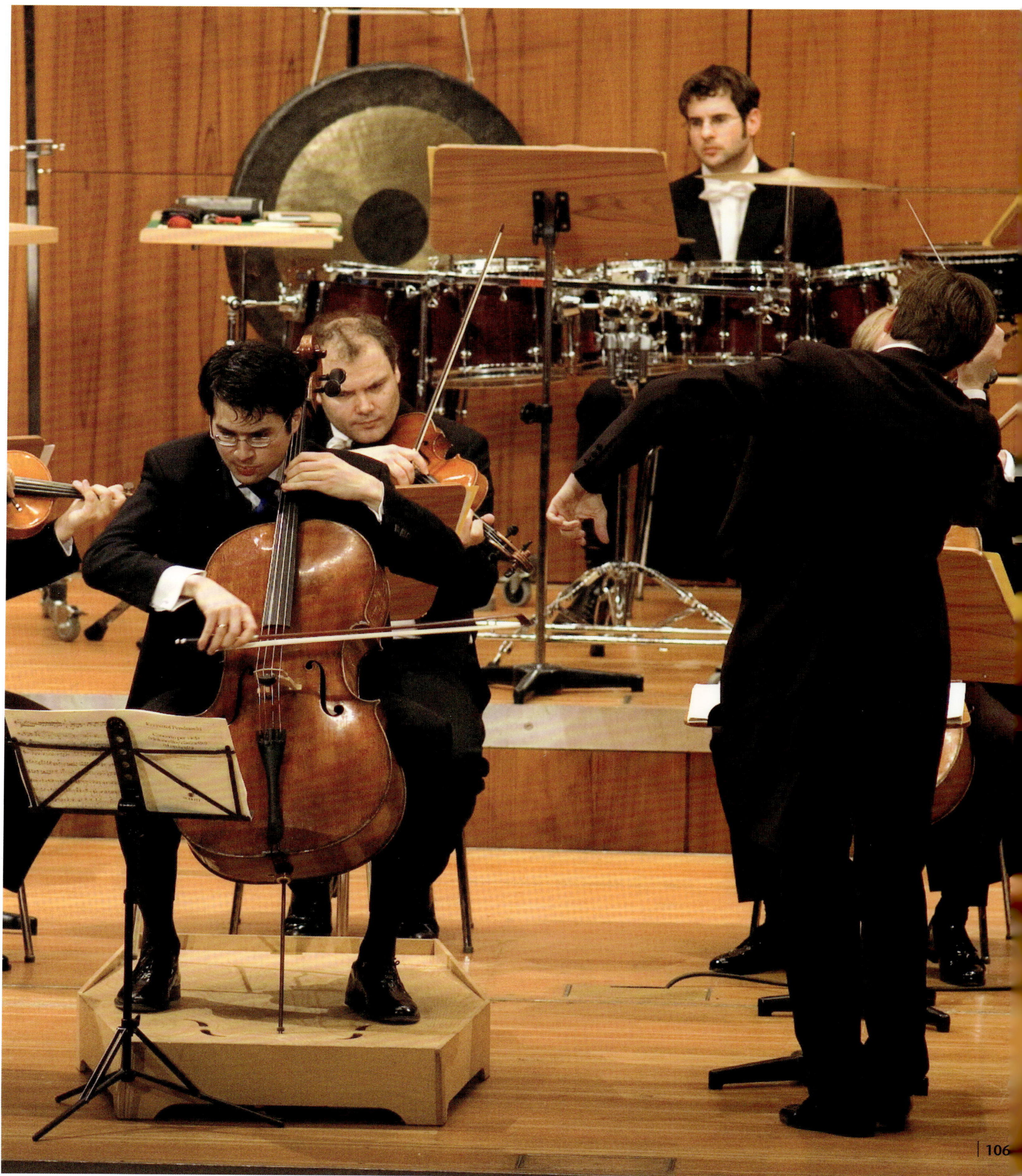

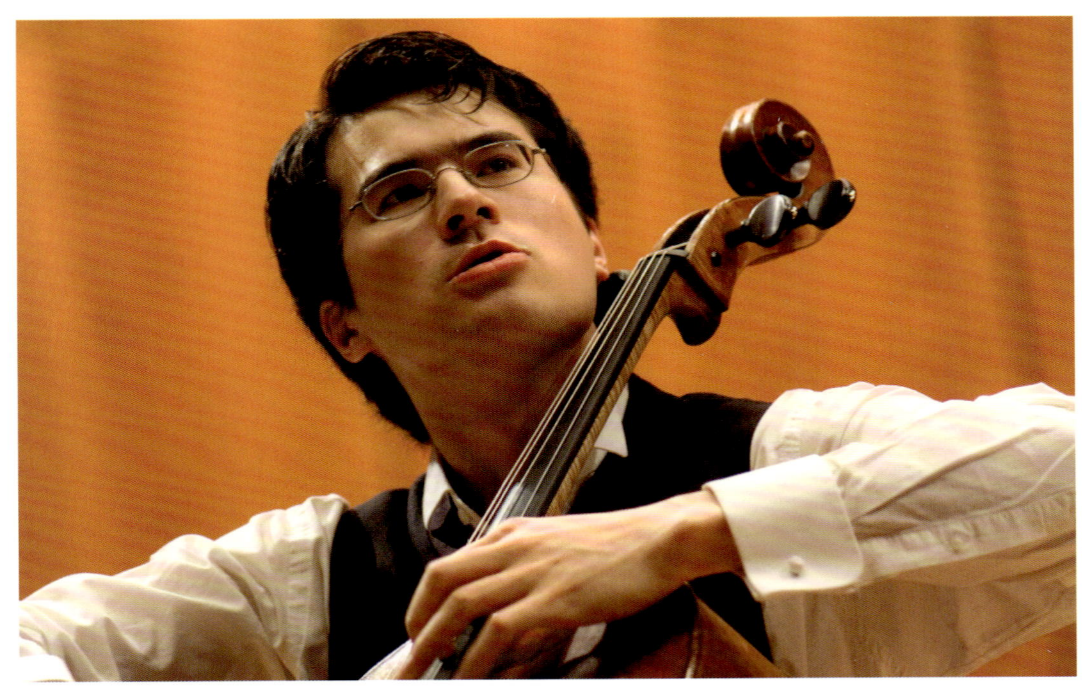

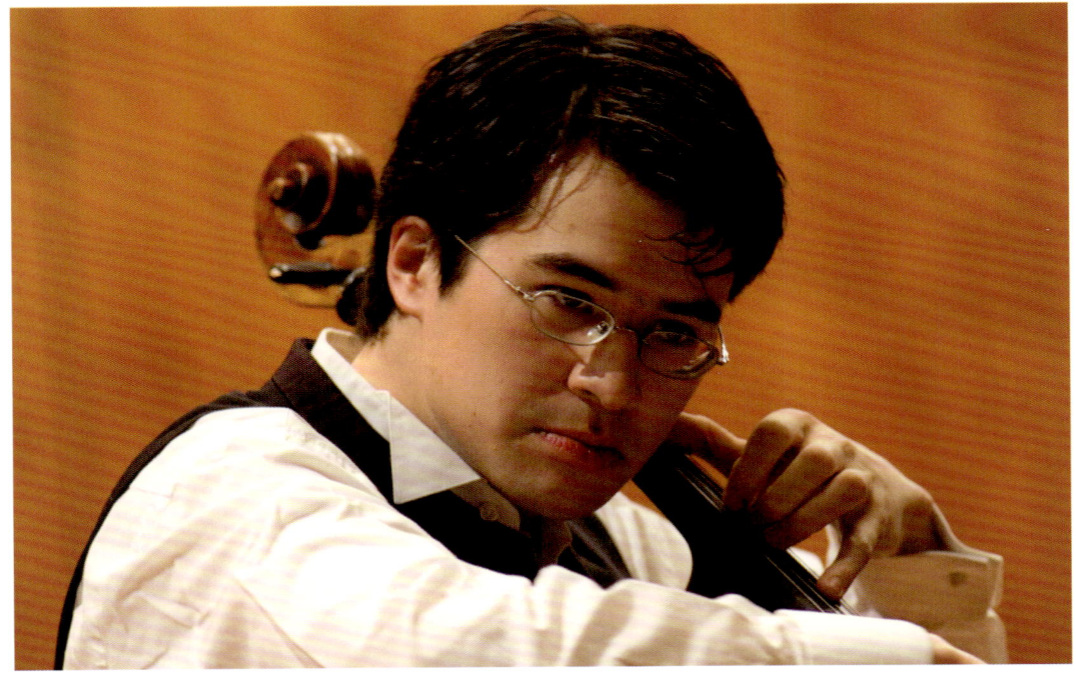

Danjulo Ishizaka mit dem Südwestdeutschen Kammerorchester Pforzheim, 2008
Krzysztof Penderecki, Cellokonzert

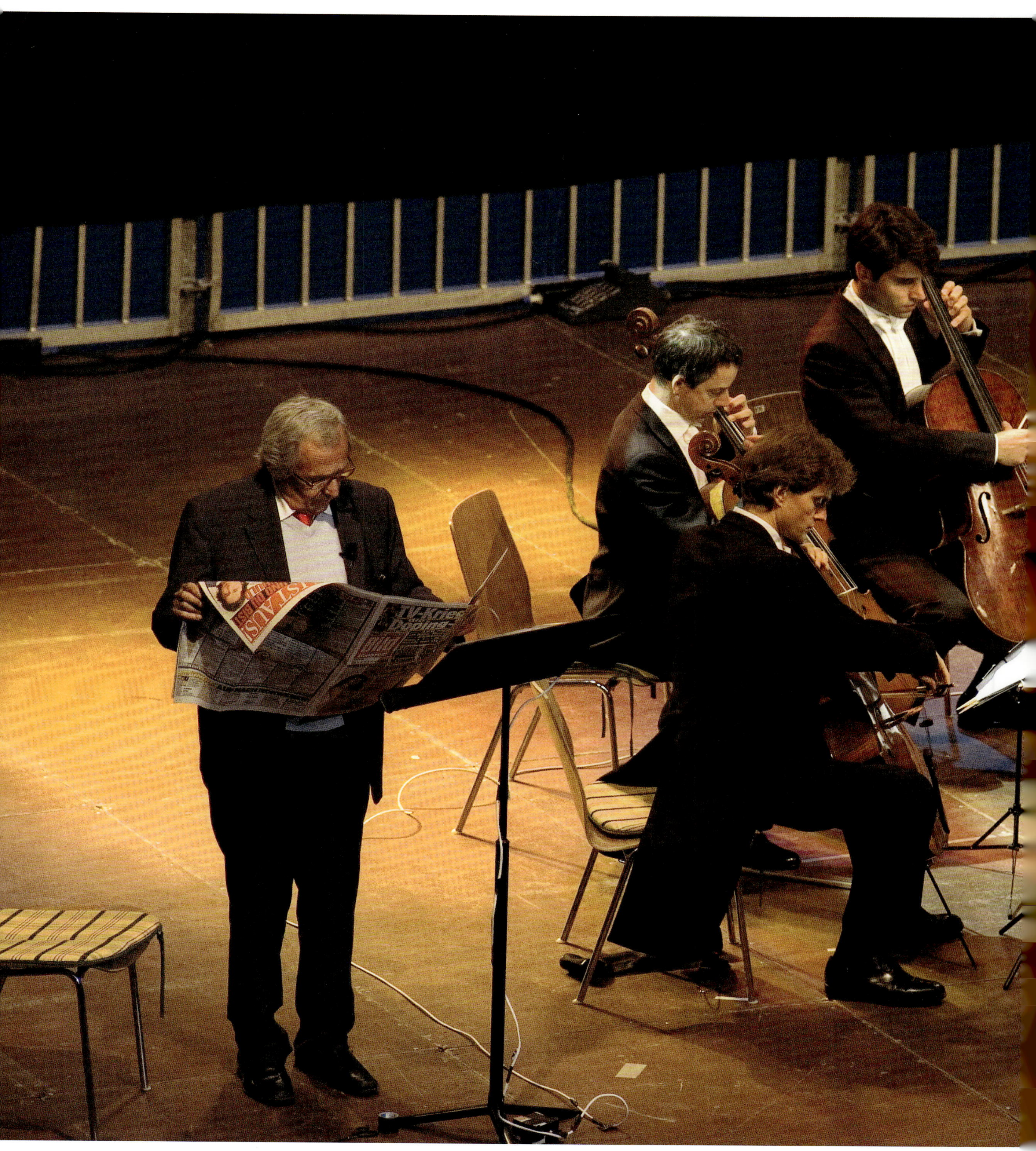
IST AUS!
TV-Krieg
Doping-
BILD

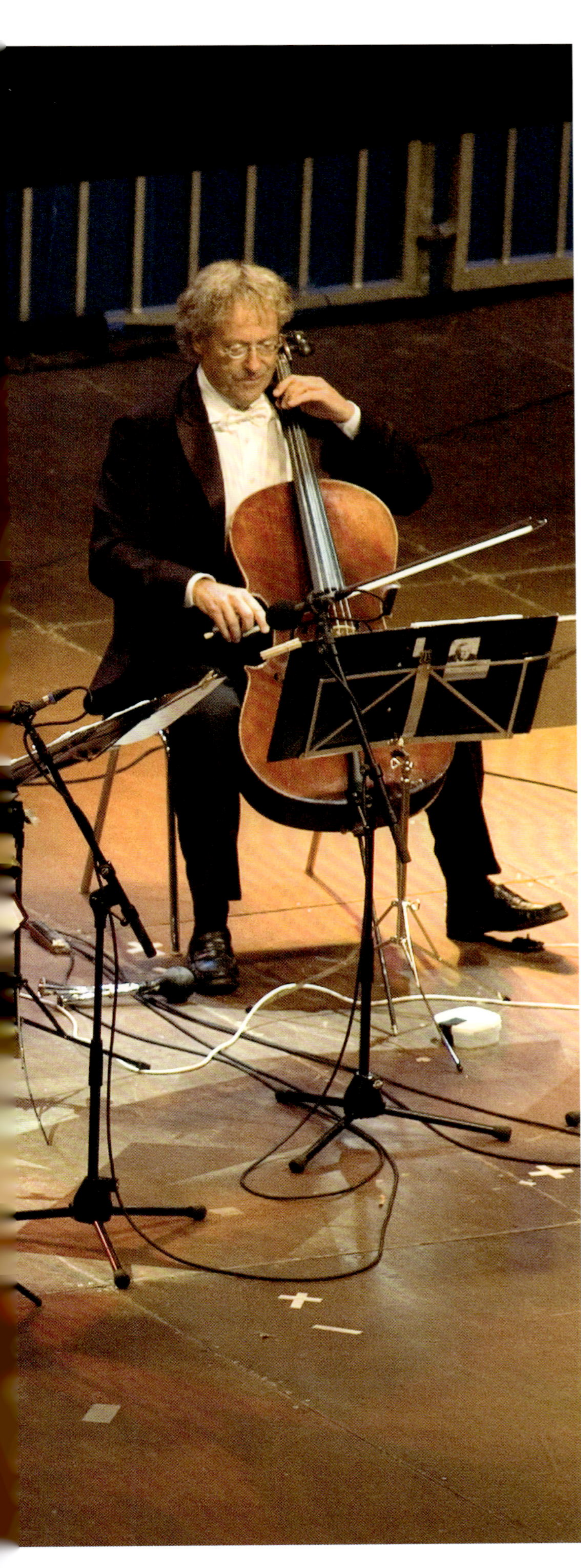

Werner Thomas-Mifune
Philharmonische Cellisten Köln
Dieter Hildebrandt „Vorsicht Klassik"

Kloster Maulbronn, 2008, Seefestival

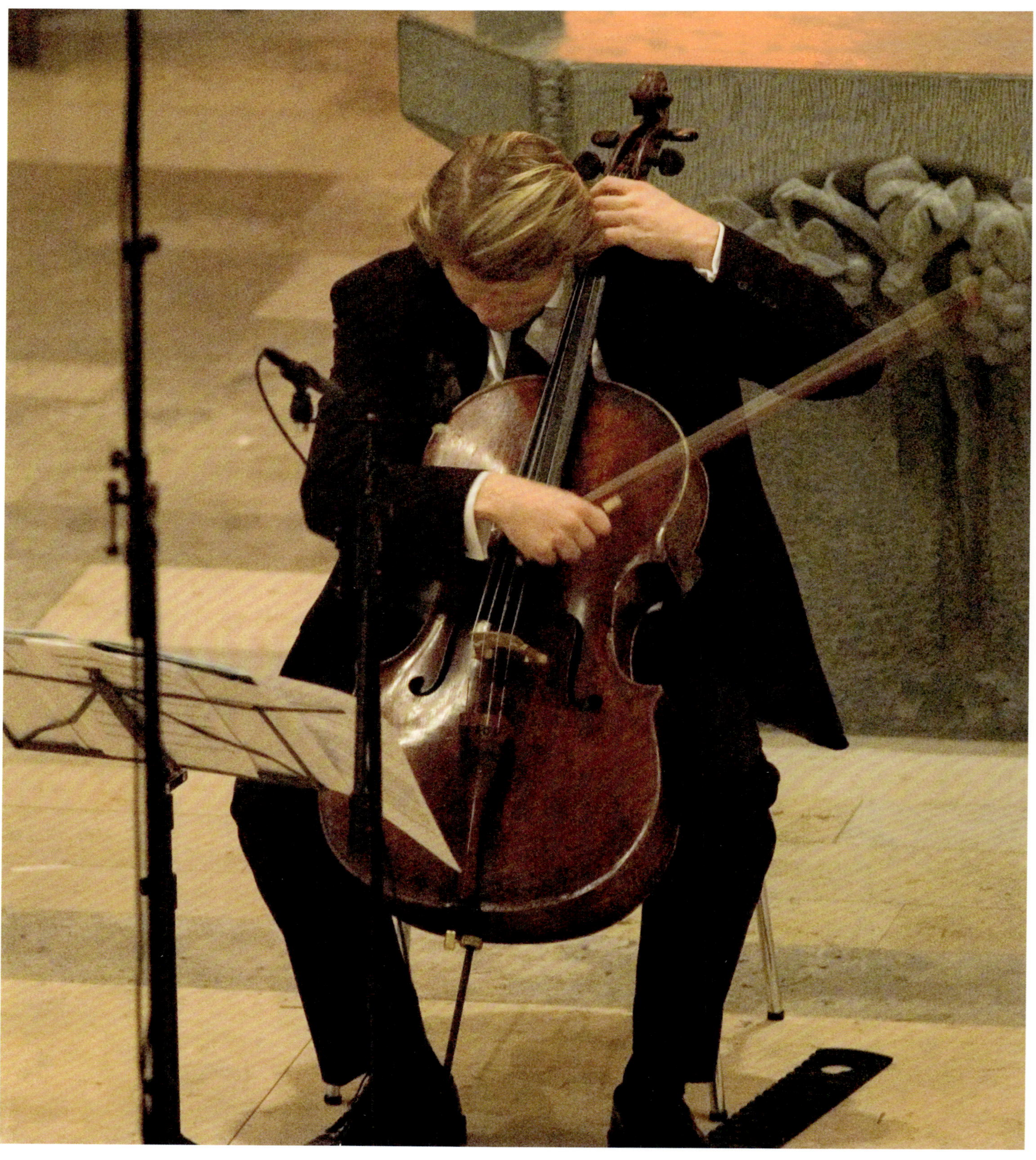

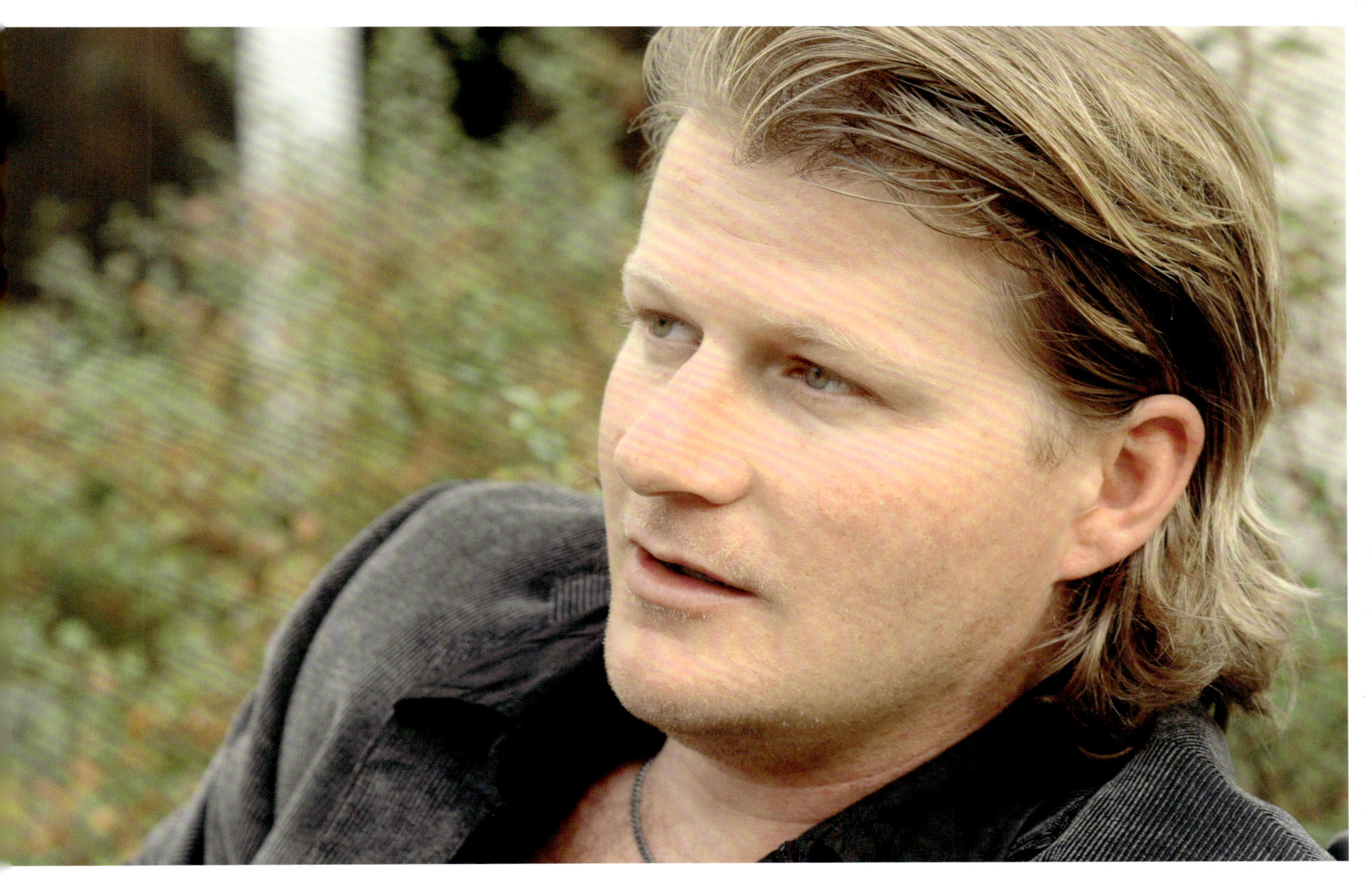

László Fenyö
Cello Festival Kronberg 2007
Henri Dutilleux, Solocello
„3 Strophes de Paul Sacher"

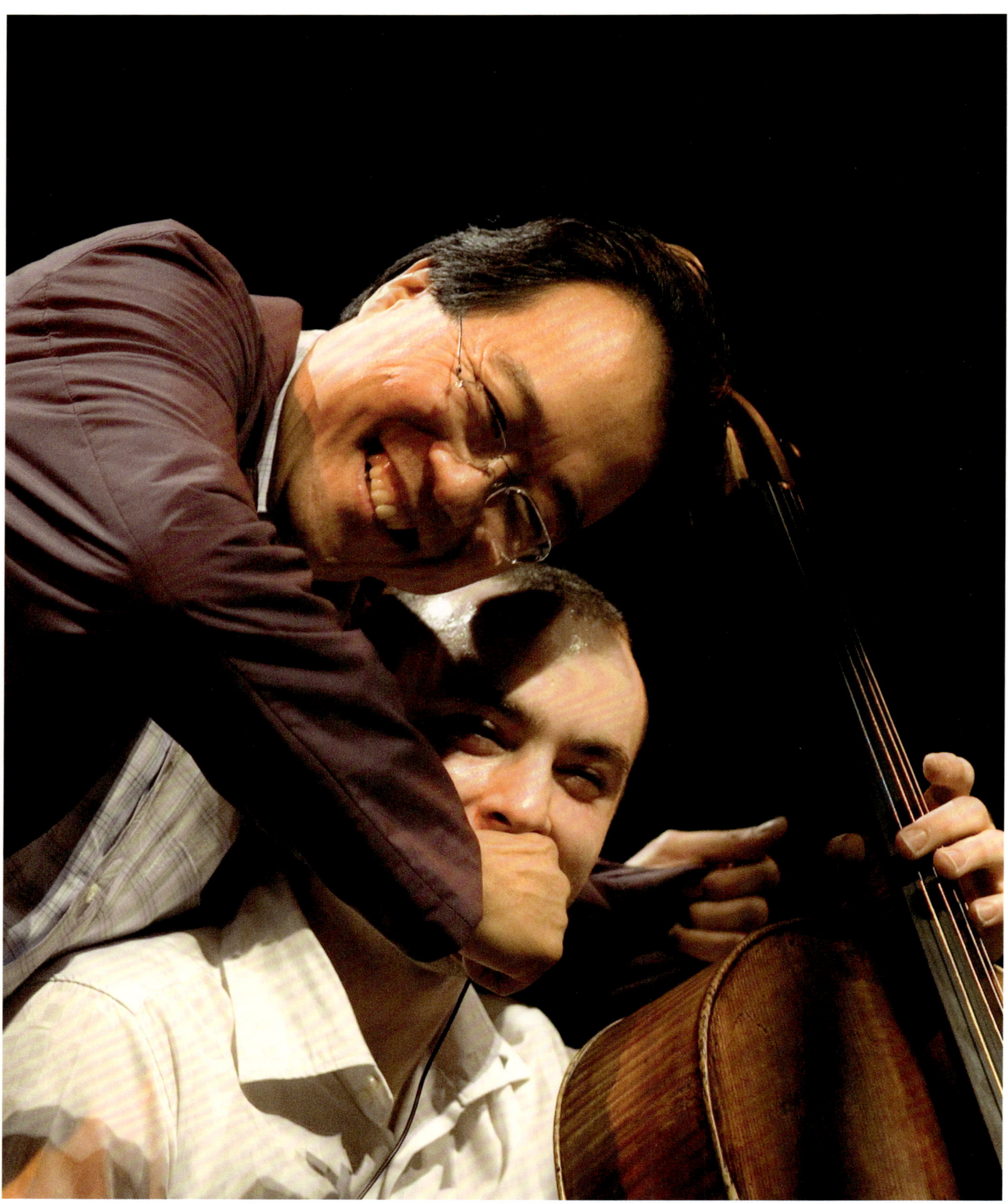

Workshops and Masterclasses

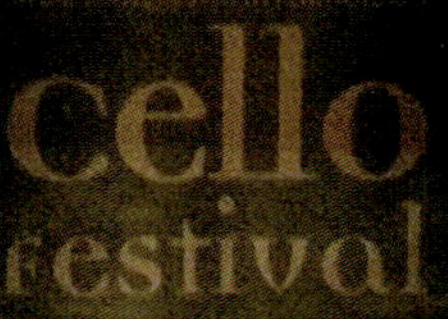

the Manchester International
cello
festival
Wednesday 2 to
Sunday 6 May 2007
from Britten
to Britain
artistic director
Ralph Kirshbaum
the Strad

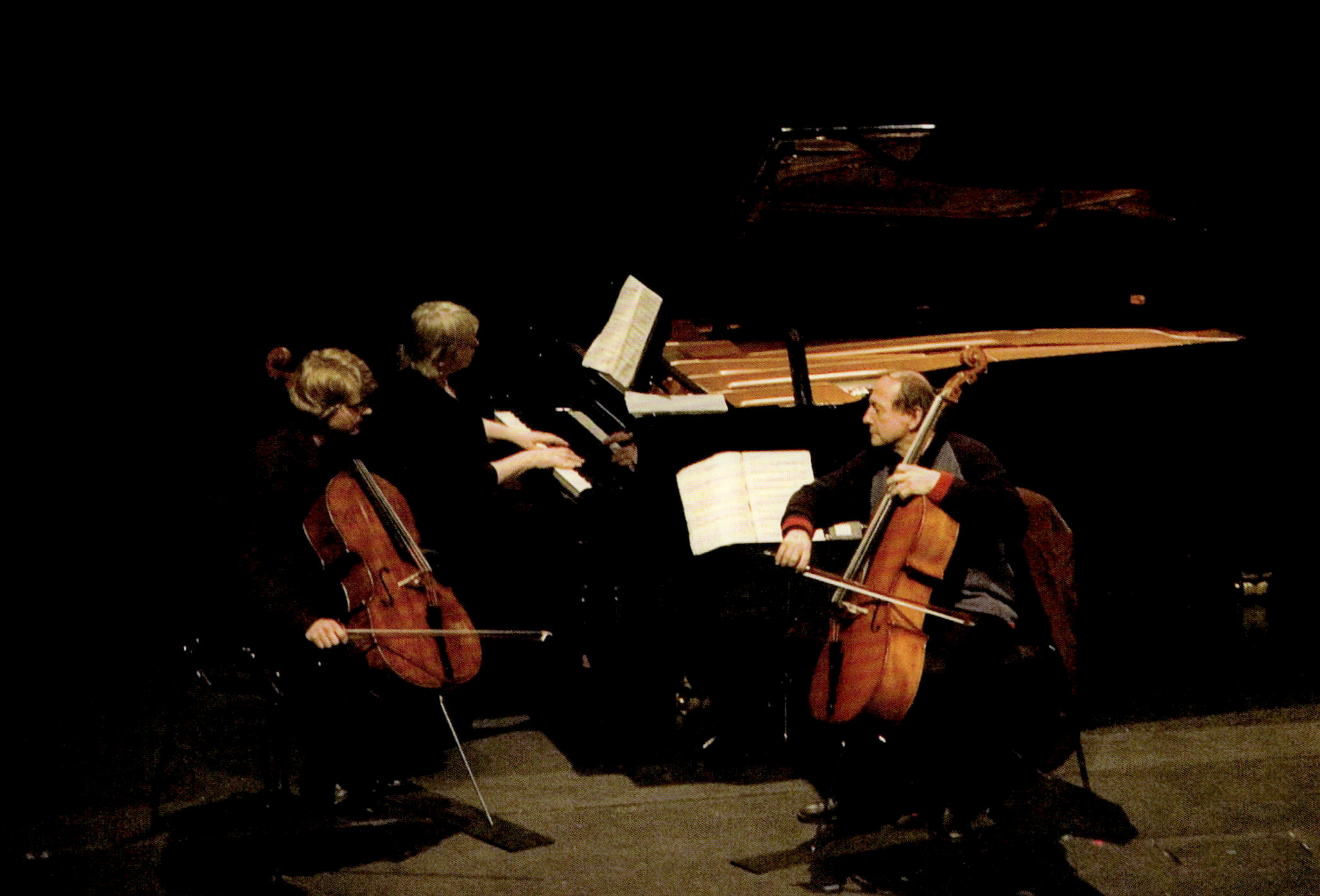

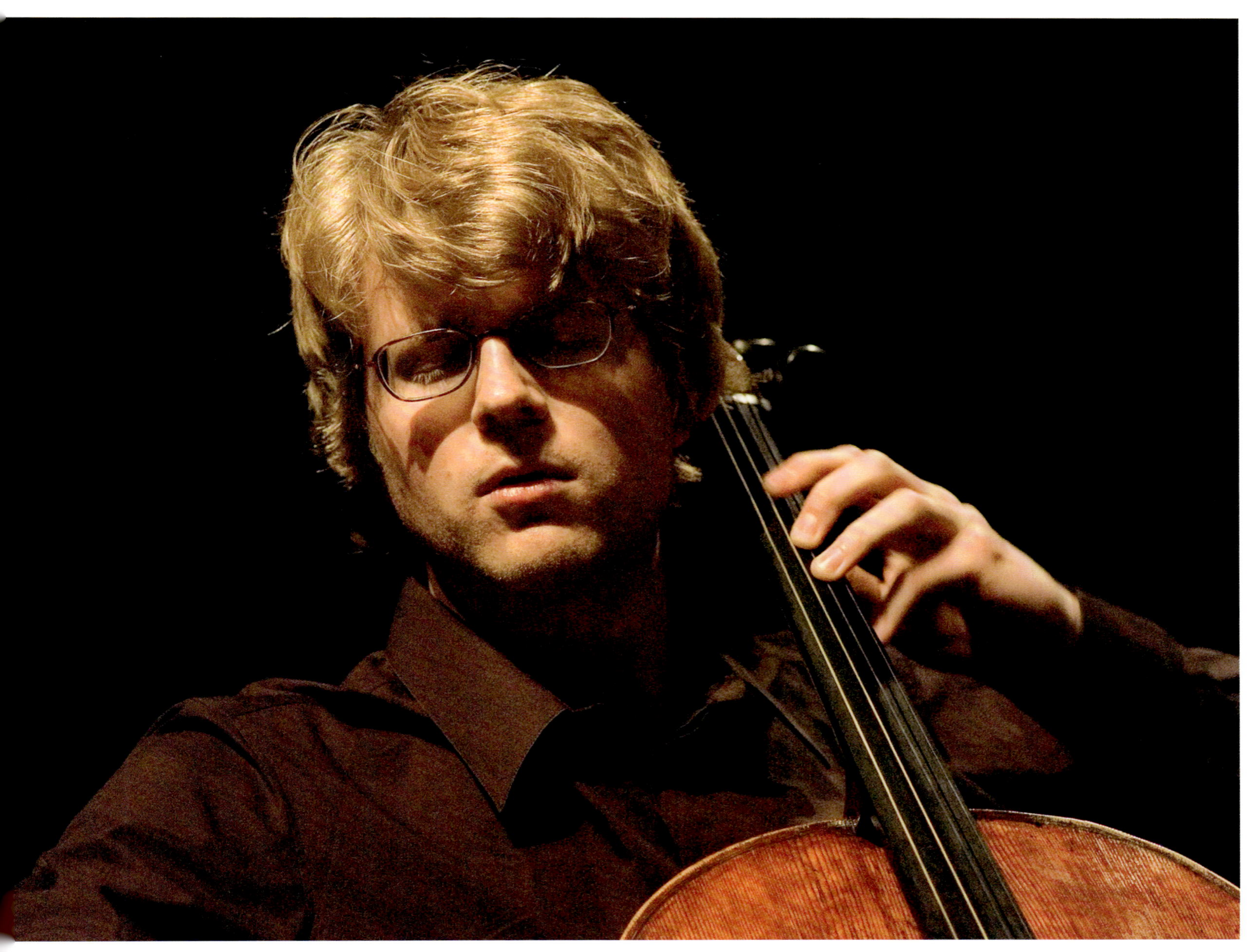

Julian Steckel
Cello Festival Manchester 2007
Masterclass von Miklós Perényi

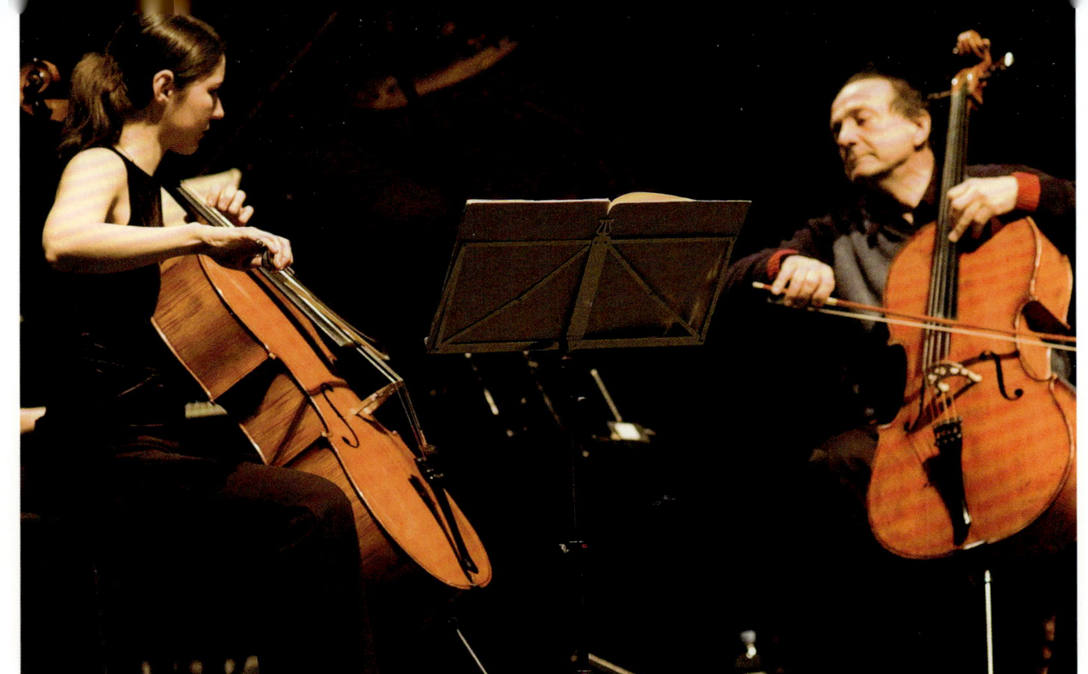

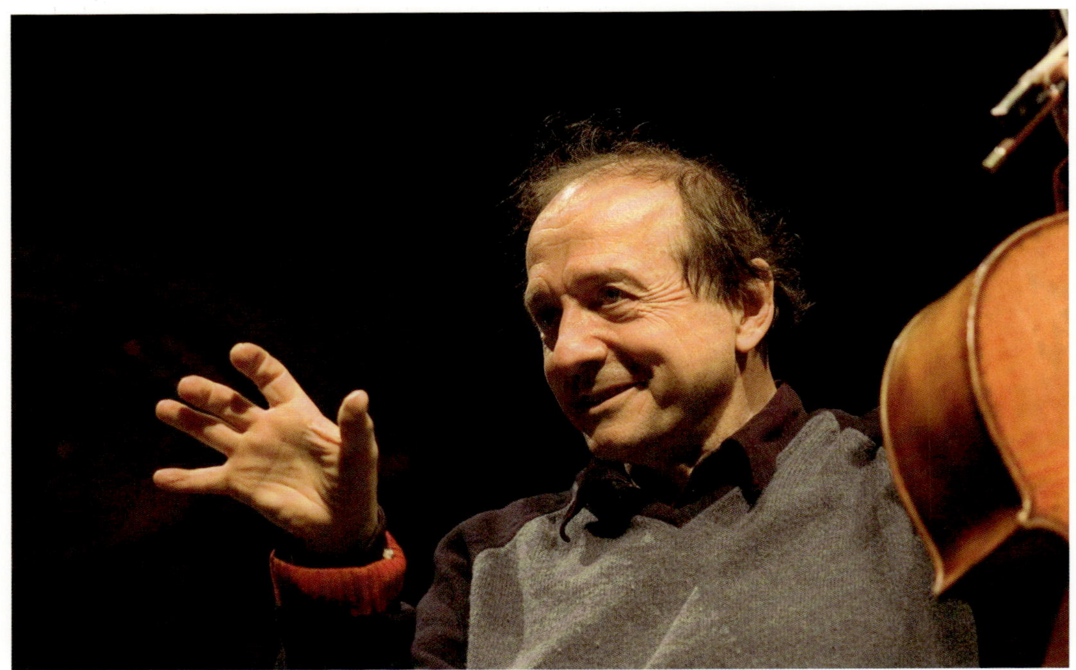

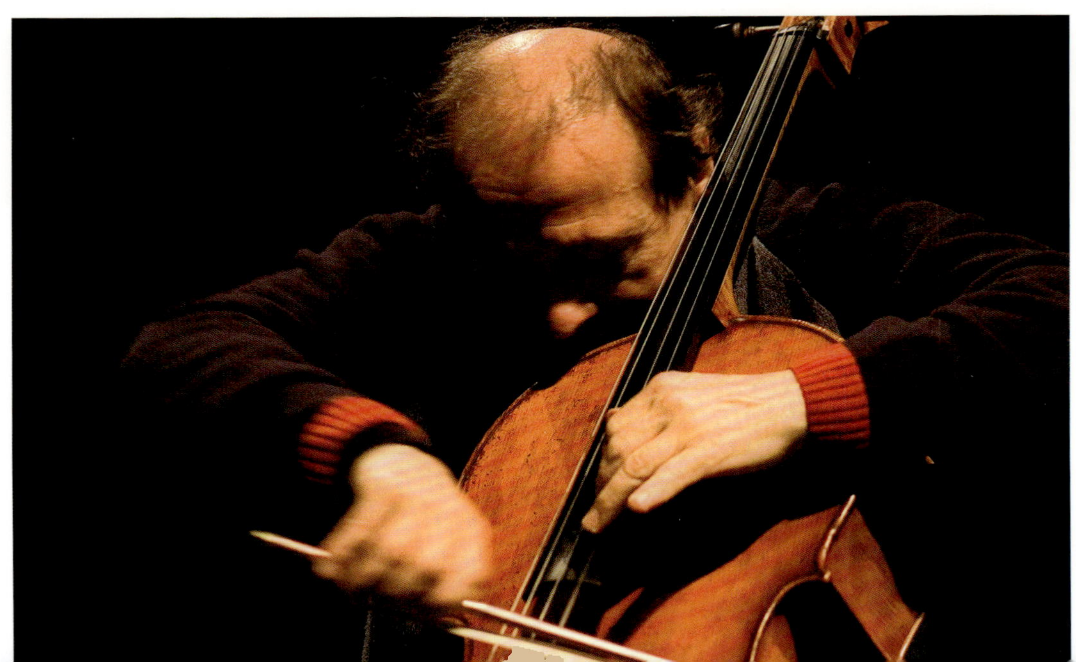

Miklós Perényi

Cello Festival
Manchester, 2007
Masterclass

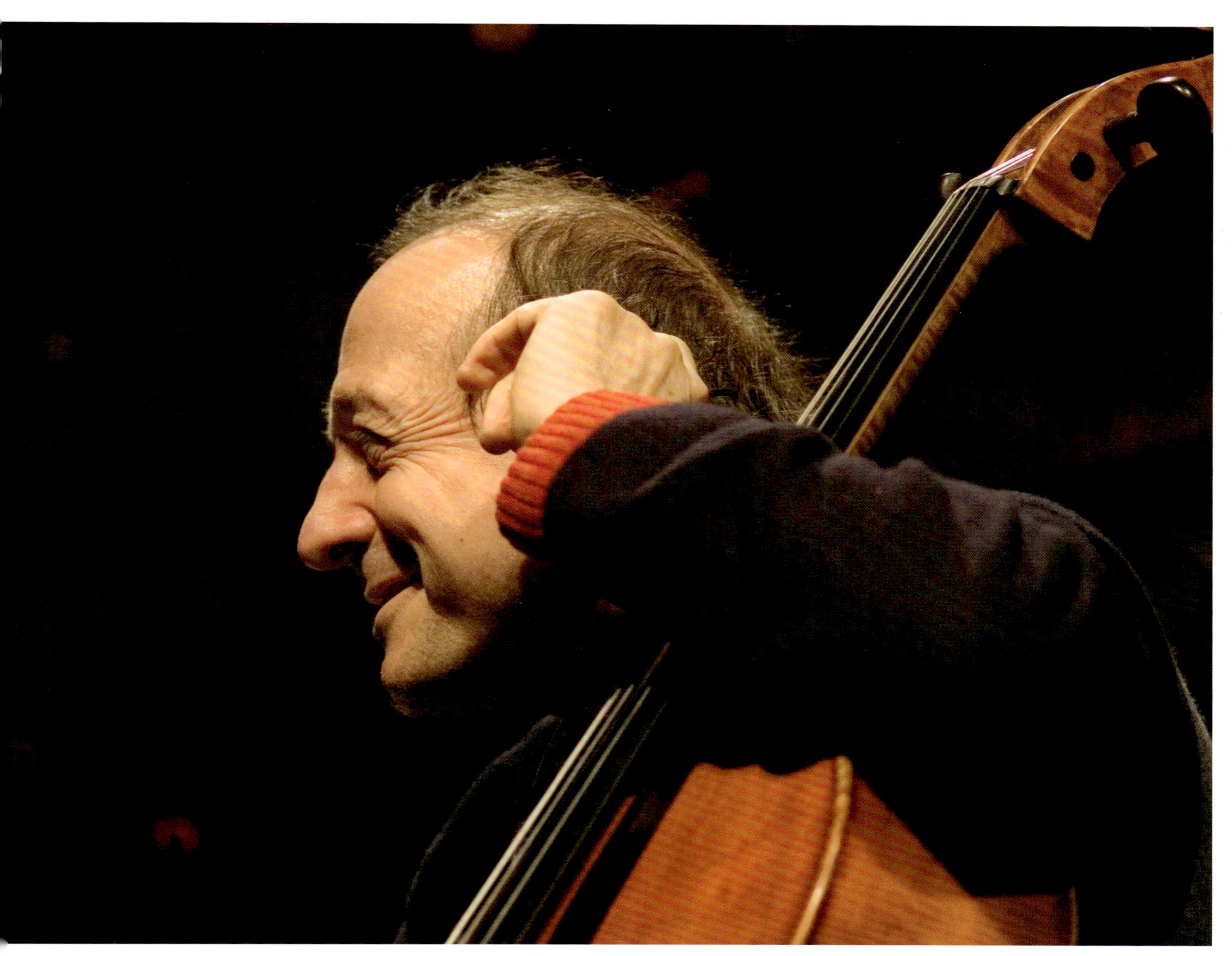

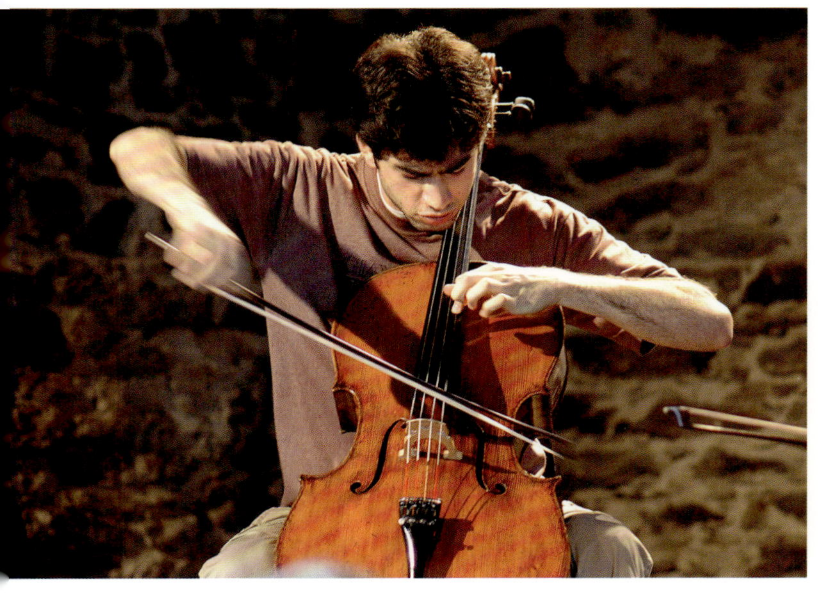
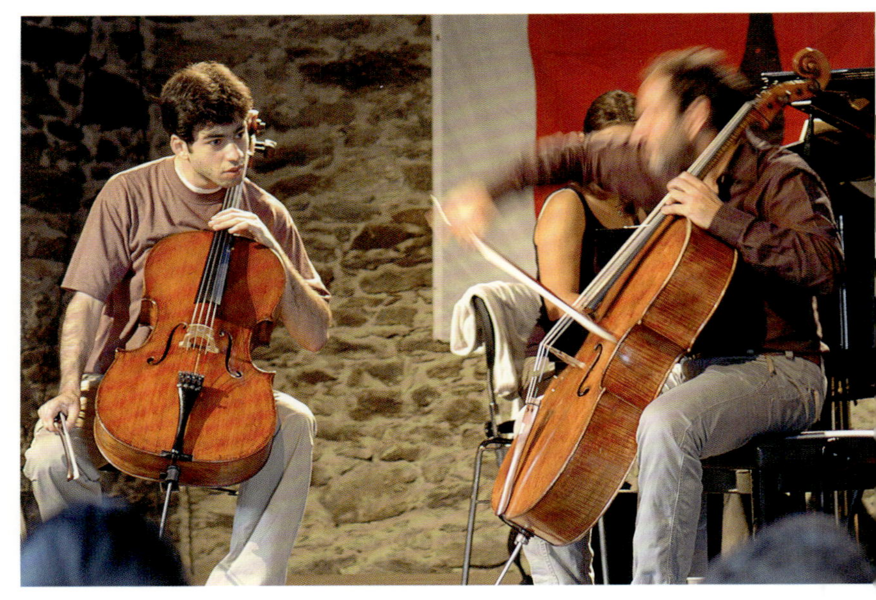
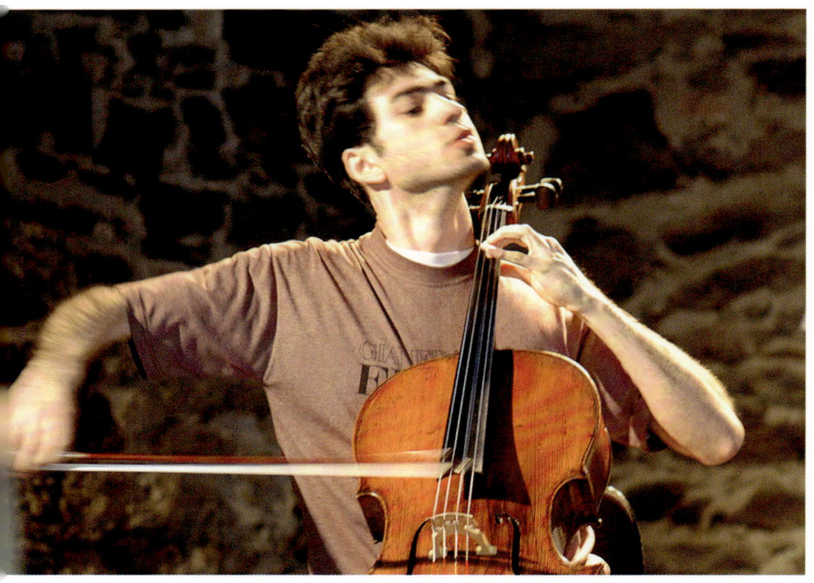
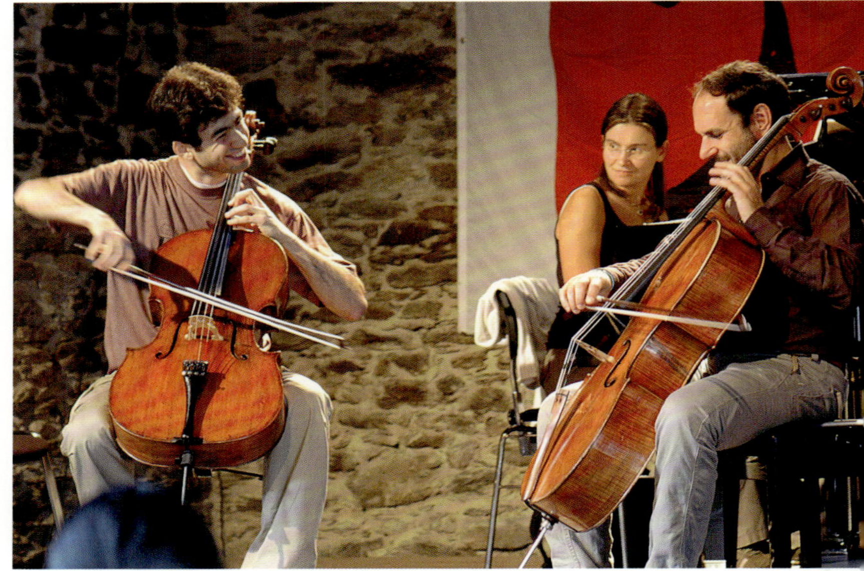
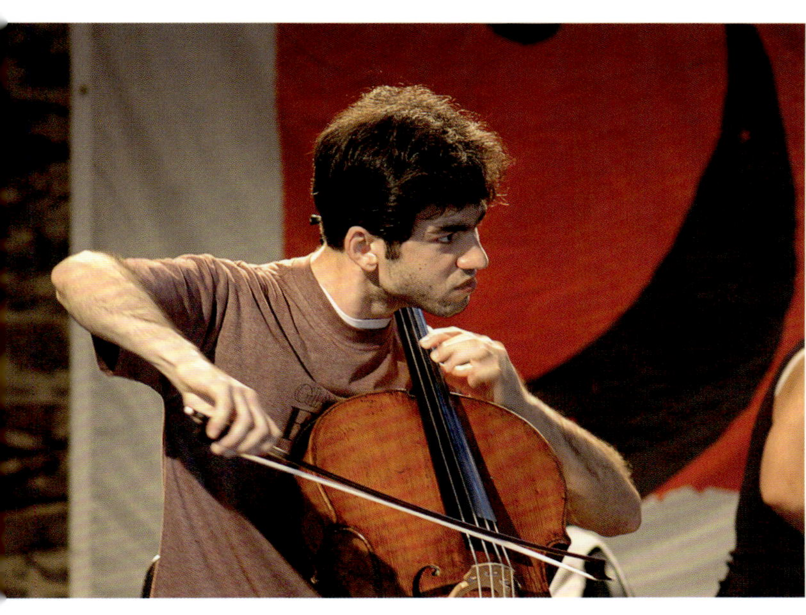
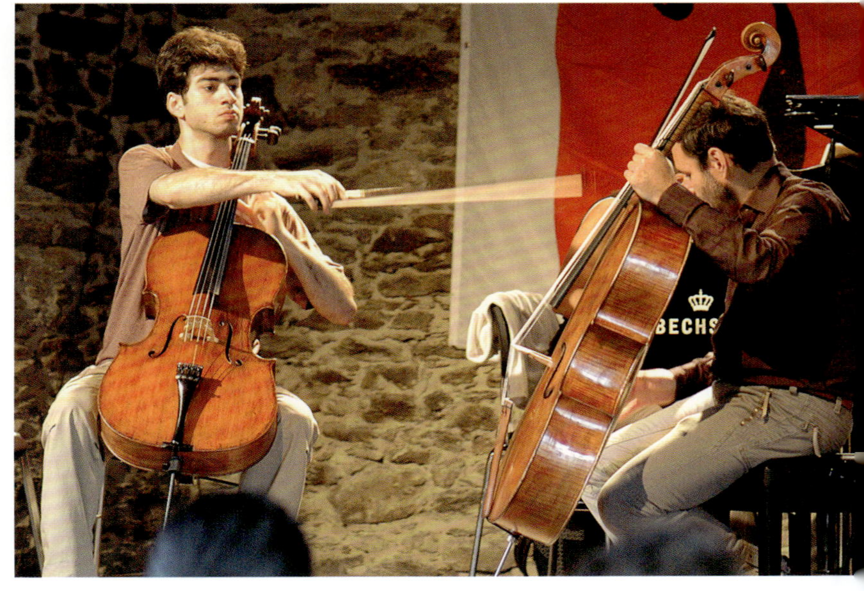

Giorgi Kharadze
Gary Hoffman
Meisterkurse Kronberg, 2006

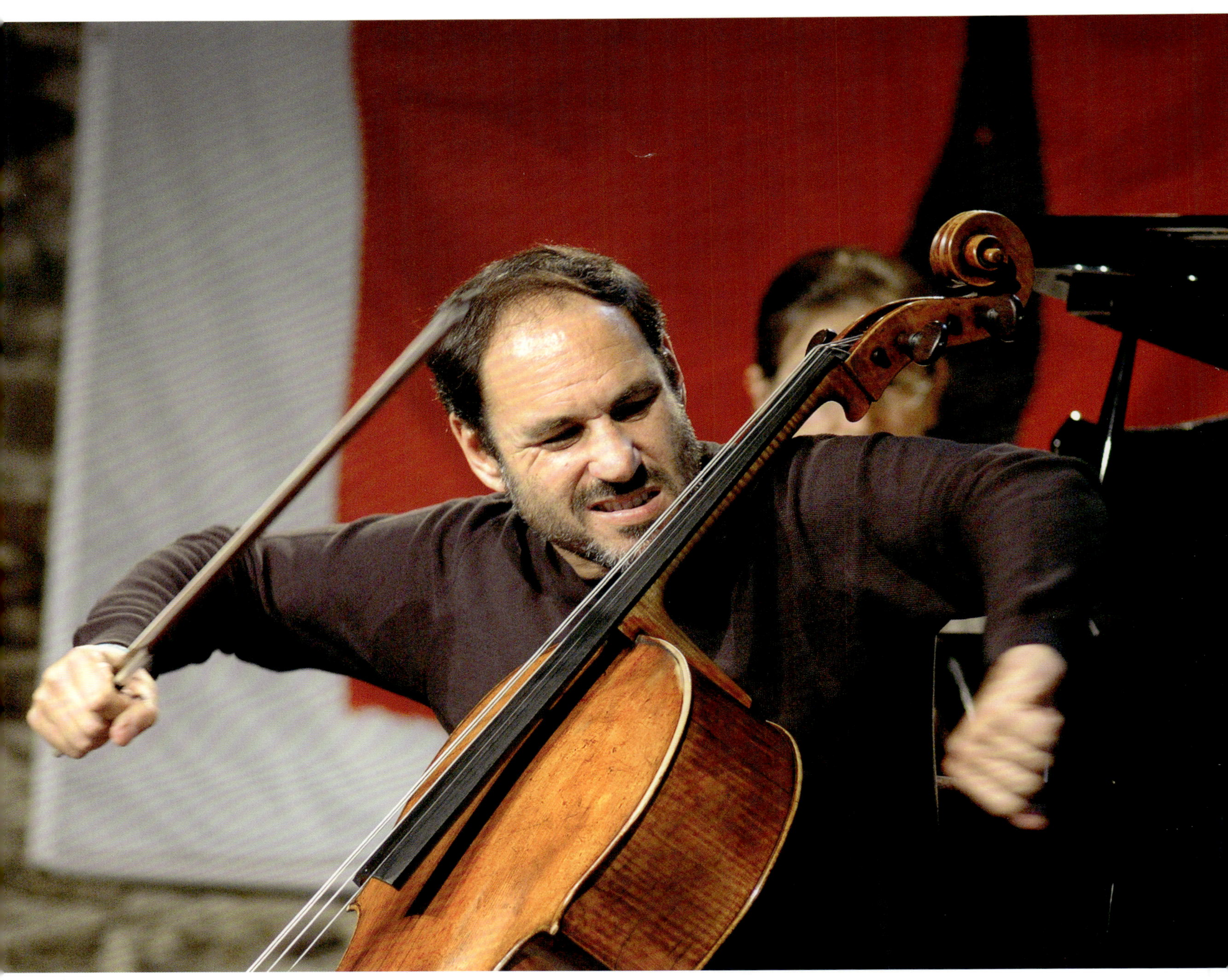

Gary Hoffman, Meisterkurse Kronberg, 2006

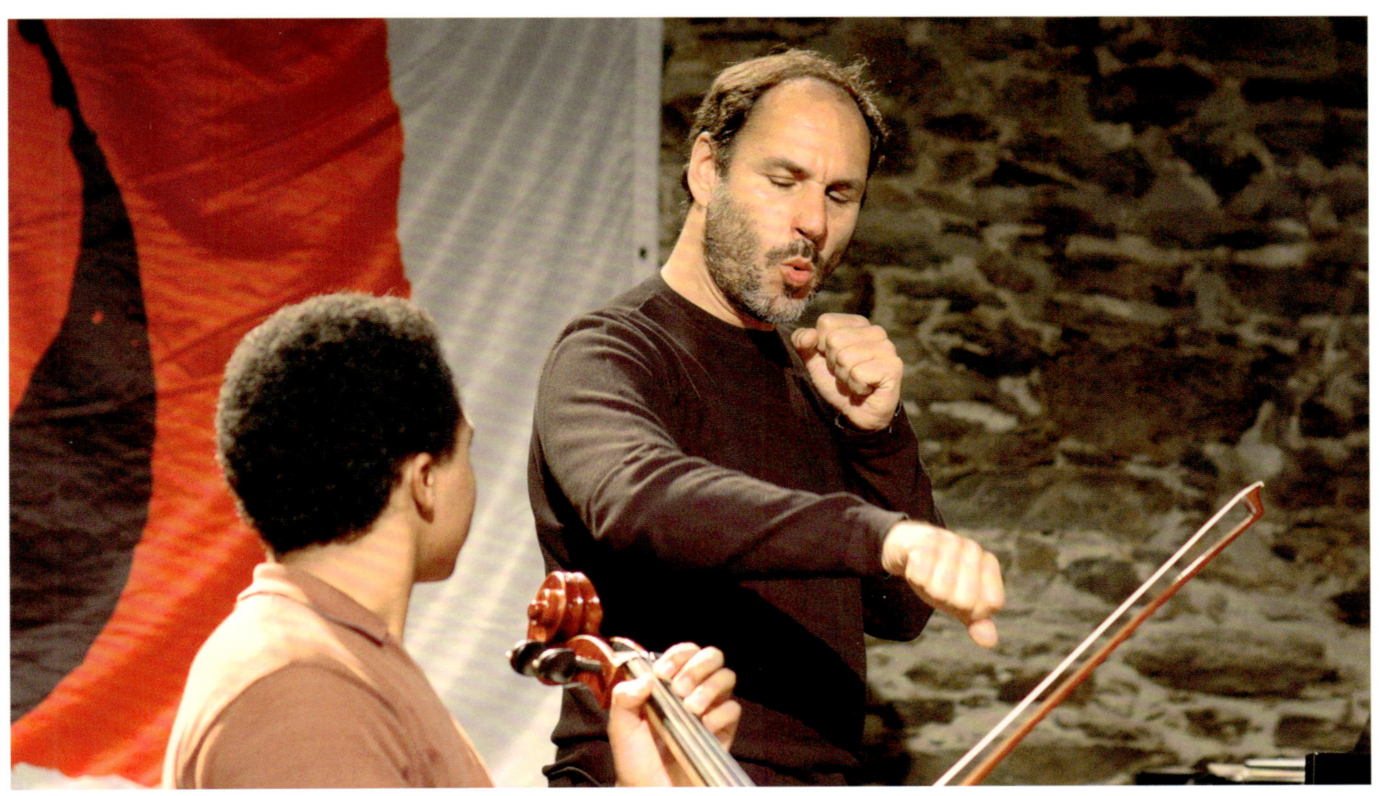

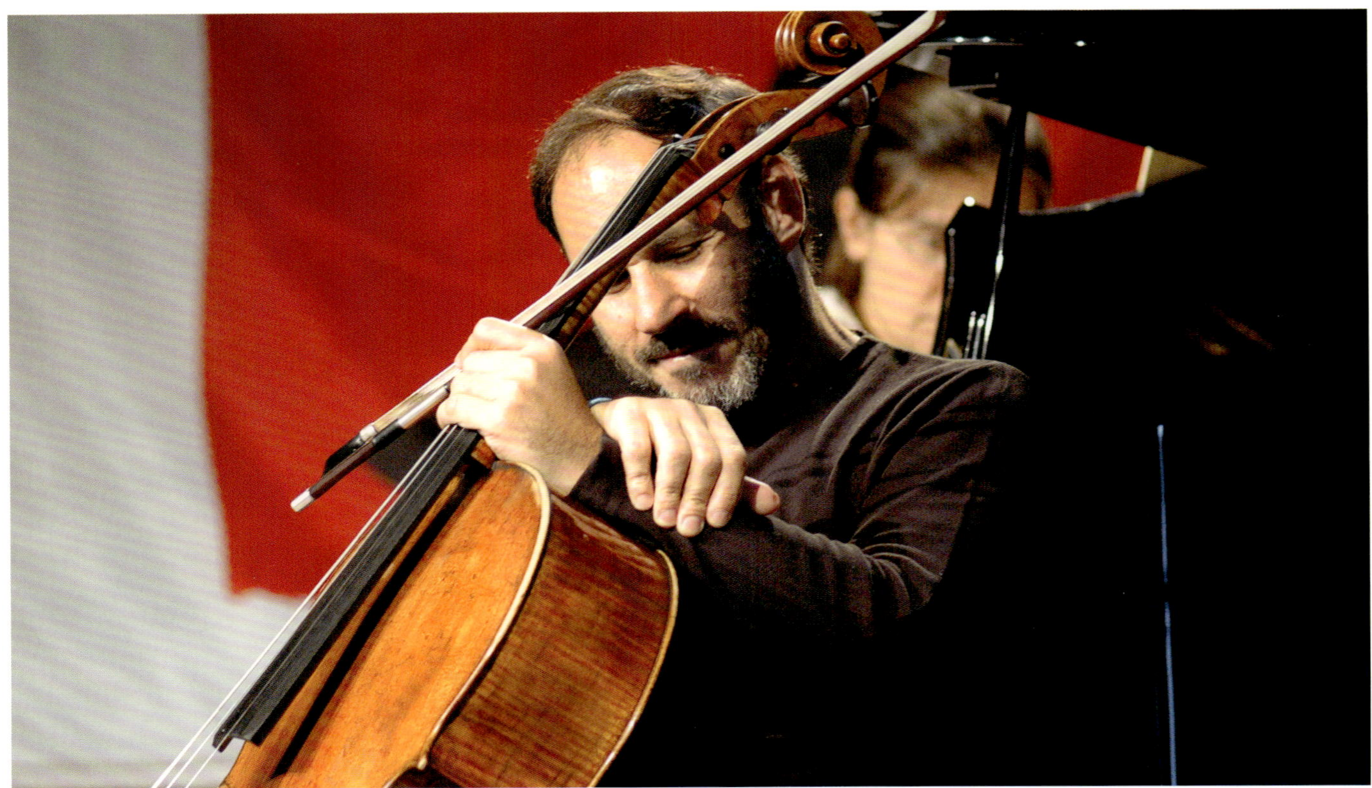

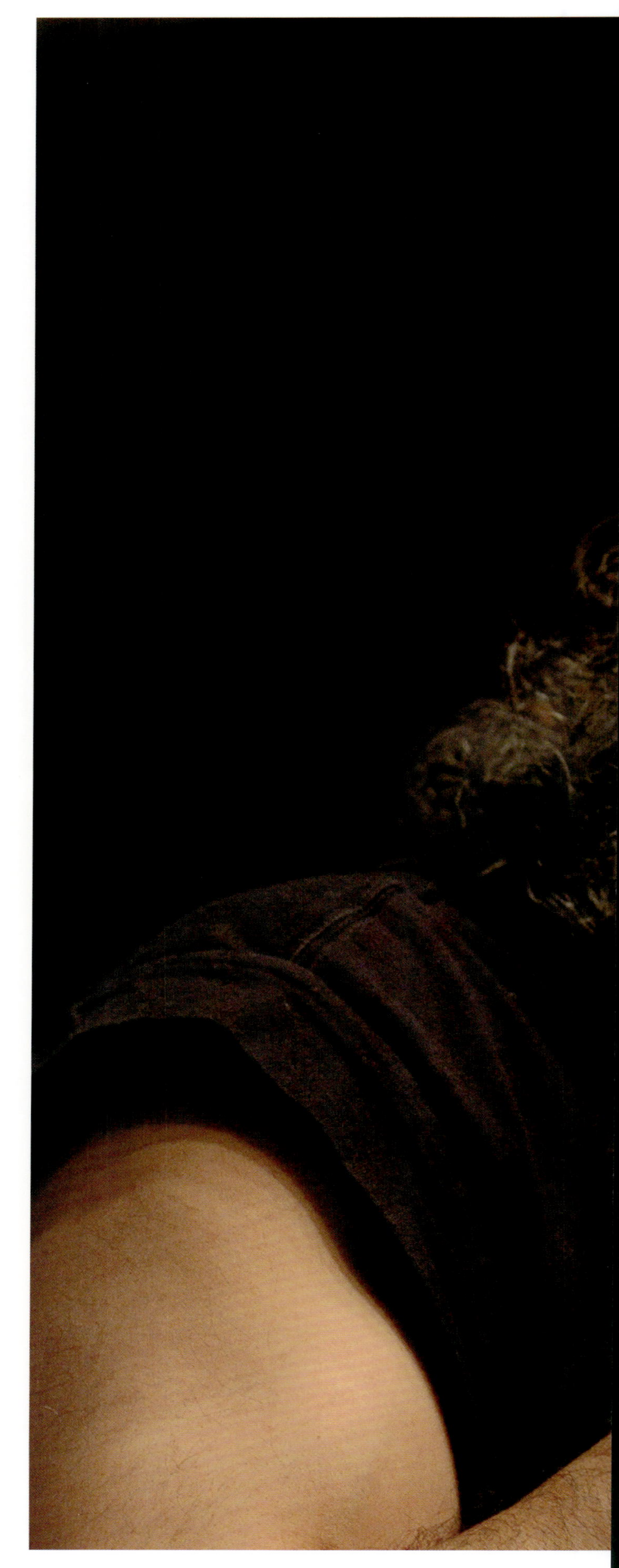

Mischa Maisky

Cello Festival Kronberg 2005
probt Luigi Boccherini, Cellokonzert D-Dur

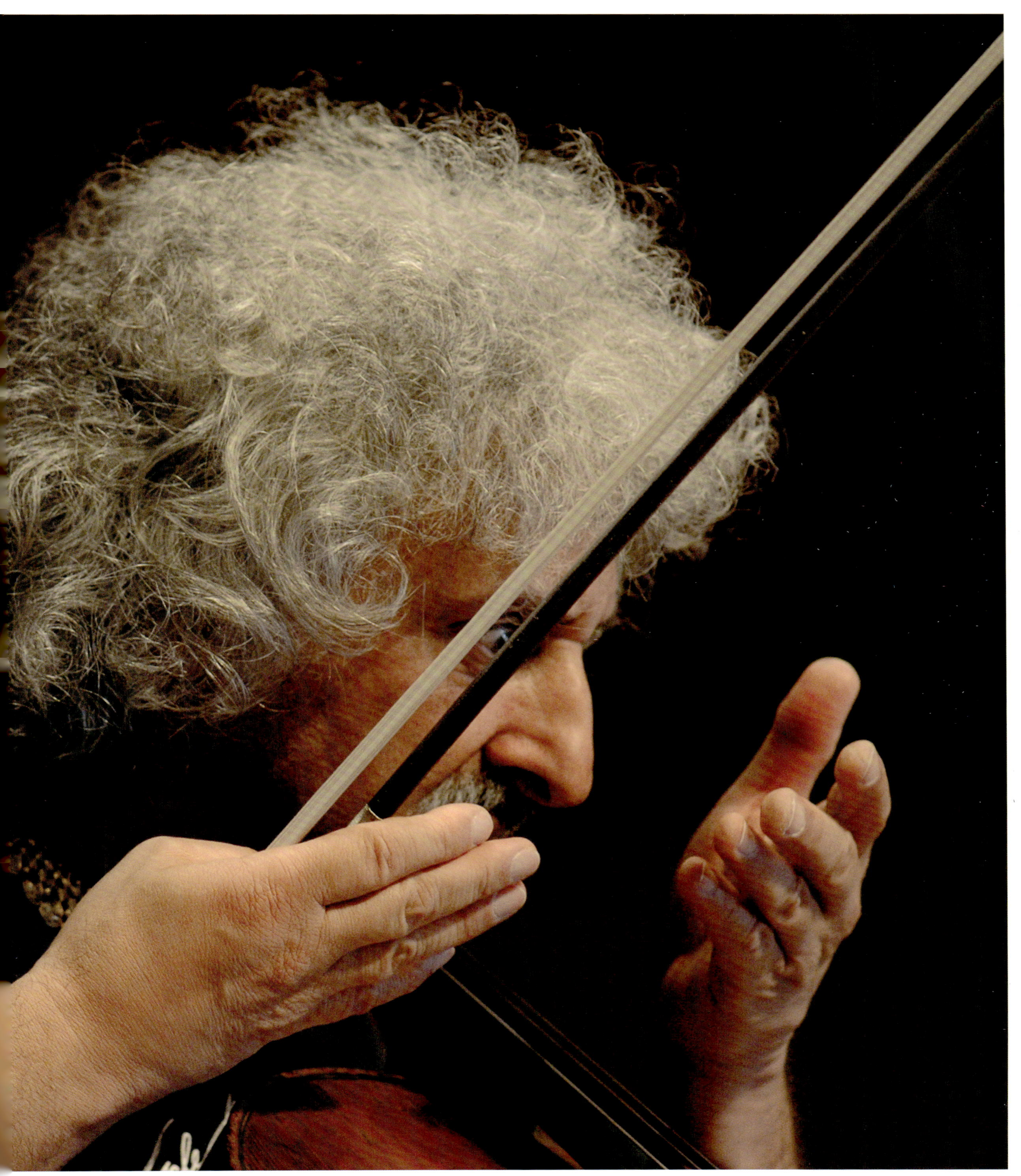

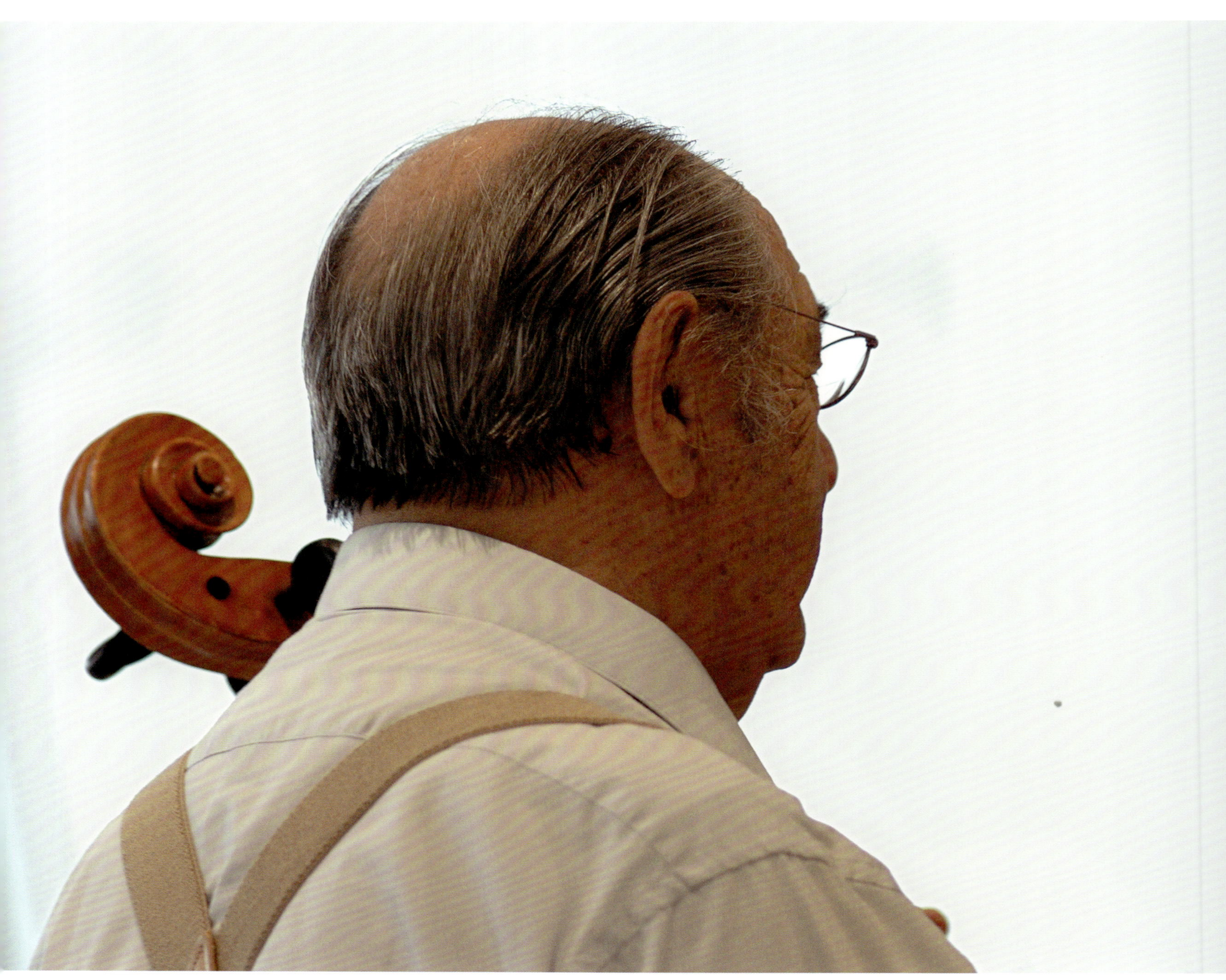

Bernard Greenhouse
Meisterkurse Kronberg, 2006

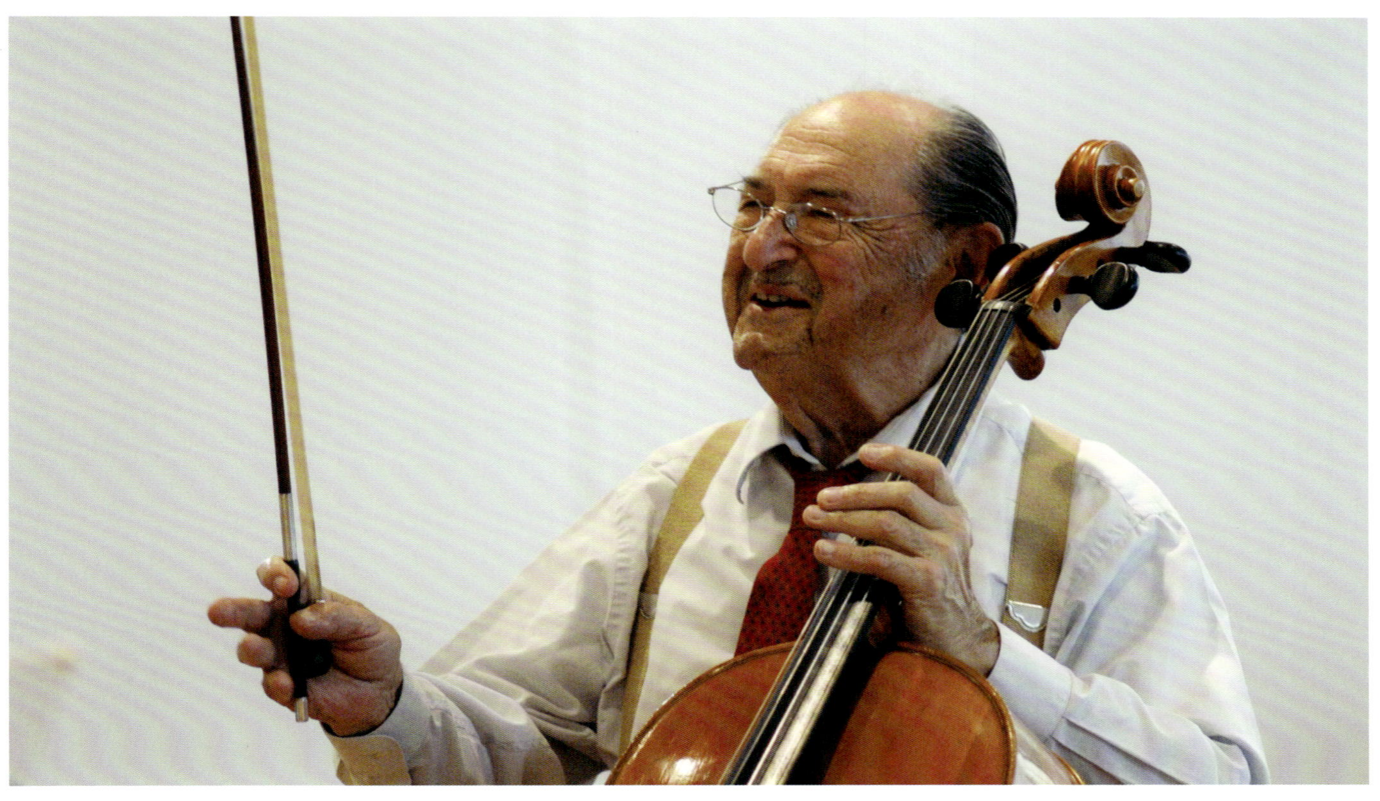

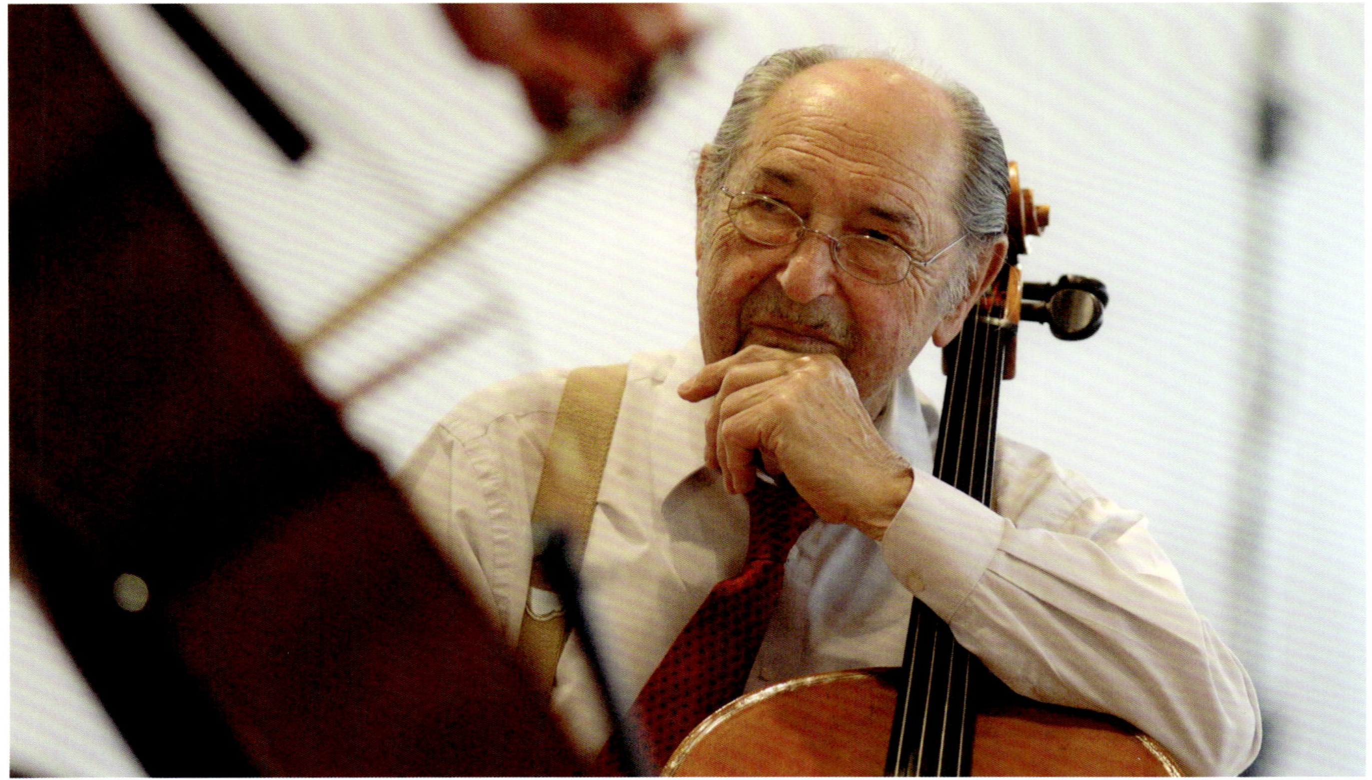

Marie-Elisabeth Hecker

Meisterkurse Kronberg, 2006
Edward Elgar, Cellokonzert

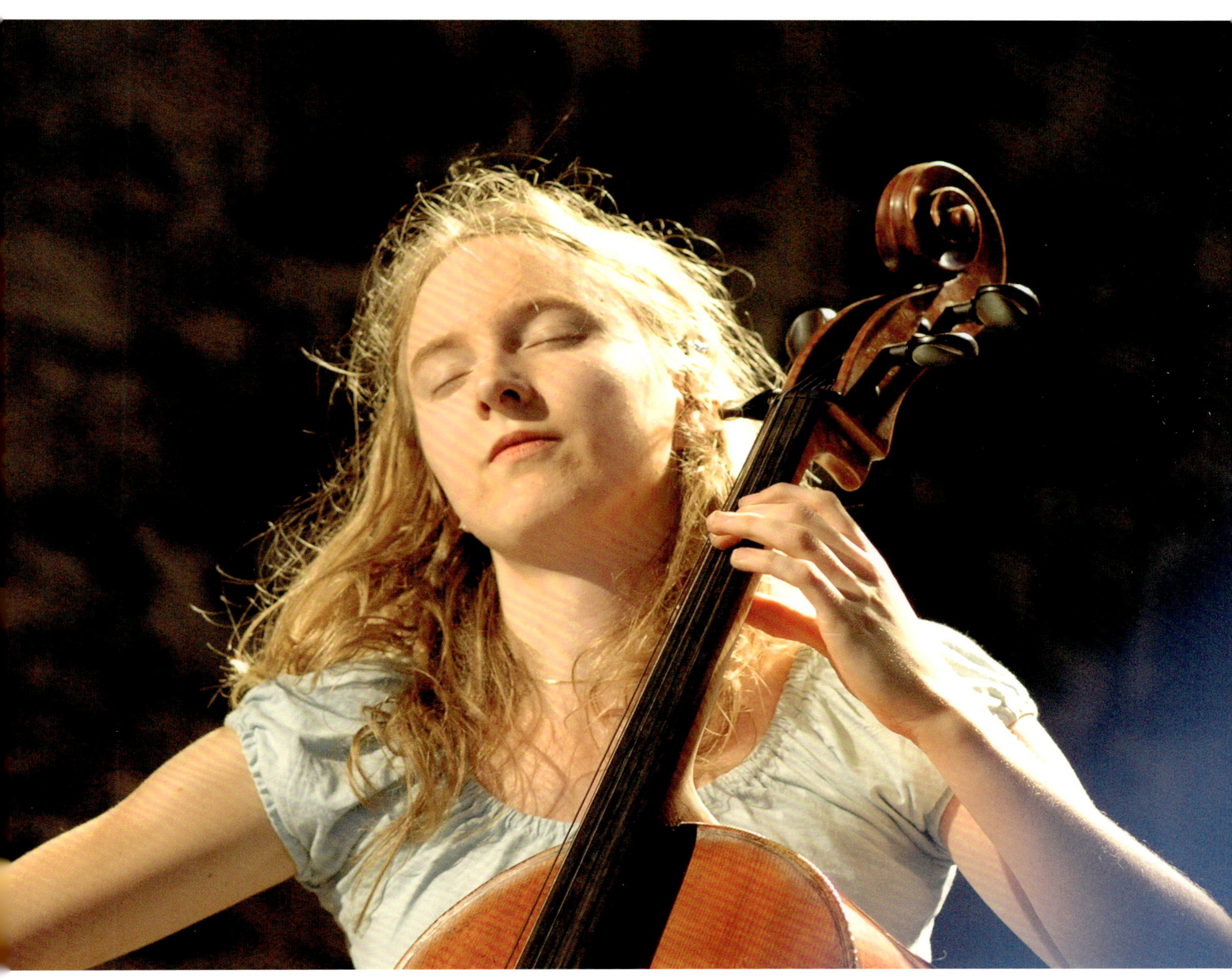

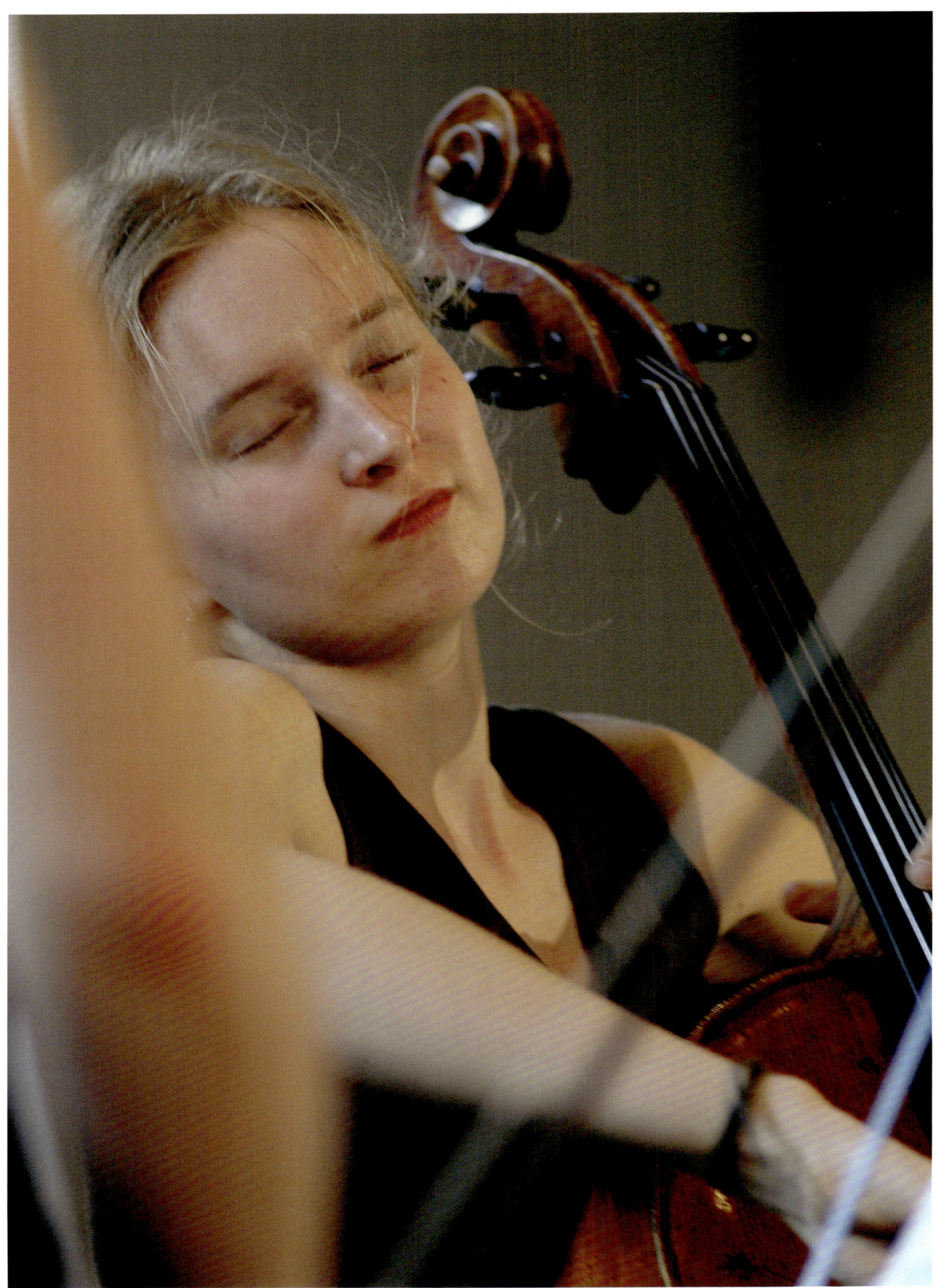

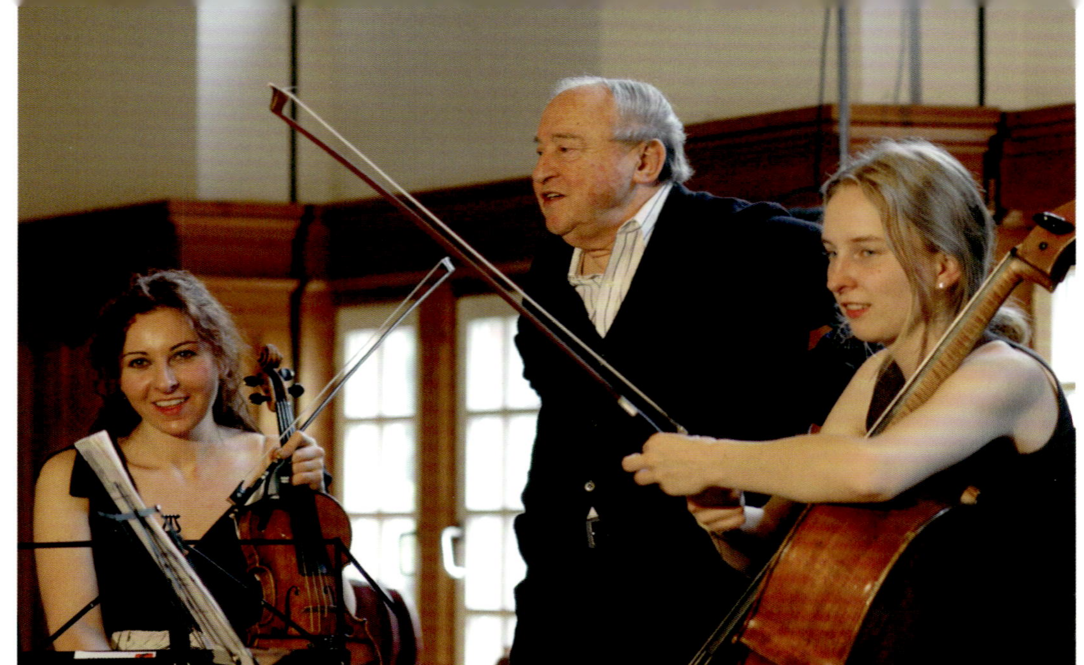

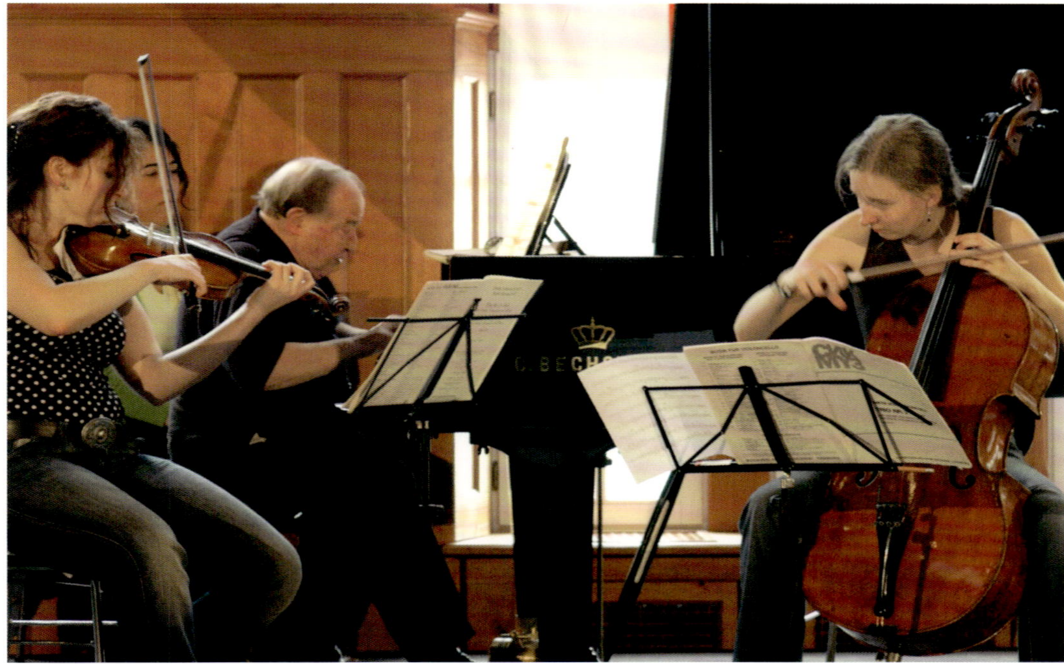

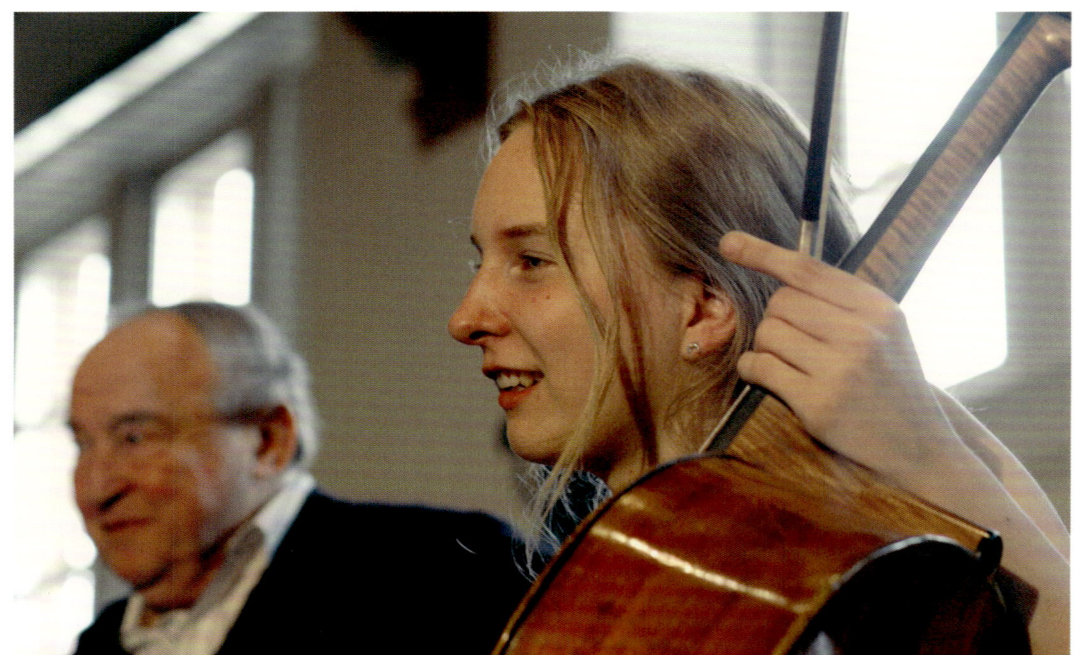

arie-Elisabeth Hecker
enahem Pressler, Klavier
ssa Margulis, Violine

ammermusikfestival Kronberg 2006
mitri Schostakowitsch Klaviertrio
2, op. 67

Janos Starker

Meisterkurs Kronberg, 2007

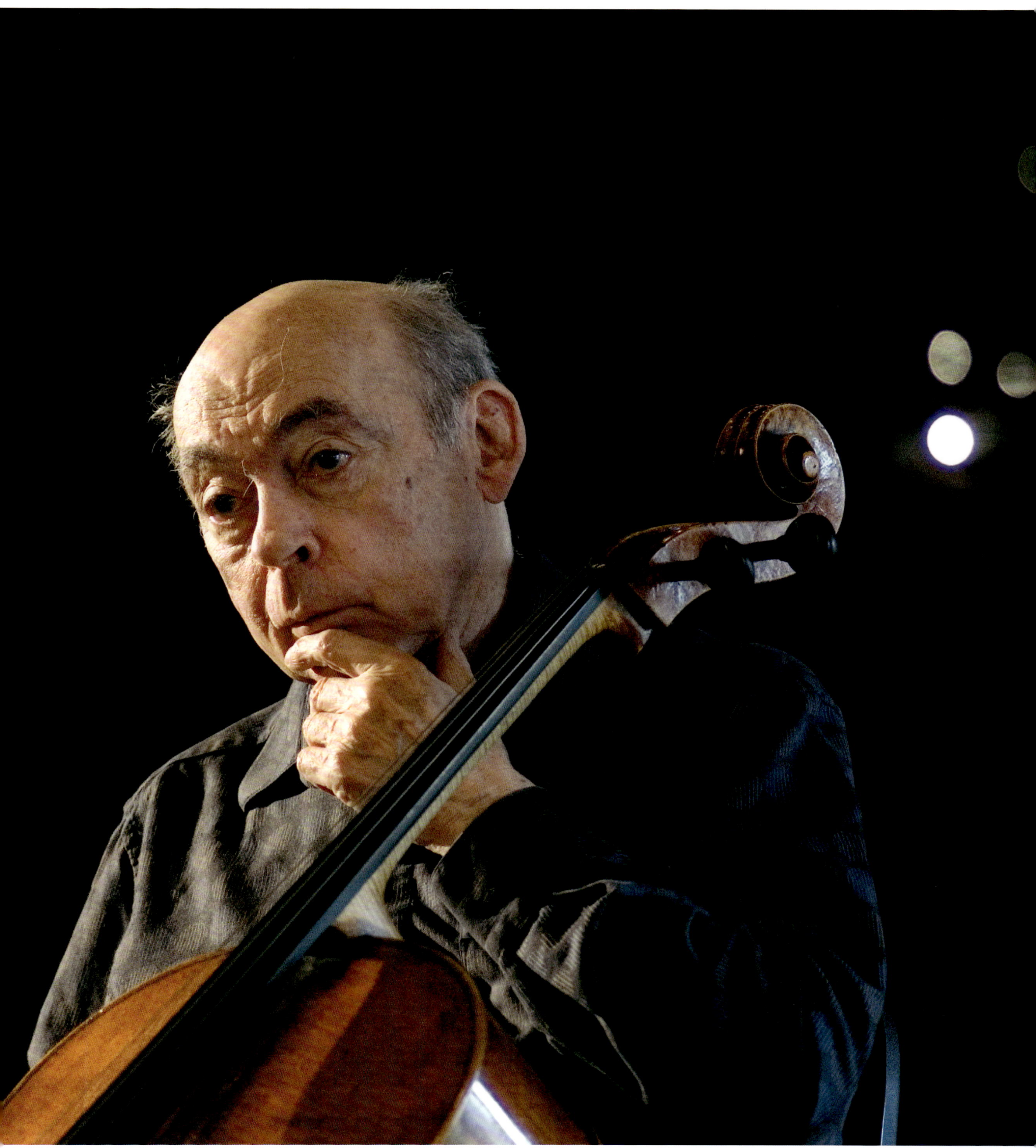

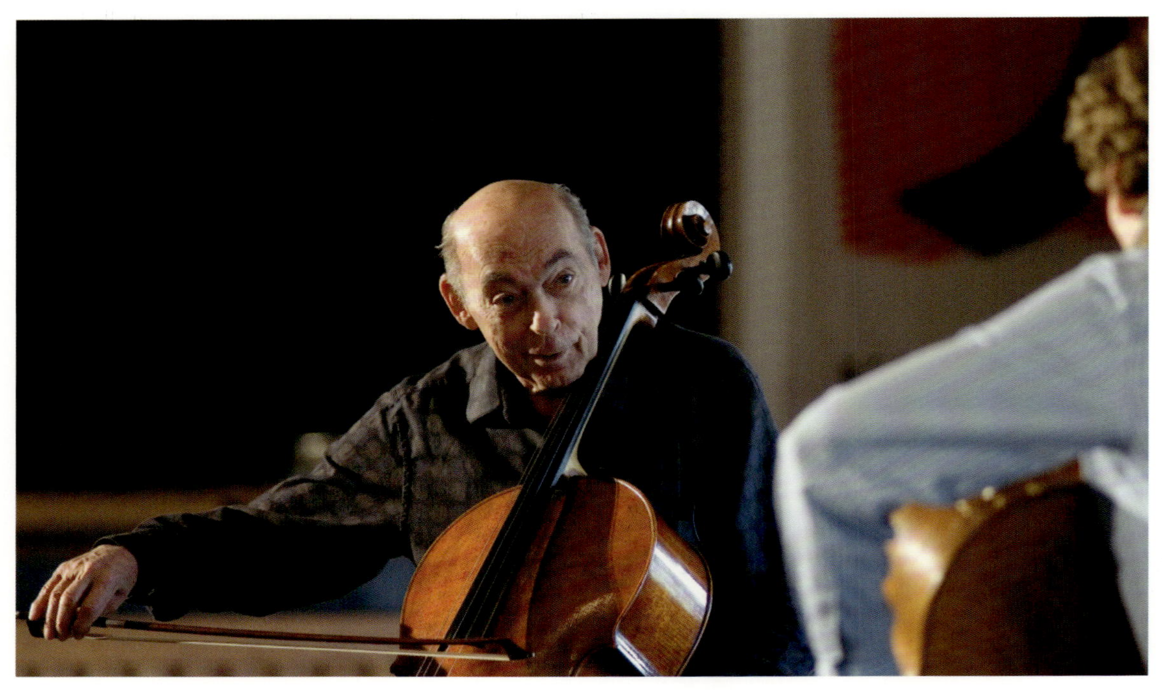

Janos Starker, Andreas Brantelid, Meisterkurs Kronberg, 2007

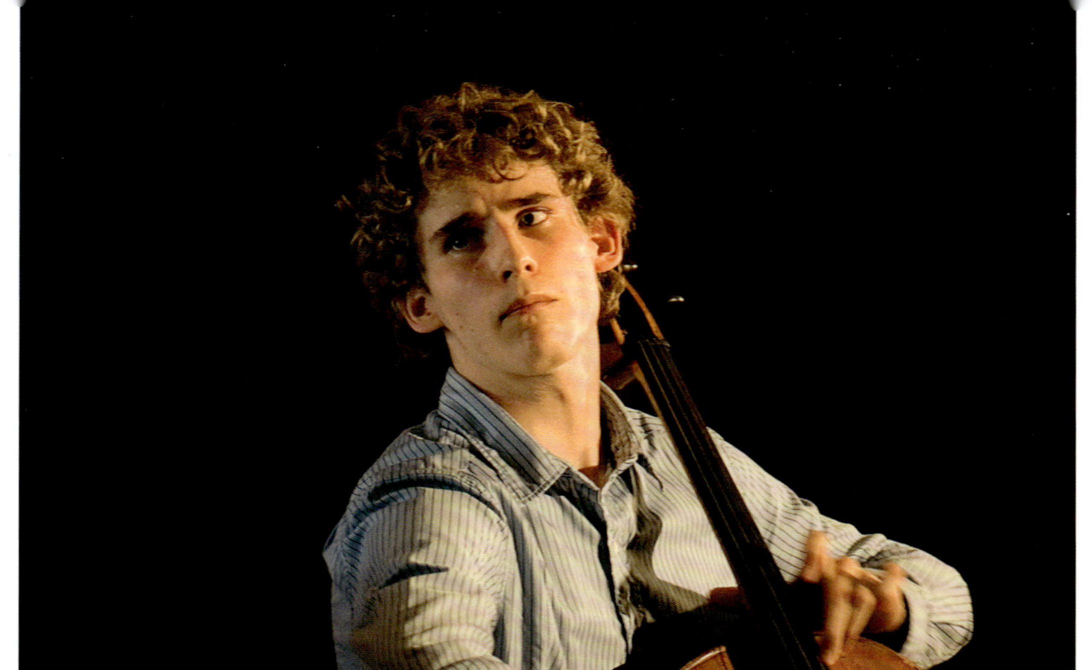

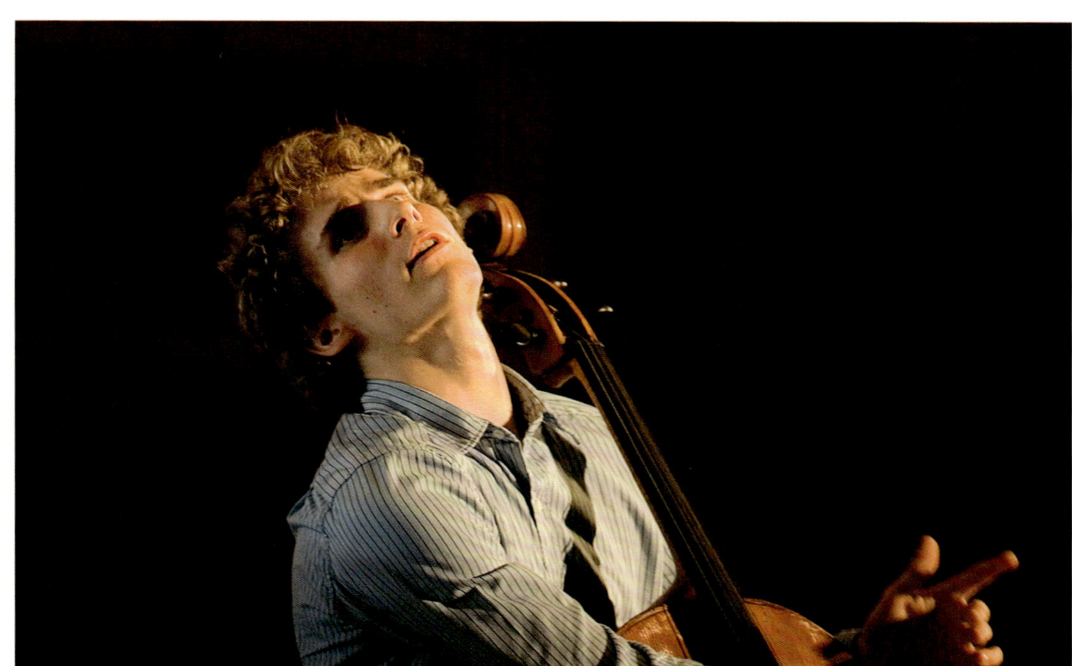

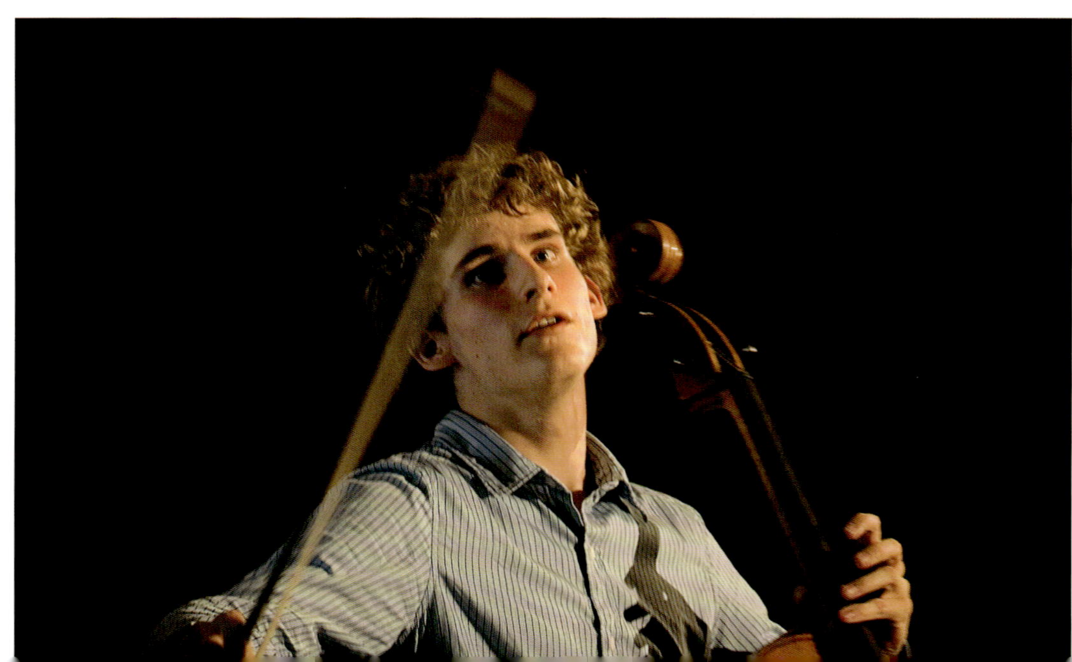

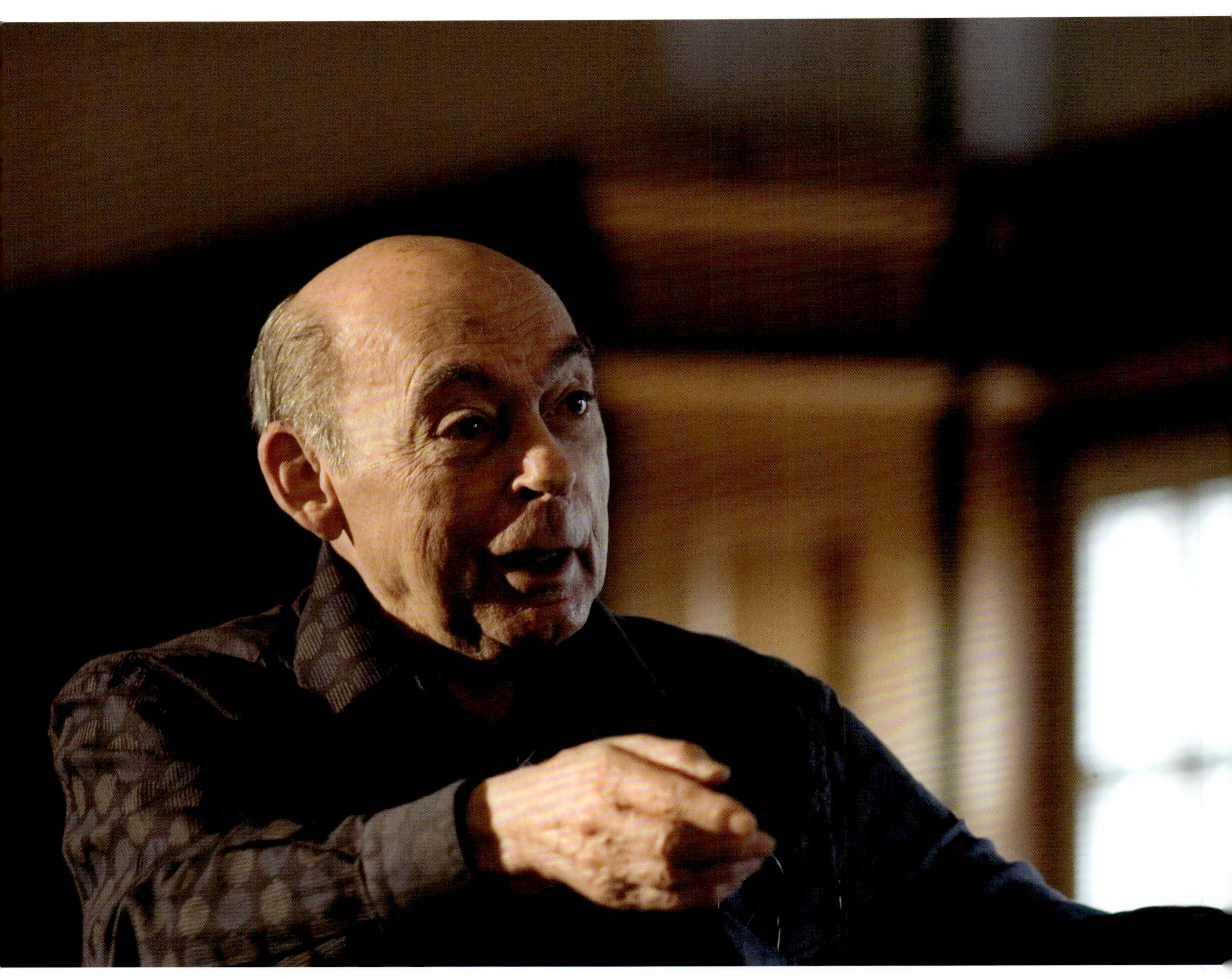

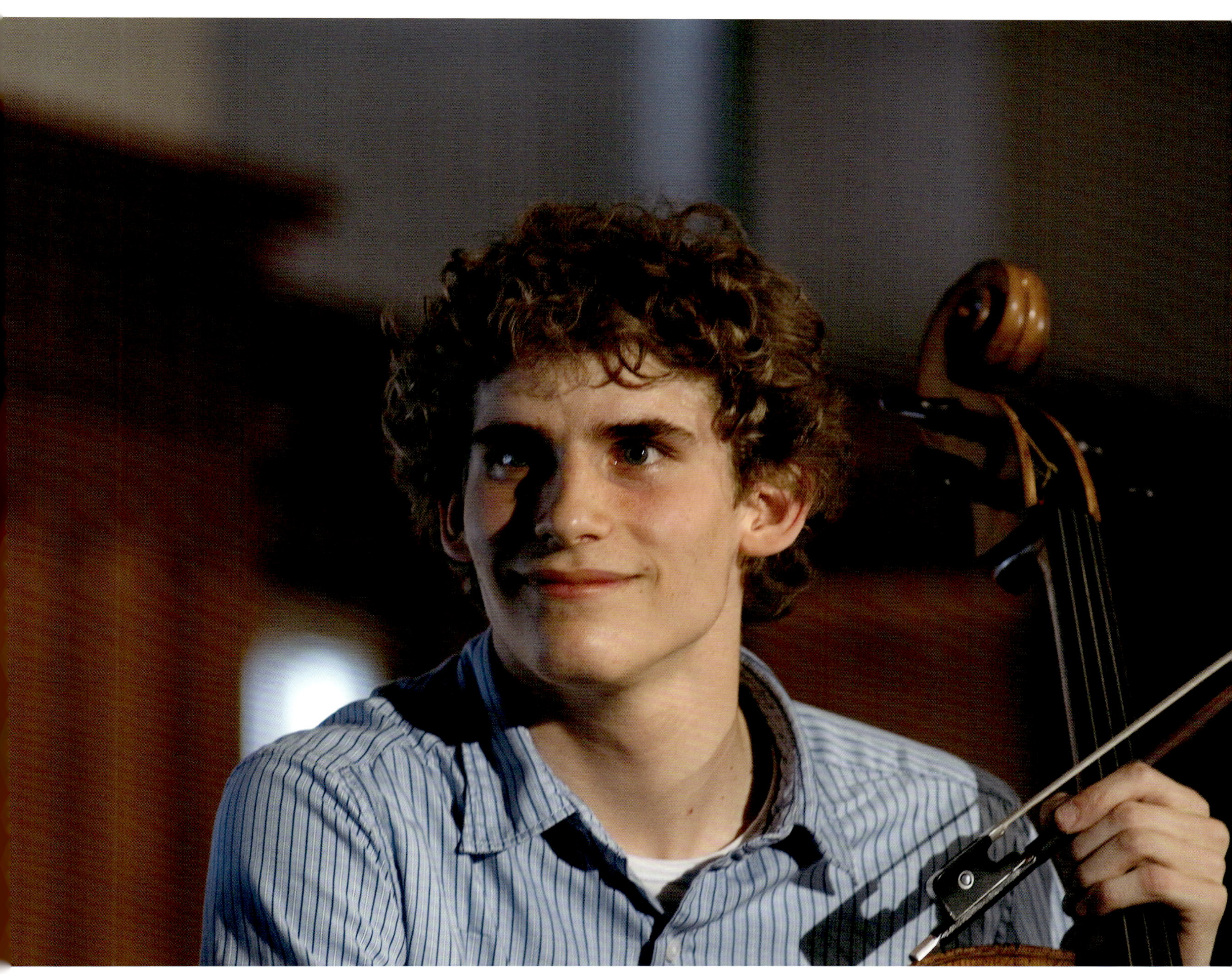

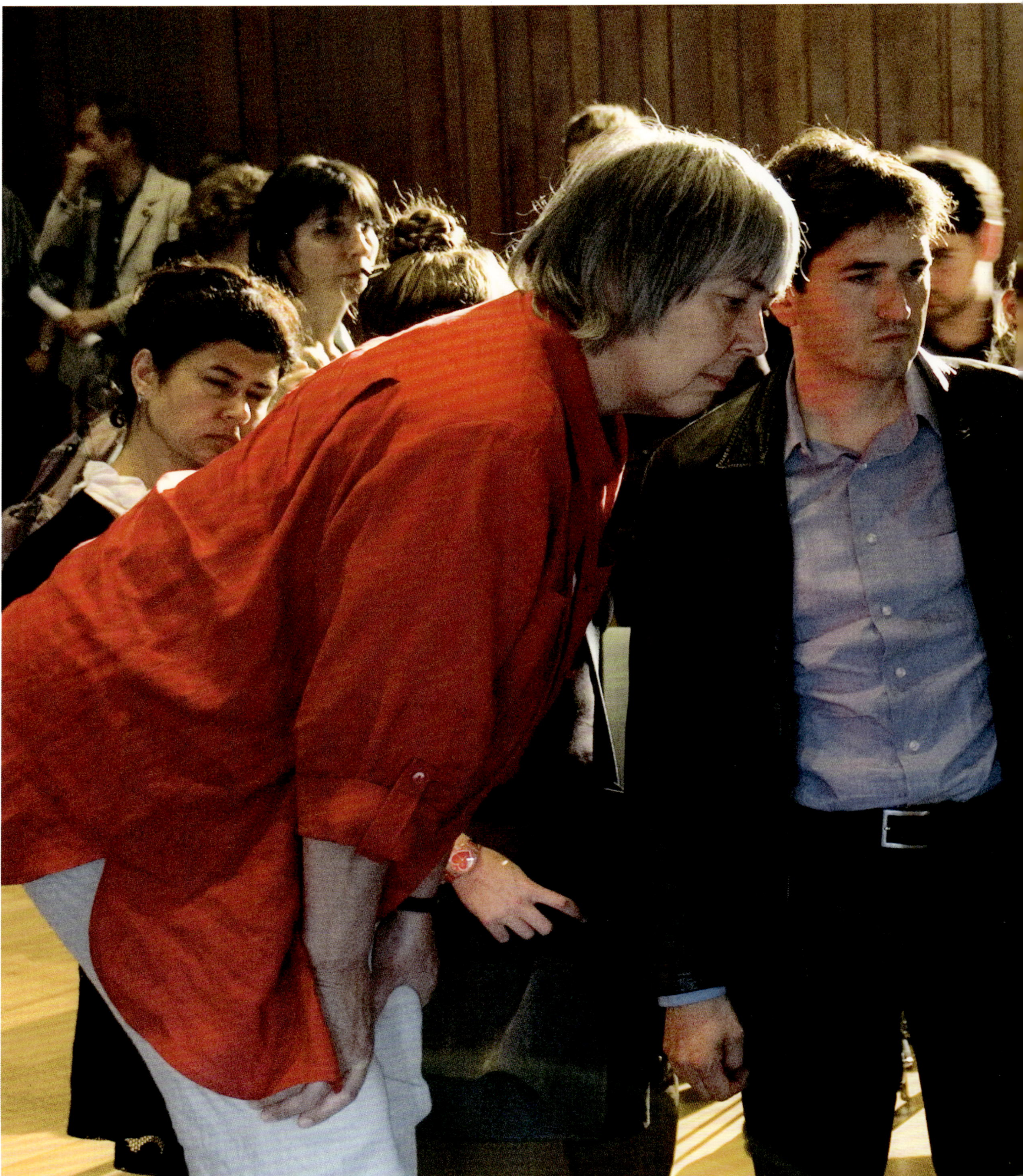

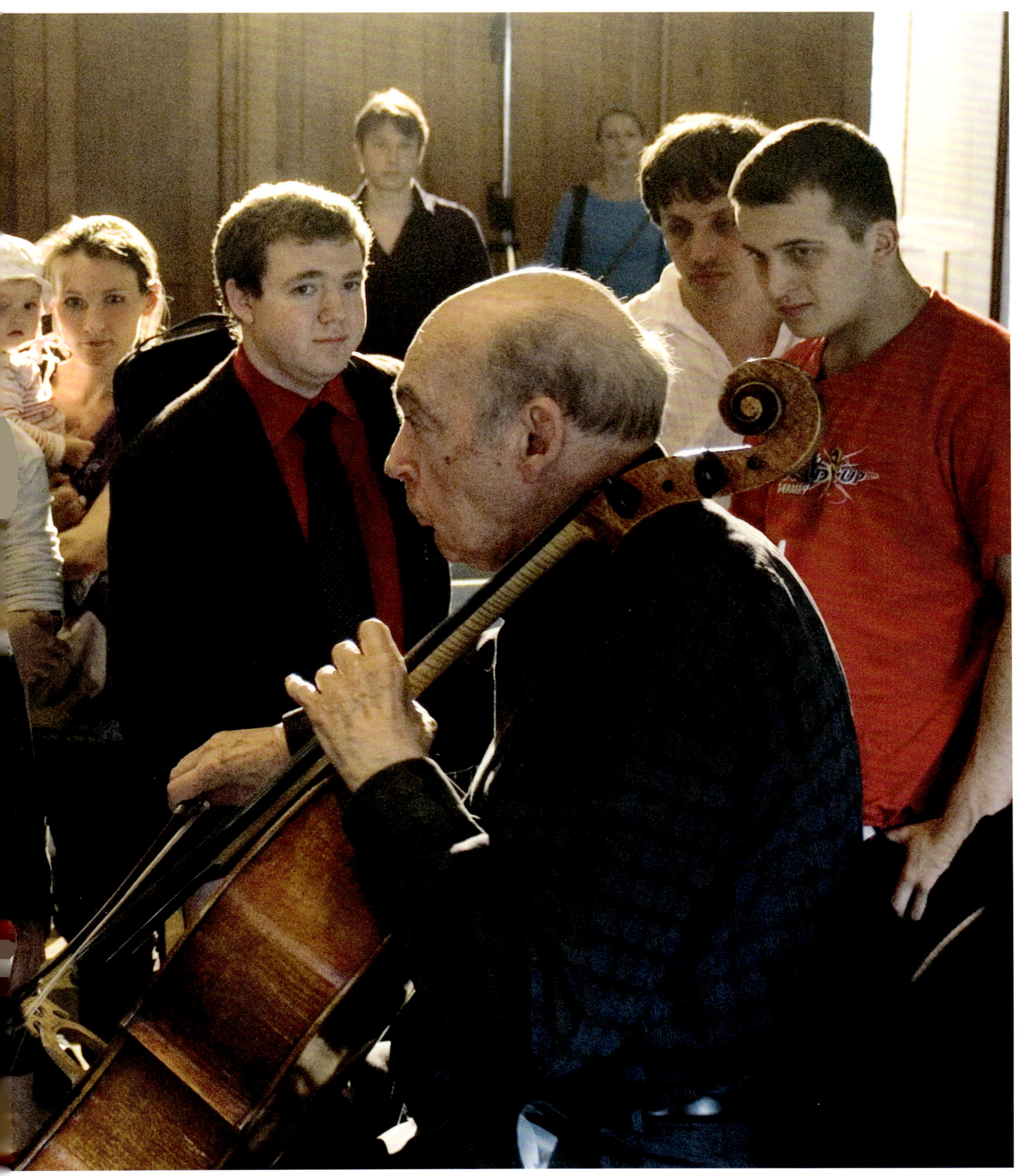

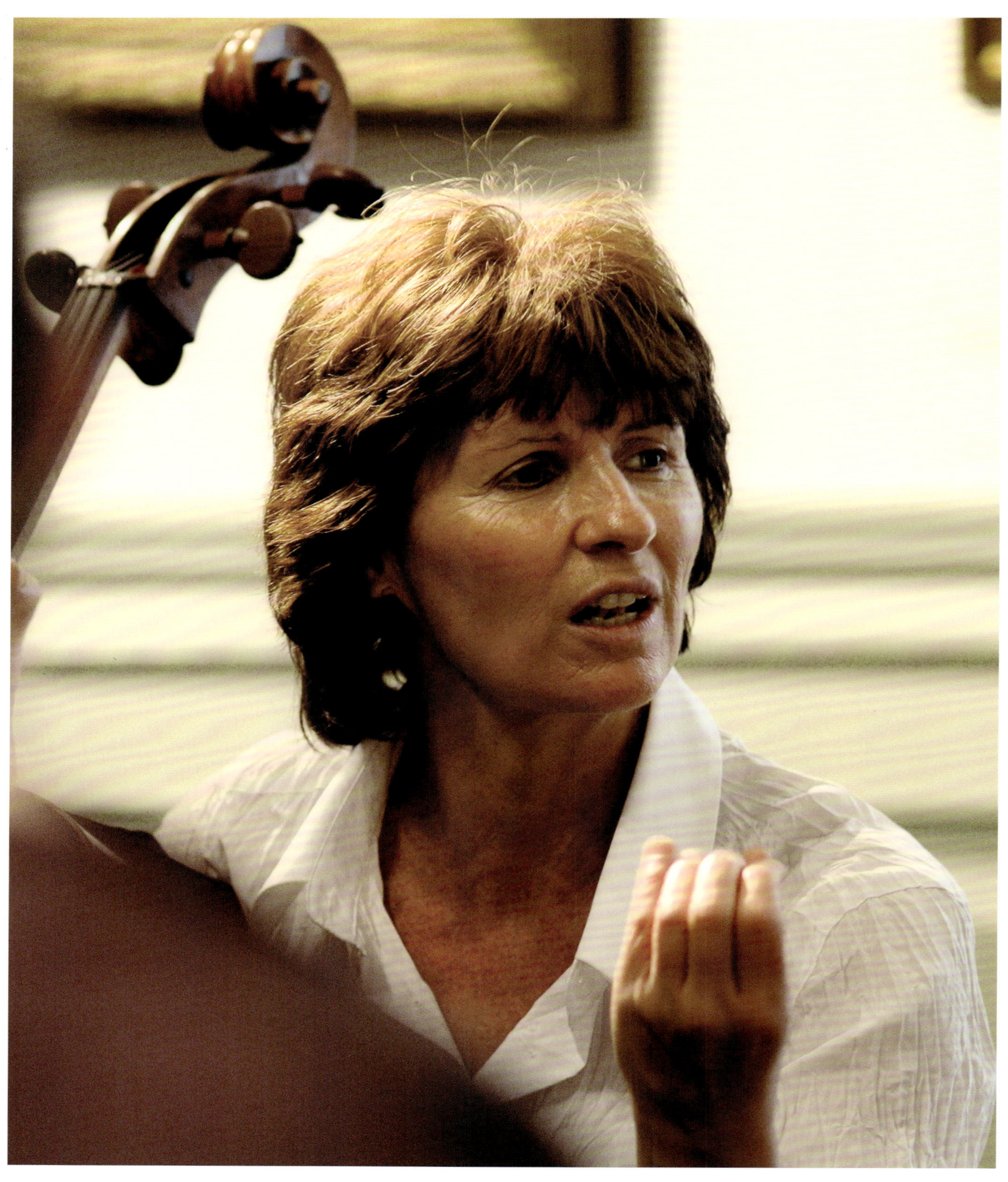

Maria Kliegel, Meisterkurse Kronberg, 2006

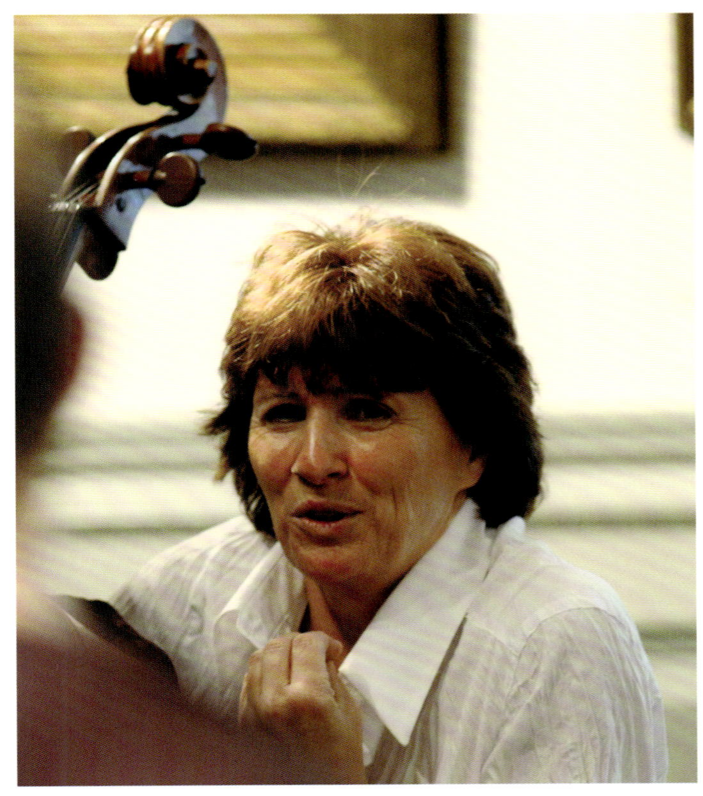
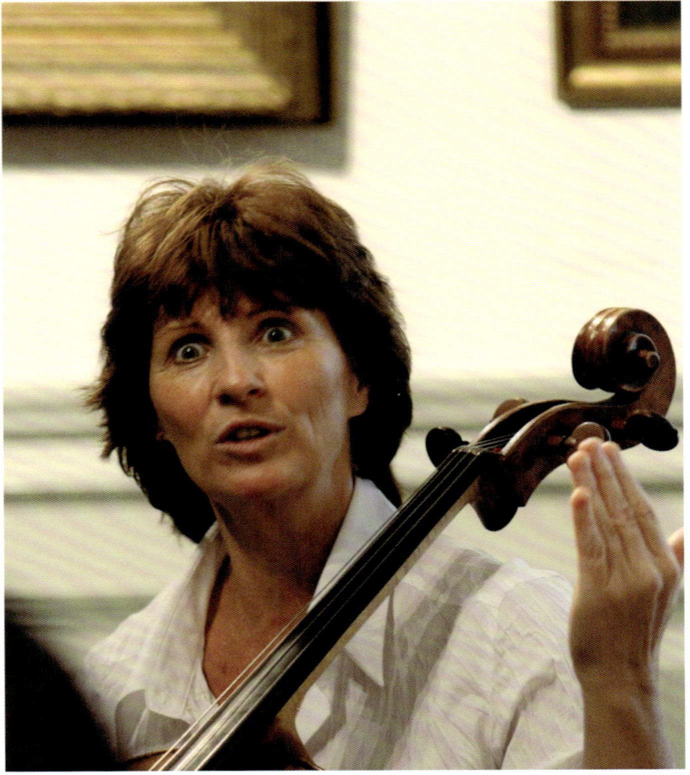
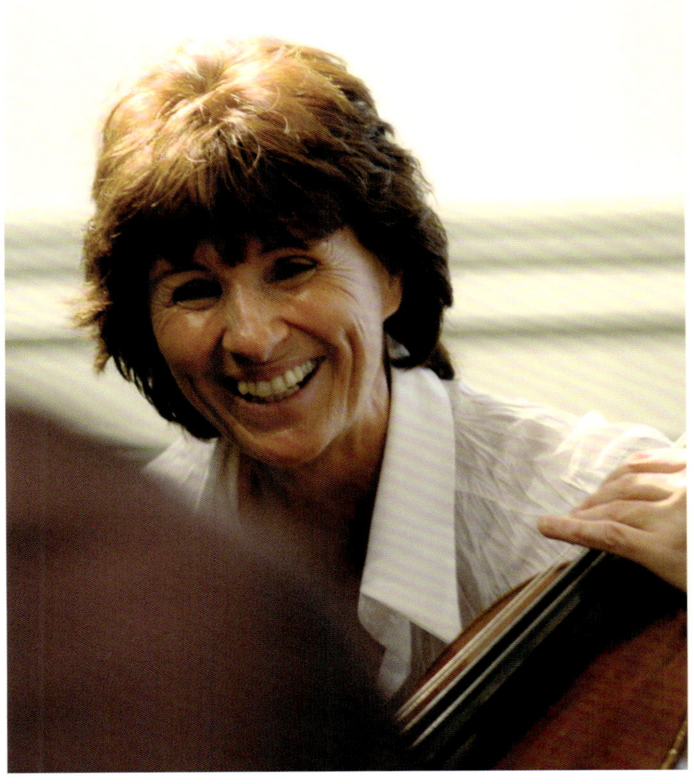
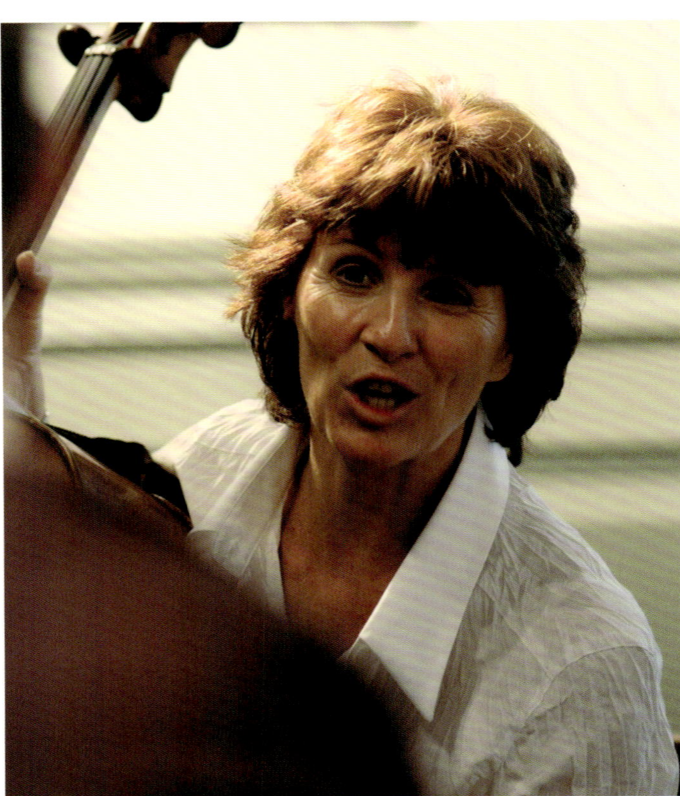

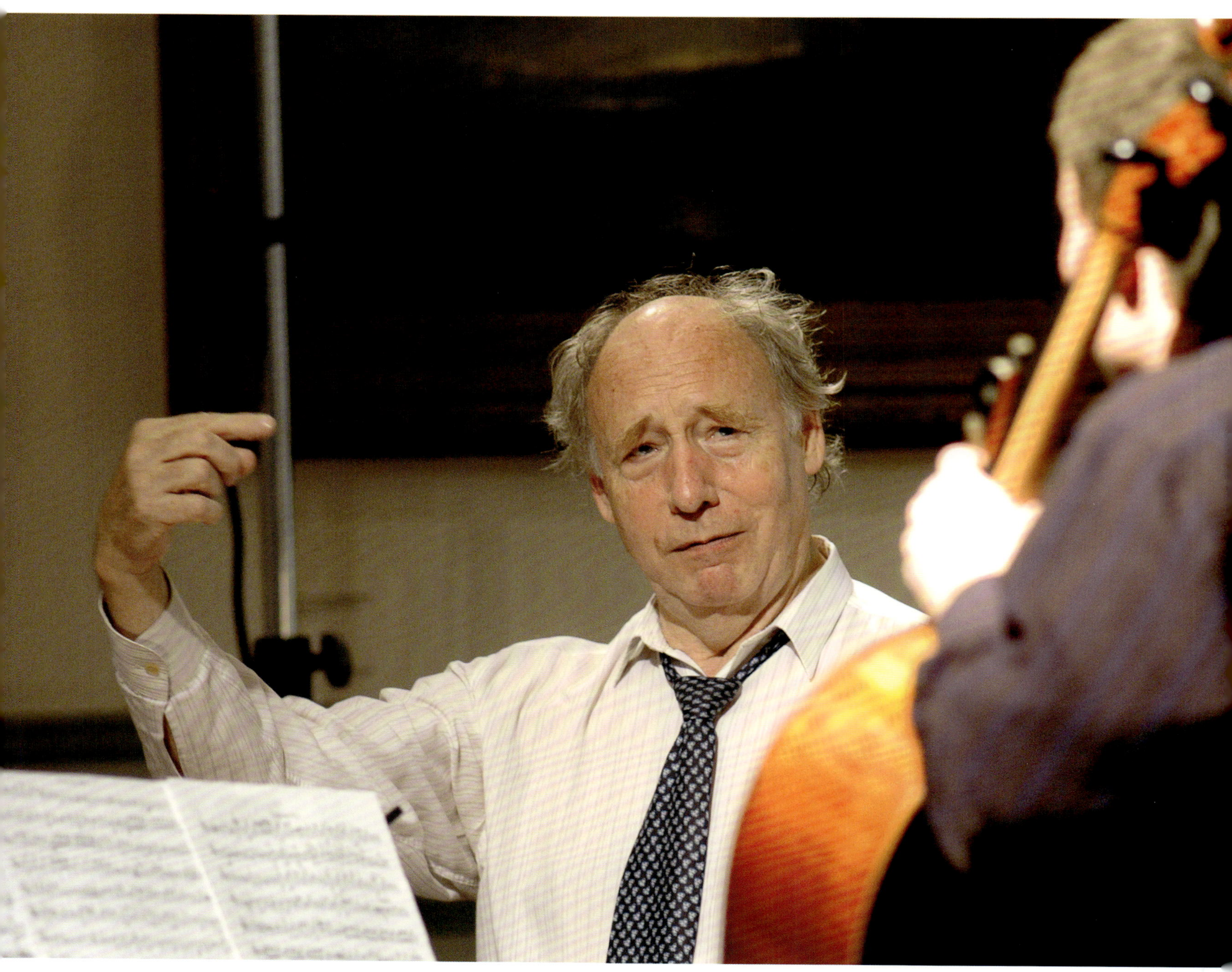

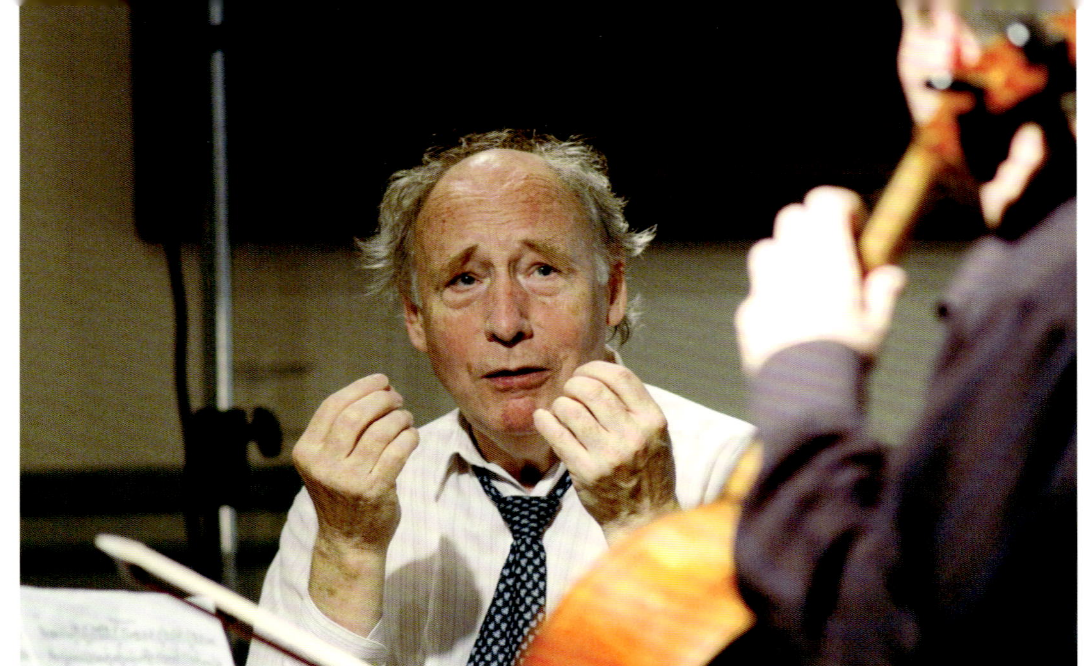

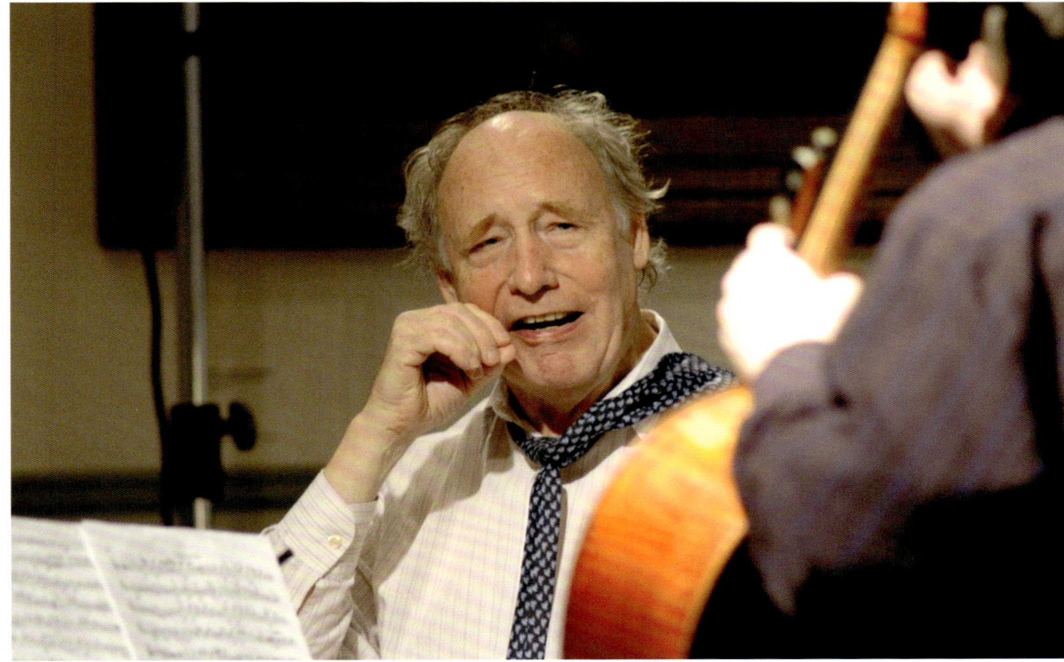

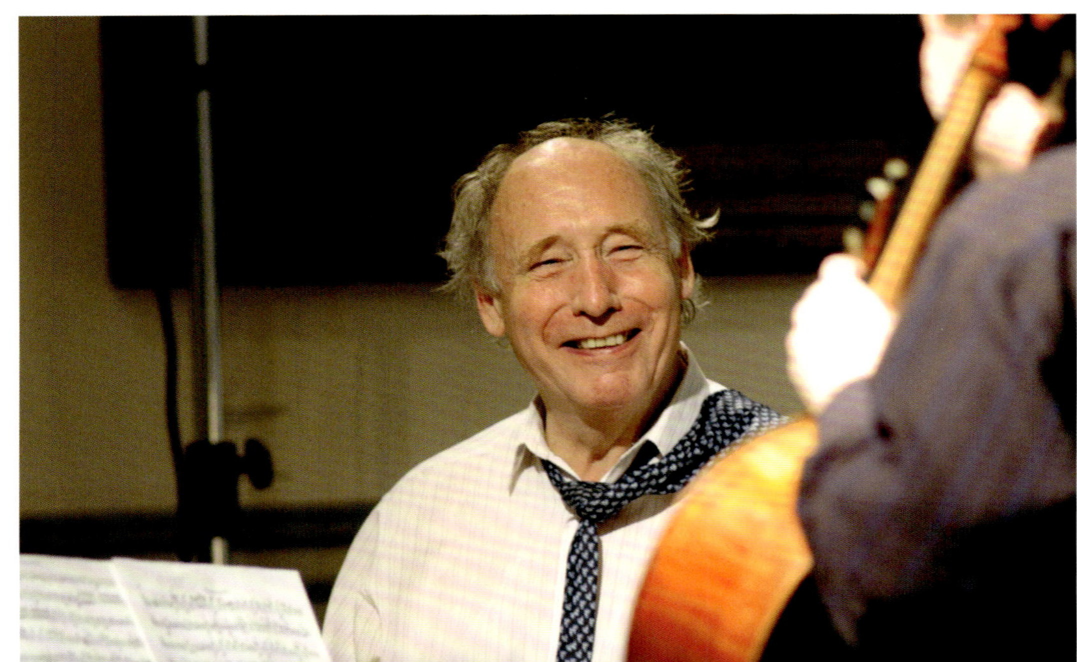

Anner Bylsma
Meisterkurse Kronberg, 2006

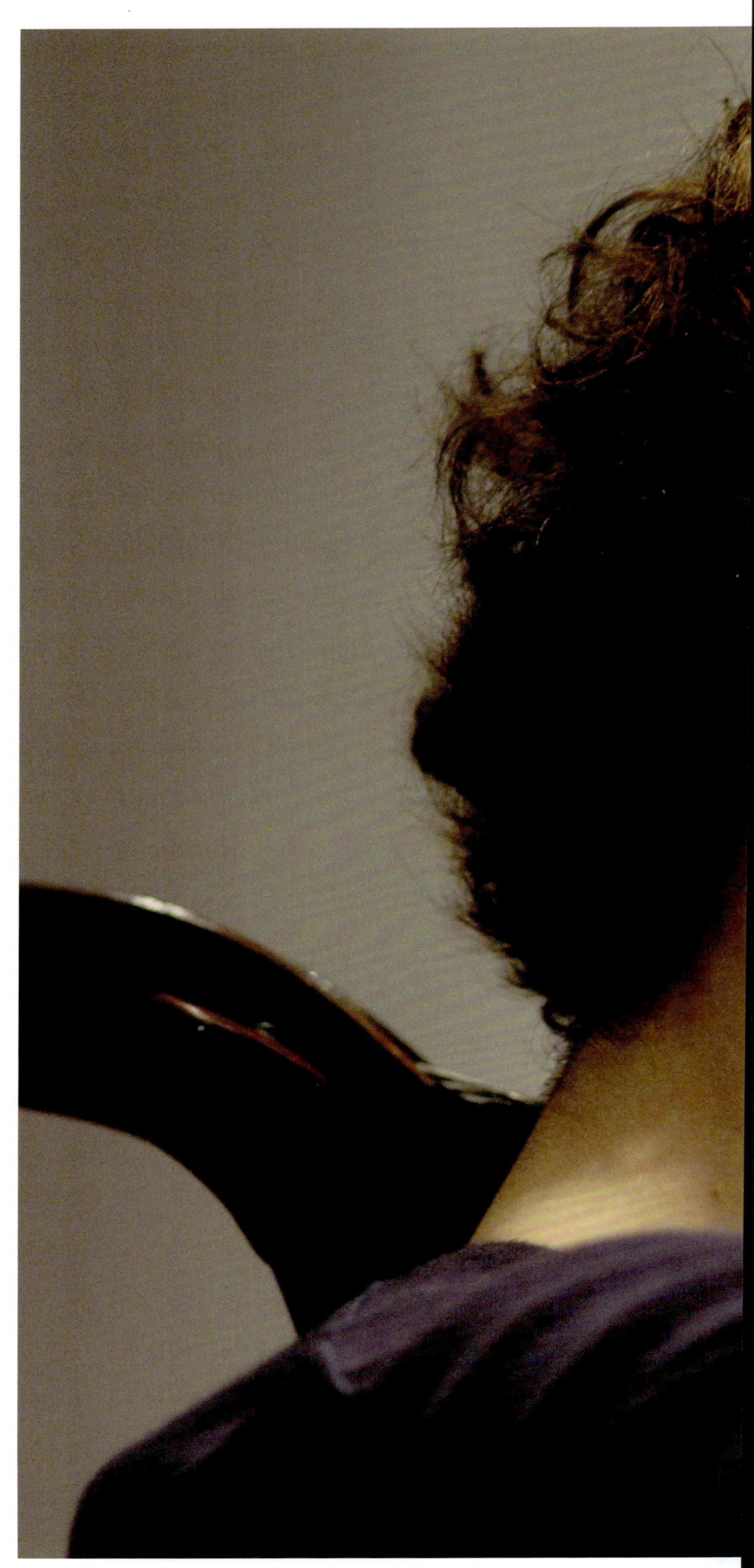

Gabriel Schwabe

Meisterkurse Kronberg, 2006

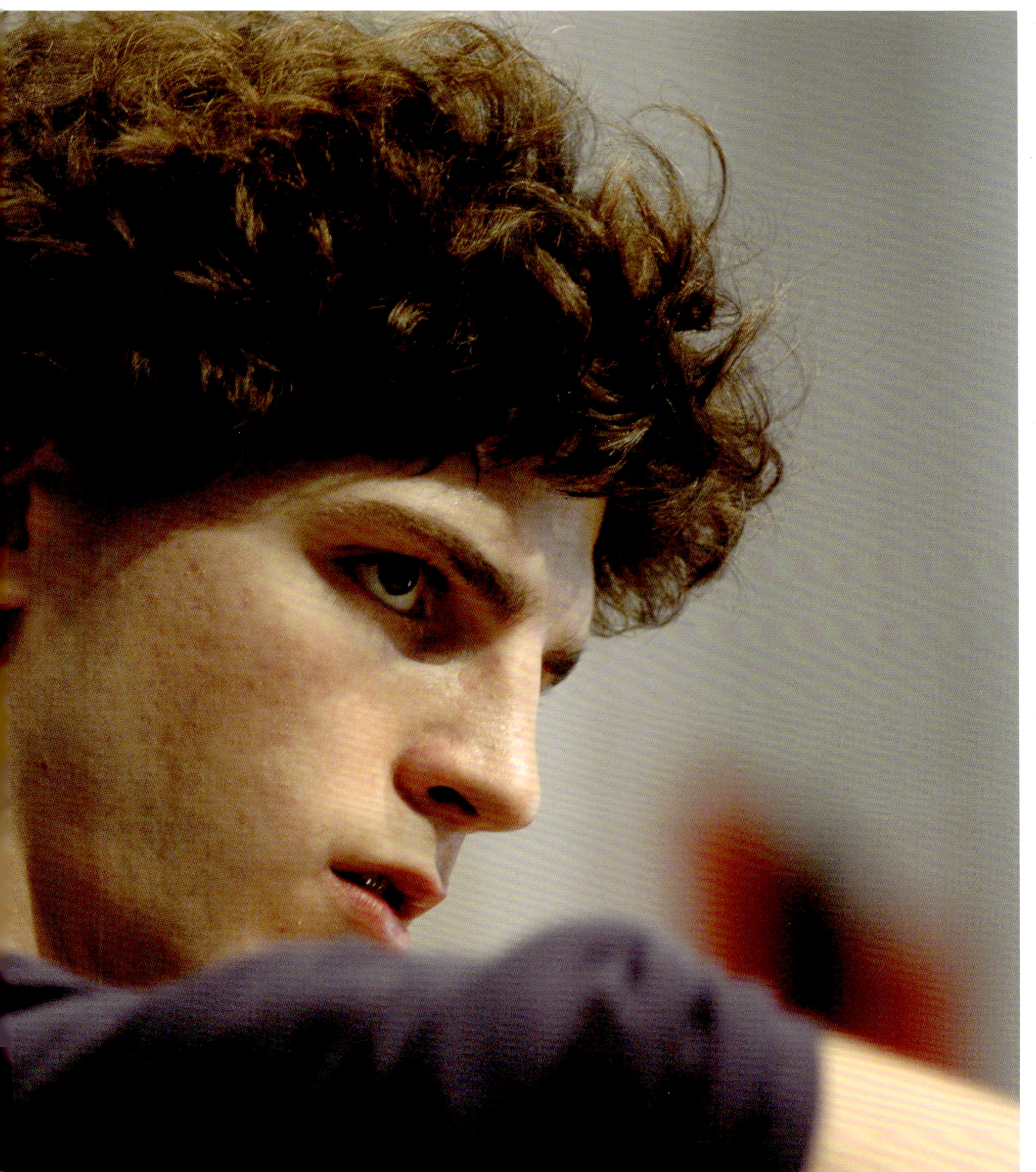

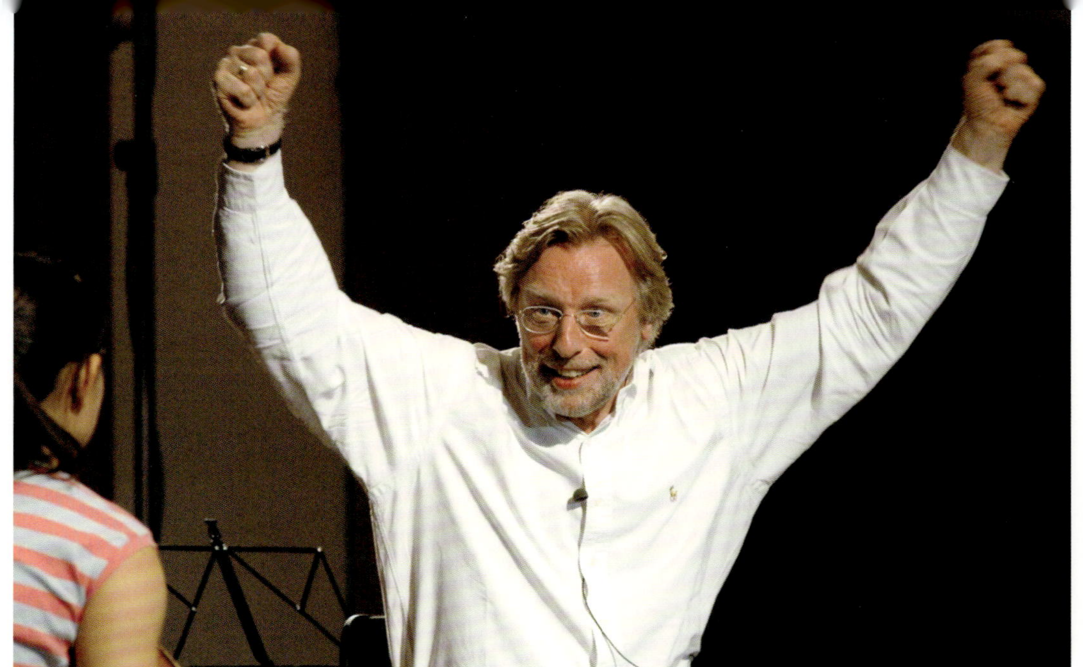

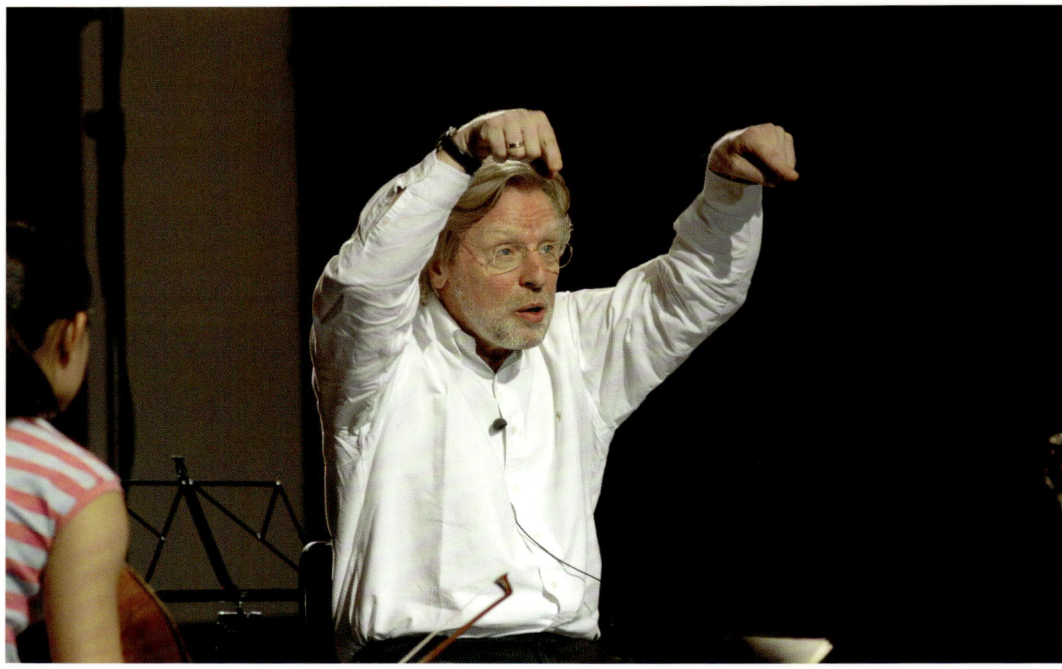

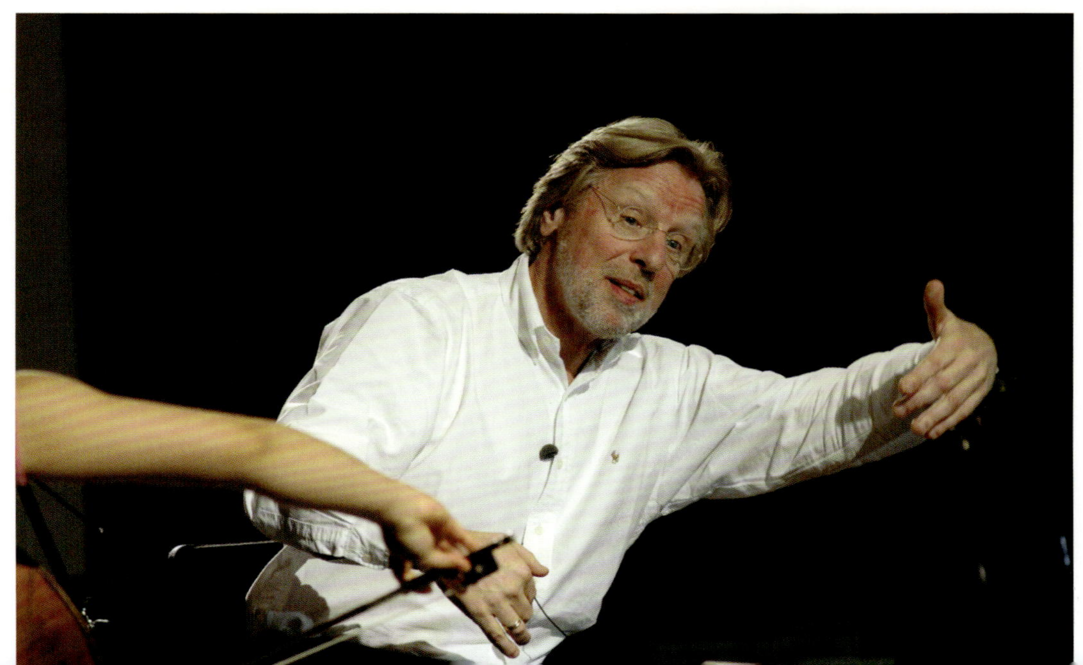

Frans Helmerson
Meisterkurse Kronberg, 2006

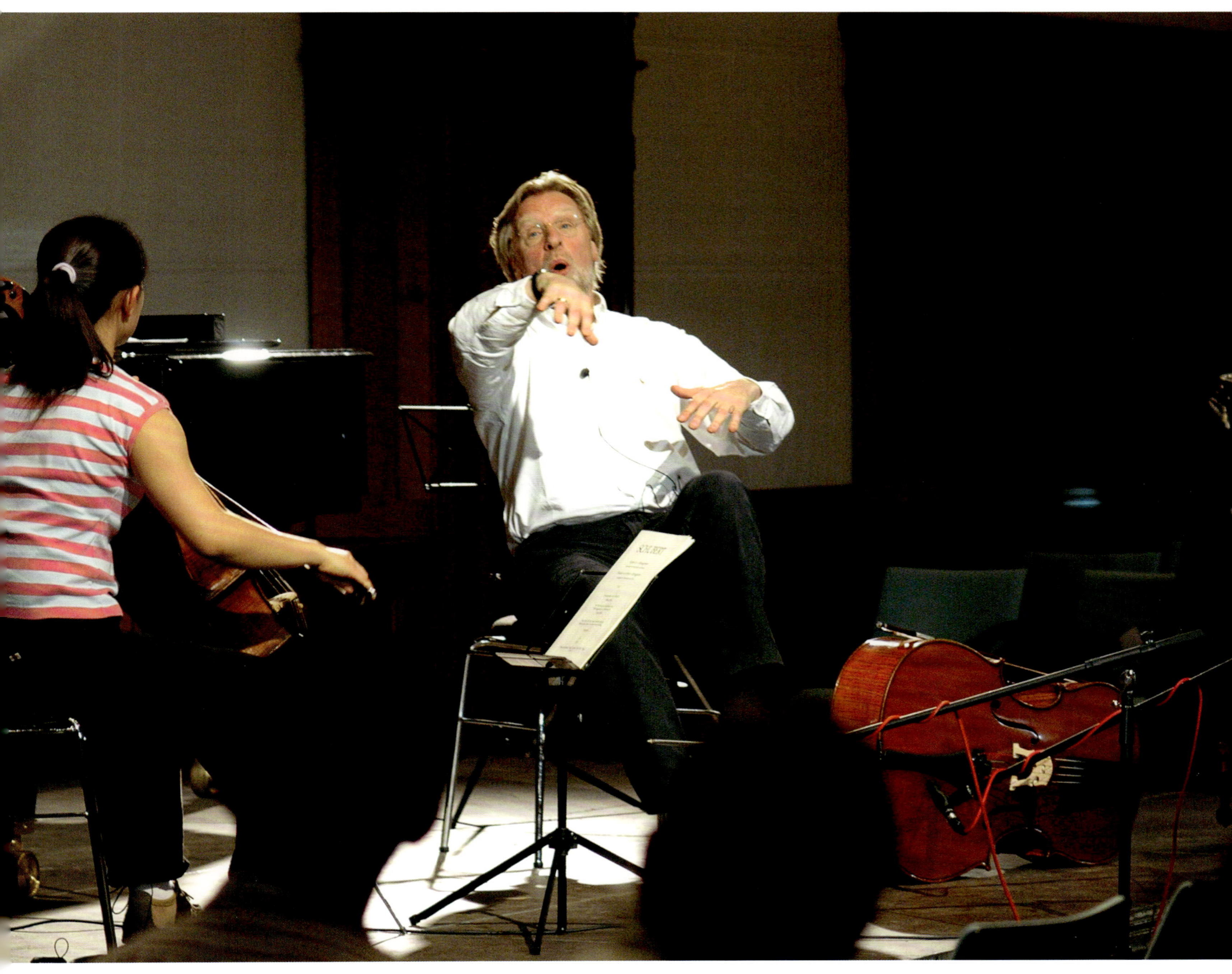

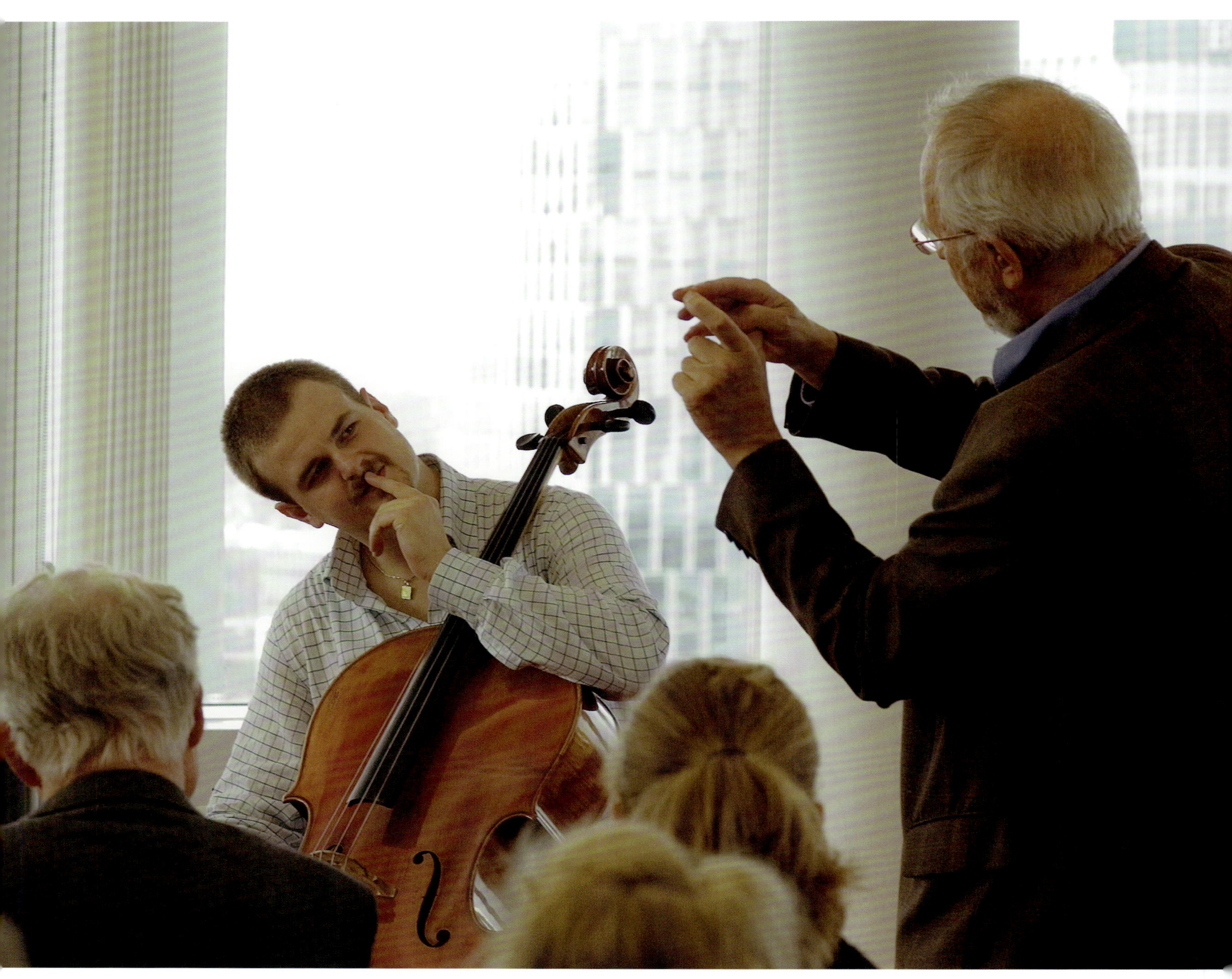

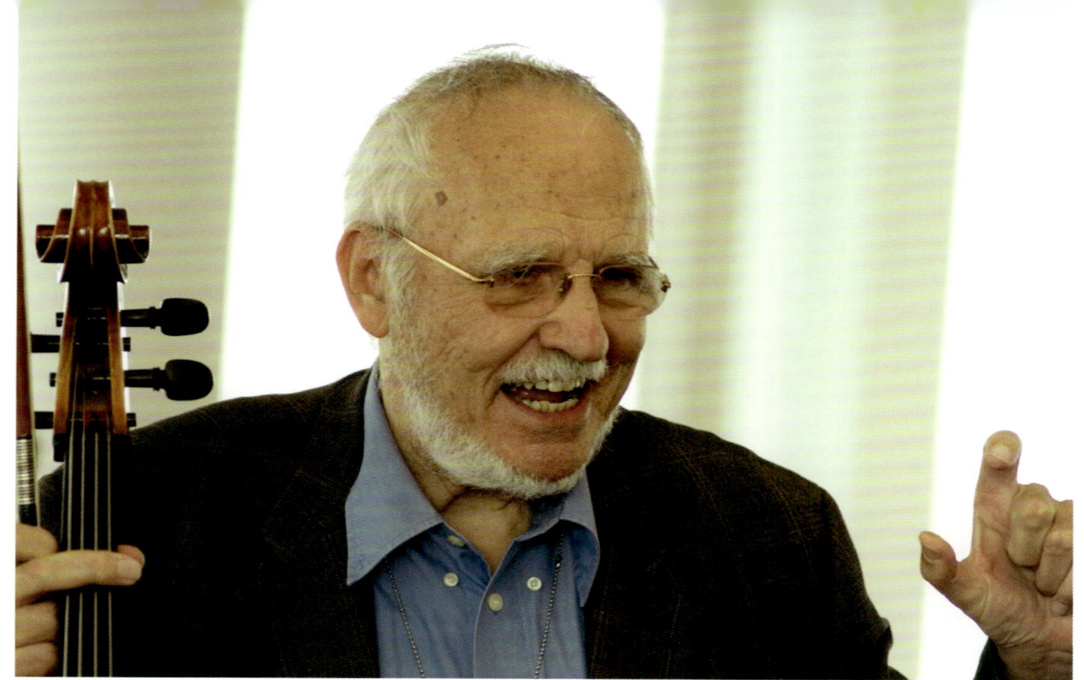

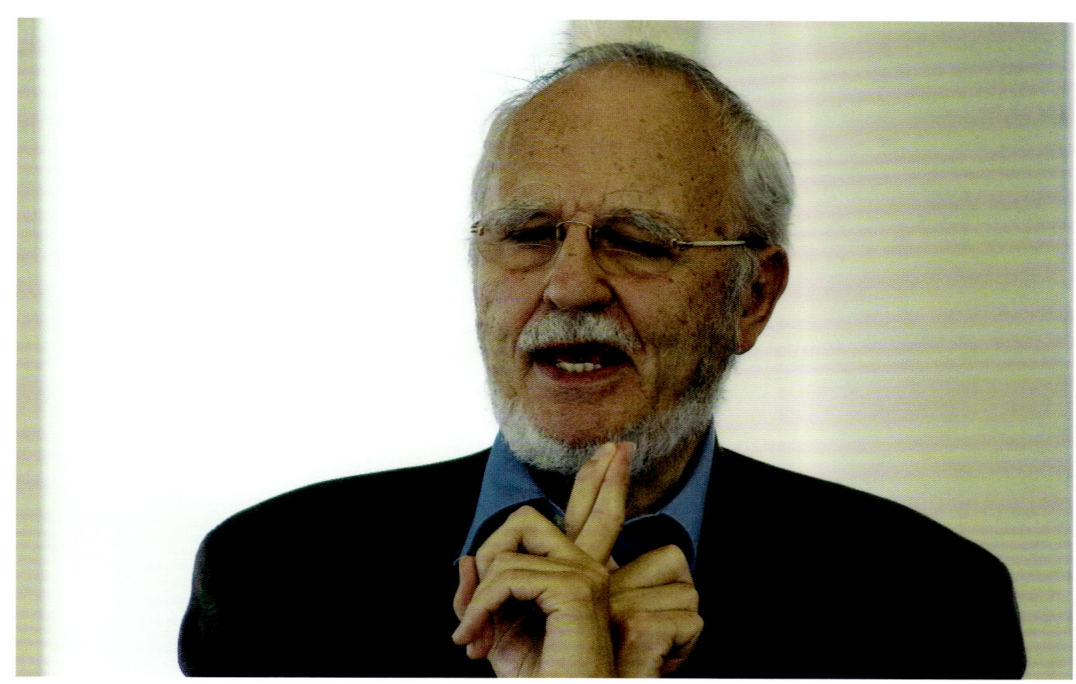

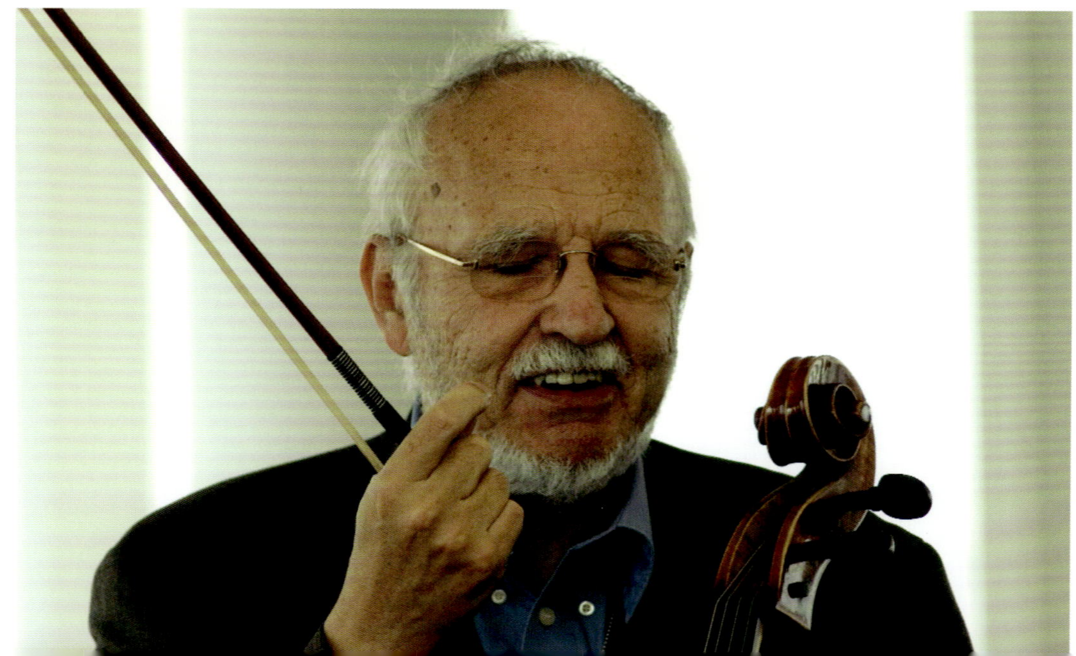

Gerhard Mantel
Meisterkurse
Kronberg, 2006

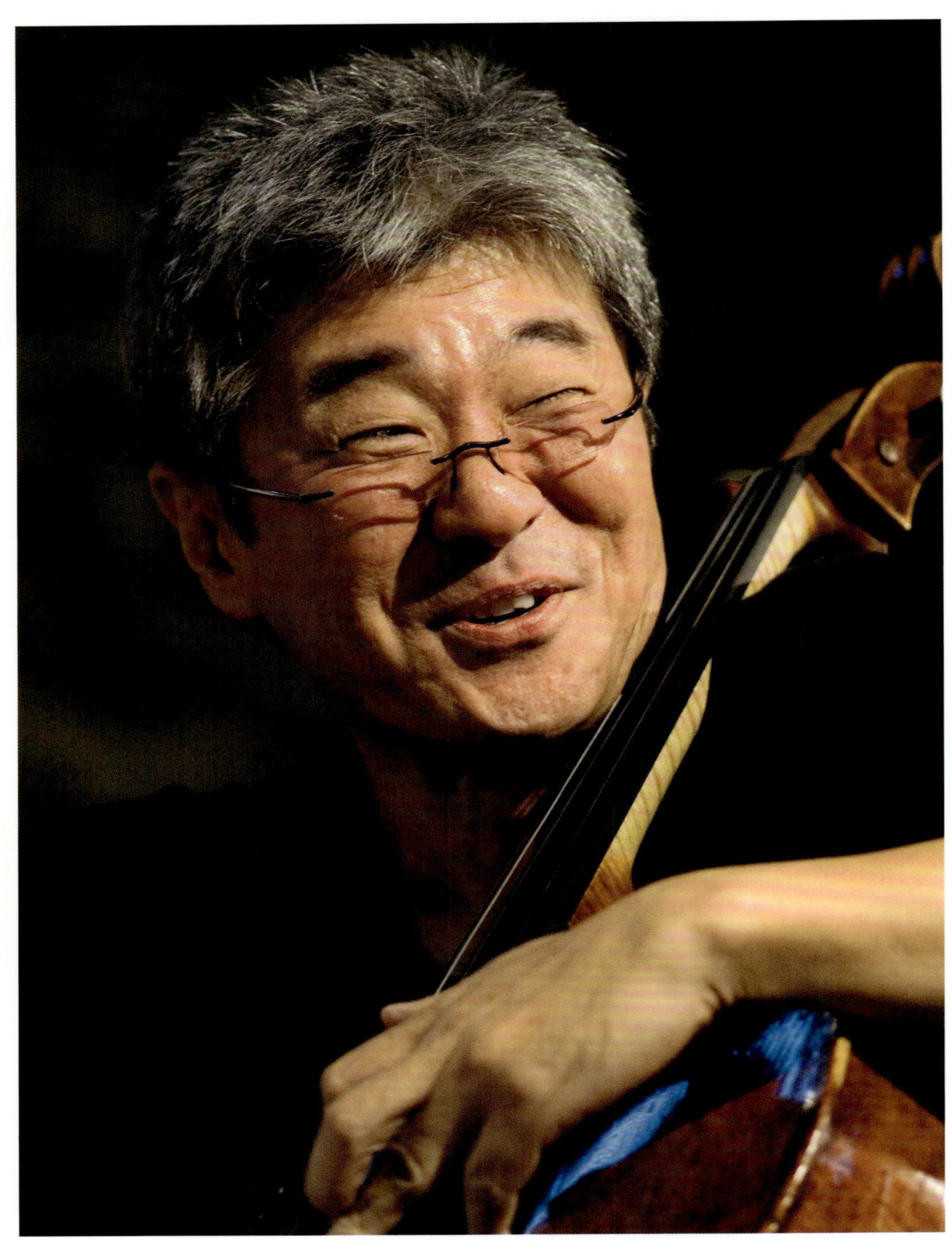

Young-Chang Cho, Cello Festival Kronberg 2007

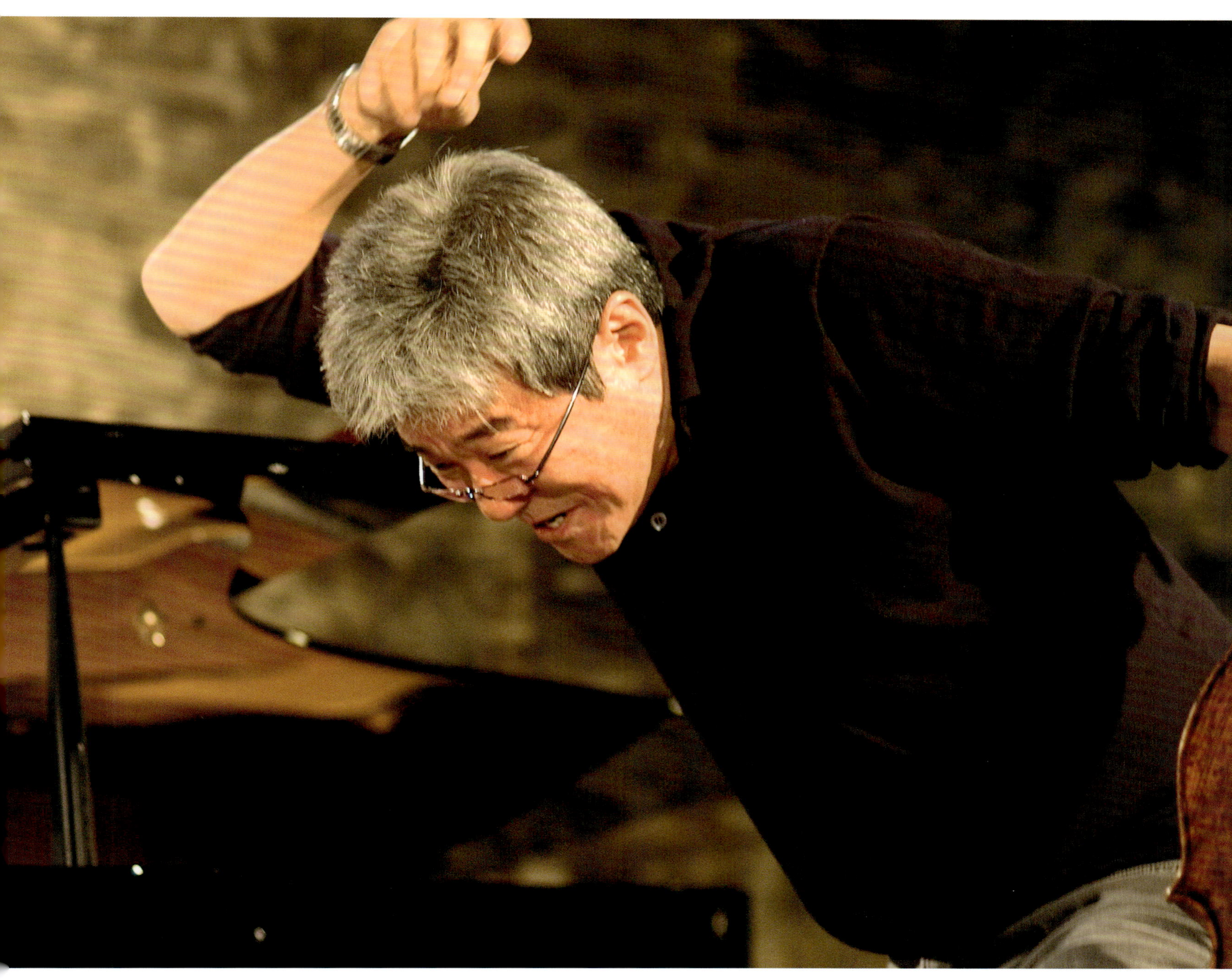

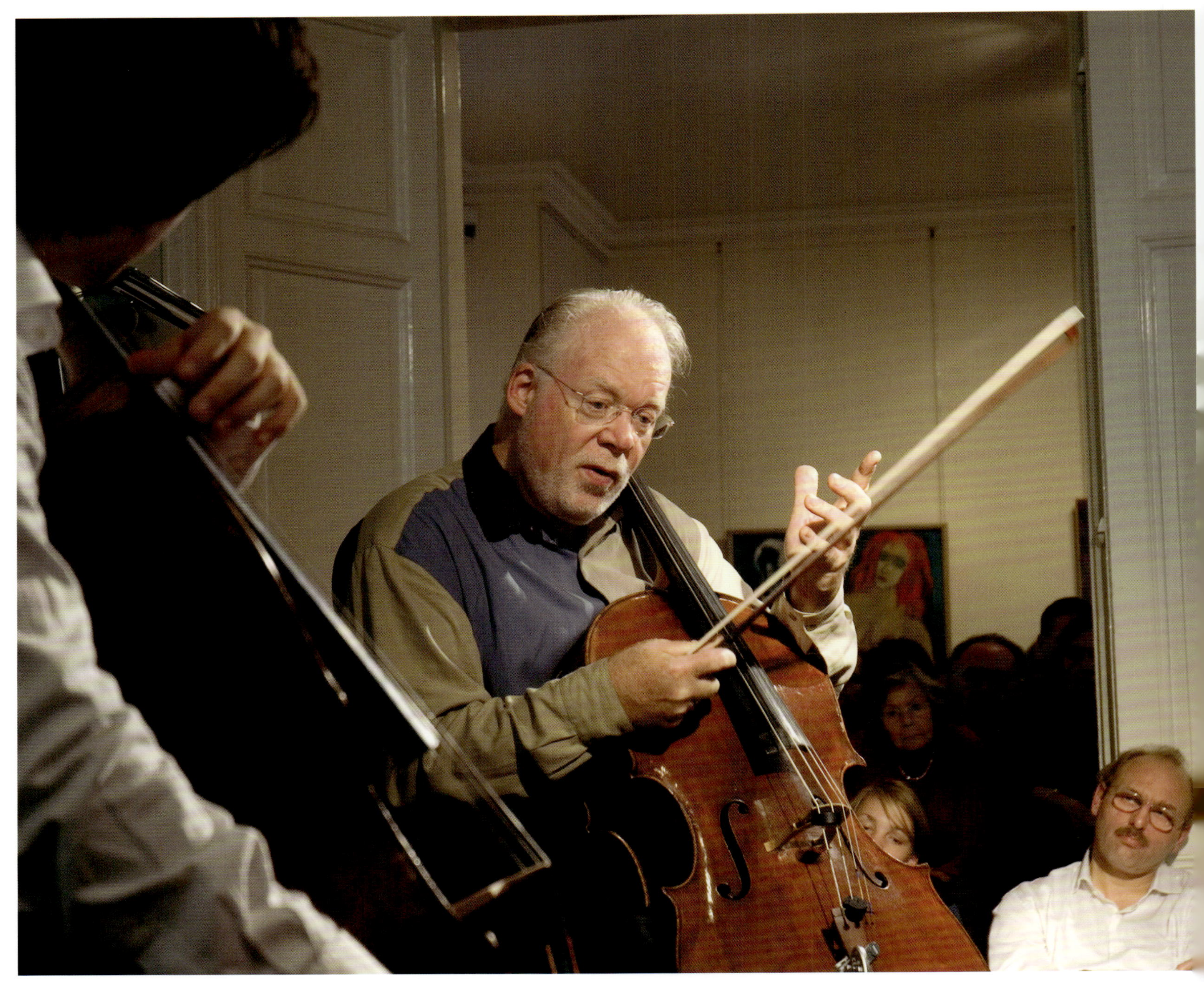

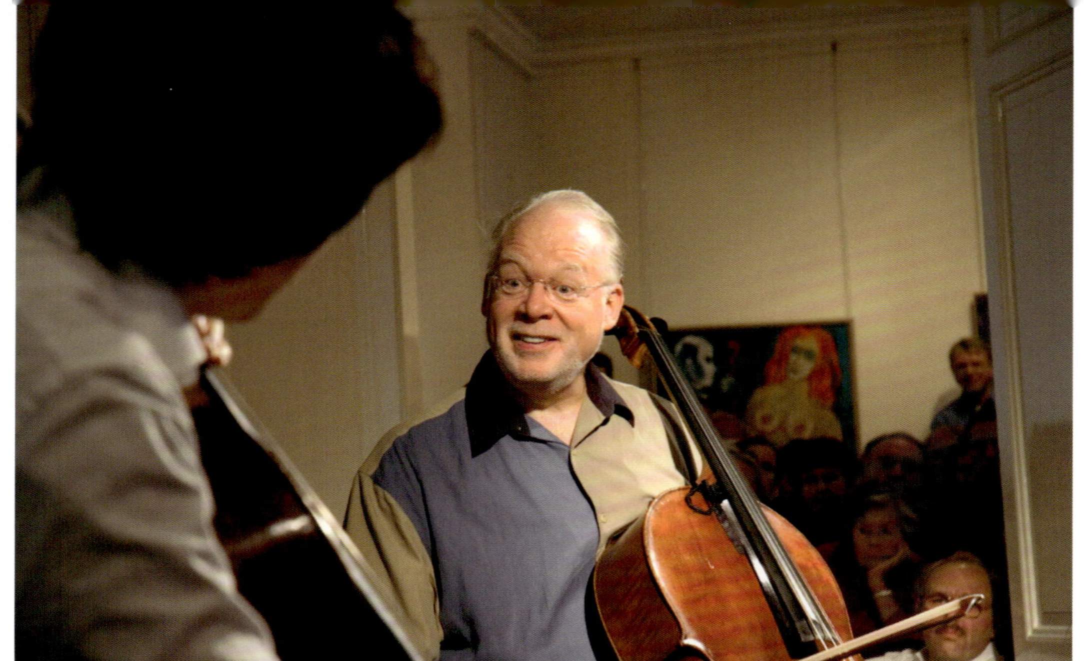

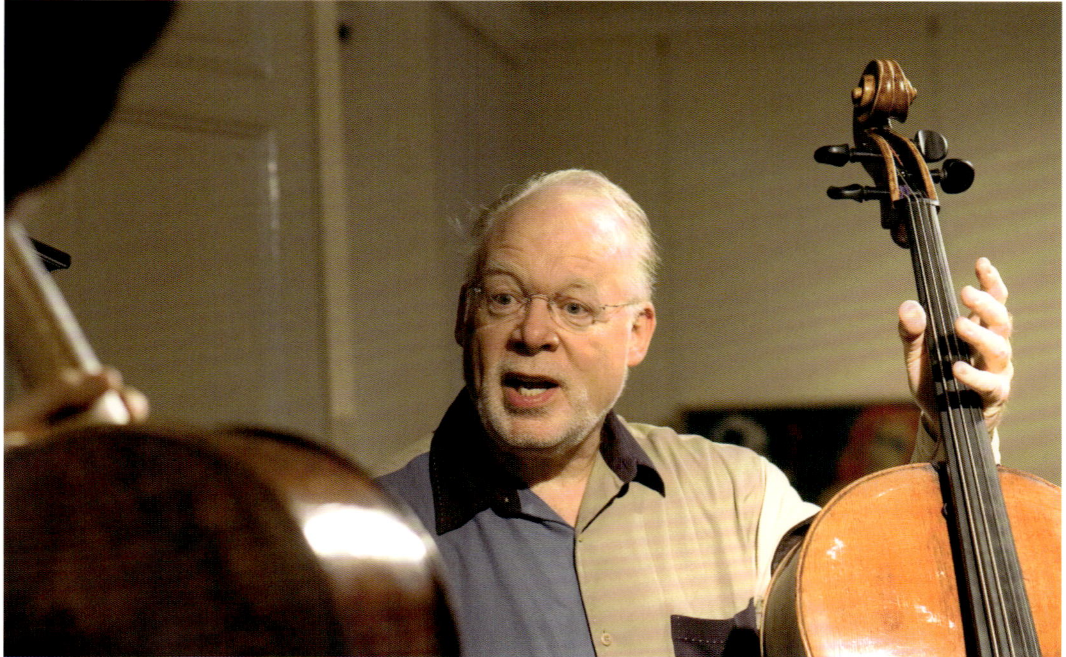

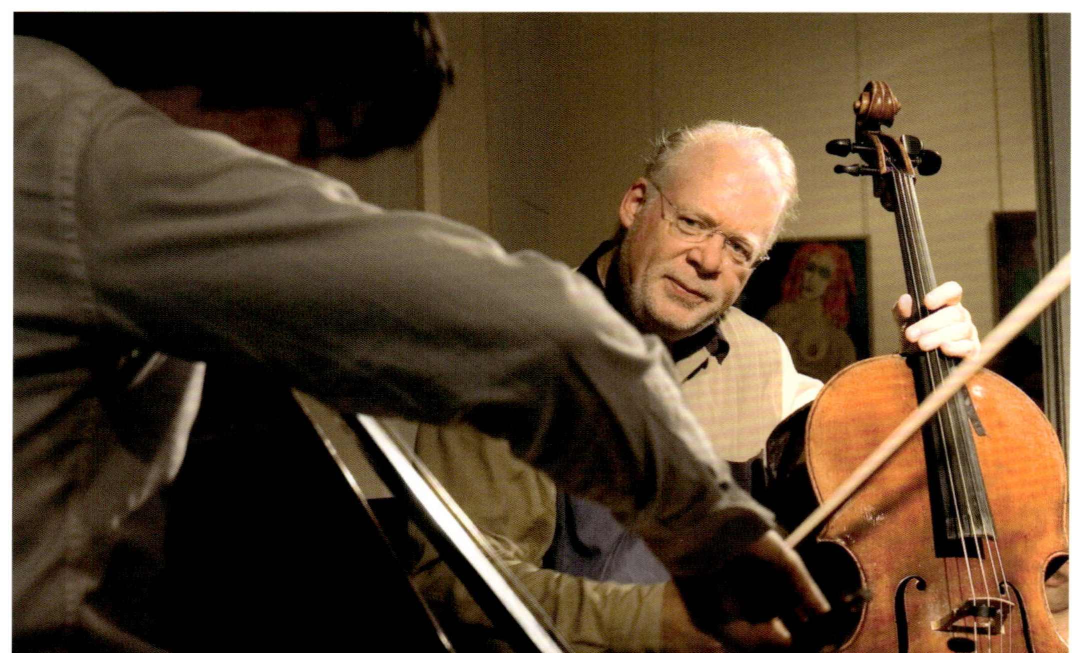

Lynn Harrell
Cello Festival Kronberg 2007

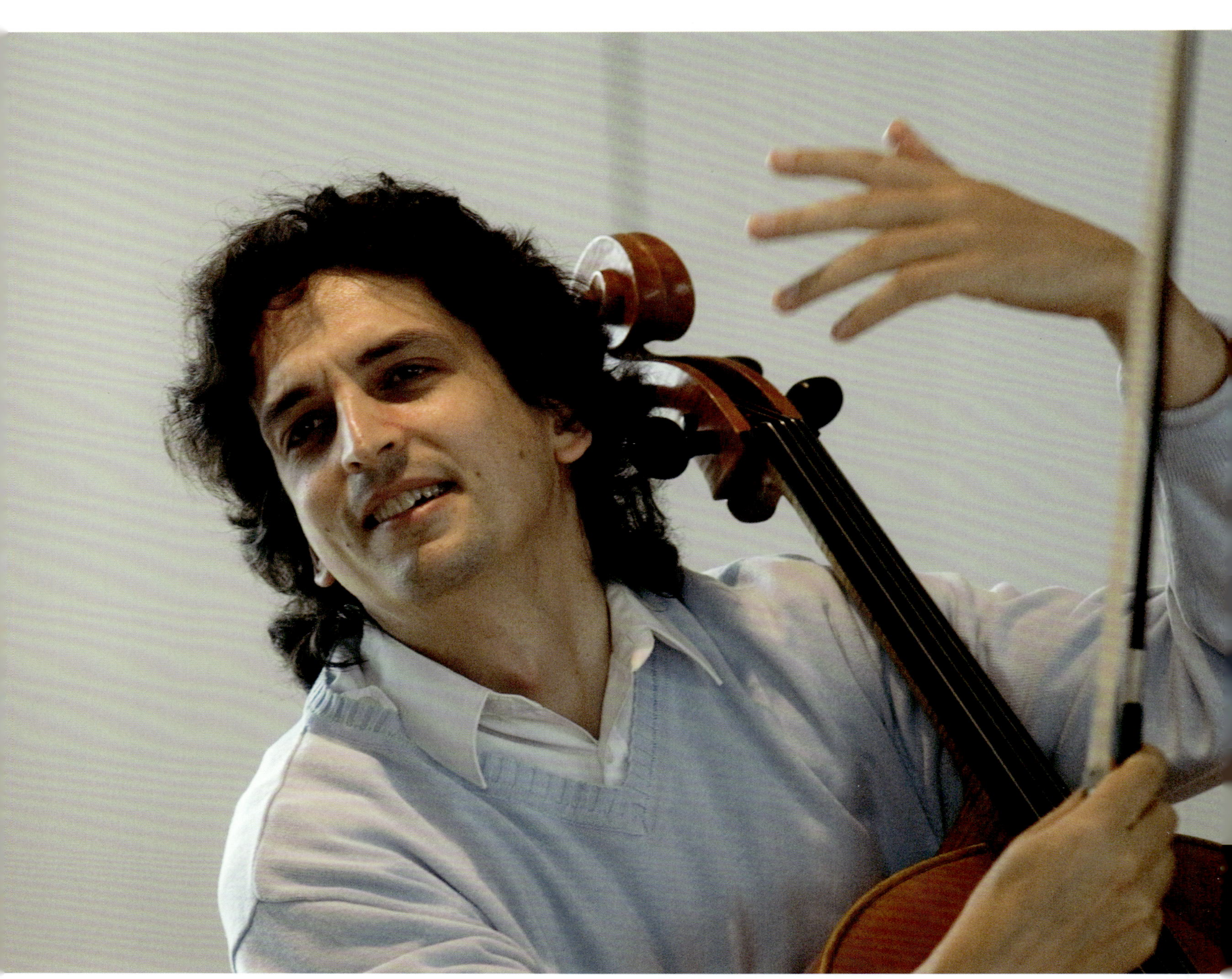

Michael Sanderling, Meisterkurse Kronberg, 2006

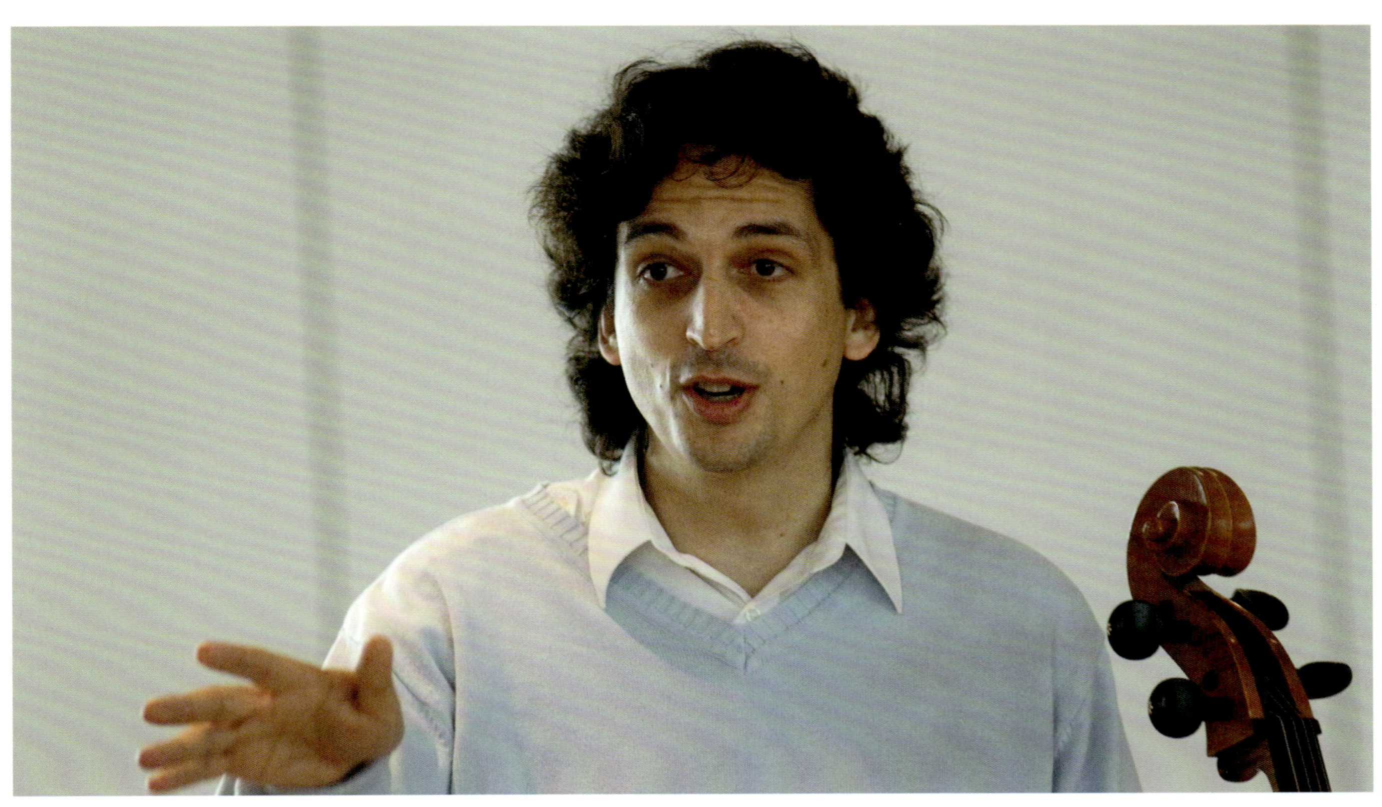

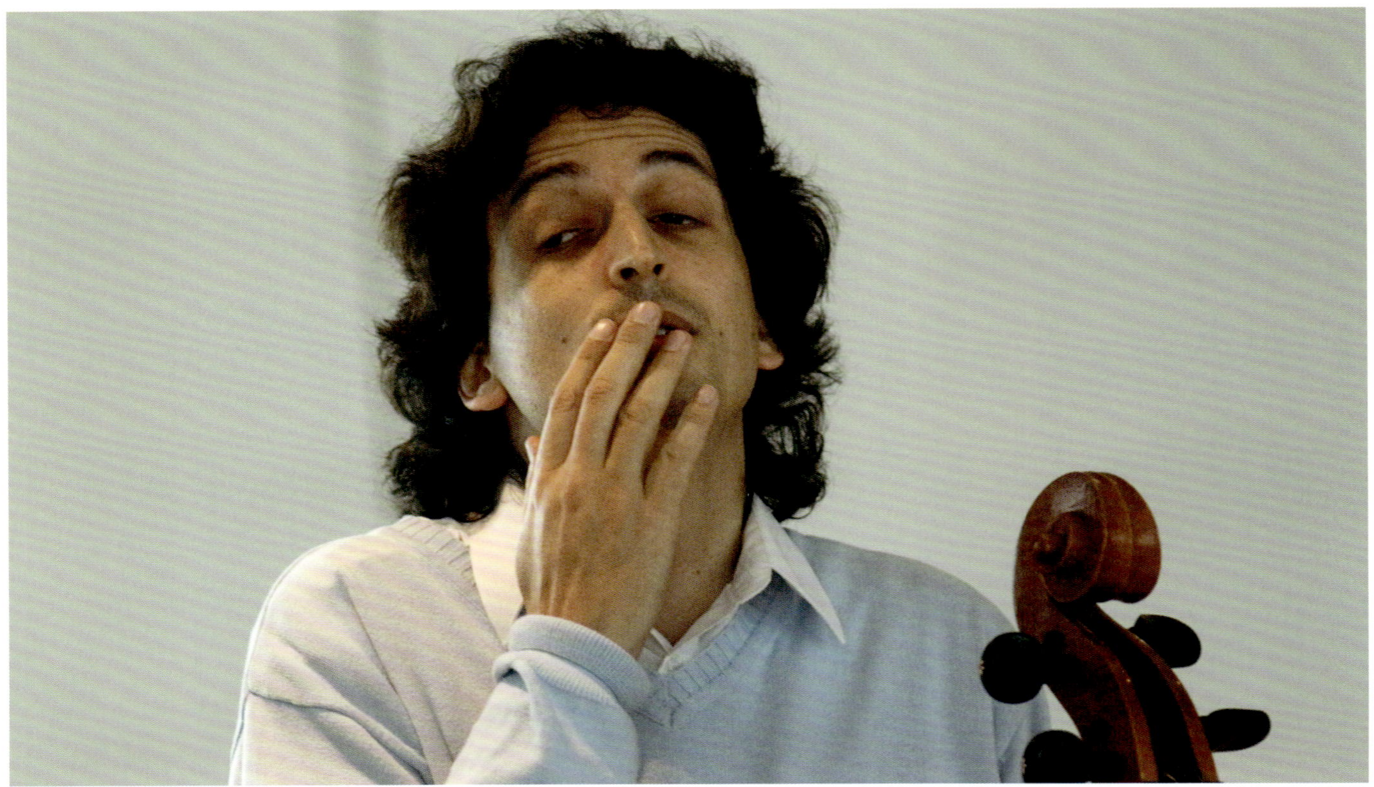

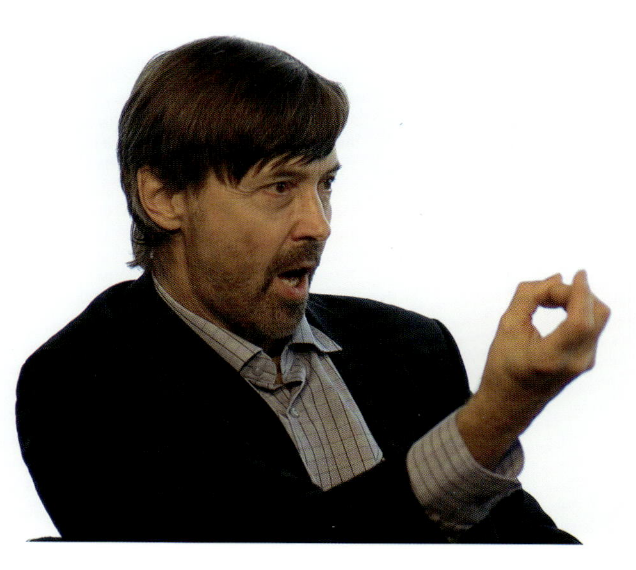
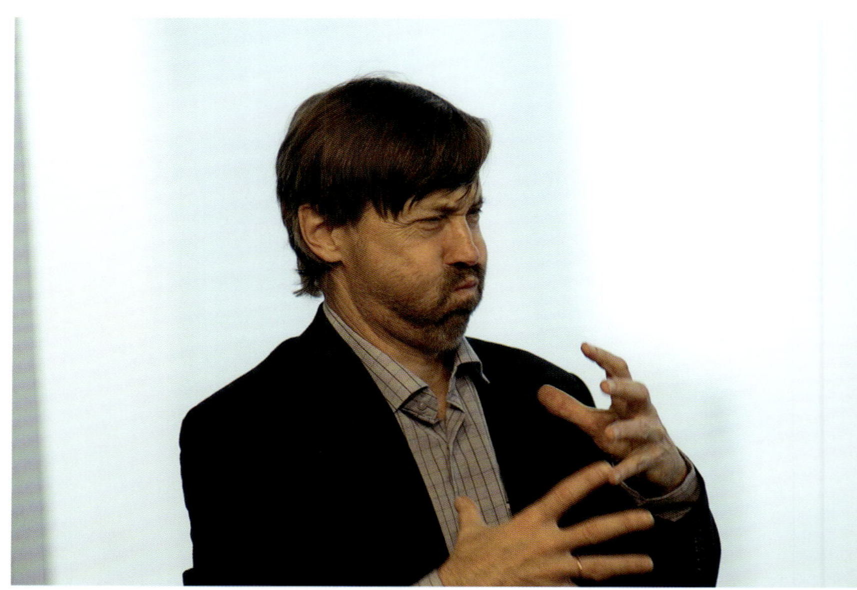
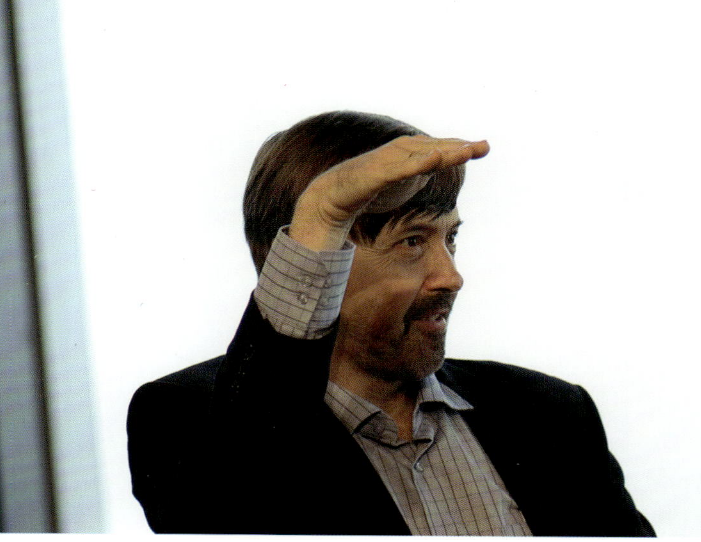
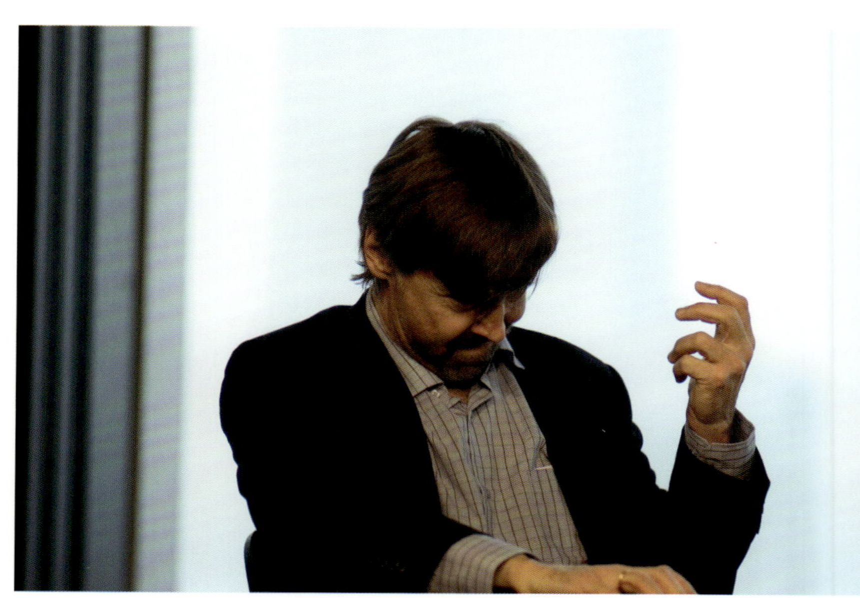
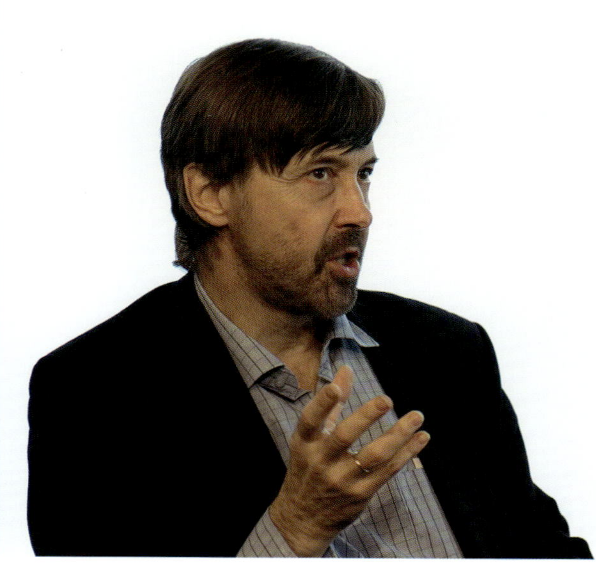
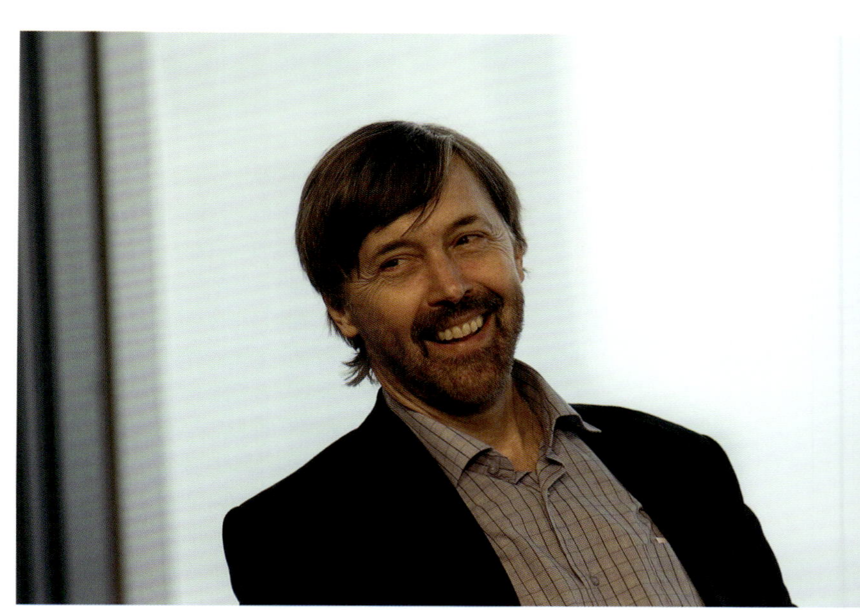

Ivan Monighetti
Cello Festival Kronberg 2007

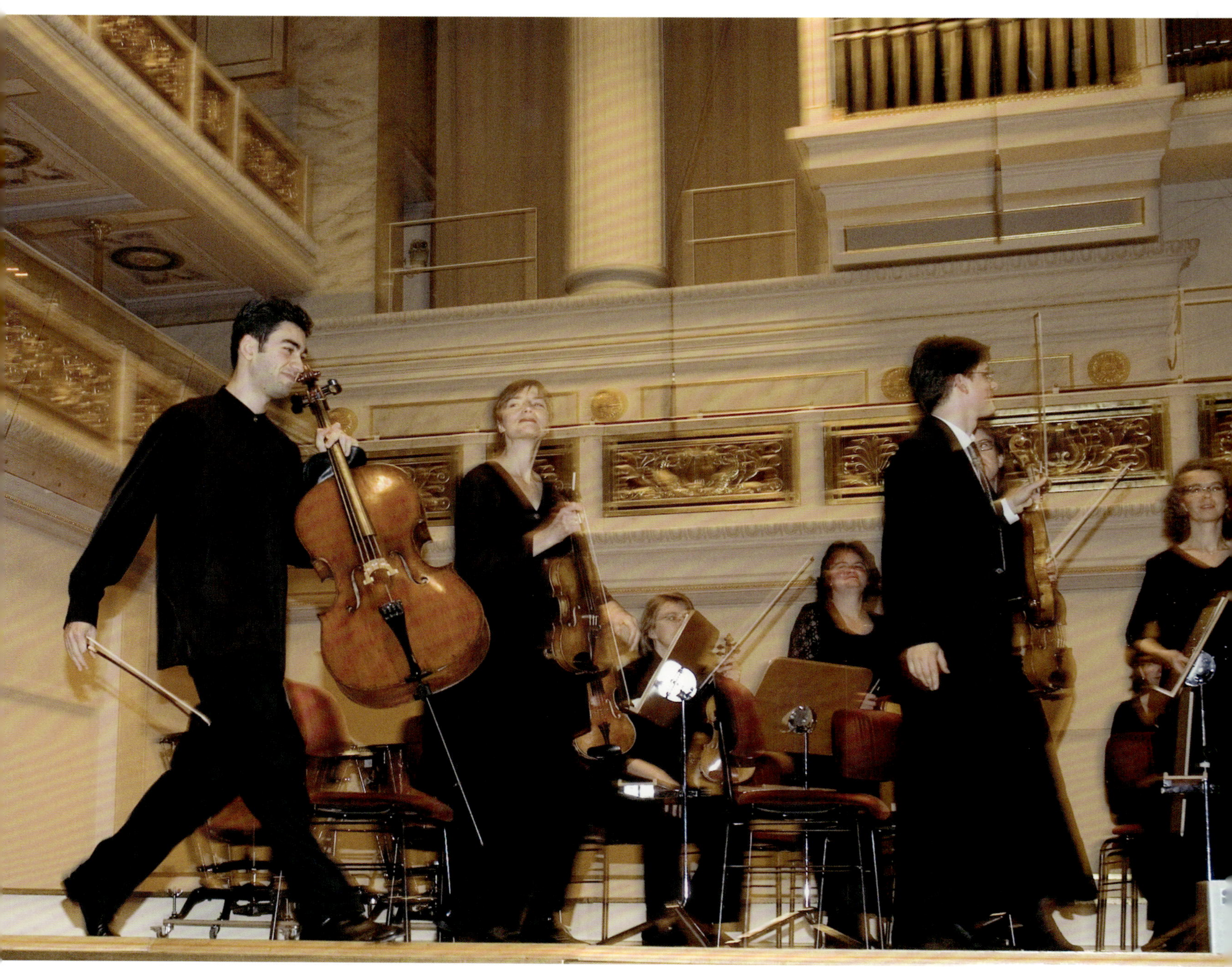

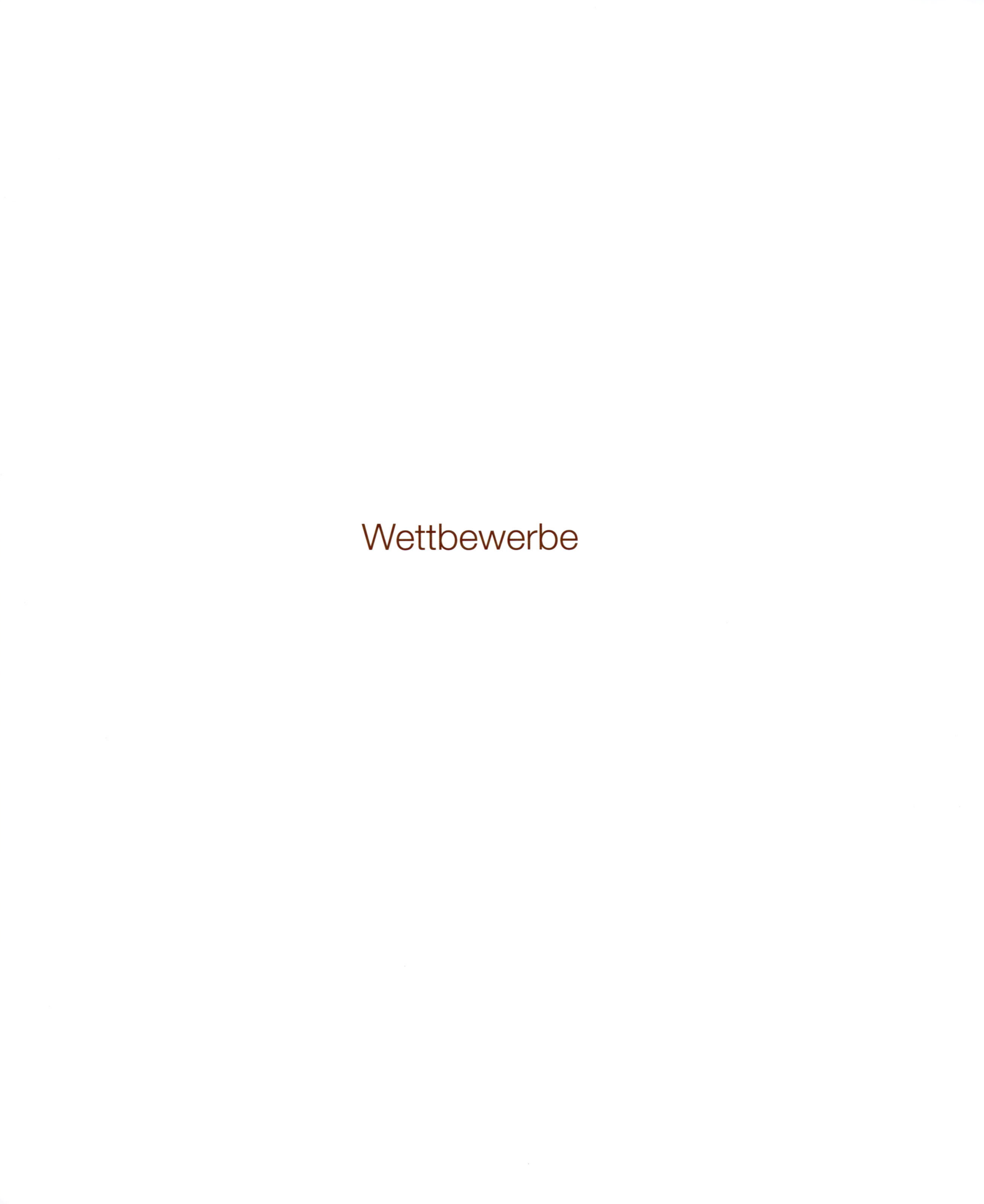

Wettbewerbe

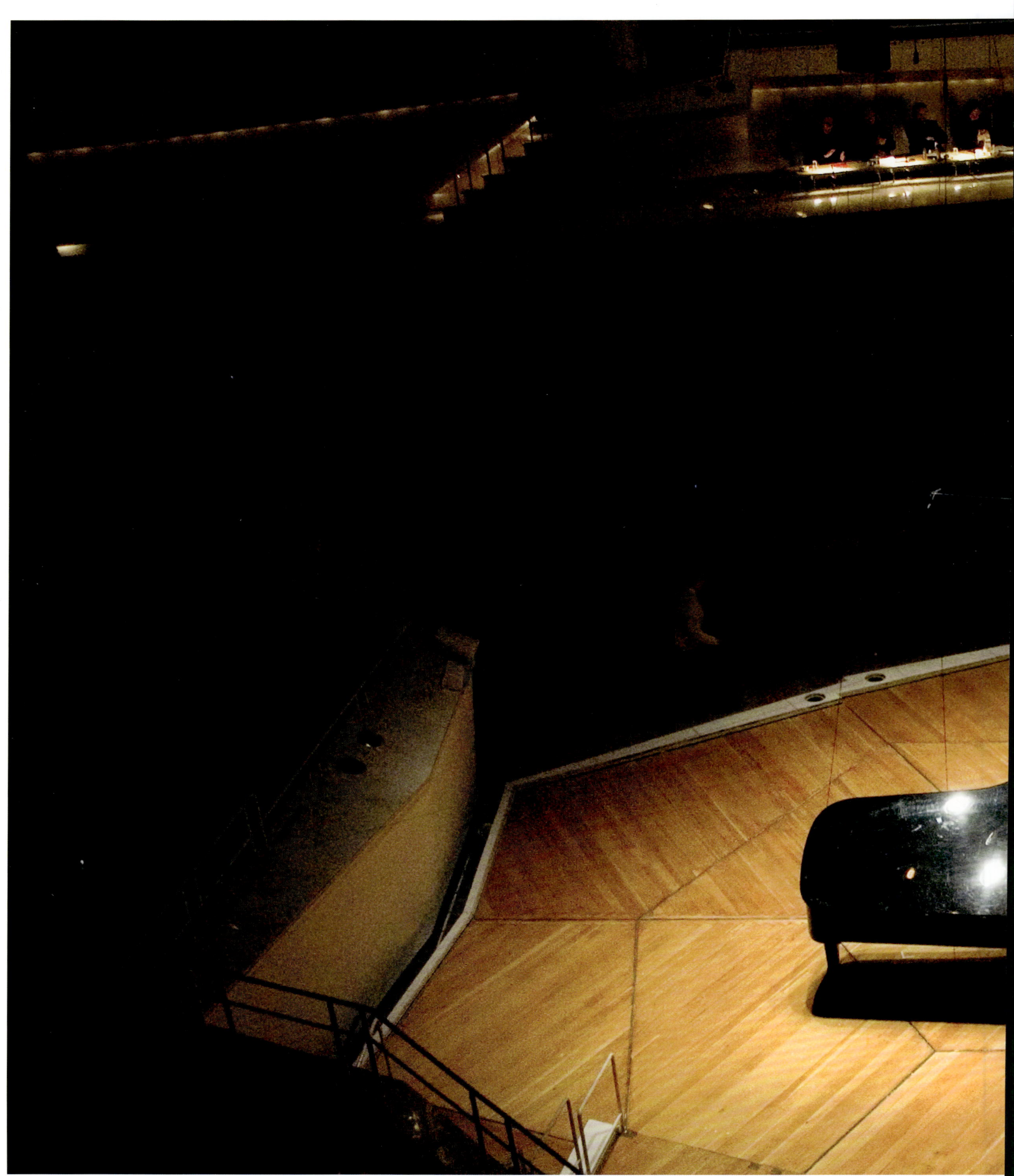

Grand Prix Emanuel Feuermann, Berlin 2006

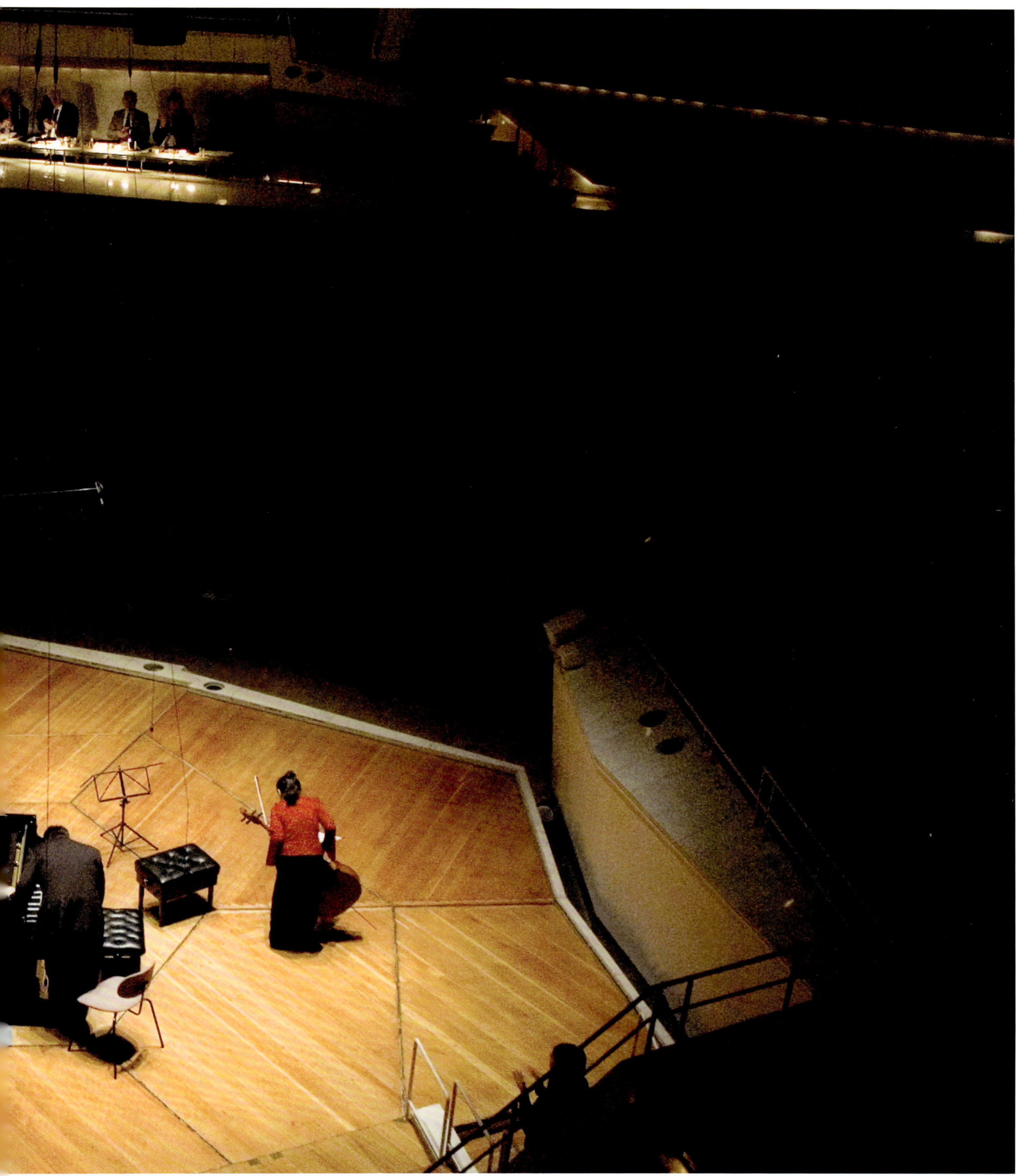

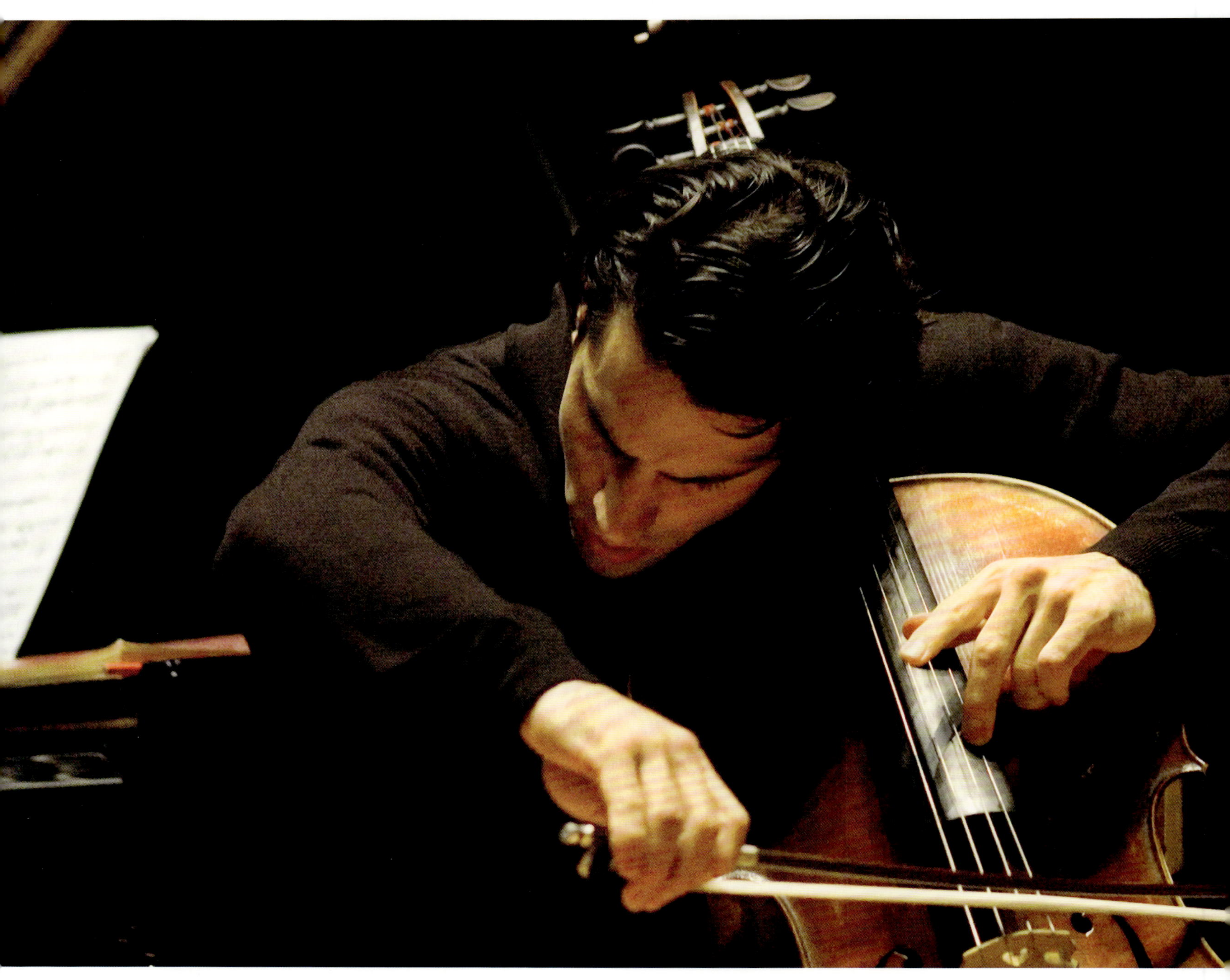

David Pia, Cello
Anton Kernjak, Klavier

Grand Prix Emanuel Feuermann, Berlin 2006

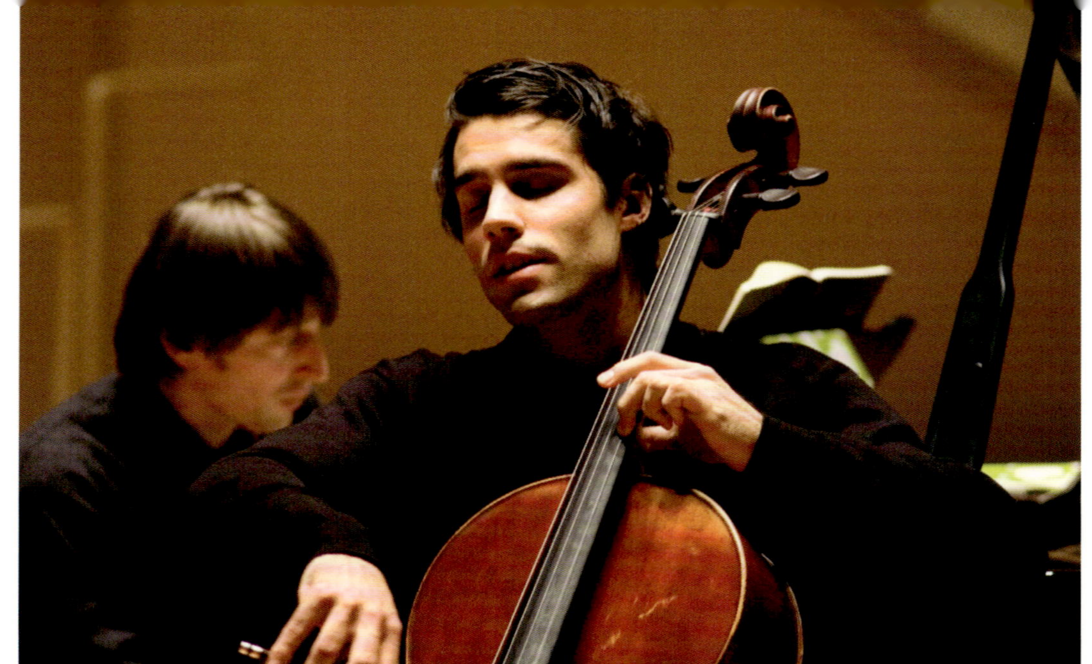

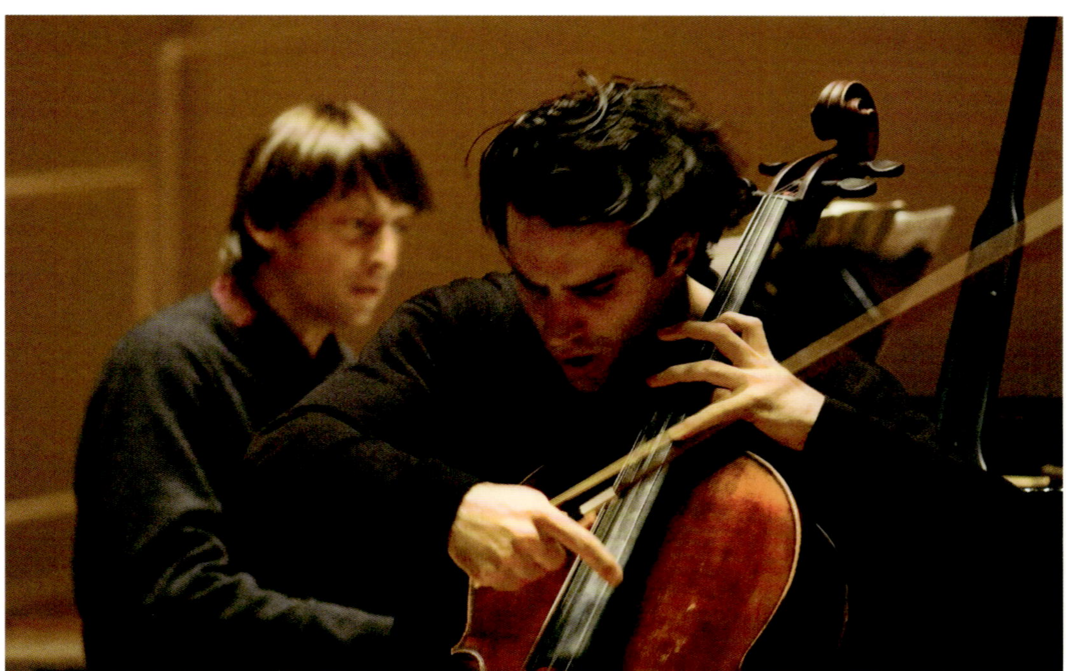

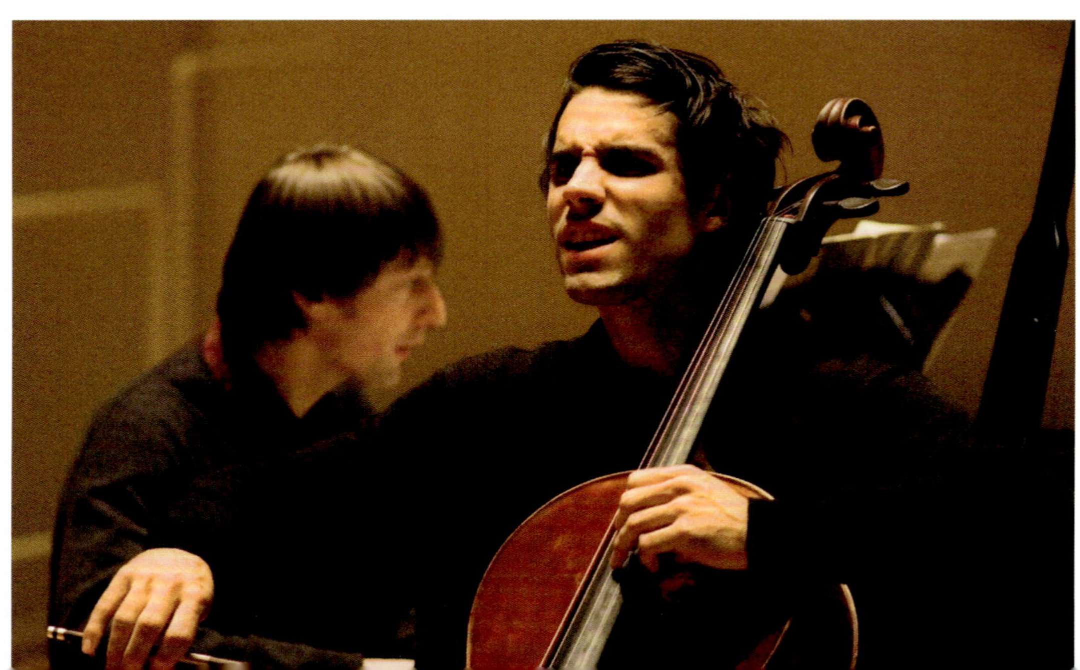

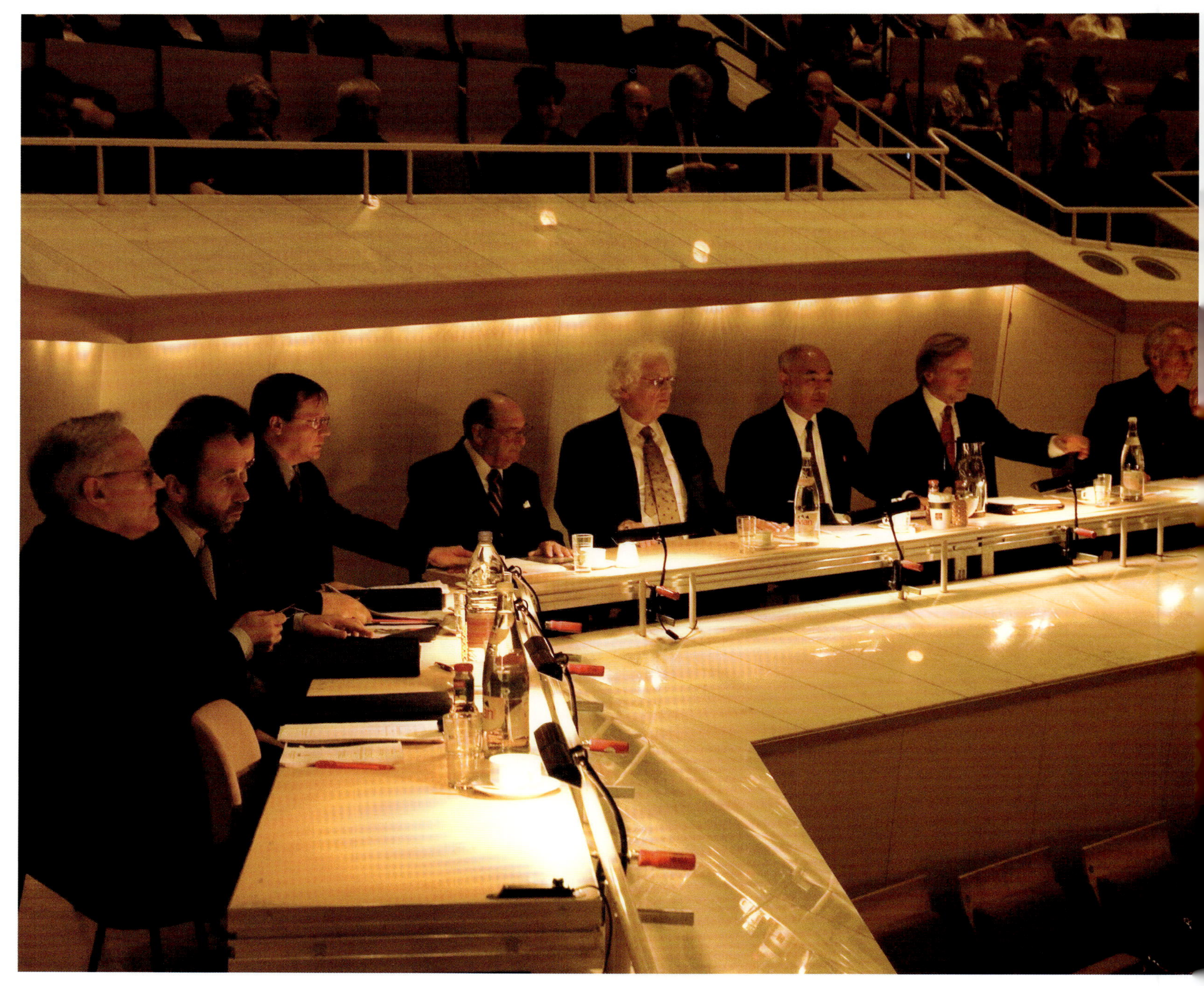

Die Jury

Grand Prix Emanuel Feuermann
Berlin, 2006

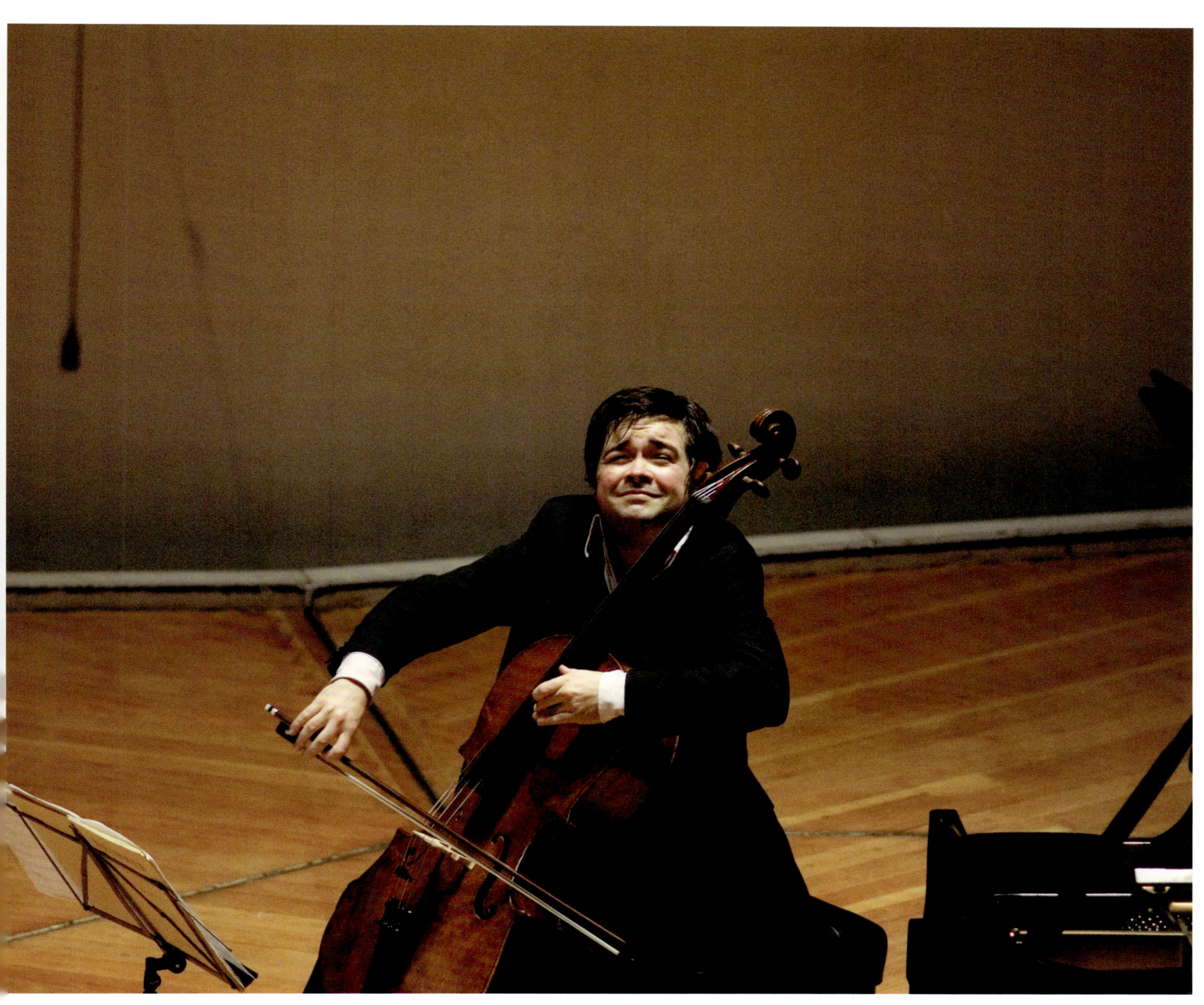

Stefan Heinemeyer

Grand Prix Emanuel Feuermann
Berlin, 2006

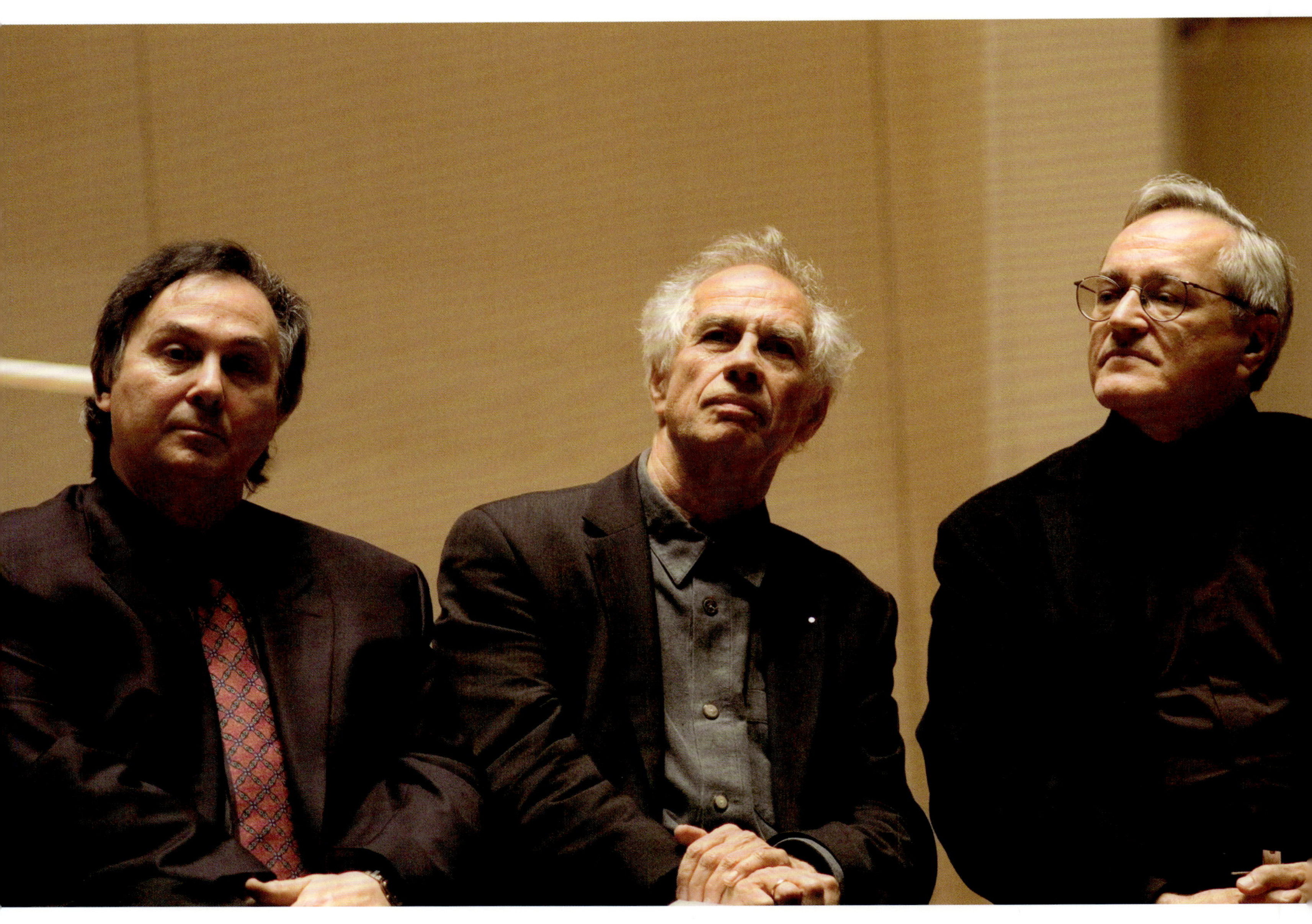

Ralph Kirshbaum, Wolfgang Boettcher, David Geringas, Grand Prix Emanuel Feuermann, Berlin 2006

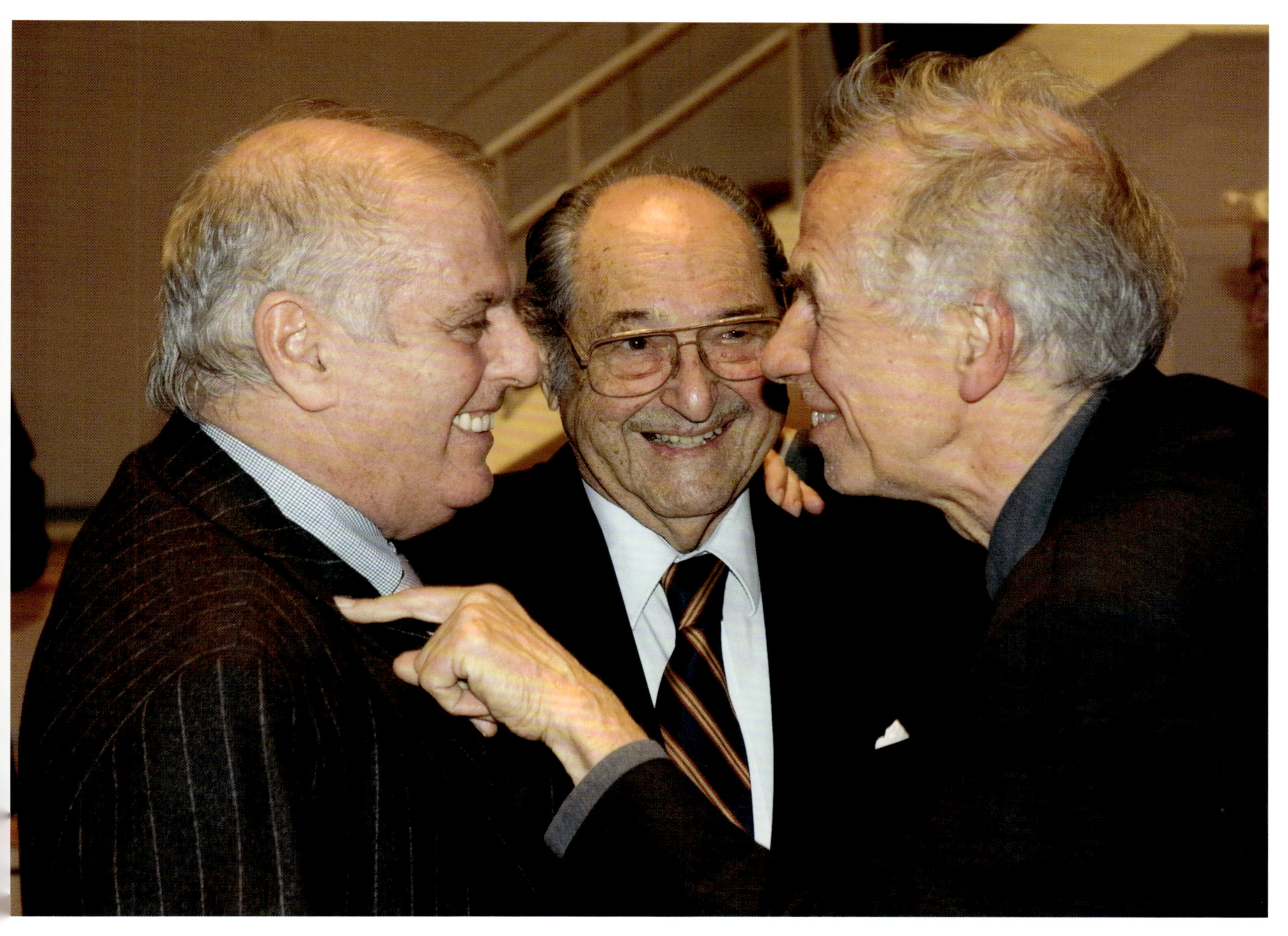

Daniel Barenboim, Bernard Greenhouse, Wolgang Boettcher, Grand Prix Emanuel Feuermann, Berlin 2006

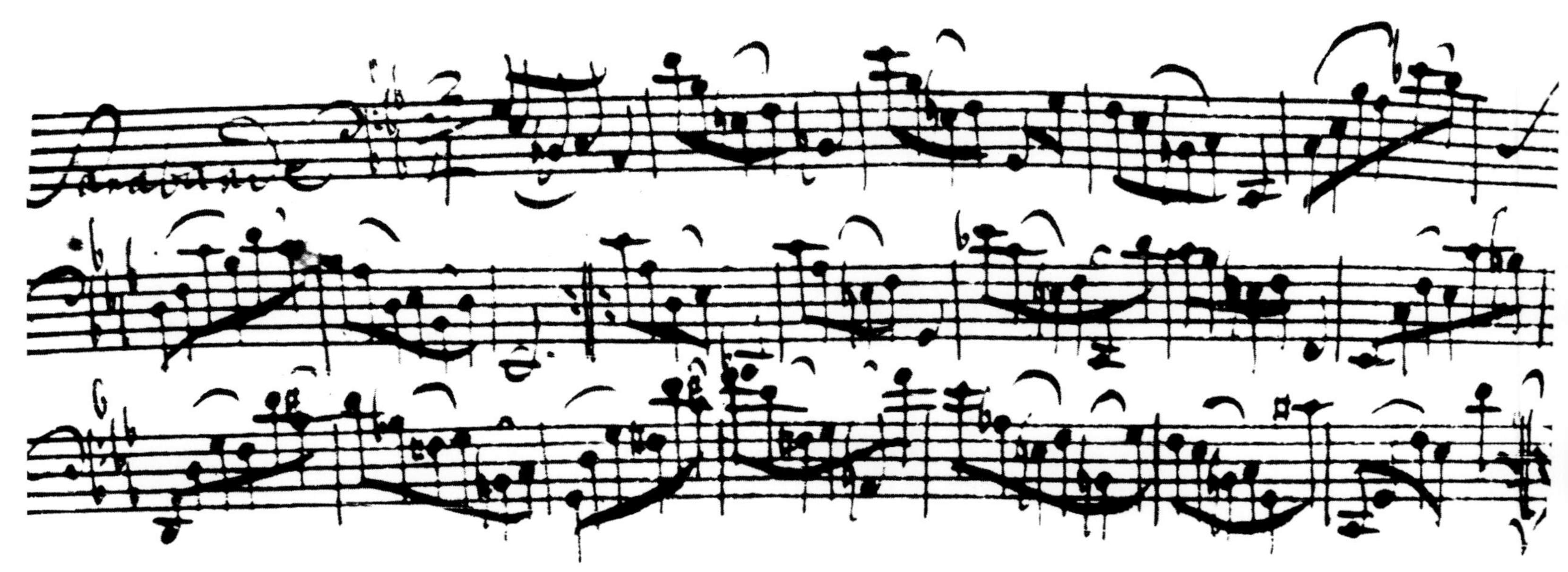

Memories

Boris Pergamenschikow, *1948 in Leningrad † 2004 in Berlin
Probe im Schloss Wissen, Weeze, 1981

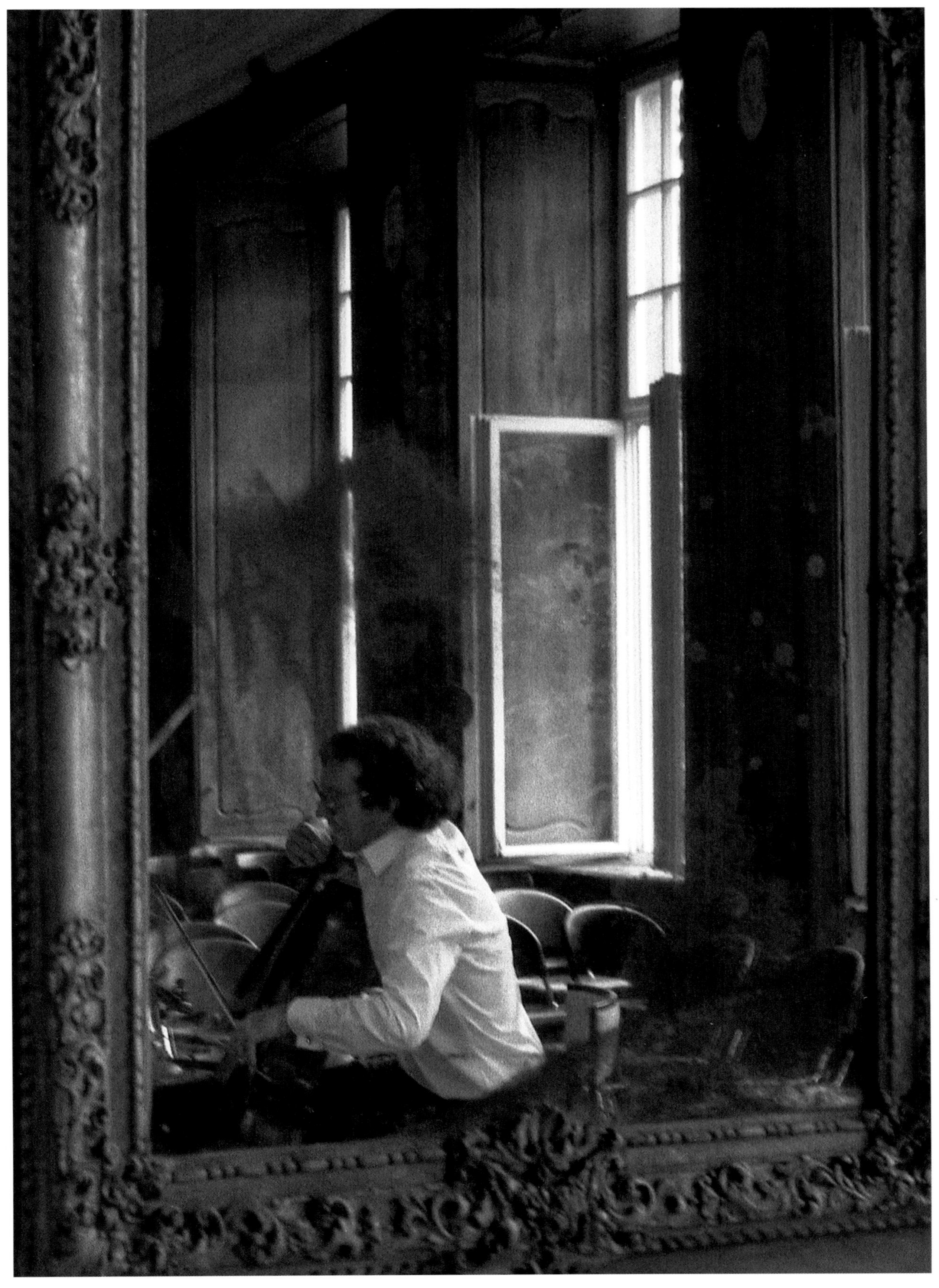

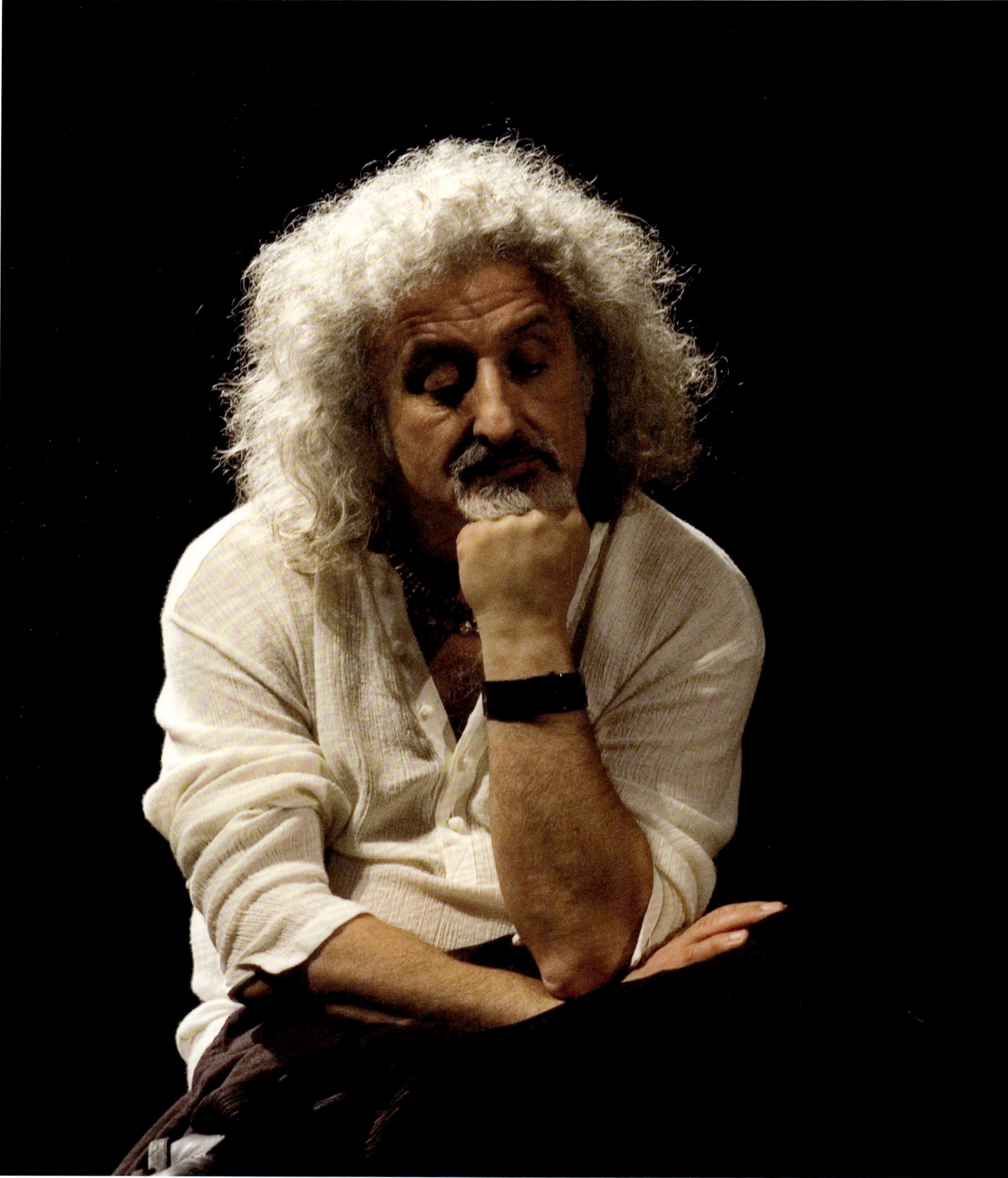

Mischa Maisky

Gedenkfeier für Mstislaw Rostropowitsch
in Manchester 2007
„My teacher, mentor and idol"

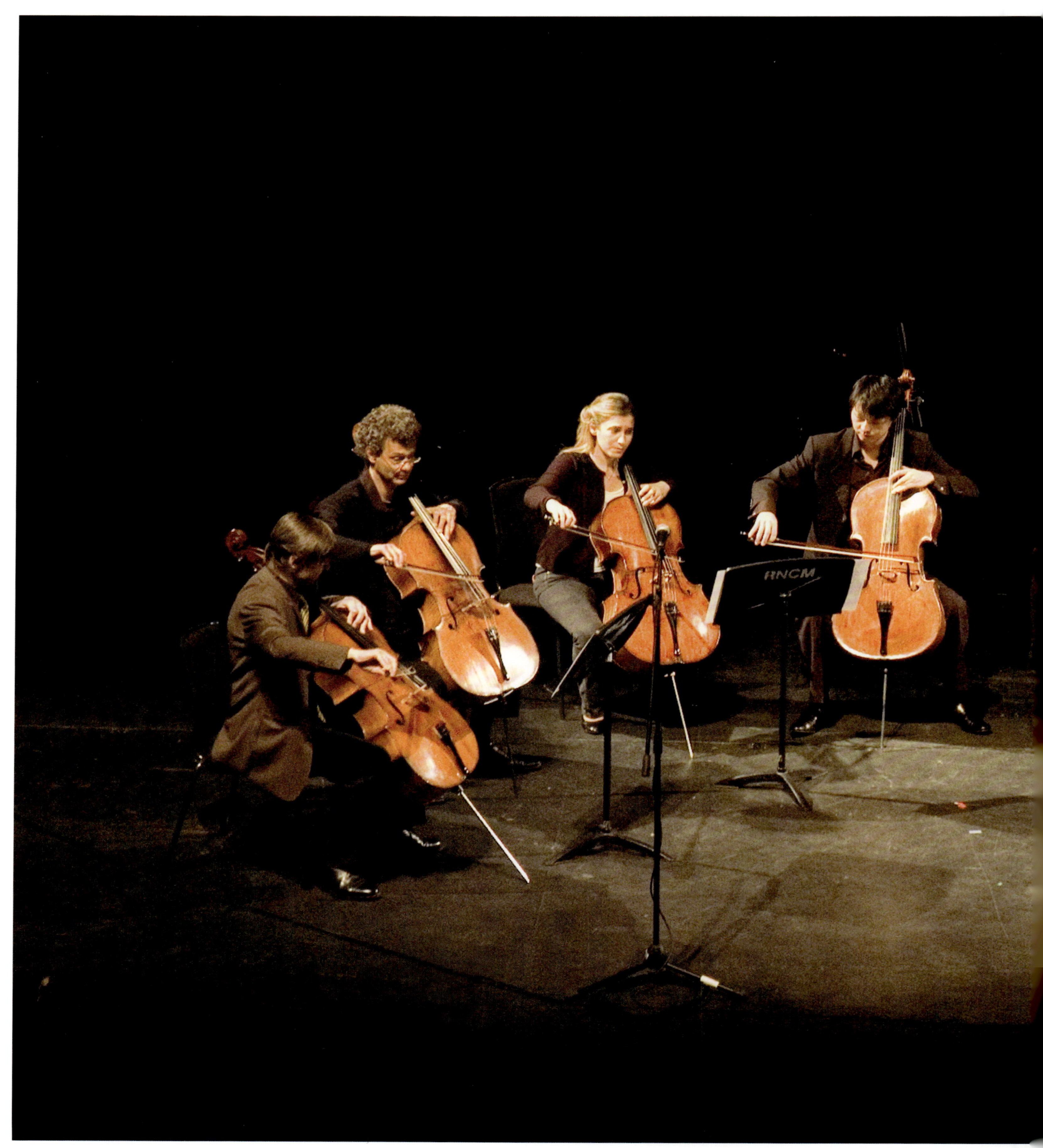

Ehemalige Schüler im Gedenken an Mstislaw Rostropowitsch. Er wurde zum Cello Festival am 6. Mai 2007 in Manchester erwartet. Am 27. April 2007 verstarb er in Moskau.

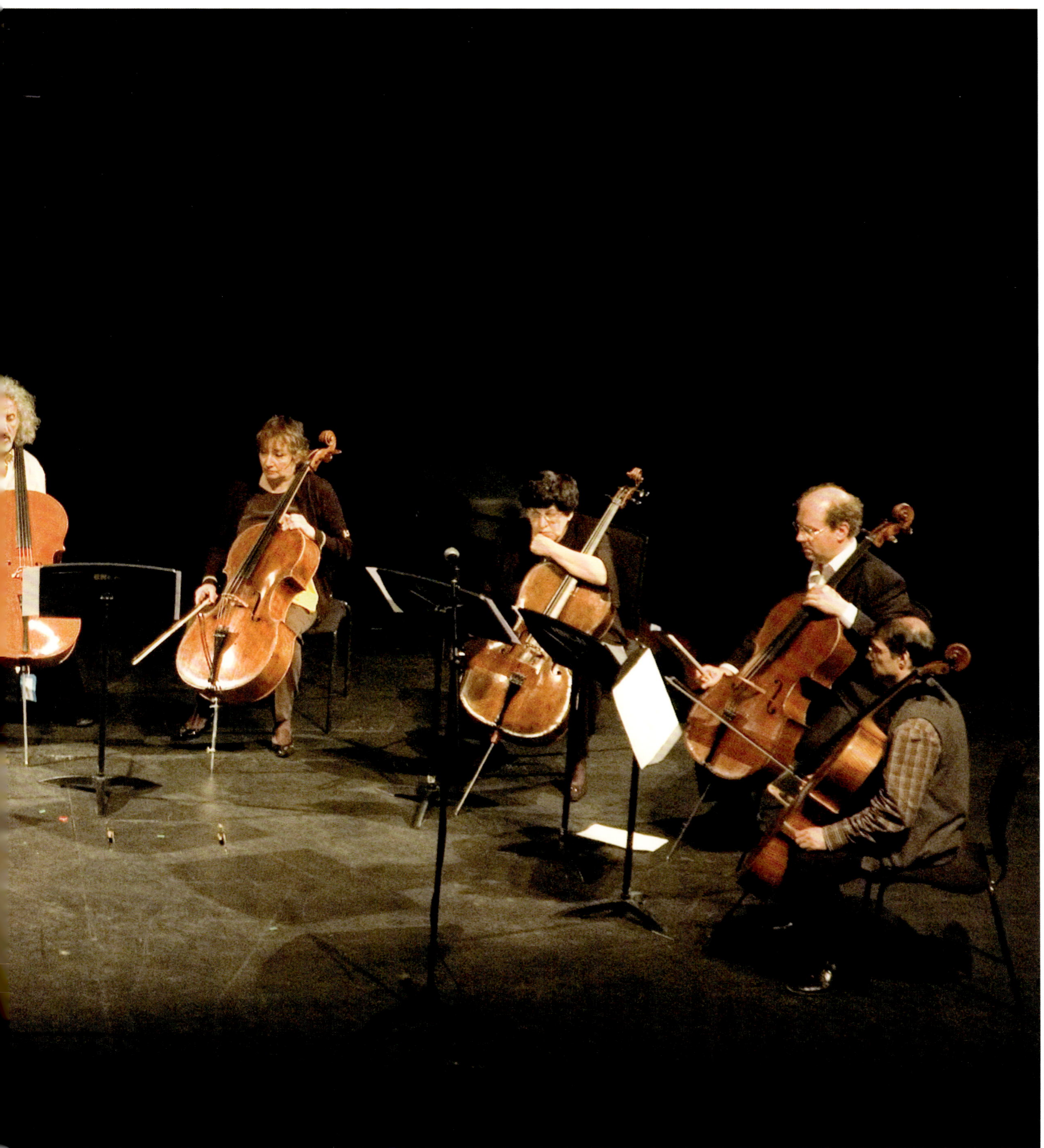

Bernhard Greenhouse (1916)

spielt für M. Rostropowitsch
„Le chant des oiseaux"
von Pablo Casals während des
Gedenkgottesdienstes in der
Johanniskirche Kronberg,
Cello Festival Kronberg 2007

Nächste Doppelseite:

Gedenkkonzert für Mstislaw Rostropowitsch

am 3. Oktober 2007, Alte Oper Frankfurt,

mit dem Sinfonieorchester des Bayerischen Rundfunks
unter Neeme Järvi mit Natalia Gutman, Mischa Maisky
und David Geringas

anlässlich des Cello Festivals Kronberg 2007

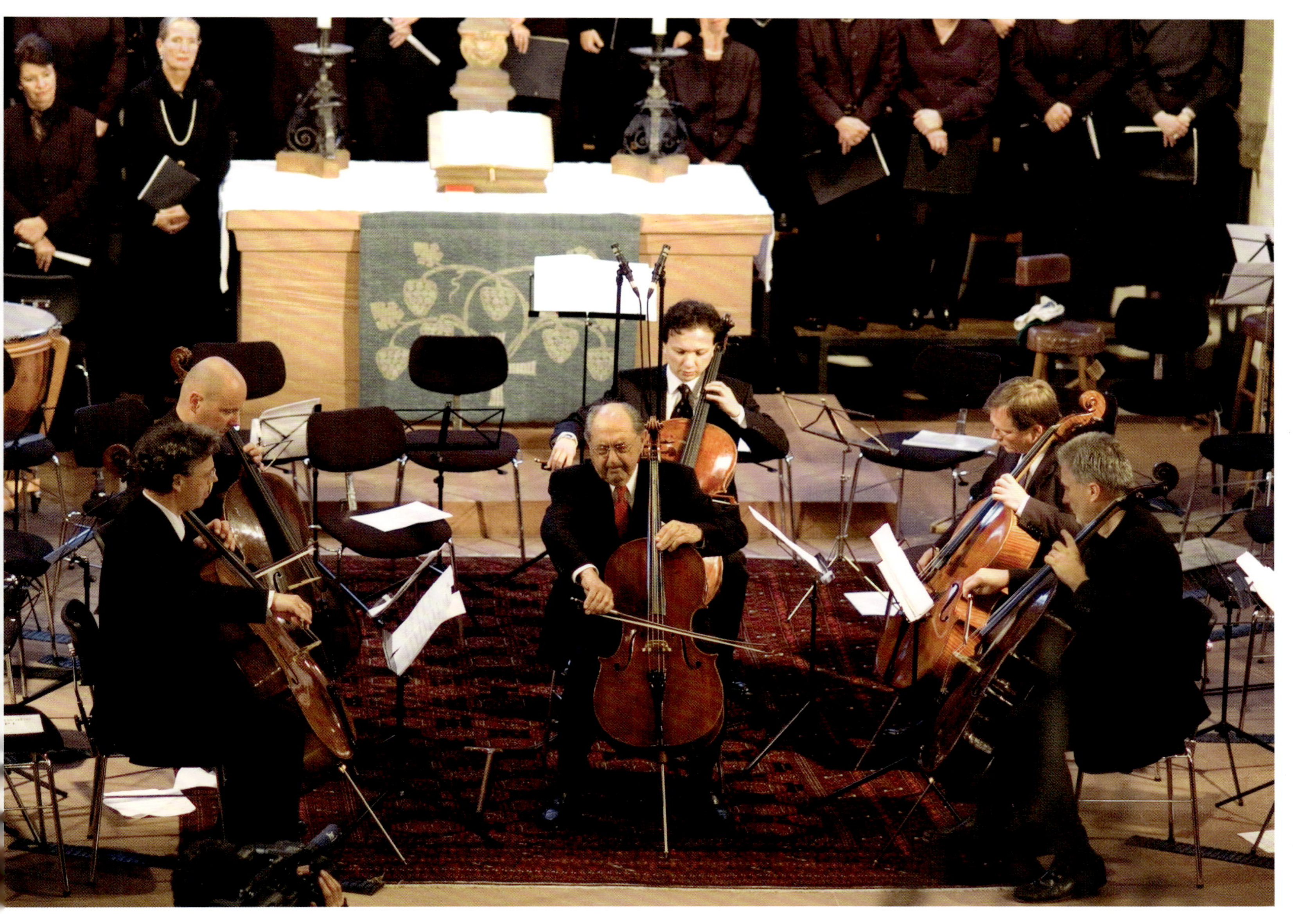

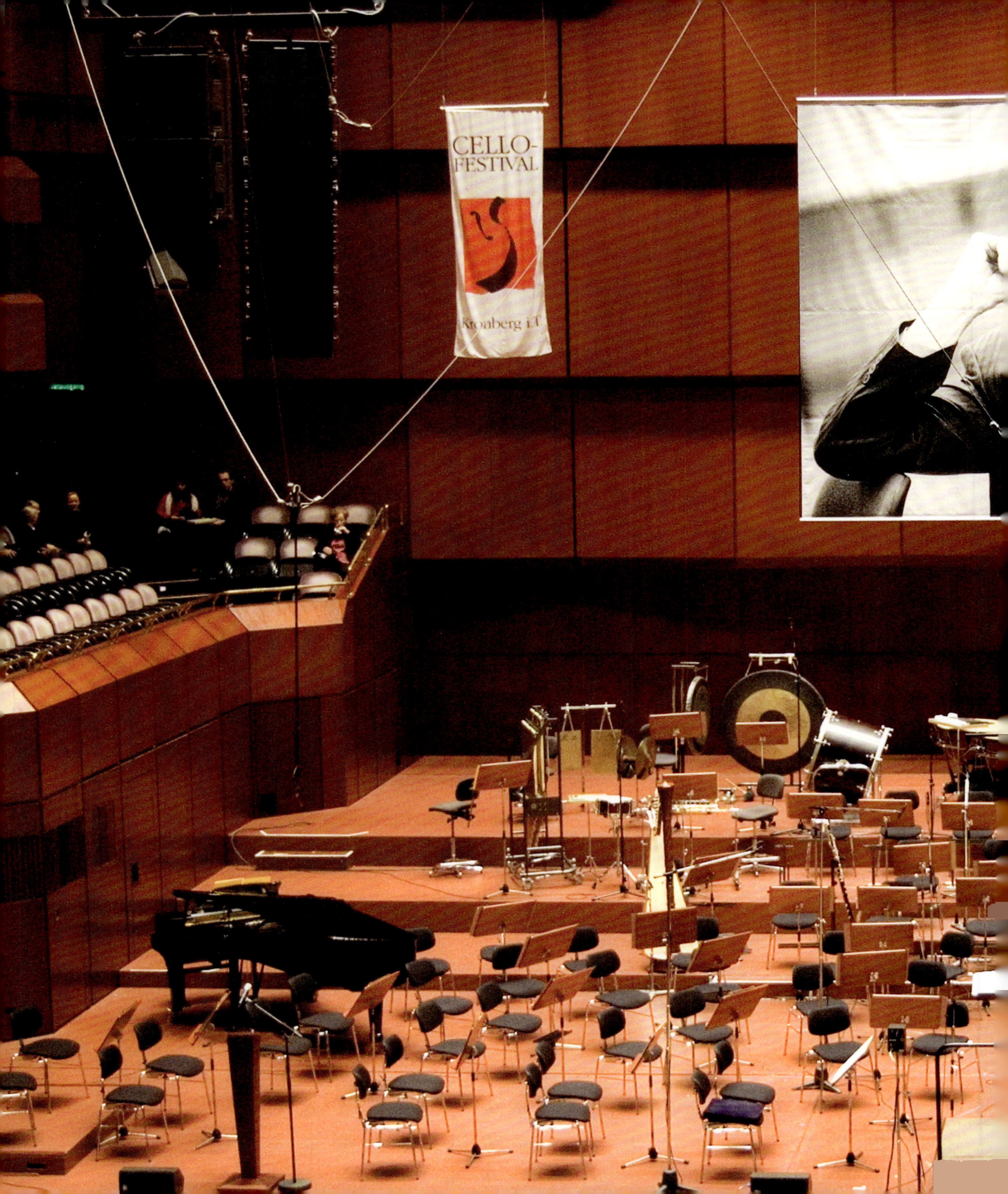
CELLO-
FESTIVAL
Kronberg i.T.

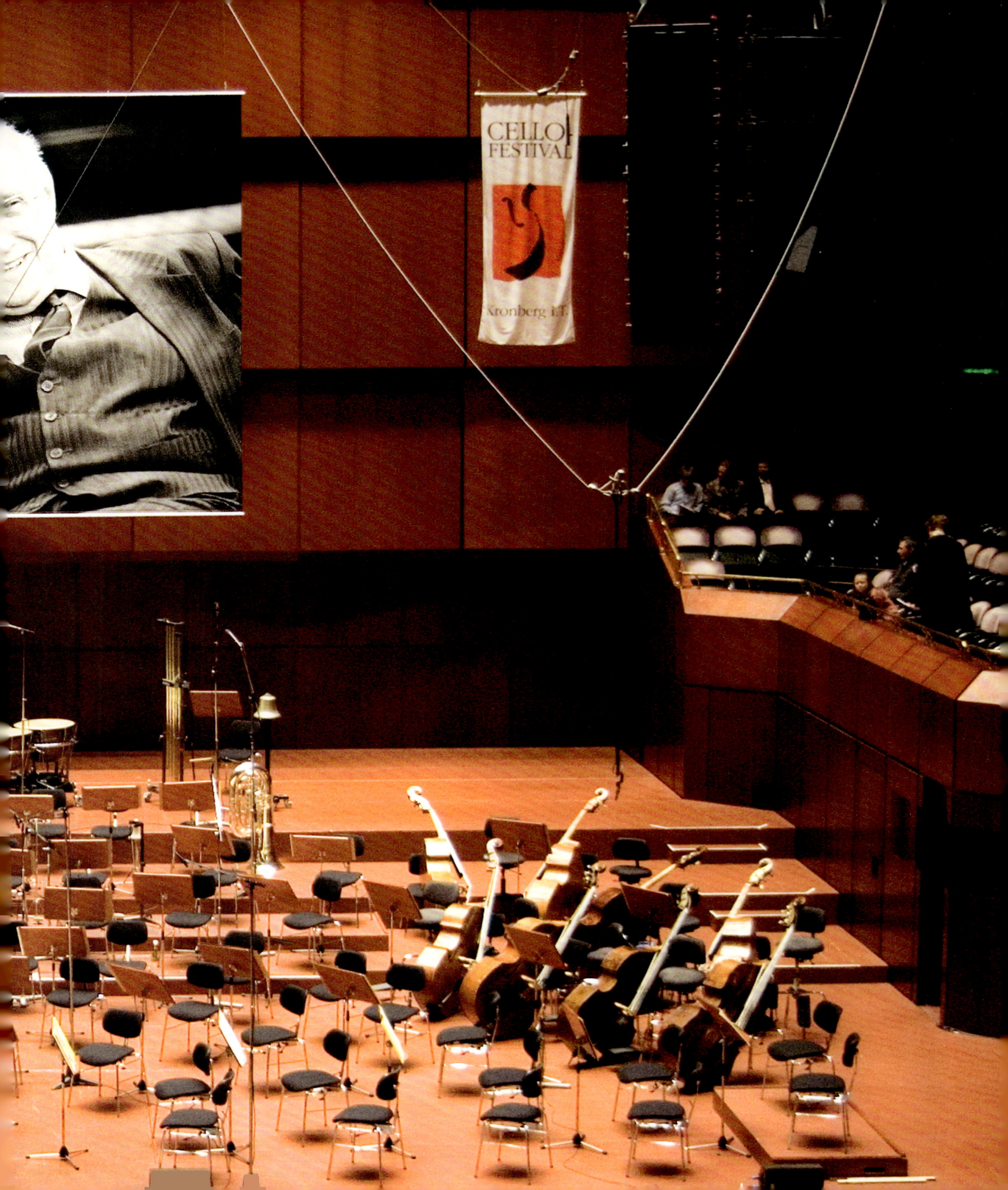

CELLO
FESTIVAL
Kronberg i.T.

Kurzbiographien

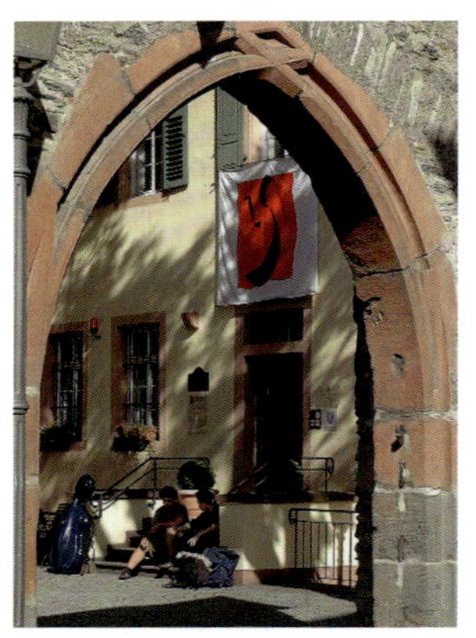

Die Kronberg Academy
fördert junge, hochtalentierte Musiker und begleitet sie auf ihrem Weg zur Weltspitze. In Kronberg, das der große Mstislaw Rostropowitsch zur „Welthauptstadt des Cellos" erklärte, gibt es seit 1993 im Wechsel Cello Festivals (alle 2 Jahre), Kammermusikfestivals und Meisterkurse. Hier treffen sich die bedeutendsten Künstler unserer Zeit und bilden die musikalische Elite der Zukunft aus. 2007 wurde in Kooperation mit der Hochschule für Musik und Darstellende Kunst Frankfurt/M. ein weltweit einzigartiger Studiengang geschaffen, der junge, hochbegabte Streicher – nicht nur Cellisten, sondern auch Violinisten und Bratschisten – zu Solisten ausbildet und ihnen zugleich ermöglicht, einen Abschluss als „Master of Music" in nur drei Jahren zu absolvieren. Seit 2004 gibt es Meisterkurse der Kronberg Academy auch in der südkoreanischen Hauptstadt Seoul. Alle vier Jahre finden unter der Schirmherrschaft von Marta Casals Istomin seit 2000 in Kronberg der Pablo Casals Cello Competition und seit 2002 in Kooperation mit der Universität der Künste in Berlin unter der Schirmherrschaft von Daniel Barenboim der Grand Prix Emanuel Feuermann statt. Geschäftsführer und Künstlerischer Leiter der Kronberg Academy ist der Cellist Raimund Trenkler.   www.kronbergacademy.de

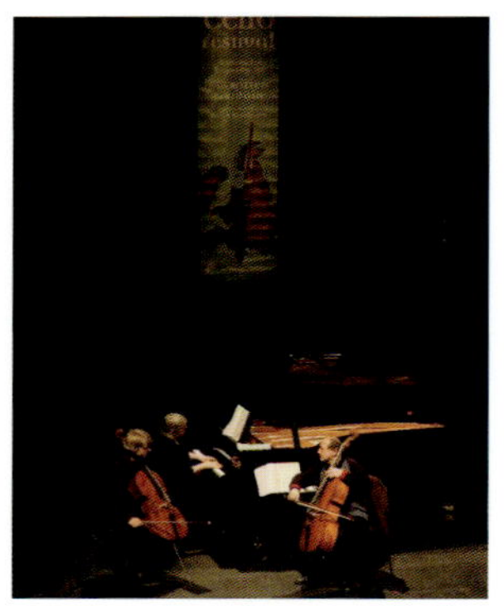

Das Manchester International Cello Festival RNCM
fand mit dem Motto „Von Britten bis Britain" letztmalig 2007 im Royal Northern College of Music in Manchester statt. Künstlerischer Leiter war der Cellist Ralph Kirshbaum, der am Royal Northern College eine Professur für Cello hatte und 2007 auf den „Gregor Piatigorsky Endowed Chair in Violoncello" an die University of Southern California in Los Angeles berufen wurde. Das Festival wurde 1988 gegründet und fand alle zwei bis drei Jahre mit zum Teil mehr als vierzig renommierten Cellisten aus der ganzen Welt statt. Konzerte, öffentliche Workshops, Ausstellungen und viele Begegnungen schufen eine große Cellistengemeinschaft.

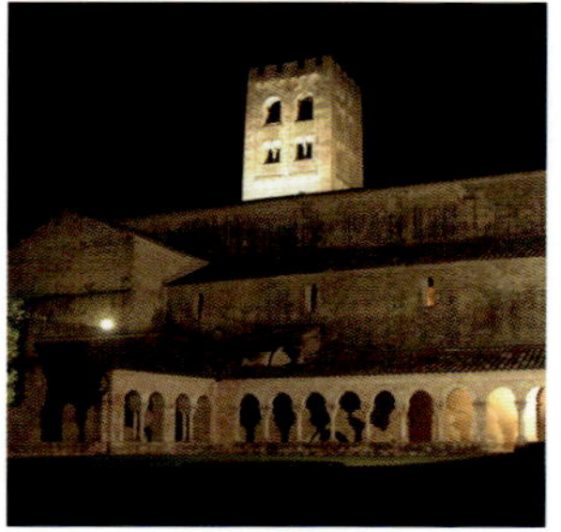

Das Festival Pablo Casals in Prades (Südfrankreich)
fand erstmals 1950 anlässlich des 200. Todestags von Johann Sebastian Bach statt. Nach Prades – am französischen Nordhang der Pyrenäen gelegen – zog sich Casals aus Protest gegen das Franco-Regime ins Exil zurück. Das Festival findet jährlich im Sommer mit hochrangigen Solisten in alten Kirchen und ehemaligen Klöstern rund um Prades statt. Künstlerischer Leiter ist derzeit Michel Lethiec.
www.prades-festival-casals.com

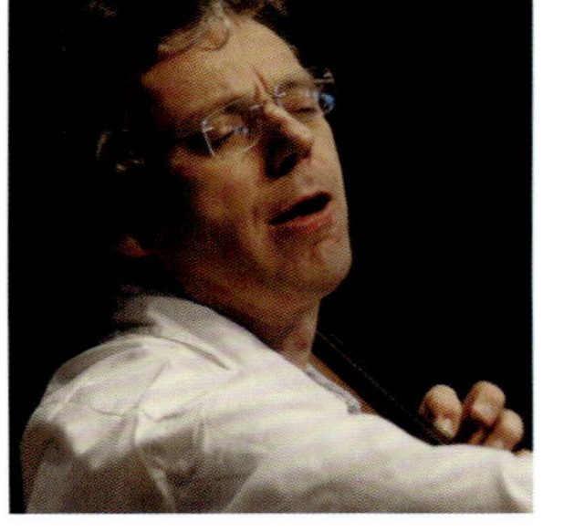

Berger, Julius, *1954 in Augsburg,   *S. 78/79*
studierte in München bei Walter Reichardt und Fritz Kiskal sowie bei Antonio Janigro, Zara Nelsova, zudem besuchte er einen Meisterkurs bei Mstislaw Rostropowitsch. 1982 erhielt Berger seine erste Professur an der Musikhochschule in Würzburg. Nach Stationen in Saarbrücken und Mainz lehrt er seit 2000 in Augsburg, dort übernahm er auch die Leitung des Leopold-Mozart-Wettbewerbs. Seit 1992 hat er eine Klasse an der Sommerakademie des Mozarteums Salzburg. Einen großen Teil seiner internationalen Konzert- und Aufnahmetätigkeiten widmet er der Wiederentdeckung der Werke Luigi Boccherinis. Tourneen und Konzerte haben ihn musikalisch und freundschaftlich mit Persönlichkeiten wie Leonard Bernstein, Eugen Jochum, Gidon Kremer, Olivier Messiaen, Sofia Gubaidulina und Wolfgang Rihm verbunden. Berger spielt das „König Karl IX.", das weltälteste Cello von Andrea Amati (1566).
www.juliusberger.de

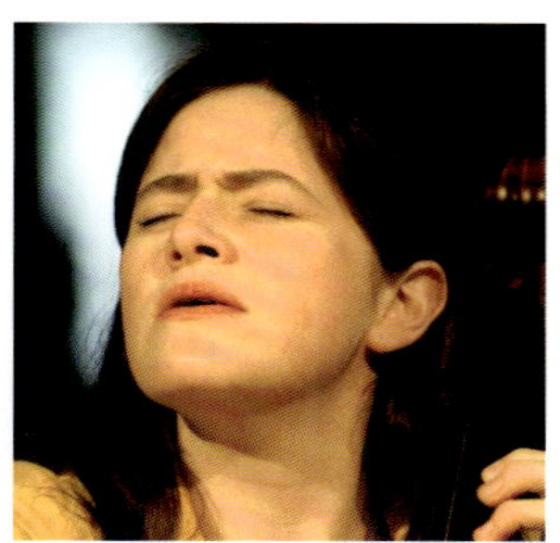

Bertrand, Emmanuelle, *1973 in Firminy (Frankreich),   S. 32/33
studierte bei Jean Deplace und Philippe Muller am Konservatorium in Lyon und Paris und war Preisträgerin mehrerer internationaler Wettbewerbe, u. a. 1994 des Rostropowitsch-Wettbewerbs in Paris. Durch ihren Erfolg als „Nachwuchskünstlerin" beim Victoires de la Musique Classique erlangte sie 2002 große Aufmerksamkeit. Im selben Jahr erhielt sie als musikalische Entdeckung des Jahres den Grand Prix de la Critique und wurde 2004 mit dem französischen Ehrentitel „Chevalier des Arts et des Lettres" ausgezeichnet. Sie gastiert in den großen Pariser Konzertsälen und bei zahlreichen Festivals in Europa, Japan, Kanada und den USA. 2000 spielte sie die Uraufführung der Chanson pour Pierre Boulez, dem letzten Werk für Solocello von Luciano Berio. Ihre Aufnahme mit Kompositionen für Solocello von Dutilleux, Bacri, Henze, Ligeti und Crumb wurde mehrfach ausgezeichnet.
www.emmanuelle-bertrand.com

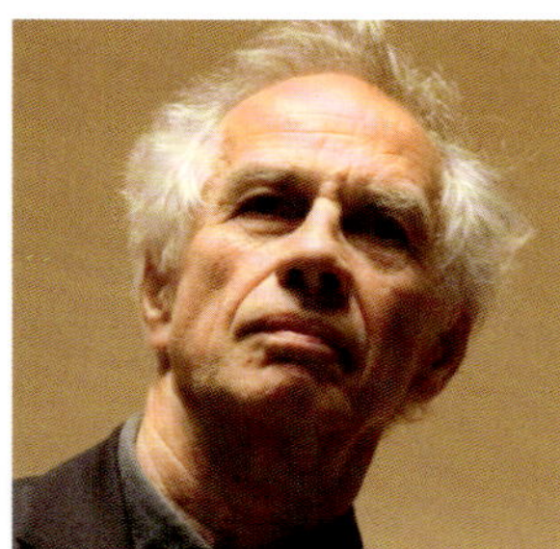

Boettcher, Wolfgang, *1935 in Berlin,   S. 164/165
studierte bei Richard Klemm und Maurice Gendron. Mit seiner Schwester, der Pianistin Ursula Trede-Boettcher, war er 1958 Preisträger beim ARD-Wettbewerb. Im selben Jahr übernahm er eine Stelle bei den Berliner Philharmonikern, von 1963–76 als Solocellist. Diese gab er 1976 auf, um sich ganz seinen solistischen Aufgaben widmen zu können und übernahm gleichzeitig eine Professur an der Hochschule der Künste in Berlin. Als Solist konzertiert er weltweit mit vielen berühmten Orchestern und Dirigenten. Boettcher ist Gründungsmitglied der „12 Cellisten der Berliner Philharmoniker" und des Brandis Quartetts, von 1986–92 leitete er die Sommerlichen Musiktage Hitzacker und er ist Co-Autor des Buchs „Das Violoncello". Seit 1988 ist er Mitglied der Bayerischen Akademie der Schönen Künste in München.

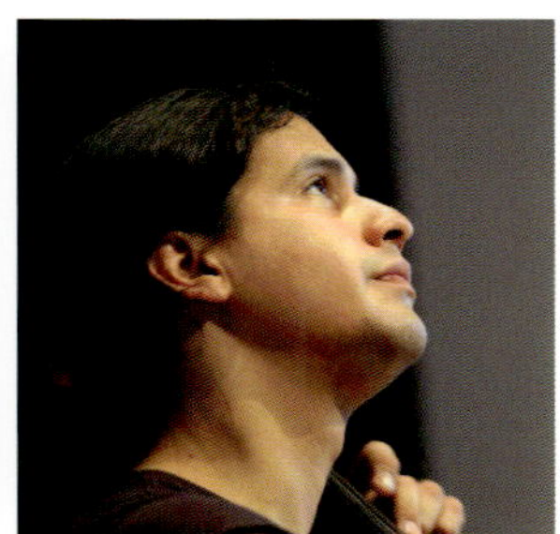

Bohórquez, Claudio, *1976 in Gifhorn,   S. 72/73
war Schüler von Boris Pergamenschikow. Seine frühen Erfolge bei internationalen Wettbewerben gipfelten im Jahr 2000 in drei Auszeichnungen beim 1. International Pablo Casals Cello Competition der Kronberg Academy. Der in Berlin lebende Cellist peruanisch-uruguayischer Abstammung konzertiert mit den bedeutendsten internationalen Orchestern und Dirigenten wie Daniel Barenboim, Christoph Eschenbach oder Sir Neville Marriner. 2003–06 unterrichtete er als Gastprofessor an der Hochschule für Musik Hanns Eisler Berlin und ist 2009 erneut dorthin berufen worden. Neben seiner Tätigkeit als Konzert- und Studiomusiker beteiligte sich Claudio Bohórquez an verschiedenen Kunstprojekten, etwa einer Einspielung für den Soundtrack des Films „Ten Minutes Older – The Cello" (2002) oder dem Projekt „Raum für Pablo Casals", einer Hommage, die er gemeinsam mit dem Maler Klaus-Peter Kirchner realisierte.
Claudio Bohórquez spielt ein Violoncello von G. B. Rogeri.
www.claudiobohorquez.de

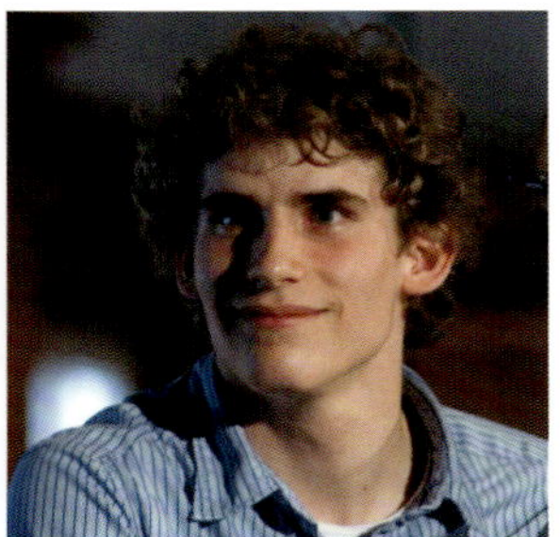

Brantelid, Andreas, *1987 in Kopenhagen,   S. 132–135
erhielt ersten Unterricht nach der Suzukimethode, studierte 2000–04 bei Mats Rondin in Malmö, danach bei Torleif Thedeen in Stockholm und nahm an zahlreichen Meisterkursen großer Cellisten wie Janos Starker, Ralph Kirshbaum, David Geringas und Pieter Wispelwey teil. Seit Oktober 2008 studiert er im Rahmen der Kronberg Academy Further Master Studies bei Frans Helmerson. Brantelid war 2006 erster Preisträger beim Eurovision Young Musicians Competition in Wien und 2007 beim Paulo International Cello Competition in Finnland. Bereits mit 14 Jahren debütierte er mit dem Cellokonzert von Elgar. Seitdem tritt er mit vielen großen Orchestern, insbesondere Skandinaviens, auf. Derzeit ist er einer der „New Generation Artists" bei den BBC Proms 2009 und seit 2009 Teilnehmer im dreijährigen Förderprogramm der Lincoln Centre Chamber Music Society in New York.
Er spielt ein Cello von Giovanni Grancino (1690), unterstützt von der Augustinus Foundation.

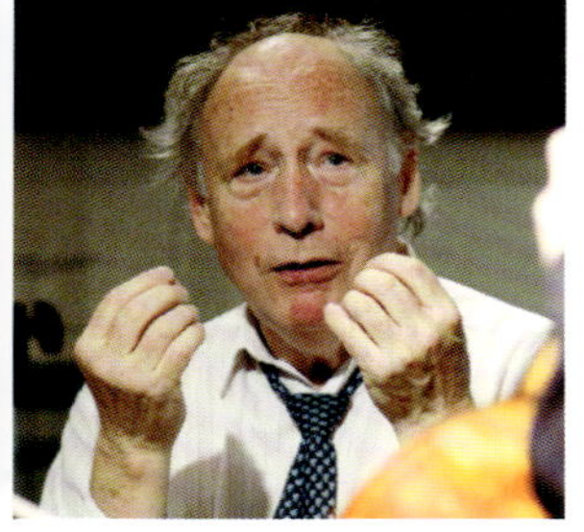

Bylsma, Anner, *1934 in Den Haag (Niederlande),   S. 140/141
erhielt ersten Unterricht von seinem Vater. Sein Studium bei Carel van Boomkamp am Königlichen Konservatorium in Den Haag schloss er 1957 mit dem „Prix d'excellence" ab. 1959 gewann er den Pablo-Casals-Wettbewerb in Mexiko, 1958 wurde er Solocellist an der Nederlandse Opera und 1962–67 übernahm er die Stelle des ersten Solocellisten im Concertgebouw Orchester Amsterdam. Seit 1970 unterrichtet er als Dozent an den Konservatorien in Amsterdam und Den Haag, später wurde er Gastdozent an der Universität der Künste in Berlin, am Konservatorium in Paris und an der Juillard School. Bylsma ist Spezialist für historische Aufführungspraxis und spielt als Barockcellist mit den wichtigsten Vertretern und Ensembles der Alten-Musik-Szene. Mit seiner Frau, der Violinistin Vera Beths, und dem Bratschisten Jürgen Kussmaul bildet er das Ensemble L'Archibudelli. Sein Buch „Bach, the Fencing Master" ist seine persönliche Analyse der ersten drei Solosuiten von Bach.

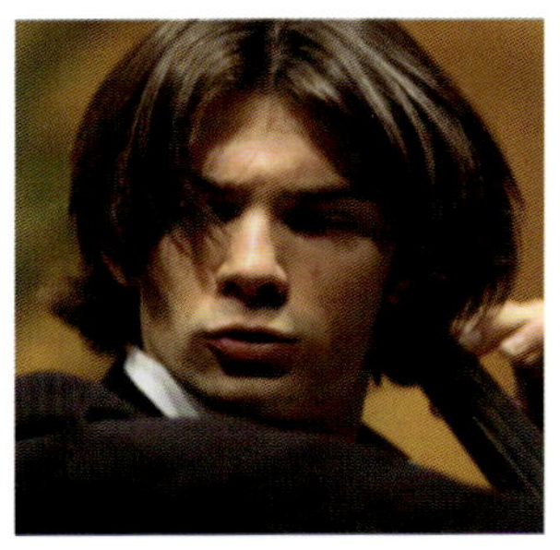

Capuçon, Gautier, *1981 in Chambéry (Frankreich), *S. 36/37*
studierte bei Annie Chochet-Zakine und Philippe Muller in Paris sowie in der Meisterklasse von Heinrich Schiff. 1999 war Capuçon Preisträger bei der Internationalen Musikakademie Maurice Ravel und beim Compétition André Navarra in Toulouse, 2000 erhielt er den Cello- und Kammermusikpreis des CNSMP. Als „Junges Talent des Jahres" wurde er 2001 mit dem Victoires de la Musique Classique ausgezeichnet. Solistisch spielt er weltweit mit führenden Orchestern und Dirigenten und ist Gast zahlreicher Festivals. Ein besonderes Projekt war 2005 die Tournee „in memoriam Friedrich Gulda" mit Martha Argerich. Capuçon ist begeisterter Kammermusiker und tritt u. a. mit seinen Brüdern Renaud (Violine) und Aude (Klavier) auf.
Capuçon spielt Instrumente von Matteo Gofriller (1701) und Joseph Contreras (1746).

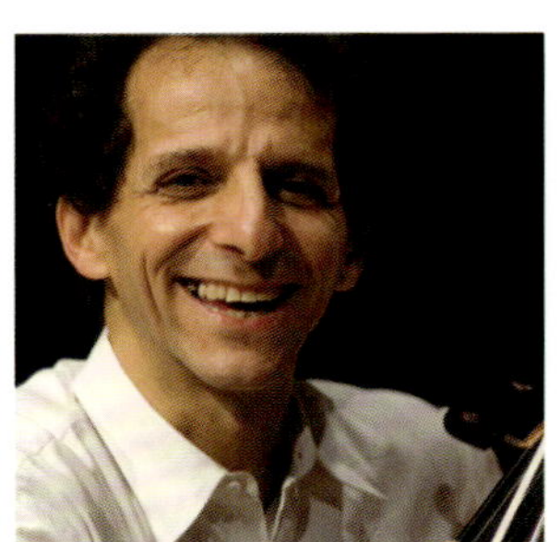

Carr, Colin, *1957 in Liverpool, *S. 64/65*
studierte bei Maurice Gendron und William Pleeth an der Menuhin School und war Preisträger beim Naumburg-Wettbewerb, beim Gregor Piatigorsky Memorial Award sowie 1990 beim Rostropowitsch-Wettbewerb in Paris. Als Solocellist spielt er weltweit mit nahezu allen großen Orchestern und hat selbst in Hong-Kong, Südkorea, Malaysia und Neuseeland konzertiert. Als Kammermusiker war er 20 Jahre mit dem Golub-Kaplan-Carr-Trio auf Tournee, bevor er mit Mark Kaplan und Yael Weiss das Ensemble Sequenza gründete. Er spielte auch mit dem Guarneri Quartet sowie dem Emerson String Quartet. Nach 16 Jahren Lehrtätigkeit in Boston wurde Carr 1998 Professor an der Royal Academy of Music, seit 2002 ist er zudem Professor an der Stony Brook University in New York.
Er spielt ein Cello von Matteo Gofriller (Venedig, 1730) und als Leihgabe der Royal Academy of Music das „Marquis de Corberon" von Stradivari (1726, zuvor Zara Nelsova).

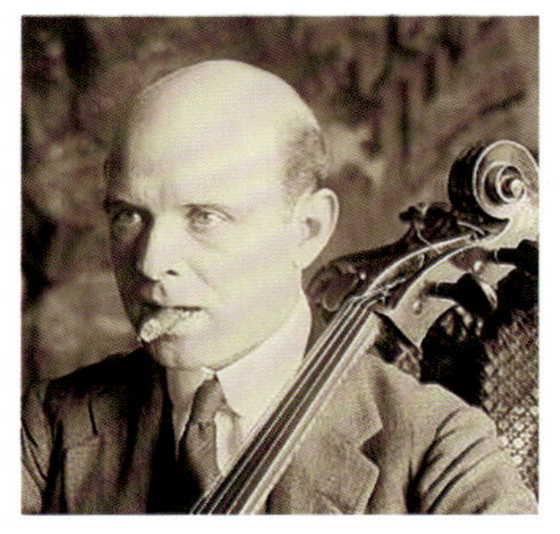

Casals, Pablo, *1876 in El Vendrell (Spanien), † 1973 in San Juan (Puerto Rico), Cellist und Komponist,
gilt als Vater des modernen Cellospiels. Der Pianist Harold Bauer war sein langjähriger Duo-Partner, mit Alfred Cortot und Jacques Thibaud bildete er 1905 ein Klaviertrio, das bis 1933 bestand. Als Cellist prägte er ein ganzes Jahrhundert, ihm verdankt das Cello neue Popularität und die Etablierung als Soloinstrument in den Konzertsälen. Er entdeckte die Solosuiten von Bach neu, machte sie zum festen Bestandteil im Konzertrepertoire und spielte sie als erster auf Schallplatte ein. Nachdem General Francos Truppen 1939 Barcelona besetzten, ging Casals ins Exil. Er entschloss sich, so lange nicht mehr in der Öffentlichkeit zu spielen, bis die demokratischen Länder ihre Haltung gegenüber der Regierung Francos änderten. Die Jahre 1946–50 verbrachte er mit Komponieren, Unterrichten und mit Hilfskampagnen für die notleidenden spanischen und katalanischen Emigranten. 1958 spielte er ein Konzert vor der UN-Generalversammlung, das zusammen mit einer Friedensbotschaft von Casals in über 40 Länder übertragen und zu einem Symbol für das Ringen um Frieden in der Welt wurde. Anlässlich einer Aufführung seines Oratoriums El Pessebre 1962 in San Francisco verkündete Casals, sich auf seinen persönlichen Kreuzzug für die Würde des Menschen, Brüderlichkeit und Frieden zu begeben und dirigierte das Werk in den nächsten 10 Jahren auf der ganzen Welt. 1971 komponierte er die Hymne der United Nations, bei deren Uraufführung ihm Generalsekretär U. Thant die Friedensmedaille verlieh. Casals verstarb mit 96 Jahren und wurde in das endlich freie Katalonien nach El Vendrell überführt.

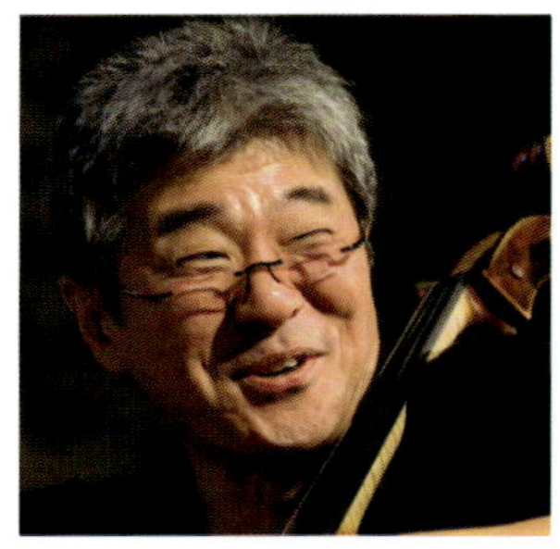

Cho, Young-Chang, *1958 in Seoul, lebt bei Köln, *S. 148/149*
studierte zunächst in den USA bei David Soyer und Laurence Lesser, danach in Europa bei Siegfried Palm und Mstislaw Rostropowitsch. In den Jahren 1981–85 gewann er zahlreiche Preise, u. a. beim Rostropowitsch-Wettbewerb in Paris, dem Pablo-Casals-Wettbewerb in Budapest und dem ARD-Wettbewerb, zusammen mit seinen Schwestern reüssierte er als Cho Piano Trio in Genf und München. Es folgte eine internationale Karriere mit Auftritten als Solocellist und Kammermusiker, zudem ist er regelmäßig zu Gast bei den großen Musikfestivals. Young-Chang Cho unterrichtet seit 1987 als Professor an der Folkwang Hochschule für Musik in Essen.

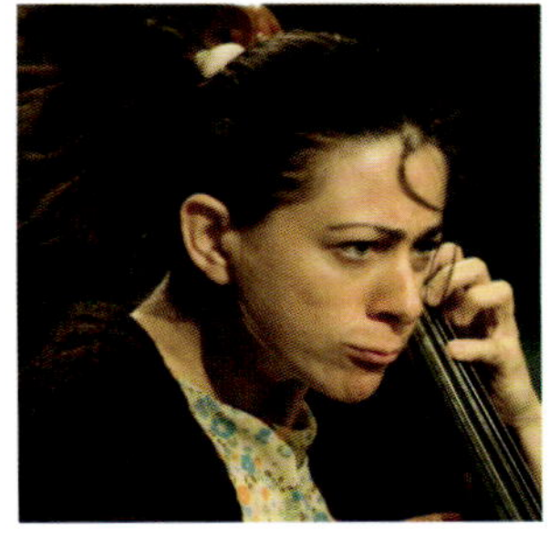

Clein, Natalie, *1977 in Poole (Großbritannien), *S. 70/71*
studierte bei Anna Shuttleworth und Alexander Baillie am Royal College of Music, wo sie mit dem „Queen Elisabeth the Queen Mother"-Stipendium ausgezeichnet wurde. Im Anschluss setzte sie ihre Studien bei Heinrich Schiff in Wien fort. 1994 wurde sie für ihre Interpretation des Cellokonzerts von Elgar von der BBC zur Nachwuchsmusikerin des Jahres gewählt und gewann im selben Jahr in Warschau den Eurovision Competition for Young Musicians. Zudem erhielt sie 2003 den Ingrid zu Solms Preis der Kronberg Academy und 2005 den renommierten Classical Brit Award für Nachwuchskünstler. Clein gastiert in Europa, Asien, Korea, Kanada, Südamerika, Japan und den USA.
Sie spielt ein Cello von Simpson Guadagnini (1777).
www.natalieclein.com

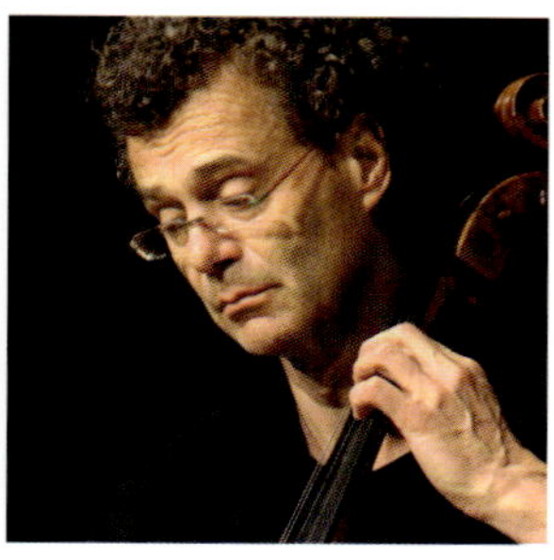

Demenga, Thomas, *1954 in Bern,   S. 60/61
international renommierter Solist, Komponist und Pädagoge, konzertiert als Kammermusiker und Solist bei allen wichtigen Festivals und in den bedeutenden Musikzentren der Welt. Er spielt in zahlreichen Konzerten mit Musikerkollegen wie Heinz Holliger, Gidon Kremer, Thomas Larcher, Hansheinz Schneeberger und Tabea Zimmermann. Als Dozent lehrt er an der Hochschule für Musik in Basel. Im Sommer 2003 war Demenga „Artiste étoile" beim Lucerne Festival, von 2001–06 übernahm er die Intendanz des Davos Festivals „Young Artists in Concert" und 2007/08 war er „Composer in Residence" beim Orchestre de Chambre de Lausanne. Eine CD-Reihe ist erschienen bei ECM New Series.
www.thomasdemenga.ch

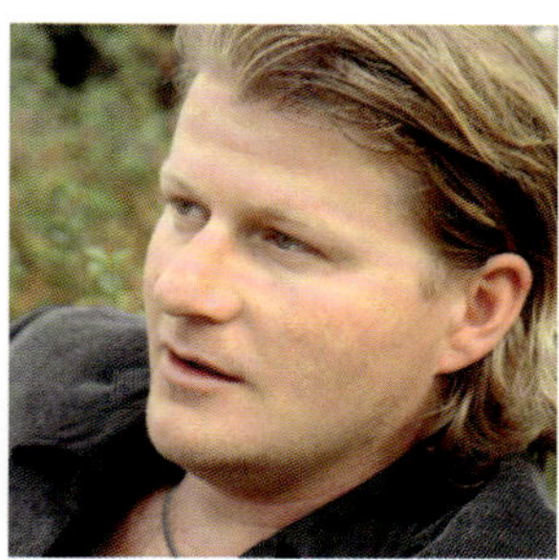

Fenyö, László, *1976 in Debrecen (Ungarn),   S. 110/111
studierte 1994–98 bei David Geringas in Lübeck und besuchte Meisterkurse bei Miklós Perényi, Siegfried Palm und Bernard Greenhouse. Er erhielt viele Preise bei internationalen Wettbewerben, u. a. 2004 den ersten Preis beim Pablo-Casals-Wettbewerb der Kronberg Academy mit einem Sonderpreis für die beste Uraufführung und 2005 den renommierten Franz-Liszt-Preis in Ungarn. Er konzertiert auf den bedeutenden Podien Europas, Asiens und der USA und ist gern gesehener Gast bei den großen Festspielen. Seit 2003 ist er Dozent am Feuermann Konservatorium in Kronberg, er gibt zahlreiche Meisterkurse und übernimmt 2009 eine Dozentenstelle an der Hochschule für Musik und Darstellende Kunst in Frankfurt/M. Nach ersten Engagements in Ungarn ist Fenyö derzeit Solocellist beim hr-Sinfonieorchester.
Er spielt ein Cello von Matteo Gofriller (1695).

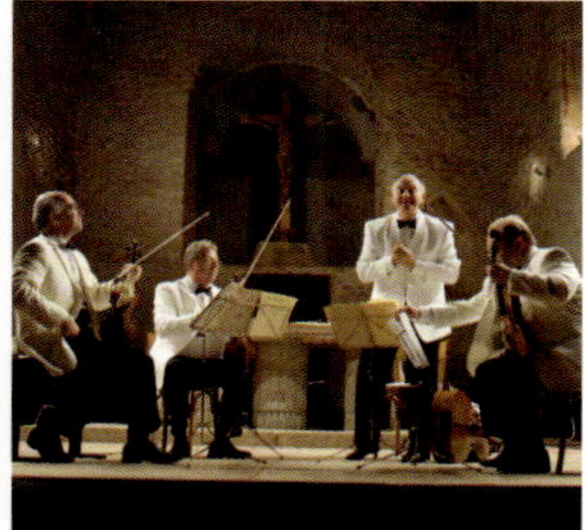

Das Fine Arts Quartet   S. 31
wurde 1946 in Chicago gegründet und schreibt seit 60 Jahren Konzertgeschichte. Die Mitglieder des Quartetts sind alle „Artists in Residence" an der University of Wisconsin (Milwaukee) und die Violinisten Ralph Evans und Efim Boico sowie der Cellist Wolfgang Laufer arbeiten seit nunmehr 25 Jahren zusammen, der Bratschist Nicolò Eugelmi kam 2009 als neues Mitglied zum Ensemble hinzu. Zahlreiche CD-Aufnahmen von der Klassik bis hin zur zeitgenössischen Musik und alljährliche weltweite Tourneen bestätigen immer wieder den Ruf des Quartetts.
www.fineartsquartet.org

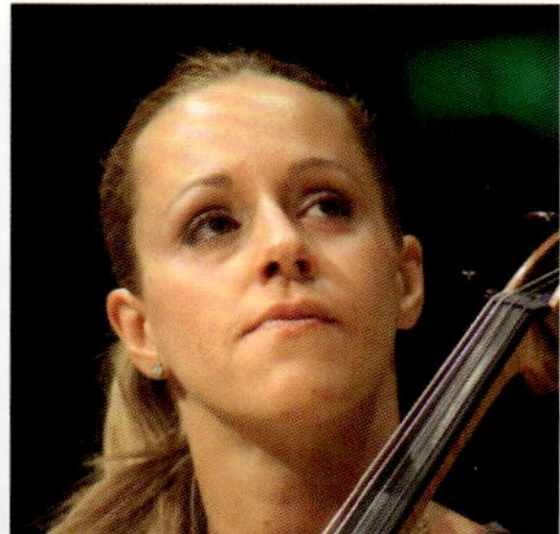

Gabetta, Sol, *1981 in Cordoba (Argentinien), französisch-russische Eltern, lebt in der Schweiz,   S. 54–57
studierte in Madrid an der Musikhochschule Reina Sofia, anschließend bei Ivan Monighetti an der Musikakademie Basel und schloss 2006 mit dem Konzertexamen bei David Geringas an der Hochschule für Musik Hanns Eisler Berlin ab. Nach Erfolgen beim Tschaikowsky-Wettbewerb in Moskau, beim Natalia-Gutman-Preis und beim ARD-Wettbewerb hatte sie 2004 ihren internationaler Durchbruch als Gewinnerin des Crédit Suisse Young Artist Award bei den Luzerner Festspielen. Inzwischen konzertiert sie weltweit als gefragte Cellistin, wird von allen großen Orchestern eingeladen und unterrichtet seit 2005 an der Musik Akademie Basel. Gabetta ist Initiatorin des Kammermusikfestivals „SOLsberg" in Olsberg bei Basel. Mit ihrer Debüt-CD gewann sie 2007 den ECHO Klassik.
Sol Gabetta spielt ein G. B. Guadagnini (1759), gefördert von der Hans K. Rahn Stiftung.
www.solgabetta.com

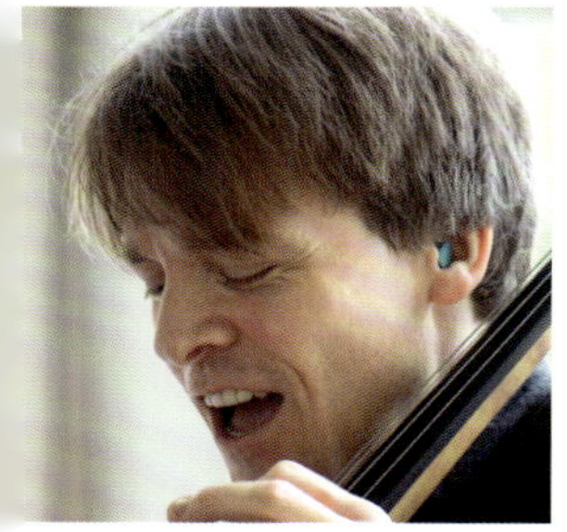

Gerhardt, Alban, *1969 in Berlin,   S. 88–91
studierte bei Boris Pergamenschikow, Markus Nyikos und Frans Helmerson. Seine internationale Konzertkarriere begann 1989, die ihn inzwischen zu über 180 verschiedenen Orchestern in der ganzen Welt geführt hat. Partner am Pult waren dabei u. a. Kurt Masur, Christoph von Dohnanyi, Christoph Eschenbach, Sir Neville Marriner, Christian Thielemann, Andris Nelsons, Sakari Oramo und Paavo Järvi. Gerhardts Repertoire ist sehr umfangreich, sein Interesse an der Erweiterung des Repertoires zeigt insbesondere seine Zusammenarbeit mit lebenden Komponisten wie Unsuk Chin, Peteris Vasks, Brett Dean, Jörg Widmann, Osvaldo Golijov, Matthias Pintscher oder Mathias Hinke. Eines seiner besonderen Anliegen ist, alte Hör- und Konzertgewohnheiten aufzubrechen. Um klassische Musik einer jüngeren Hörerschaft zu eröffnen, engagiert er sich bei dem Projekt „Rhapsody in School".
www.albangerhardt.com

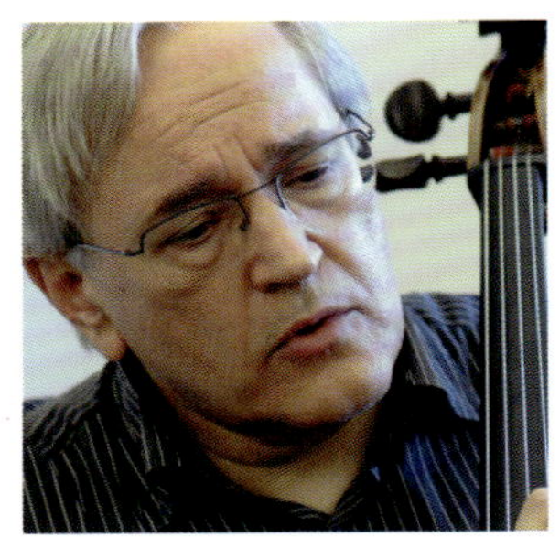

Geringas, David, *1946 in Vilnius (Litauen), Cellist und Dirigent, S. 58/59, 76, 164
studierte am Moskauer Konservatorium bei Mstislaw Rostropowitsch. 1970 gewann er den ersten Preis und die Goldmedaille beim Tschaikowsky-Wettbewerb. Als Konzertsolist musizierte Geringas weltweit mit bedeutenden Orchestern und namhaften Dirigenten. Bei internationalen Festivals und Konzertreihen ist er regelmäßig als Kammermusiker zu erleben, und auch als Dirigent ist er regelmäßig auf Podien im In- und Ausland vertreten. Seit 2000 ist Geringas – nach Hamburg und Lübeck – Professor an der Hochschule für Musik Hanns Eisler Berlin. Zudem ist er Ehrenprofessor am Moskauer Konservatorium und am Zentralkonservatorium für Musik in Peking sowie Ehrendoktor der Musik- und Theaterakademie Litauens. Sein Repertoire reicht vom frühesten Barock bis zu zeitgenössischen Stücken, Komponisten wie Sofia Gubaidulina, Peteris Vasks und Erkki-Sven Tüür haben ihm Werke gewidmet. Für sein Engagement für die litauische Musik und ihre Komponisten wurde Geringas 1999 die höchste Landesauszeichnung, der „Großfürst Gedinas-Orden" verliehen. Das Verdienstkreuz 1. Klasse der Bundesrepublik Deutschland erhielt Geringas 2006 für seine Leistungen als Musiker und Kulturbotschafter Deutschlands.
www.david.geringas.de

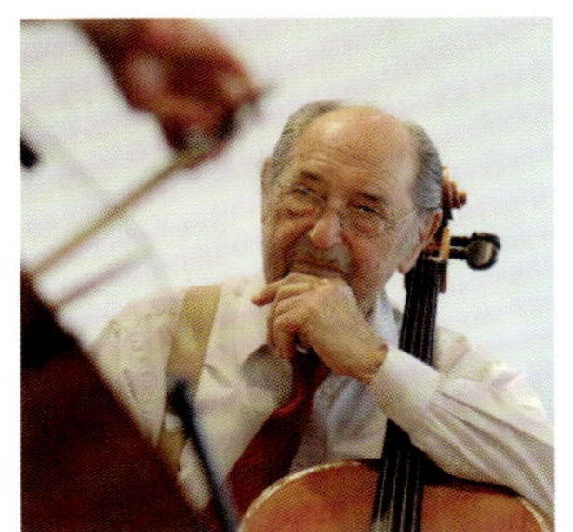

Greenhouse, Bernard, *1916 in Newark, New Jersey (USA), S. 124/125, 165, 175
studierte zunächst vier Jahre bei Felix Salmond an der Juillard School, später nahm er Unterricht bei Emanuel Feuermann, Diran Alexanian und 1946–48 bei Pablo Casals in Prades. 1938 bekam er die Stelle als erster Cellist beim CBS Symphony Orchestra und war Mitglied im Dorian Quartet. 1948 begann er seine internationale Solistenkarriere und schloss sich der Bach Aria Group an, ein Ensemble, mit dem er 28 Jahre spielte. 1955 gründete er mit dem Pianisten Menahem Pressler und dem Geiger Daniel Guilet das legendäre Beaux Art Trio, dessen Mitglied er bis 1987 war. 1956 war er Initiator und bis 1961 Präsident der New York Violoncello Society, für die er Villa-Lobos' Fantasia Concertante in Auftrag gab. Er ist Widmungsträger zahlreicher Kompositionen, u. a. von Elliott Carter, Arthur Berger und John Lessard, und spielte weit über hundert Aufnahmen ein. Greenhouse unterrichtete 1951–62 an der Juillard School und der Manhattan School of Music, im Anschluss bis 1971 an der Hartt School of Music (Connecticut), baute 1965–72 die Musikabteilung der State University of New York in Stony Brook (Long Island) auf und gab 1956–64 Kurse an der Summer School der Indiana University. Bis heute unterrichtet er Meisterkurse in den USA, Kanada, Europa und Asien.Er spielt das „Countess of Stanlein" Ex-Paganini Stradivari-Cello von 1707.

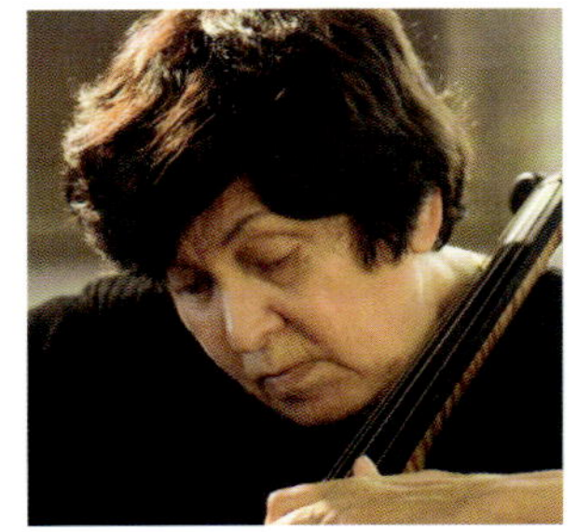

Gutman, Natalia, *1942 in Kasan (Russland), S. 75–77
studierte am Moskauer Konservatorium zunächst bei Galina Kozolupova, ab 1964 dann bei Mstislaw Rostropowitsch. Künstlerisch besonders prägend waren für sie ihr Großvater Anisim Berlin, Svjatoslav Richter sowie ihr Mann, der Violinist Oleg Kagan. Sie erhielt zahlreiche Auszeichnungen, u. a. 1962 den dritten Preis beim Tschaikowsky-Wettbewerb. Mit dem ersten Preis beim ARD-Wettbewerb in München begann 1967 ihre große Weltkarriere. Sie spielt mit den bedeutenden Orchestern der Welt, zu ihren Kammermusikpartnern gehören Martha Argerich, Svjatoslav Richter, Juri Bashmet, Isaac Stern, und – bis zu seinem Tod 1990 – Oleg Kagan. Alfred Schnittke widmete ihr seine Cellosonate Nr. 1, das Concerto grosso Nr. 2 und sein Cellokonzert Nr. 1. Seit 1990 leitet sie das Internationale Oleg Kagan Musikfest Kreuth, dort stellt sie anspruchsvolle Kammermusikprogramme zusammen und konzertiert mit Freunden. 1991–2004 war sie Professorin an der Musikhochschule Stuttgart. Das Bundesverdienstkreuz 1. Klasse erhielt Gutman 2005 für ihre Verdienste um die Beziehungen zwischen Russland und Deutschland. Sie spielt das „Guarneri del Gesù" (1731), eine Leihgabe der „Seacross Management Ltd. Strings Unlimited".

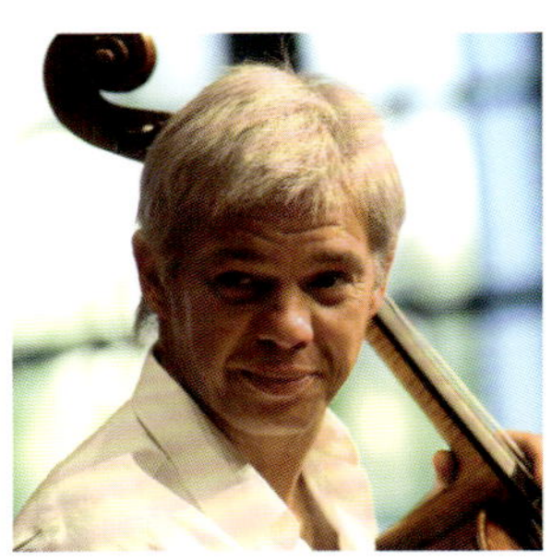

Hagen, Clemens, *1966 in Salzburg, S. 104/105
studierte bei Wilfried Tachezi und Heinrich Schiff, 1983 wurde der junge Cellist mit dem Spezialpreis der Wiener Philharmoniker sowie dem Karl-Böhm-Preis ausgezeichnet. Als Solist spielt Hagen mit international renommierten Orchestern und Dirigenten wie Claudio Abbado, Nikolaus Harnoncourt, Franz Welser-Möst und Ingo Metzmacher. Ein besonderer Schwerpunkt seiner Arbeit ist zudem die Kammermusik, mit seinen Geschwistern gründete er das berühmte Hagen Quartett, dessen beispiellose Karriere bereits 1981 begann. 1988 übernahm er eine Professur am Salzburger Mozarteum für die Fächer Violoncello und Kammermusik.
Hagen spielt ein Violoncello von Antonio Stradivari aus dem Jahr 1698.

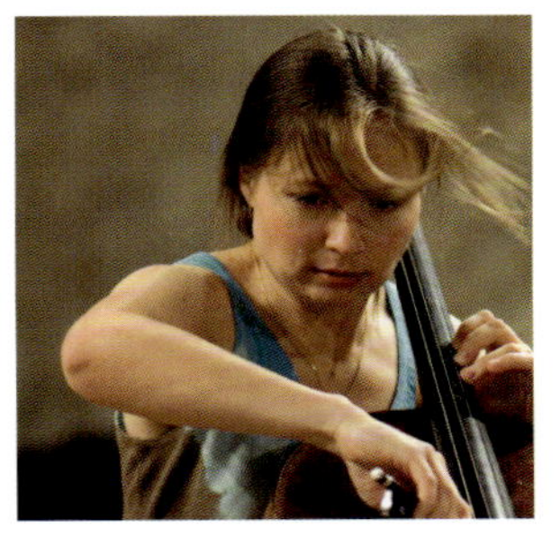

Hallynck, Marie, *1973 in Tournai (Belgien), S. 28/29
studierte bei Reine Flachot in Paris, bei Edmond Baert in Brüssel, bei János Starker in den USA und zuletzt bei Natalie Gutman in Stuttgart. Sie erhielt zahlreiche Auszeichnungen, darunter 1992 das Ehrendiplom des Salzburger Mozarteums und 2003 die Ernennung durch die belgische Presse zur „Solistin des Jahres". 2002 spielte sie im Rahmen der renommierten Konzertreihe „Rising Stars". Seit ihrem 18. Lebensjahr unterrichtet sie am Königlichen Konservatorium in Brüssel und ist regelmäßig Gast in den großen internationalen Konzerthäusern. 2006 gründete sie mit dem Klarinettisten Ronald van Spaendonck und der Pianistin Muhiddin Dürrüoglu das Ensemble Kheops.
Hallynck spielt ein Cello von Matteo Gofriller (1717).

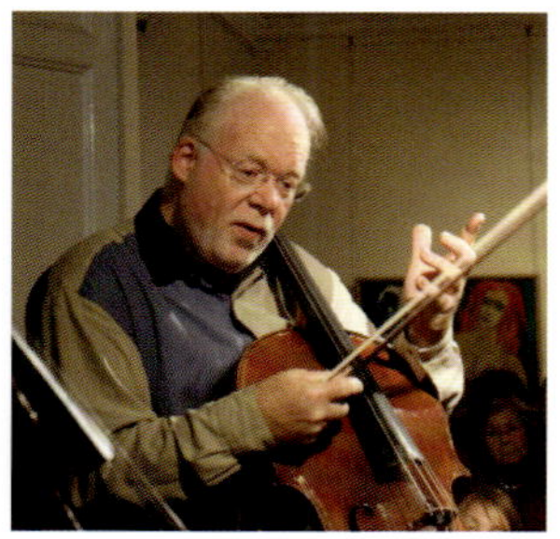

Harrell, Lynn, *1944 in New York, *S. 150/151*
studierte bei Lev Aronson, Leonard Rose und Orlando Cole und besuchte Meisterkurse bei Pablo Casals sowie Gregor Piatigorski. 1964–71 war er erster Cellist des Cleveland Orchestra, danach begann er seine internationale Solokarriere. Er unterrichtete an der Royal Academy of Music in London, beim Aspen Music Festival, am Cleveland Institute of Music und an der Juilliard School. Er war Musikdirektor des Los Angeles Philharmonic Institute und Inhaber des „Gregor Piatigorsky Endowed Chair in Violoncello" an der USC Thornton School of Music. Derzeit unterrichtet er an der Shepherd School of Music (Rice University, Texas). Zu seinen vielen internationalen Auszeichnungen gehörte 1975 der erste Avery Fisher Award, 1982 und 1988 erhielt er für die beste Kammermusikeinspielung den Grammy Award. Am 7. April 1994 spielte Harrell anlässlich des ersten Holocaust-Gedenkkonzerts im Vatikan.
Harrell spielt Instrumente von Montagnana (1721) und Antonio Stradivari (1673).
www.lynnharrell.com

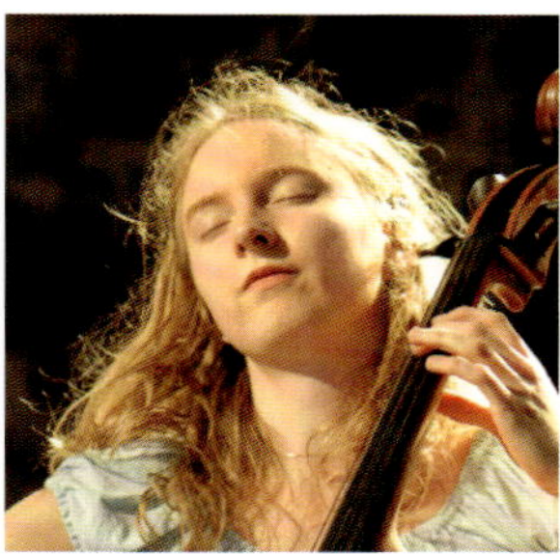

Hecker, Marie-Elisabeth, *1987 in Zwickau, *S. 127–129*
begann ihr Studium 2001 bei Peter Bruns, zunächst als externe Studentin in Dresden, 2005 folgte sie ihrem Lehrer an die Hochschule Felix-Mendelssohn-Bartholdy nach Leipzig. Seit 2008 studiert sie als junge Solistin im Rahmen des Kronberg Academy Masters bei Frans Helmerson. Kammermusik- und Meisterkurse besuchte sie u. a. bei Steven Isserlis, Bernard Greenhouse, Daniel Hope, Gary Hoffman, Menahem Pressler und Janos Starker. Sehr früh hatte sie erste Wettbewerbserfolge, darunter 2001 den ersten Preis und Sonderpreis beim Internationalen-Dotzauer-Wettbewerb in Dresden, 2005 gewann sie dann den ersten Preis und zwei Sonderpreise beim Rostropowitsch-Wettbewerb in Paris und ist seitdem eine gefragte Solistin, die in Europa und den USA konzertiert.
Sie spielt ein italienisches Cello von Bajoni (1864) aus dem Privatbesitz der Erbgemeinschaft Lösch.

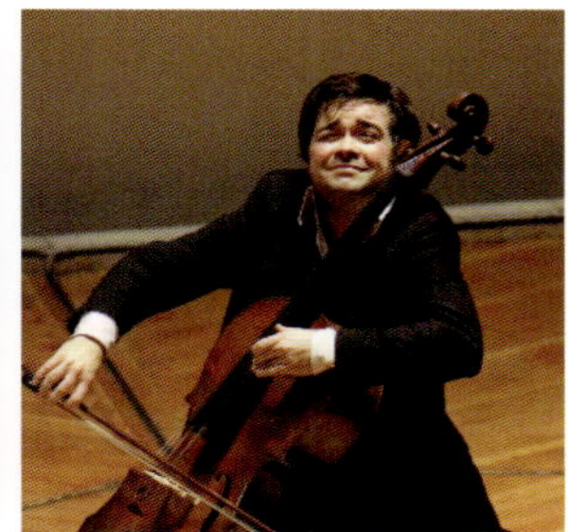

Heinemeyer, Stefan, *1980 in Berlin, *S. 163*
studierte bei Markus Nyikos in Berlin und bei Stanislav Apolín in Prag und absolvierte Meisterkurse bei Arto Noras, Zara Nelsova und György Sebök. 1996 gewann er beim Bundeswettbewerb „Jugend musiziert" den ersten Preis für „Violoncello solo" und einen weiteren Preis in der Sonderwertung für „zeitgenössische Musik"; es folgten mehrere internationale Preise. Heinemeyer ist ein gefragter Solist und bildet seit 2003 mit Annette von Hehn (Violine) und Thomas Hoppe (Klavier) das ATOS Trio, das ebenfalls bei internationalen Wettbewerben große Erfolge erzielen konnte und Konzertreisen durch Europa, die USA, Japan und Korea unternimmt.
Er spielt ein Cello von Paolo Antonio Testore (Mailand 1747), gefördert von der Deutschen Stiftung Musikleben.
www.atos-trio.de

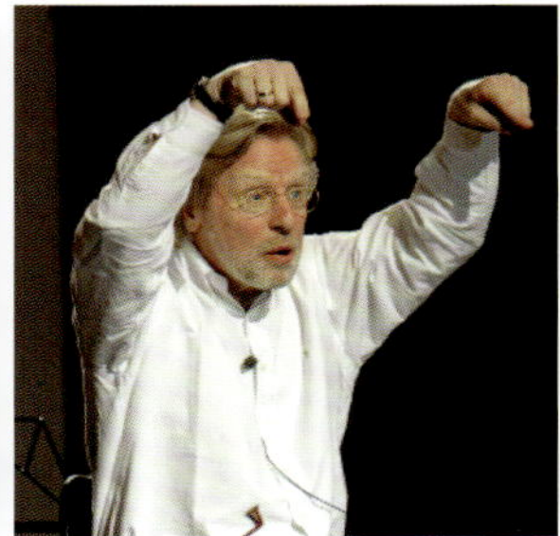

Helmerson, Frans, *1945 in Schweden, Cellist und Dirigent, *S. 144/145*
studierte zunächst bei Guido Vecchi in Göteborg, danach bei Guiseppe Selmi in Rom und anschließend, durch Vermittlung von Jaqueline du Pré, bei William Pleeth in London. 1971 war er Gewinner des Cassadó-Wettbewerbs in Florenz und 1973 des ARD-Wettbewerbs. 1976 nahm er an Meisterkursen von Mstislaw Rostropowitsch teil. Seine Tourneen führen ihn mit vielen namhaften Orchestern durch die ganze Welt. Helmerson leitete jahrelang das finnische Korsholm-Kammermusikfestival und ist selbst regelmäßiger Gast bei den großen europäischen Festivals. 2002 gründete er mit Michaela Martin, Stephan Picard und Nobuko Imai das Michelangelo String Quartet. Seine Aufnahme von Dvořáks Cellokonzert wurde zur „besten auf dem Markt vorhandenen Aufnahme" gewählt. Helmerson hat eine Professur an der Musikhochschule Köln sowie an der Musikhochschule Reina Sofia in Madrid.
Er spielt Instrumente von Lorenzo Ventapane (Neapel, 1820) und Domenico Montagnana (1690–1750).

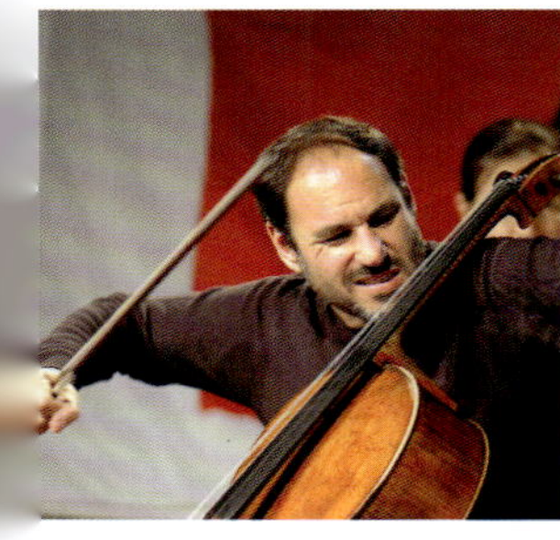

Hoffman, Gary, *1956 in Vancouver (Kanada), *S. 120/121*
studierte bei Karl Fruh und Janos Starker. Mit 22 wurde er das jüngste Fakultäts-Mitglied der Indiana University School of Music. 1986 gewann er als erster Amerikaner den Rostropowitsch-Wettbewerb in Paris. Als Solist trat er unter anderem mit den Symphonieorchestern von Chicago, London, Montreal und San Francisco auf. Dabei arbeitete er mit so namhaften Dirigenten wie André Prévin, Charles Dutoit, James Levine oder Mstislaw Rostropowitsch zusammen. Er gab zahlreiche Solorecitals, u. a. in der Suntory Hall in Tokyo, im Théâtre des Champs-Elysées, im Tivoli in Kopenhagen und dem St. Lawrence Center in Toronto, und war Gast bei den Festivals in Aspen, Schleswig-Holstein, Bath, Marlboro, bei Mstislaw Rostropowitschs Internationalem Musikfestival in Evian und bei der Mostly Mozart Series.

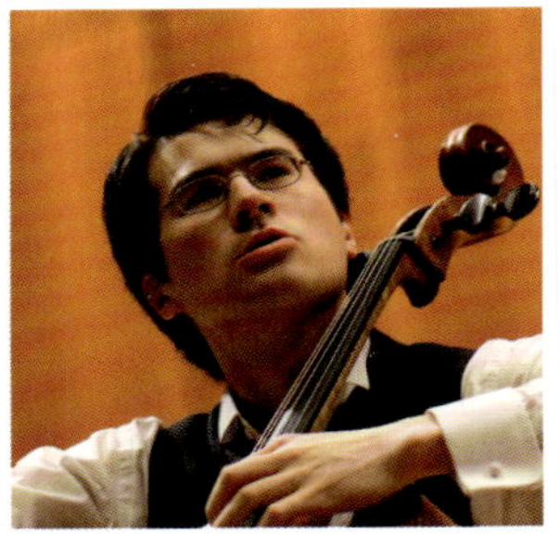

Ishizaka, Danjulo, *1979 in Bonn, deutsch-japanische Herkunft,
studierte bei Boris Pergamenschikow an der Hochschule für Musik Hanns Eisler Berlin. 2001 gewann er den ersten Preis beim ARD-Wettbewerb, 2002 folgte der Grand Prix Emanuel Feuermann der Kronberg Academy und der Universität der Künste Berlin. Kurz darauf wurde er für das renommierte „New Generation Artists"-Programm der BBC ausgewählt. 2003 gelang ihm mit den Wiener Symphonikern unter der Leitung von Krzysztof Penderecki der internationale Durchbruch. Seitdem konzertiert er weltweit bei großen Festivals und mit internationalen Orchestern unter Dirigenten wie Christoph Eschenbach, Mstislaw Rostropowitsch und Roger Norrington. Seine Recital-Debüt-CD mit Pianist Martin Helmchen wurde 2006 mit dem ECHO Klassik ausgezeichnet.
Ishizaka spielt das Stradivari Cello „Lord Aylesford" (1696), eine Leihgabe der Nippon Music Foundation.
www.danjulo-ishizaka.com

S. 40/41

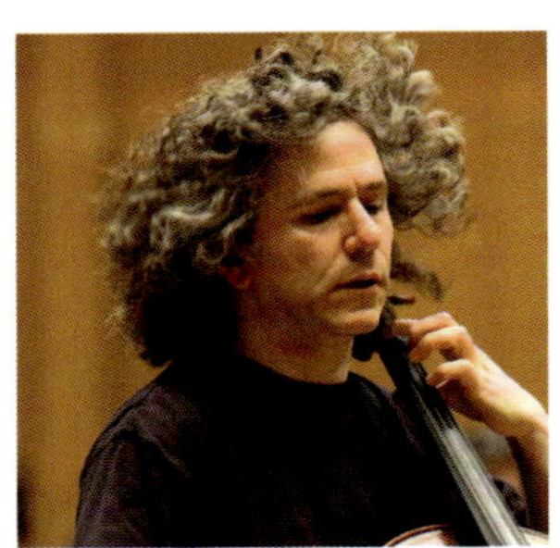

Isserlis, Steven, *1959 in London, Cellist und Autor,
studierte bei Jane Cowall und Richard Kapuczinsky. Er zeichnet sich durch sein weit gespanntes Repertoire, sein großes Interesse an wenig bekannten Werken und sein Bemühen um historische Aufführungspraxis aus. Seine Kammerkonzerte sind für ihre innovativen Programme berühmt. Bei den Salzburger Festspielen entstanden Projekte über Mendelssohn (1997) und Brahms (2000), 2002 veranstaltete er ein Schumann Festival in der Londoner Wigmore Hall und 2004 übernahm er in London die künstlerische Leitung eines Festivals, das sich der Musik Saint-Saëns' widmete. Große Bedeutung kommt der zeitgenössischen Musik zu, zahlreiche Werke, u. a. von Sir John Tavener, David Matthews, Carl Vine und Wolfgang Rihm, sind für ihn entstanden. Ein zentrales Thema ist die Musikerziehung: Neben seinen Buchveröffentlichungen spielt er gerne Konzerte für Kinder und Jugendliche und ist ein weltweit gefragter Dozent für Meisterkurse. 1997 übernahm Isserlis die künstlerische Leitung des „International Musicians Seminar Prussia Cove" und wurde Präsident der New Yorker Stiftung „Music for all Seasons".
Steven Isserlis spielt das Feuermann-Stradivaricello (1730), geliehen von der Nippon Foundation.
www.stevenisserlis.com

S. 118, 156

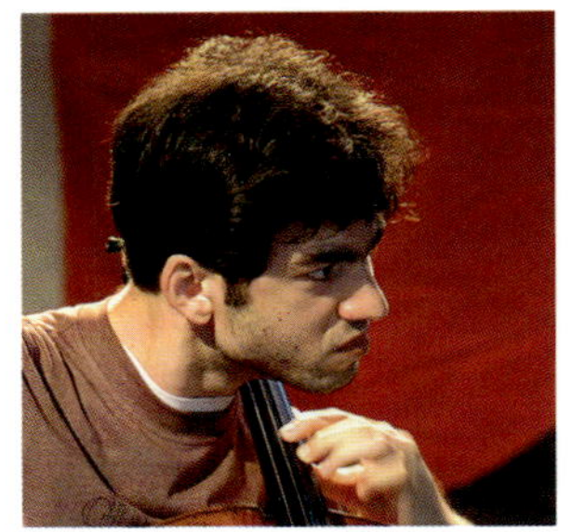

Kharadze, Giorgi, *1984 in Tiflis (Georgien),
beendete 2004 sein Studium bei Roland Pidoux am Konservatorium in Paris mit Auszeichnung. Danach studierte er an der Musikhochschule Köln sowie im Rahmen der Kronberg Academy Further Master Studies bei Frans Helmerson. Er ist Preisträger zahlreicher Wettbewerbe, erste Preise erhielt er 2000 beim Concours de Cordes d'Epernay, sowie beim internationalen Domnick-Cello-Wettbewerb in Stuttgart, 2006 folgte der Grand Prix Emanuel Feuermann in Berlin. Mit fünfzehn Jahren gab er sein erstes Solokonzert im Konzertsaal des Konservatoriums in Orléans sowie im Schostakowitsch-Zentrum in Paris, mittlerweile spielt Kharadze Konzerte in ganz Europa.
Sein Instrument ist ein Cello von Domenicus Montagnana (Venedig, 1765), gefördert von der Deutschen Stiftung Musikleben.

S. 68/69, 164

Kirshbaum, Ralph, *1946 in Denton (Texas),
begann seine Ausbildung bei Roberta Gustafeste und Lev Aronson, danach folgten Studien bei Gregor Piatigorsky und Aldo Parisot (Yale University, Conneticut). Preise beim ersten Cassadó-Wettbewerb in Florenz und beim Tschaikowsky-Wettbewerb in Moskau waren der Start seiner internationalen Karriere. Seither spielt Kirshbaum in allen großen Musikzentren, sei es als Solist oder als Kammermusikpartner von Künstlern wie Lang Lang, Vadim Repin oder Leif Ove Andsnes. Seit über 30 Jahren spielt er mit Peter Frankl (Klavier) und György Pauk (Violine) Klaviertrios und Sonaten. 1988 gründete er das Manchester International Cello Festival, wo sich alle drei Jahre Cellisten zu Konzerten und Meisterkursen trafen und ist seit Jahren Präsident der London Cello Society. Er unterrichtete am Royal Northern College of Music in Manchester und übernahm 2007 den „Gregor Piatigorsky Endowed Chair in Violoncello" an der USC Thornton School of Music (Kalifornien).
Kirshbaum spielt das Montagnana-Cello „Piatti" von 1729.

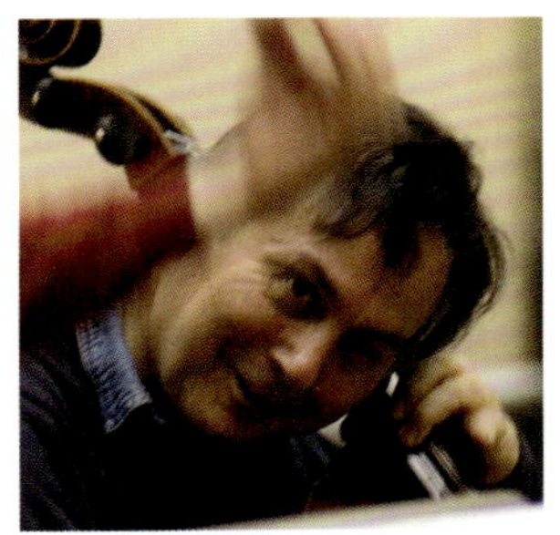

S. 138/139

Kliegel, Maria, *1952 in Dillenburg,
studierte bei Alexander Molzahn in Frankfurt/M. und Janos Starker in Bloomington. Sie errang mehrere erste Preise bei internationalen Wettbewerben u. a. 1981 beim Rostropowitsch-Wettbewerb in Paris. Im Anschluss begleitete sie Rostropowitsch auf Tournee und ist seitdem eine weltweit gefragte Künstlerin auf der Bühne und im Aufnahmestudio, seit 1986 ist sie zudem Professorin an der Kölner Musikhochschule. 1996 brachte Kliegel als persönliche musikalische Reverenz die Hommage à Nelson M. von Wilhelm Kaiser-Lindemann zur Uraufführung, wofür sich Mandela mit einer Einladung zu einem Privatkonzert bedankte. 1996 veröffentlichte sie ein vielfach ausgezeichnetes multimediales Buch zur Cellotechnik, in dem sie neue pädagogische Wege geht. Maria Kliegel engagiert sich für zahlreiche Hilfsprojekte, u. a. den Nelson Mandela Children´s Fund. 1999 erhielt sie für ihren Einsatz in der Kinder- und Jugendarbeit den Verdienstorden des Landes NRW.
Maria Kliegel spielt ein Cello von Carlo Tononi (Venedig, ca. 1730).
www.maria-kliegel.com

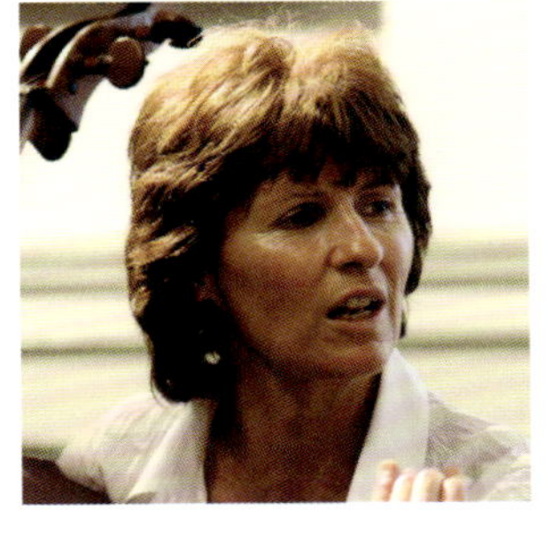

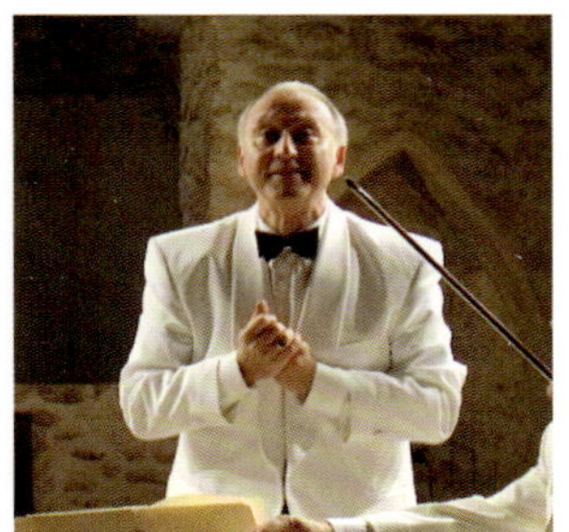

Laufer, Wolfgang, * in Rumänien, lebt heute in Milwaukee (Wisconsin, USA),
emigrierte 1961 von Rumänien nach Israel, wo er in Tel Aviv sein Cellostudium beendete. Danach war er Solocellist beim Israelischen Kammerorchester, beim Malmö Symphony Orchestra (Schweden), beim Philharmonischen Staatsorchester Hamburg und an der Berliner Staatsoper Unter den Linden. Seit 1979 ist er Professor für Cello an der University of Wisconsin und hat mehrere Gastprofessuren an den Konservatorien von Paris und Lyon und unterrichtet an den Sommerakademien der Yale und Indiana University.

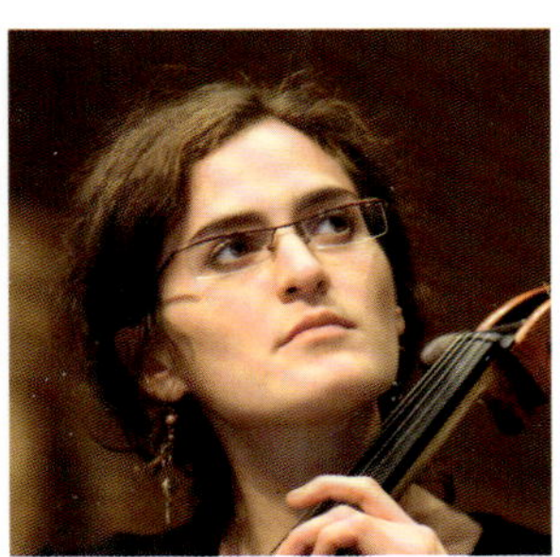

Leskovar, Monika, *1981 in Kreuztal,
erhielt ersten Unterricht bei Dobrila Berkovic-Magdalenic und Valter Despalj in Kroatien, 1996 begann sie ihr Studium an der Hochschule für Musik Hanns Eisler Berlin bei David Geringas und ist dort seit 2006 seine Assistentin. Leskovar absolvierte Meisterkurse u. a. bei Mstislaw Rostropowitsch, Bernard Greenhouse und Leslie Parnas und gewann mehrere internationale Preise, darunter 2001 einen zweiten Preis und den Publikumspreis beim ARD-Wettbewerb sowie 2003 den ersten Preis beim 5. Adam International Cello Festival and Competition in Christchurch (Neuseeland). Sie tritt als Solistin mit großen europäischen Orchestern sowie als Kammermusikpartnerin mit Giovanni Sollima, Gidon Kremer, Yuri Bashmet, Mischa Maisky und Tabea Zimmermann auf.
Ihr Cello von Vincenco Postiglione (1884) ist eine Leihgabe der Stadt Zagreb.
www.monikaleskovar.com

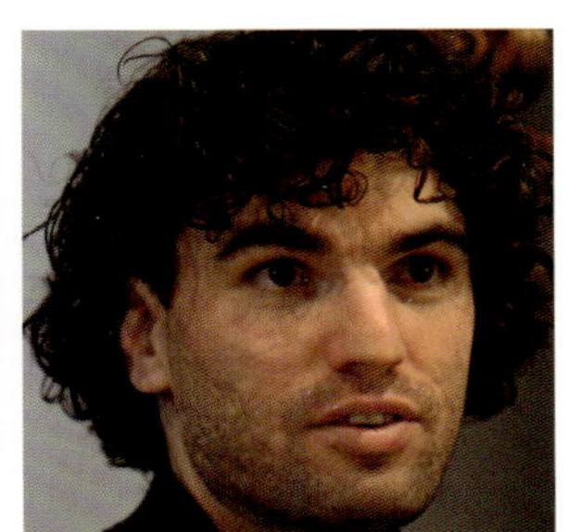
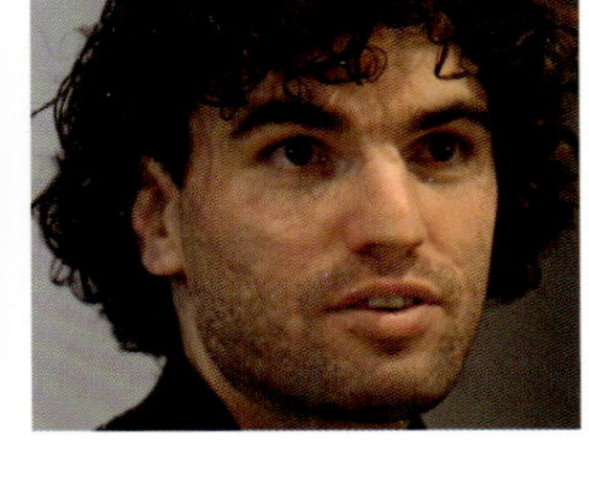

Lipkind, Gavriel, *1977 in Tel Aviv, lebt heute in Deutschland,
studierte bei Uzi Wiesel in Tel Aviv, an der Musikhochschule Frankfurt/M. und dem New England Conservatory of Music in Boston und errang zahlreiche Preise, u. a. beim Leonard-Rose-Wettbewerb, beim Rostropowitsch-Wettbewerb in Paris sowie beim ARD-Wettbewerb. Lipkinds Repertoire umfasst sowohl die Hauptwerke der Celloliteratur als auch zahlreiche Raritäten, Auftragskompositionen, eigene Bearbeitungen (Miniatures and Folklore) und Transkriptionen. Mit ausgewählten Stipendiaten (Komposition) der Akademie Schloss Solitude bei Stuttgart begab sich Lipkind 2007 bei seinem Projekt The Solitude Cycle – a Journey to the Limits, einer Gemeinschaftskomposition für Cello solo und live Elektronik, auf die abenteuerliche Suche nach den Grenzen klanglicher Ausdrucksmöglichkeiten.
Er spielt ein Cello von A. M. Garani (Bologna 1702), unterstützt von der Commerzbank Stiftung.
www.lipkind.info

Ma, Yo-Yo, *1955 in Paris, lebt in den USA,
Sohn chinesischer Einwanderer, bekam zunächst Unterricht bei seinem Vater bevor er 1962 nach New York ging und bei Leonard Rose an der Juillard School studierte. Er erhielt zahlreiche Preise und Auszeichnungen, u. a. den Avery-Fisher-Award (1978) und den Glenn Gould Prize (1999). Ungewöhnlich ist seine künstlerische Vielfalt: Ma interpretiert nicht nur das klassische Cello-Repertoire, sondern auch Film-Musik von John Williams, spielt mit dem Fiddler Mark O'Connor „Bluegrass", Tangos von Piazzolla, interessiert sich für brasilianische Musik, musiziert mit Bobby McFerrin oder auch mit Musikern der Kalahari-Wüste in Namibia. Sein Bedürfnis, mittels Musik verschiedene Kulturen zusammenzuführen, führte 1998 zum „Seidenstraßen-Projekt", das künstlerische und geistige Traditionen zwischen Asien und Europa erforschen will. Von seinen mehr als 75 Aufnahmen wurden bisher 15 mit einem Grammy ausgezeichnet, darunter viele für ihn geschriebene Werke, und er produzierte den Film „Inspired by Bach", eine Art Illustration der Solosuiten. Für sein Engagement in zahlreichen Bildungsprojekten wurde er vom Auswärtigen Amt der USA zum Kulturbotschafter ernannt, 2006–07 war er außerdem als UN-Friedensbotschafter unterwegs. 2009 spielte Ma bei der Inaugurationsfeier von Barack Obama.
Er besitzt ein Cello von Montagnana (Venedig, 1733) und das „Davidoff-Cello" von Stradivari (1712, zuvor Jacqueline du Pré).
www.yo-yoma.com; www.silkroadproject.org

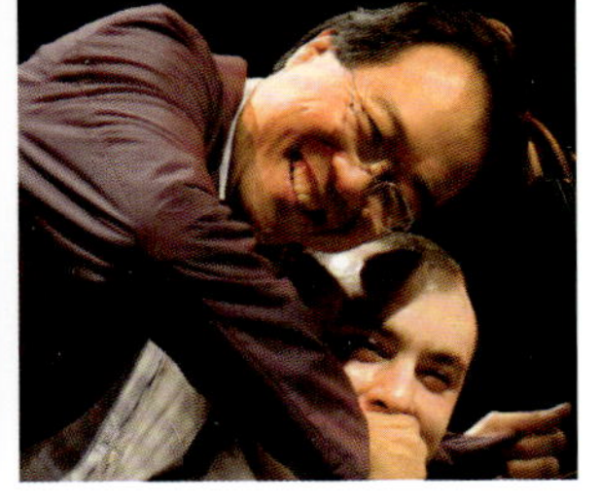

Maintz, Jens Peter, *1967 in Hamburg,
studierte bei David Geringas und absolvierte Meisterkurse bei Heinrich Schiff, Boris Pergamenschikow und Siegfried Palm. 1994 gewann er den ersten Preis beim ARD-Wettbewerb. 1995 wurde er erster Solocellist beim Deutschen Symphonie-Orchester Berlin, bis er 2004 die Nachfolge von Wolfgang Boettcher als Professor an der Universität der Künste in Berlin übernahm. Mit Kathrin Rabus und Hartmut Rohde gründete er 1990 das Kandinsky Streichtrio, 1998–2006 war er Mitglied im Trio Fontenay. Auf Einladung von Claudio Abbado ist er seit 2006 Solocellist des Lucerne Festival Orchestra. Als Solist und Kammermusiker konzertiert Maintz weltweit. 2003 war er Solist der deutschen Erstaufführung von Richard Danielpours Cellokonzert Nr.1. Er verfügt über eine vielfältige Diskografie und wurde mit einem ECHO Klassik ausgezeichnet.
Maintz spielt Instrumente von Vincenco Ruggeri (1696) und Wolfgang Schnabl (2005).

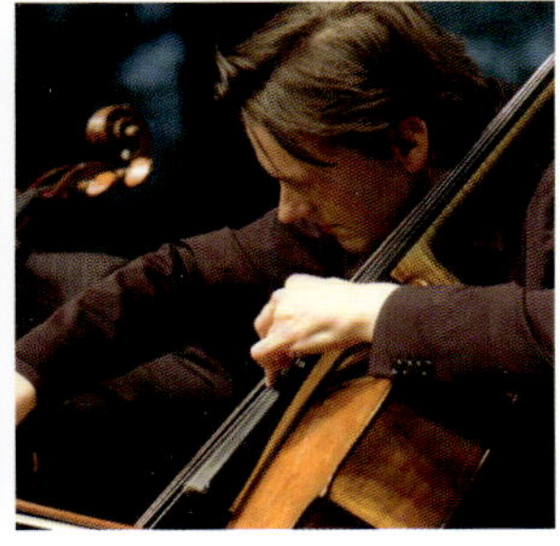

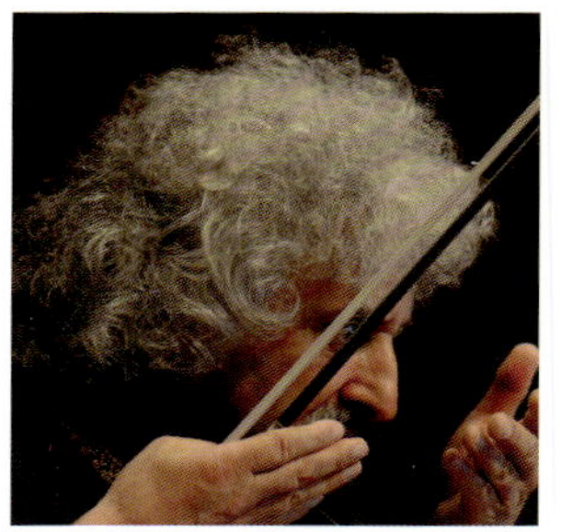

Maisky, Mischa, *1948 in Riga (Lettland), lebt seit 1973 in Brüssel, *S. 122/123, 170/171*
studierte u. a. bei Mstislaw Rostropowitsch in Moskau. Er gewann 1965 den ersten Preis beim nationalen sowjetischen Musikwettbewerb, 1966 war er Preisträger des Tschaikowsky-Wettbewerbs in Moskau. Als angeblicher Staatsfeind wurde er 1970 in ein Arbeitslager inhaftiert und konnte 1972 zunächst nach Israel emigrieren. 1973 war er erster Preisträger des Gaspar Cassadó International Cello Competition in Florenz und debütierte in der New Yorker Carnegie Hall, worauf ihm ein unbekannter Bewunderer sein Montagnana-Cello aus dem 18. Jh. als Geschenk überreichte. Nach weiteren Studien bei Gregor Piatigorsky war 1975 der Beginn seiner weltweiten Konzerttätigkeit. Kammermusikalisch ist er besonders Martha Argerich, Radu Lupu und Malcom Frager verbunden. Zu seinen zahlreichen ungewöhnlichen Projekten gehörte 2000 der Züricher Bach-Marathon, bei dem er an einem Tag sämtliche Cello-Werke von Bach in drei aufeinander folgenden Konzerten präsentierte.
www.mischamaisky.com

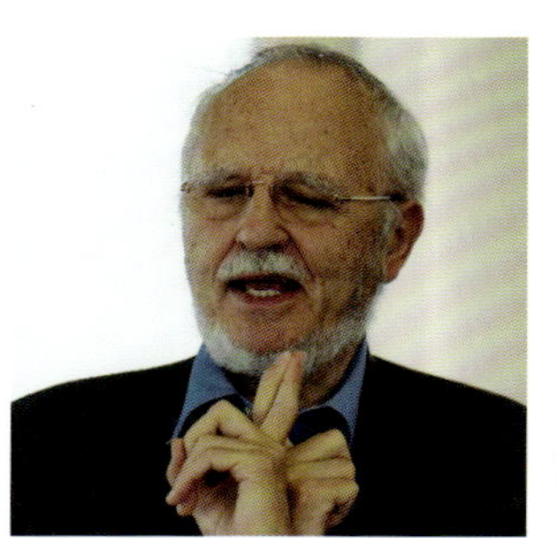

Mantel, Gerhard, *1930 in Karlsruhe, Cellist und Dirigent, *S. 146/147*
studierte bei August Eichhorn in Heidelberg, später folgten weitere Studien bei Pierre Fournier, Paul Tortelier, André Navarra, Maurice Gendron und Pablo Casals. Von 1954–56 war er in Norwegen Solocellist des Philharmonischen Orchesters Bergen, danach bis 1958 Solocellist beim WDR-Sinfonieorchester. Als Solist und Kammermusiker bereist er die Welt und setzt sich vor allem mit den theoretischen Grundlagen des Cellospiels auseinander. Seit 1973 hat er eine Celloprofessur an der Hochschule für Musik und Darstellende Kunst Frankfurt/M., ist bei vielen Meisterkursen im In- und Ausland als Lehrer vertreten und wirkt als Juror bei Wettbewerben. Mantel ist Ehrenpräsident der deutschen Sektion der European String Teachers Association und gründete das Forschungsinstitut für Instrumental- und Gesangspädagogik. Er hat mehrere grundlegende Werke über das Cellospiel verfasst: u. a. „Cellotechnik", „Cello Üben", „Mut zum Lampenfieber", „Intonation – Spielräume für Streicher" und für den Nachwuchs die dreibändige Celloschule „Cello mit Spaß und Hugo". 2000 wurde er mit dem Bundesverdienstkreuz ausgezeichnet.
www.gerhard-mantel.de

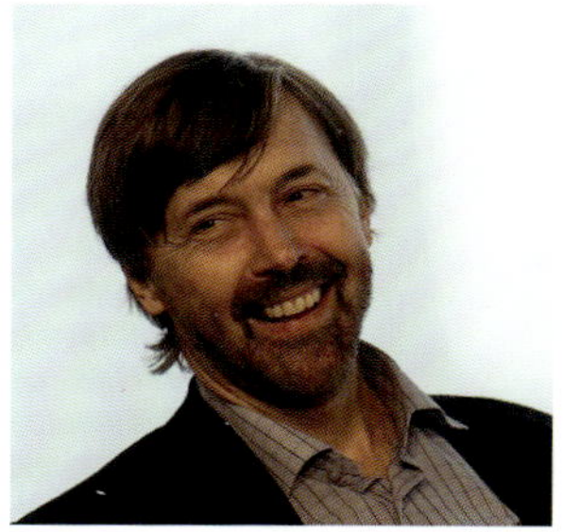

Monighetti, Ivan, *1948 in Riga (Lettland), Cellist und Dirigent, *S. 154/155*
war am Moskauer Konservatorium der letzte Student von Mstislaw Rostropowitsch und hat mehrere erste Preise bei internationalen Wettbewerben gewonnen, beispielsweise 1974 den Tschaikowsky-Wettbewerb in Moskau. Als Solist arbeitet er mit führenden Orchestern und Dirigenten zusammen. Aufsehenerregende Auftritte bei Festivals für zeitgenössische Musik brachten ihm den Ruf als Spezialist auf diesem Gebiet ein, und er erweitert ständig das Cellorepertoire durch seine Zusammenarbeit mit Komponisten wie Penderecki, Xenakis, Dutilleux, Knaifel, Schnittke, Tan Dun, Gubaidulina, Silvestrov oder Ali-Zadeh. Monighetti ist Gründer und Künstlerischer Leiter des Moscow Early Music Festival sowie des Barockensembles Camerata Boccherini und ist Professor für Cello an der Basler Hochschule für Musik sowie Gastprofessor am Moskauer Konservatorium und an der Musikhochschule Reina Sofia in Madrid.
www.monighetti.com

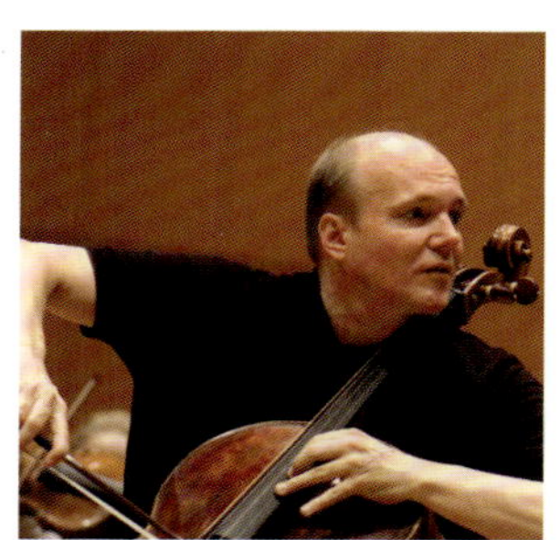

Mørk, Truls, *1961 in Bergen (Norwegen), *S. 84/85*
studierte, nach erstem Unterricht bei seinem Vater, bei Heinrich Schiff, Frans Helmerson und Natalia Schakowskaya. Er gewann erste Preise u. a. beim Tschaikowsky-Wettbewerb in Moskau (1982), beim Naumburg-Wettbewerb in New York (1986) und beim Cassadó-Cello-Wettbewerb in Florenz (1983). Regelmäßig spielt er mit den führenden Orchestern Europas und der USA. Sein besonderes Interesse gilt der zeitgenössischen Musik, u. a. mit Uraufführungen von Werken des amerikanischen Komponisten Aaron Jay Kernis oder von Lasse Thoresen, John McCabe, Matthias Pintscher, Krzysztof Penderecki und Haflidi Hallgrimsson. Im Jahr 2002 erhielt er einen Grammy Award für seine Aufnahme der Cello Suiten von Benjamin Britten. Mørk ist Gründer und Künstlerischer Leiter des Kammermusik-Festivals im norwegischen Stavanger. Er spielt ein Cello von Montagnana (1723), eine Leihgabe der norwegischen SR-Bank.
www.trulsmork.com

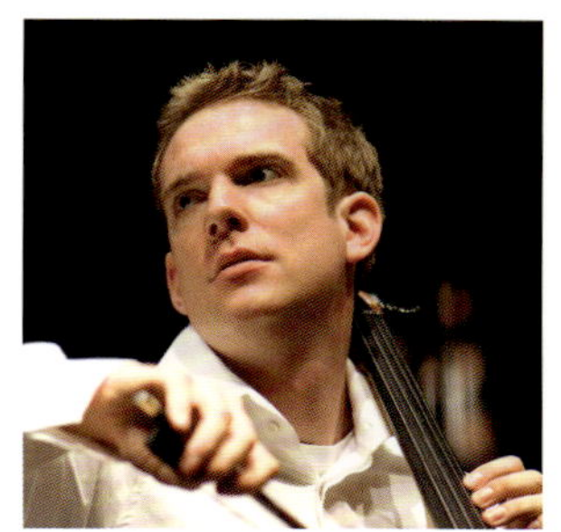

Moser, Johannes, *1979 in München, *S. 86/87*
Sohn einer Musikerfamilie, studierte bei David Geringas. 2002 gewann er den Tschaikowski-Wettbewerb in Moskau und erhielt den Sonderpreis für seine Interpretation der Rokoko-Variationen. Moser konzertiert mit den weltweit führenden Klangkörpern wie dem New York Philharmonic Orchestra, den Berliner Philharmonikern, dem Los Angeles Philharmonic und London Symphony Orchestra, dem Tonhalle-Orchester Zürich, dem Koninklijk Concertgebouw Orkest, dem Symphonieorchester des Bayerischen Rundfunks, dem Tokyo Symphony, Israel Philharmonic und Chicago Symphony Orchestra unter Dirigenten wie Riccardo Muti, Lorin Maazel, Zubin Mehta, Franz Welser-Möst, Mariss Jansons, Christian Thielemann und Pierre Boulez. Seine CDs wurden mehrfach mit dem ECHO Klassik ausgezeichnet.
www.johannes-moser.com

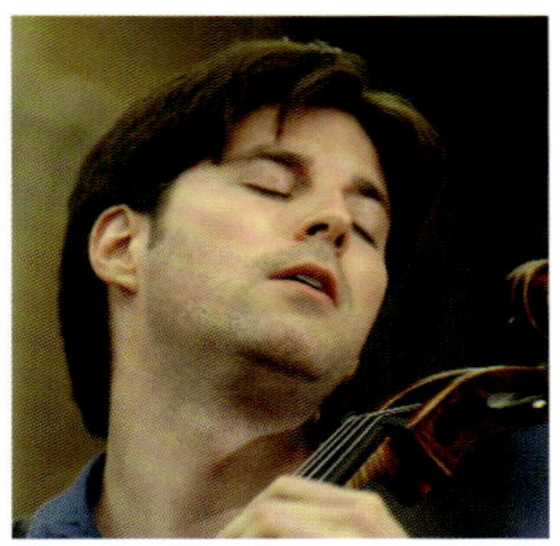

Müller-Schott, Daniel, *1976 in München,
S. 34/35
studierte bei Walter Nothas, Heinrich Schiff und Steven Isserlis. Als erster Deutscher gewann er 1992 den ersten Preis beim Tschaikowsky-Wettbewerb für junge Musiker in Moskau. Er konzertiert weltweit unter renommierten Dirigenten wie Vladimir Ashkenazy, Andrew Davis, Charles Dutoit, Christoph Eschenbach, Michael Gielen, Alan Gilbert, Bernard Haitink, Kurt Masur, Sakari Oramo sowie André Previn und spielt mit weltweit bedeutenden Orchestern. Müller-Schott ist es ein wichtiges Anliegen, junge Menschen für Musik zu begeistern und ihnen ihre magischen Momente zu vermitteln. Deshalb engagiert er sich ehrenamtlich für das Projekt „Rhapsody in School", wo er in diesem Jahr erstmalig eine deutsche Schule in Madrid besucht hat. Zahlreiche Einspielungen liegen vor, für seine Einspielung der Cellokonzerte von Elgar, Walton und Schostakowitsch erhielt er den Vierteljahrespreis der Deutschen Schallplattenkritik.
Müller-Schott spielt das „Ex Shapiro" Matteo Gofriller Cello (Venedig, 1727).
www.daniel-mueller-schott.com

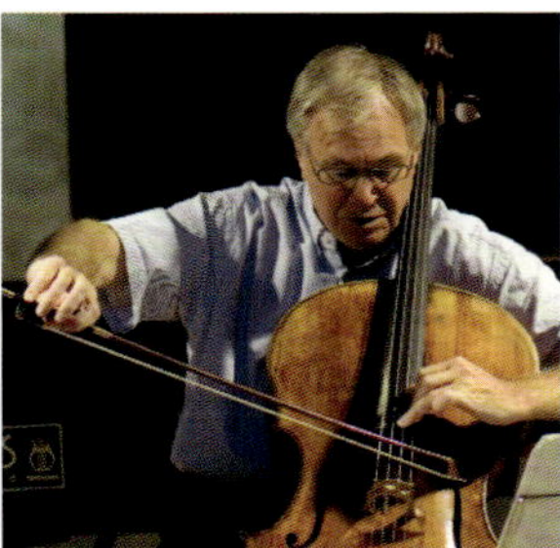

Noras, Arto, *1942 in Helsinki (Finnland),
S. 26/27
erhielt seinen ersten Unterricht bei Yrjö Selin an der Sibelius-Akademie in Helsinki, danach studierte er bei Paul Tortelier in Paris. 1966 war er Preisträger beim Tschaikowsky-Wettbewerb in Moskau, dies war der Beginn einer internationalen Konzertkarriere mit den bedeutendsten Orchestern und Dirigenten. 1967 wurde er mit dem dänischen Sonning-Preis, 1972 mit dem finnischen Staatsmusikpreis ausgezeichnet. Seit 1970 ist er Professor an der Sibelius-Akademie und gibt weltweit Meisterkurse. Noras ist Gründungsmitglied des Helsinki Trios und des Sibelius Academy Quartets. Er begründete den internationalen Paulo-Cello-Wettbewerb und 1980 das Naantali-Music-Festival im Südwesten Finnlands, dessen künstlerischer Direktor er bis heute ist. Noras hat eine umfangreiche Diskografie, darunter viele eigens für ihn geschriebenen Werke. Zuletzt arbeitete er mit Krzysztof Penderecki zusammen.

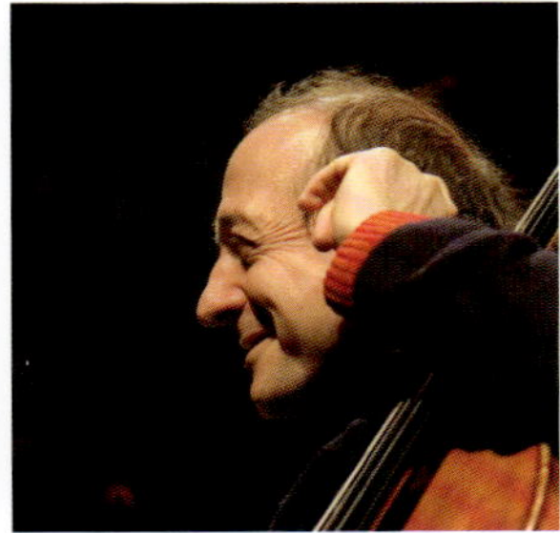

Perényi, Miklós, *1948 in Budapest,
S. 114, 116, 117
studierte bei Cede Banda in Budapest und hatte Unterricht bei Enrico Mainardi in Rom. Bereits als Neunjähriger spielte er in Budapest seinen ersten Konzertabend, 1963 war er dann dort Preisträger beim Internationalen Cello-Wettbewerb-Pablo-Casals. Casals selbst hat ihn dann 1965–66 zu Meisterkursen nach Zermatt und Puerto Rico eingeladen, über vier Jahre war er anschließend regelmäßig zu Gast beim legendären Marlboro-Festival. Seit 1974 unterrichtet Perényi an der Franz-Liszt-Akademie in Budapest und wurde 1980 zum Professor ernannt. Als Solocellist spielt er in allen großen Musikzentren der Welt und wirkte bei den großen Internationalen Musikfestivals in Berlin, Edinburgh, Hohenems, Kronberg, Luzern, Prades, Prag, Salzburg, Warschau, und Wien mit. Als Duopartner arbeitet er eng mit András Schiff zusammen und ist kammermusikalisch dem Keller Quartett verbunden.

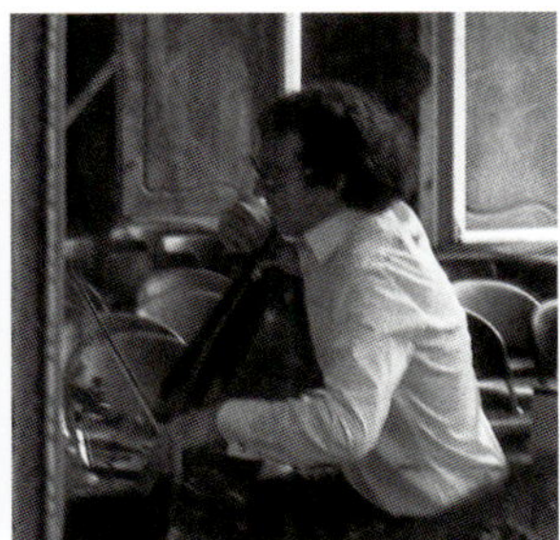

Pergamenschikow, Boris, *1948 in Leningrad, †2004 in Berlin,
S. 169
studierte in Leningrad bei Emmanuel Fischmann und spielte schon als Student Konzerte mit dem Moskauer und Leningrader Staatsorchester. 1974 gewann er den ersten Preis und die Goldmedaille beim Moskauer Tschaikowsky-Wettbewerb, womit ihm der Durchbruch gelang. 1977 emigrierte er in den Westen und übernahm einen Lehrauftrag an der Kölner Musikhochschule. Es folgte eine weltweite Karriere als Solocellist. Pergamenschikow war auf allen bedeutenden Festivals vertreten und spielte mit den großen Orchestern der internationalen Musikzentren. 1980 wurde er an der Musikhochschule Köln zum Professor ernannt. 1991 gründete er die European Chamber Music Association zur Förderung des musikalischen Dialogs junger Künstler aus Ost und West, 1990–95 initiierte er das Kammermusikfestival „FINALE" an der Kölner Philharmonie. 1998 verließ er Köln und wurde an die Hochschule für Musik Hanns Eisler berufen. Er starb mit nur 55 Jahren nach schwerer Krankheit. Boris Pergamenschikow prägte als charismatischer Musiker und Pädagoge eine erfolgreiche Cellogeneration über Jahrzehnte. Er spielte ein Montagnana Cello von 1735.

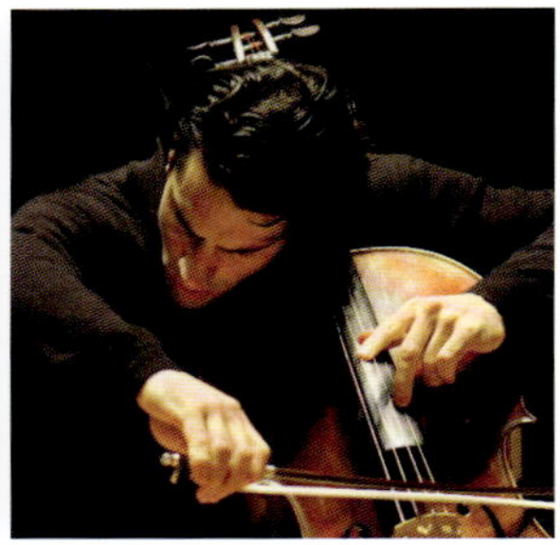

Pia, David, *1982 in Zug (Schweiz),
S. 160/161
Enkel von Karl Richter, begann mit 13 Jahren sein Studium an der Musikhochschule Basel bei Antonio Meneses und ging dann zu Clemens Hagen nach Salzburg. 2007 war er Preisträger des Tschaikowsky-Wettbewerbs in Moskau und bekam einen Preis für die beste Interpretation eines Auftragwerkes. Solistisch und als Kammermusiker gastierte er u. a. beim Davos-Festival Young Artists in Concert, beim Ravinia-Festival in Chicago, beim Septembre Musical in Montreux sowie bei Chamber Music Connects the World in Kronberg. Mit dem Sänger Bobby McFerrin und dem Münchner Rundfunkorchester führte Pia Doppelkonzerte von Vivaldi auf. Seit 2007 ist David Pia Solocellist des Münchner Rundfunkorchesters. Er spielt ein Instrument von Giovanni Grancino (1697), gefördert von der Stiftung Pirolo, Basel.
www.davidpia.com

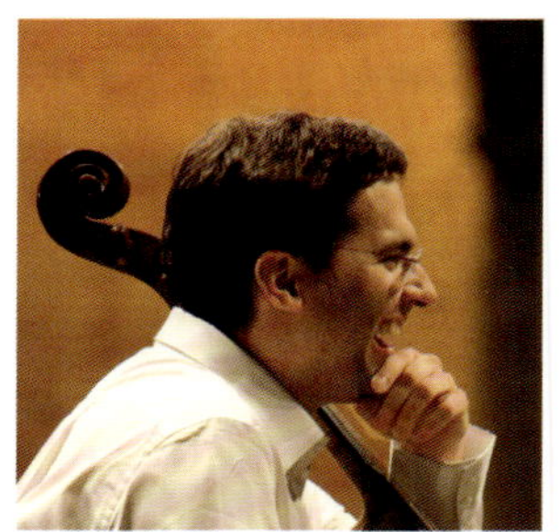

Poltéra, Christian, *1977 in Zürich, *S. 20/21*
studierte bei Nancy Chumachenco, Boris Pergamenschikow und Heinrich Schiff. Als Solist arbeitet er regelmäßig mit den führenden Orchestern und Dirigenten Europas und der USA zusammen, in den USA debütierte er 2006 mit dem American Symphony Orchestra in der Avery Fisher Hall, New York. Poltéra ist Cellist eines neu gegründeten Streichtrios mit Frank Peter Zimmermann (Violine) und Antoine Tamestit (Viola). Er wurde 2004 für zwei Jahre in das „New Generation Artist"-Programm der BBC aufgenommen und mit dem Burletti Buitoni Trust Award ausgezeichnet. In der Saison 2006/07 konzertierte er im Rahmen der renommierten Konzertreihe „Rising Stars" in den wichtigsten europäischen Konzertsälen und der New Yorker Carnegie Hall.
www.christianpoltera.com

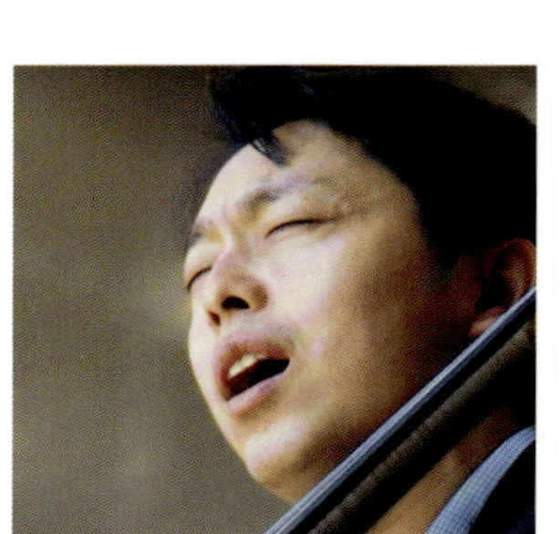

Qin, Li-Wei, *1976 in Shanghai (Volksrepublik China), *S. 96/97*
studierte zunächst in Australien, 1995 dann bei Ralph Kirshbaum am Royal Northern College of Music in Manchester. Er gewann zahlreiche internationale Wettbewerbe, darunter 1998 die Silbermedaille beim Tschaikowsky-Wettbewerb in Moskau und 2001 den ersten Preis beim Naumburg-Wettbewerb in New York. 2001–03 war er Teilnehmer des „New Generation Artists"-Programms der BBC. Er konzertiert als Solist mit bedeutenden, international renommierten Orchestern in Europa, Asien, Australien und den USA und spielt regelmäßig in der Londoner Wigmore Hall. Zahlreiche Einspielungen, insbesondere für den NDR sowie Radiosender in Großbritannien und den USA, liegen vor. Qin ist musikalischer Direktor der Jin Mao Concert Hall in Shanghai. Er spielt ein Instrument von Giuseppe Guarneri (1720), eine Leihgabe des „Australian Council".
www.liweicello.com

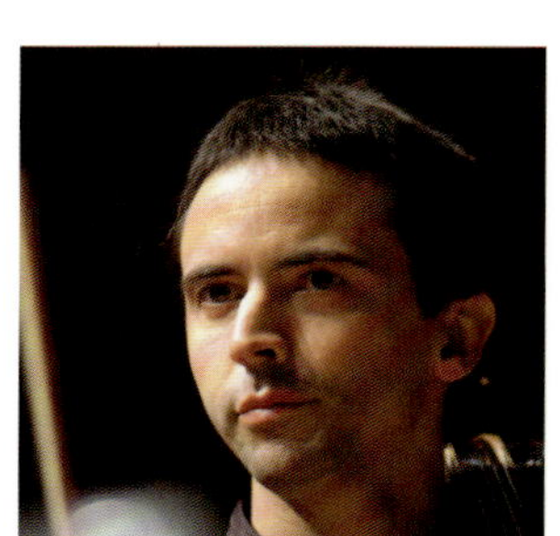

Queyras, Jean-Guihen, *1967 in Montreal, französischer Cellist, *S. 102/103*
studierte in Lyon, Freiburg, an der Juillard School und am Mannes College of Music in New York. 1986 gewann er den Prix Jeanne Marx beim Rostropowitsch-Wettbewerb in Paris und war Preisträger beim ARD-Wettbewerb, 2002 erhielt er den Glenn Gould Prize der Stadt Toronto. Mehrere Jahre war Queyras Mitglied von Boulez' Ensemble Intercontemporain, 2002 gründete er mit Antje Weithaas, Daniel Sepec und Tabea Zimmermann das Arcanto Quartett. Als Solist ist er bei vielen bedeutenden Orchestern gefragt. Für sein Projekt „Six Suites – Six Echos" beauftragte er György Kurtag, Jonathan Harvey, Minoru Mochizuki, Gilbert Amy, Ichiro Nodaïra und Ivan Fedele jeweils ein Werk mit Bezug auf eine der Cellosuiten Bachs zu komponieren. Queyras ist seit 2004 Professor an der Musikhochschule Stuttgart und außerdem Künstlerischer Leiter des Festivals Rencontres Musicales de Haute-Provence. Er spielt ein Cello von Gioffredo Cappa (1696), eine Leihgabe der Société Générale.
www.jeanguihenqueyras.com

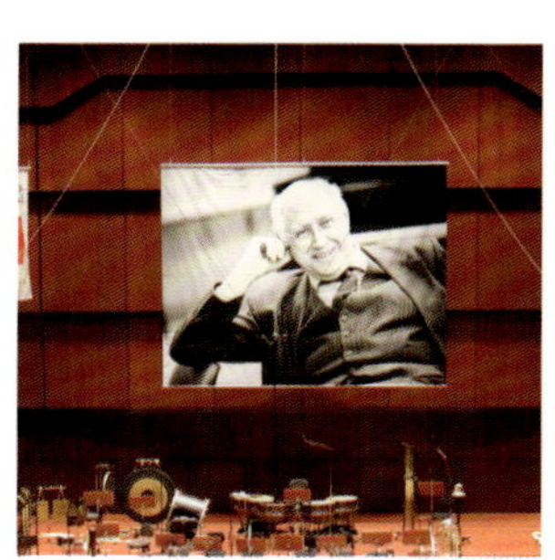

Rostropowitsch, Mstislaw, *1927 in Baku (Aserbeidschan), †2007 in Moskau, Cellist und Dirigent, *S. 176/177*
hatte ersten Cellounterricht bei seinem Vater und studierte 1943–48 am Moskauer Konservatorium Cello bei Semyon Kosolupow, Instrumentation bei Dmitri Schostakowitsch sowie Komposition bei Vissarion Shebalin. 1945 war der Gewinn der Goldmedaille im ersten Sowjetischen Wettbewerb für junge Musiker der Beginn einer weltweit einzigartigen Karriere. 1959 wurde er am Moskauer Konservatorium zum Professor ernannt. 1970 kritisierte er in einem öffentlichen Brief die Diffamierung des Nobelpreisträgers Solschenizyn, die Folge war ein weitgehendes Auftrittsverbot. 1974 konnte er die Sowjetunion mit seiner Familie verlassen, 1978 wurde ihnen dann die sowjetische Staatsbürgerschaft entzogen. 1977–92 war Rostropowitsch Chefdirigent des National Symphony Orchestra in Washington und übernahm 1985 die künstlerische Leitung des Musikfestivals in Evian. Beglückt über den Fall der Mauer kam er 1989 spontan nach Berlin und spielte an der Mauer eine von Bachs Cellosuiten. 1990 erhielt die Familie von Michail Gorbatschow die Staatsbürgerschaft zurück, nach 16 Jahren im Exil kehrte Rostropowitsch gefeiert nach Russland zurück. Seine überragende Bedeutung ergibt sich vor allem aus den Werken, die u. a. Schostakowitsch, Prokofjew, Britten, Dutilleux, Bernstein, Schnittke, Khatchaturian, Piazzolla, Messiaen, Lutoslawski, Penderecki, Gubaidulina, Arthur Bliss und Lopez Graca für ihn komponierten. Er spielte 117 Uraufführungen, wodurch er das Cello-Repertoire mehr erweitern konnte als jeder andere Cellist zuvor und bekam mehr als fünfzig Preise. 2007 ehrte ihn Präsident Putin mit dem höchsten russischen Orden für seine Verdienste für das Vaterland.

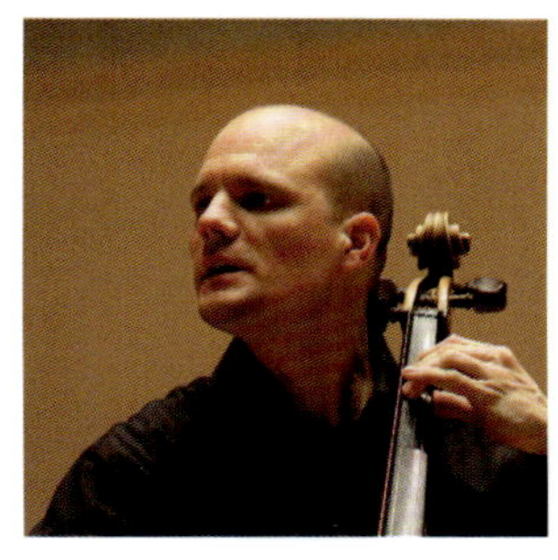

Runge, Eckart, *1967 in Heidelberg, *S. 42/43*
studierte bei Edmond Baert (Brüsseler Konservatorium) und David Geringas (Musikhochschule Lübeck) und ist Preisträger zahlreicher internationaler Wettbewerbe, wie 1991 dem Premio Stradivari Cremona, 1994 dem Deutschen Musikwettbewerb Bonn und 1995 dem Concours International de Musique Genève. 1989 gründete Runge das Artemis Quartett, mit dem er heute regelmäßig auf allen großen Podien der Welt gastiert. Mit seinem Duo „celloproject" (Jacques Ammon, Klavier) unternimmt er seit 1998 Grenzgänge in andere musikalische Genres wie Tango, Jazz und Filmmusik und gewinnt mit eigenen Arrangements und mit Originalrepertoire in einem eigenen, moderierten Konzertformat ein breiteres Publikum für anspruchsvolle Kammermusik. Eckart Runge unterrichtet als Professor an der Universität der Künste in Berlin sowie der Chapelle Reine Elisabeth in Brüssel.
www.eckartrunge.com

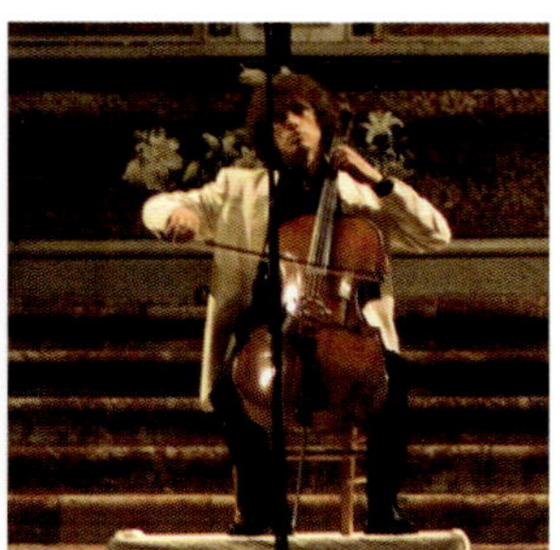

Salque, François, *1971 in Montpellier (Frankreich),   S. 22–25
studierte zunächst am Konservatorium in Paris bei Philippe Muller und Michel Strauss und nahm an Meisterkursen von Janos Starker und Paul Tortelier teil. Danach setzte er seine Ausbildung an der Yale University (USA) fort. Er gewann zahlreiche Preise, darunter beim ARD-Wettbewerb, beim Tschaikowsky-Wettbewerb in Moskau, in Frankreich gewann er den Pierre Fournier Preis der Stadt Paris und einstimmig den ersten Preis des „Hommage für Maurice Gendron und Paul Tortelier"-Wettbewerbs. Salque spielte als international renommierter Solist und Kammermusiker bisher in mehr als vierzig Ländern. Zahlreiche zeitgenössische Komponisten haben Werke für ihn geschrieben. Er ist regelmäßig Gast internationaler Festivals und tritt solistisch mit den großen Orchestern Europas auf. Salque unterrichtet am Conservatoire National Supérieur de Musique de Paris.

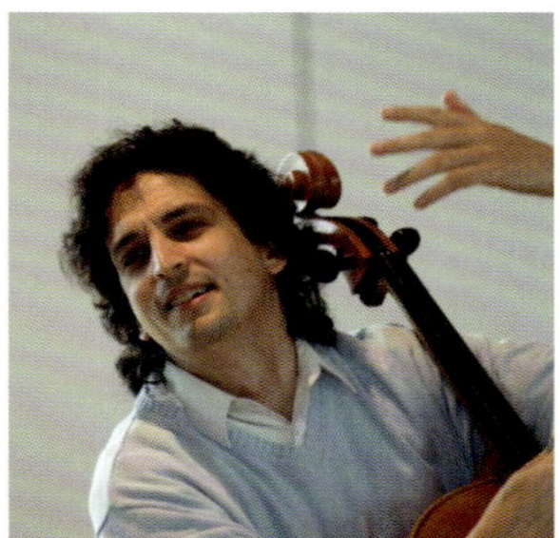

Sanderling, Michael, *1967 in Berlin, Cellist und Dirigent,   S. 152/153
studierte bei Josef Schwab an der Hochschule für Musik Hanns Eisler Berlin. Er hatte zahlreiche Wettbewerbserfolge, etwa beim ARD-Wettbewerb, beim Bach-Wettbewerb in Leipzig oder beim Casals-Wettbewerb in Barcelona. Mit 19 Jahren wurde er Solocellist beim Leipziger Gewandhausorchester und später im Rundfunk-Sinfonieorchester Berlin. Als Solist tritt er mit den wichtigsten Orchestern in Europa und in den USA auf. Kammermusik spielt er u. a. mit Julia Fischer und Martin Helmchen als Triopartner sowie mit Veronika Eberle. Zunehmend ist er sehr erfolgreich als Dirigent im In- und Ausland tätig. Seit 2003 ist Sanderling Chefdirigent der Deutschen Streicherphilharmonie, seit 2006 Künstlerischer Leiter und Chefdirigent der Kammerakademie Potsdam. Zahlreiche CD-Einspielungen mit den renommiertesten Orchestern liegen vor. Als Professor lehrt er an der Hochschule für Musik und Darstellende Kunst in Frankfurt/M.

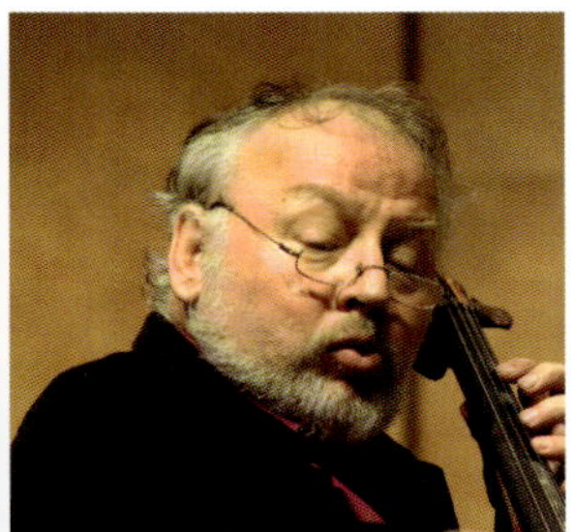

Schiff, Heinrich, *1951 in Gmunden (Österreich), Cellist und Dirigent,   S. 5/6, 45–47
studierte bei Tobias Kühne und André Navarra. Nach seinen Debüts 1971 in Wien und London gelang 1972 der internationale Durchbruch, nachdem er beim Weltmusikfest in Graz anstelle von Rostropowitsch das Cellokonzert von Lutoslawski aufführte. Seitdem ist Schiff regelmäßig bei allen bedeutenden Orchestern und Festivals sowie in den großen Musikzentren zu Gast. Er hat das wesentliche Cello-Repertoire von Vivaldi bis Bernd A. Zimmermann mit zahlreichen Auszeichnungen eingespielt. Die Beschäftigung mit zeitgenössischer Musik nimmt einen wichtigen Platz in seiner künstlerischen Tätigkeit ein: Er spielte u. a. Uraufführungen von Luciano Berio, Friedrich Cerha, Hans Werner Henze, Witold Lutoslawski, Matthias Pintscher, Wolfgang Rihm und Otto M. Zykan. Seit 1985 gewinnt das Dirigieren zunehmend an Bedeutung und steht heute gleichberechtigt neben dem Cellospiel. Nach Basel und Salzburg unterrichtet er heute an der Universität für Musik und Darstellende Kunst in Wien. Schiff spielt die Celli „La Mara" (Stradivari, 1711) und „The Sleeping Beauty" (Montagnana, 1739).
www.heinrichschiff.com

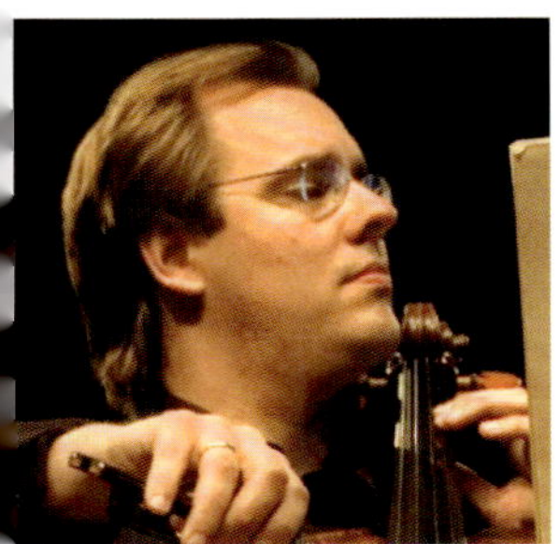

Schmidt, Wolfgang Emanuel, *1971 in Freiburg,   S. 48/49
studierte bei David Geringas in Lübeck, danach bei Aldo Parisot an der New Yorker Juillard School. Beim Rostropowitsch-Wettbewerb erhielt er den Prix de la Ville de Paris und den Preis für zeitgenössische Musik. Erste Preise errang Schmidt beim Deutschen Musikwettbewerb in Bonn und beim International Australasian Cello Competition in Neuseeland. Als Solist konzertiert er mit den bekanntesten Orchestern in Europa, Russland und den USA und ist Gast renommierter Festivals. Er ist seit 2003 Professor an der Musikhochschule Dresden und Gastprofessor an der Universität der Künste in Berlin. Kammermusikalische Partner von Schmidt sind u. a. Lang Lang, Emanuel Ax und Gil Shaham. Zudem verbindet ihn seit Studientagen intensives Duospiel mit Jens Peter Maintz, mit dem er als „Cello Duello" unterwegs ist. Vom Barock bis hin zur zeitgenössischen Musik, mit eigenen Bearbeitungen oder eigens für das Duo komponierten Werken (Jan Müller-Wieland 1994), spannt sich das Repertoire dieser erfolgreichen Formation.
Schmidt spielt ein Violoncello von Matteo Gofriller, vormals im Besitz von Hugo Becker.
www.wolfgangemanuelschmidt.com

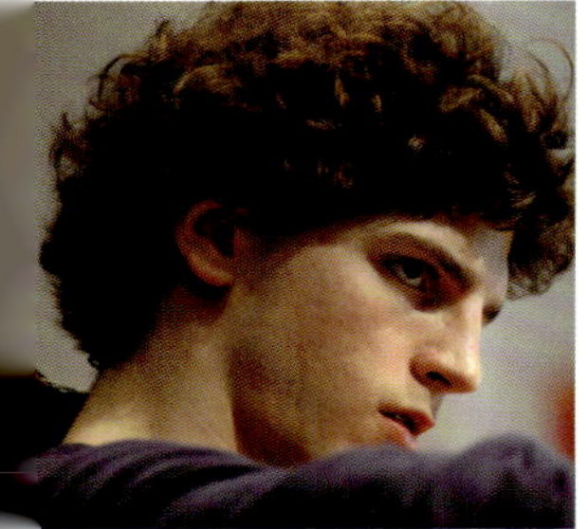

Schwabe, Gabriel Adriano, *1988 in Berlin,   S. 142/143
begann 1997 seinen Unterricht bei Krispin Simonett und gewann im darauffolgenden Jahr einen ersten Regionalpreis bei „Jugend musiziert". 2000 nahm er sein Studium bei Catalin Ilea am Julius-Stern-Institut der Universität der Künste in Berlin auf. Seit 2008 studiert er im Rahmen des Kronberg Academy Masters bei Frans Helmerson. Er gewann mehrere erste Preise, u. a. beim Bundeswettbewerb „Jugend musiziert" sowie die Klassikpreise der Stadt Münster und des WDR. 2006 war er Preisträger beim Grand Prix Emanuel Feuermann und erhielt 2007 den Solistenpreis der Festspiele Mecklenburg-Vorpommern; 2009 wurde ihm der Pierre Fournier Award in London verliehen. Er wird als Solist zu Konzerten im In- und Ausland eingeladen.
Er spielt ein Cello von Francesco Ruggeri (Cremona, 1674), gefördert von der Stiftung Musikleben.

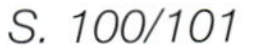

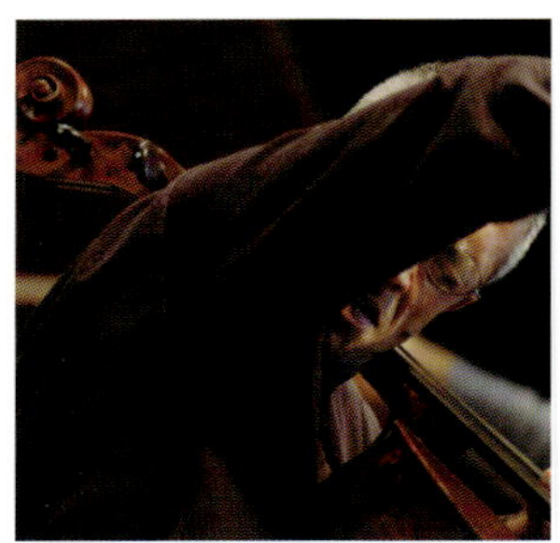

Sollima, Giovanni, *1962 in Palermo, Cellist und Komponist,   *S. 100/101*
studierte Cello in Salzburg bei Antonio Janigro und Komposition in Stuttgart bei Milko Kelemen. Verfolgte er zunächst eine sehr erfolgreiche Karriere als Solocellist, tritt er heute vor allem als Interpret eigener Werke an die Öffentlichkeit, seit 1995 mit der Giovanni Sollima Band. In seinen Werken verbindet er Elemente aus Klassik, Rock, Jazz, ethnischer und ganz besonders auch elektronischer Musik und verarbeitet volksmusikalische Einflüsse aus Sizilien, der arabischen Welt, Israel oder dem Balkan. Er schrieb zudem für verschiedene Choreographen und Regisseure wie Robert Wilson oder Peter Greenaway. Von Bedeutung ist seine Zusammenarbeit für Projekte mit dem amerikanischen Komponisten Philip Glass. Seine Kompositionen werden von vielen namhaften Orchestern und berühmten Interpreten wie Yo-Yo Ma, David Geringas oder Mario Brunello gespielt. Mit seiner Schwester, der Pianistin Donatella Sollima, bildet er ein Duo, mit dem Flötisten Luigi Sollima entstand 1983 das Sollima Ensemble.
www.giovannisollima.it

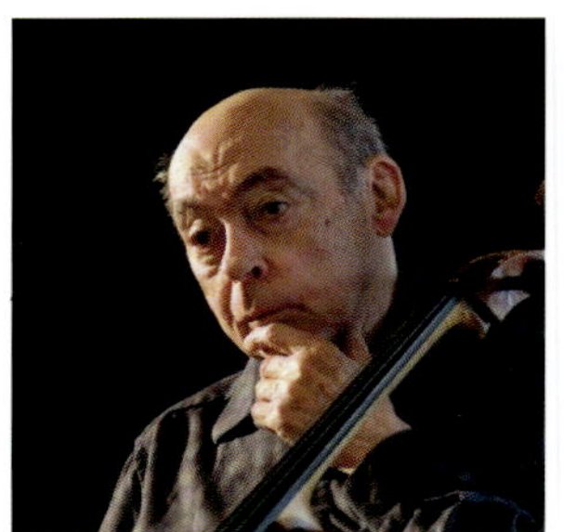

Starker, Janos, *1924 in Budapest, lebt in Bloomington (Indiana, USA),   *S. 130–132/134/136/137*
erhielt ersten Unterricht bei Fritz Teller, 1931 kam er an die Franz-Liszt-Akademie in Budapest und studierte bei Adolf Schiffer, einem Schüler des berühmten David Popper. Mit 11 Jahren debütierte er als Wunderkind, mit der Solosonate op. 8 von Zoltán Kodály setzte er Maßstäbe. In den Kriegswirren rettete ihn ein Journalist nach Göteborg, wo er einer Einladung der Symphoniker für die Solostelle folgte. 1945 kehrte er nach Budapest zurück und war dort bis 1946 Solocellist an der Oper und beim Philharmonischen Orchester. 1948 emigrierte er in die USA, wo er von Antal Doráti und Fritz Reiner gefördert wurde. Er war zunächst Solocellist im Dallas Symphony Orchestra, spielte von 1949–52 im Orchester der Metropolitan Opera in New York und folgte Reiner 1953 zum Chicago Symphony Orchestra. Seit 1958 war Starker ausschließlich als Solist tätig und unterrichtet als Professor an der Indiana University in Bloomington. Als Kammermusiker spielte er über 58 Jahre mit dem Pianisten György Sebök. Seine Diskografie ist eine der umfangreichsten, die je ein Cellist eingespielt hat, und er veröffentlichte mehrere Bücher sowie 2004 seine Autobiographie. Neben Pablo Casals, Emanuel Feuermann und Mstislaw Rostropowitsch zählt Starker zu den größten Cellisten des 20. Jahrhunderts. Er spielt ein Cello von Matteo Gofriller (Venedig 1706) und ein Guarneri (1707).

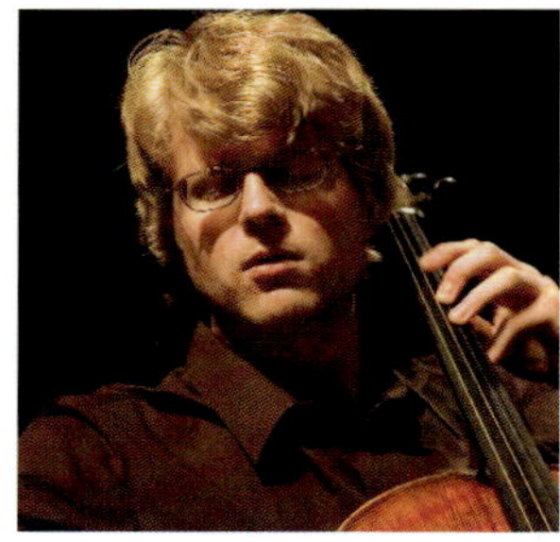

Steckel, Julian, *1982 in Pirmasens,   *S. 115*
studierte bei Ulrich Voss und Gustav Rivinius (Saarbrücken), Boris Pergamenschikow (Berlin) und Heinrich Schiff (Wien), derzeit wird er von Antje Weithaas in Berlin unterrichtet. Er ist Preisträger zahlreicher Wettbewerbe, darunter 2003 beim Deutschen Musikwettbewerb und beim Lutoslawski-Wettbewerb in Warschau. 2004 folgten Preise beim Pablo Casals Competition in Kronberg, 2005 beim Rostropowitsch-Wettbewerb in Paris und 2006 beim Grand Prix Emanuel Feuermann in Berlin. Steckel war Träger des Boris-Pergamenschikow-Stipendiums der Kronberg Academy und gewann 2007 den Borletti Buitoni Trust Award sowie den Top Cellists Prize des Verbier Festivals. Er gibt sowohl als Solist als auch als Kammermusiker Konzerte mit renommierten Orchestern und spielt bei bedeutenden Festivals. Er spielt Instrumente von Francesco Ruggieri (ca.1675), eine Leihgabe der Deutschen Stiftung Musikleben und von Urs W. Mächler (Speyer, 2005).
www.juliansteckel.com

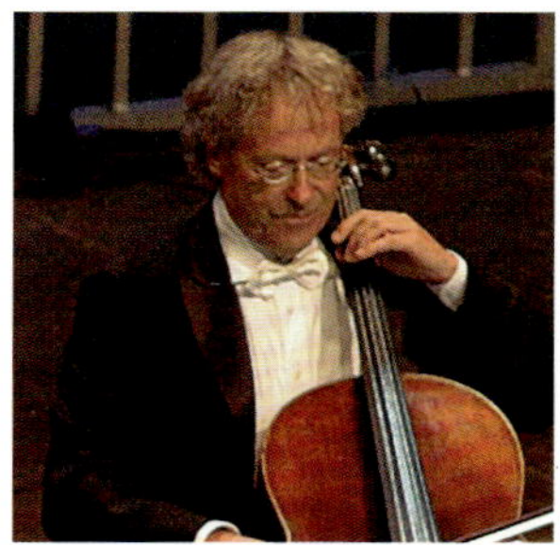

Thomas-Mifune, Werner, *1941 in Frankfurt/M., Cellist, Komponist und Musikwissenschaftler,   *S. 108/109*
studierte in Detmold und Paris Cello und Komposition, danach folgte eine Ausbildung zum Dirigenten bei seinem Vater und Leonard Bernstein. Thomas-Mifune spielt als Solist weltweit Konzerte mit namhaften Dirigenten. Zur Erweiterung des klassischen Cellorepertoires sucht er stets nach seltenen oder vergessenen Werken. Er gründete die für ihre satirischen Programme bekannten „Philharmonischen Cellisten Köln", die insbesondere mit ihrem Abend „Vorsicht Klassik" mit Dieter Hildebrandt begeisterten. Er komponiert und textet Musikkabaretts und gründete die Ensembles „Cello Brasil" und „Tango total". Thomas-Mifune gab mehr als 300 Werke heraus, darunter Raritäten, Bearbeitungen, eigene Kompositionen und seine Cello-Schule „Celloplaying easier".
www.wernerthomas-mifune.com

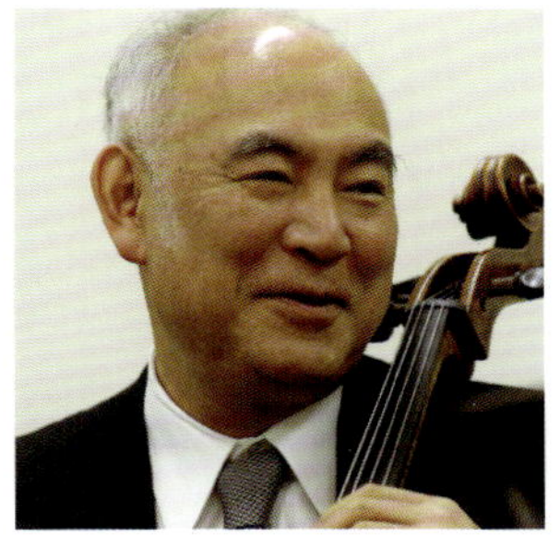

Tsutsumi, Tsuyoshi, *1942 in Tokio,   *S. 62/63*
erhielt Unterricht bei Hideo Saito, der selbst Schüler bei Emanuel Feuermann war. Tsutsumi debütierte im Alter von 12 Jahren mit dem Tokyo Philharmonic Orchestra, gewann 1963 den Casals-Wettbewerb und studierte danach bei Janos Starker in Bloomington. Er ist ein weltweit gefeierter Solist, der in Kanada, Europa, Japan und den USA unterrichtet. Seit 1988 ist Tsutsumi selbst Professor in Bloomington. Er ist Präsident der Toho School of Music in Tokio und unterstützt mit vielen CD-Veröffentlichungen die Suzuki-Methode. Neben dem klassischen Cellorepertoire spielte Tsutsumi zahlreiche Uraufführungen besonders japanischer Komponisten und bekam 1970 den Suntory Music Award sowie 1993 den National Academy of Arts Prize in Music von Kaiserin Hirohito verliehen.

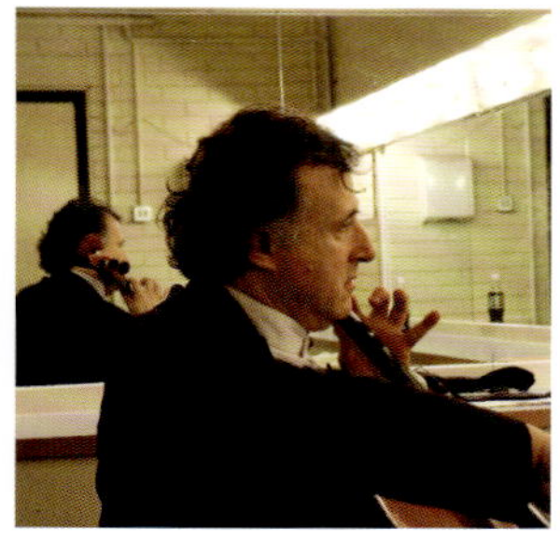

Wallfisch, Raphael, *1953 in London,   S. 66/67
studierte bei Amaryllis Fleming, Amadeo Baldovino, Derek Simpson und später zwei Jahre bei Gregor Piatigorsky. Als 24-Jähriger gewann er den Gaspar-Cassadó-Cello-Wettbewerb in Florenz, der Beginn einer großen Karriere. Viele der führenden zeitgenössischen britischen Komponisten haben Werke für Wallfisch geschrieben, allen voran Kenneth Leighton, der schon für Wallfischs Vater (Pianist) komponierte. Seine sehr umfangreiche Diskografie beinhaltet sowohl das etablierte Konzertrepertoire als auch weniger bekannte Werke, etwa von Dohnanyi oder Respighi und natürlich auch sein Lieblingskonzert von Gerald Finzi. Wallfisch hat eine Professur am Royal College of Music in London sowie eine für Cello und Kammermusik an der Züricher Hochschule der Künste übernommen.
Er spielt ein Gennaro Gagliano Cello (1760).
www.raphaelwallfisch.com

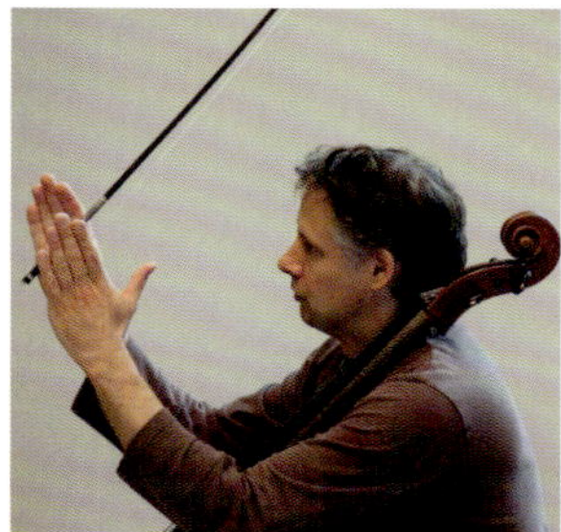

Wispelwey, Pieter, *1962 in Haarlem (Niederlande),   S. 93–95
studierte in Amsterdam bei Dicky Boecke, außerdem bei Anner Bylsma, Paul Katz und William Pleeth. Als erster Cellist erhielt er 1992 den Niederländischen Musikpreis, 1997 folgte der belgische Pressepreis als „Musiker des Jahres". Als Solist spielt er in den wichtigsten Konzertsälen und Metropolen der Welt, für das Concertgebouw Amsterdam konzipierte er als „Artist in Residence" eine eigene Konzertreihe. Mit dem London Philharmonic Orchestra startete er 2005 das ungewöhnliche Projekt, die gesamte britische Celloliteratur zur Aufführung zu bringen. Zahlreiche Einspielungen dokumentieren sein breites Repertoire von Bach bis Gubaidulina, bereits sechs seiner Aufnahmen erhielten internationale Schallplattenpreise. Wispelwey spielt ein Cello von Giovanni Battista Guadagnini (1760) und ein Rombouts Barockcello (1710).
www.pieterwispelwey.com

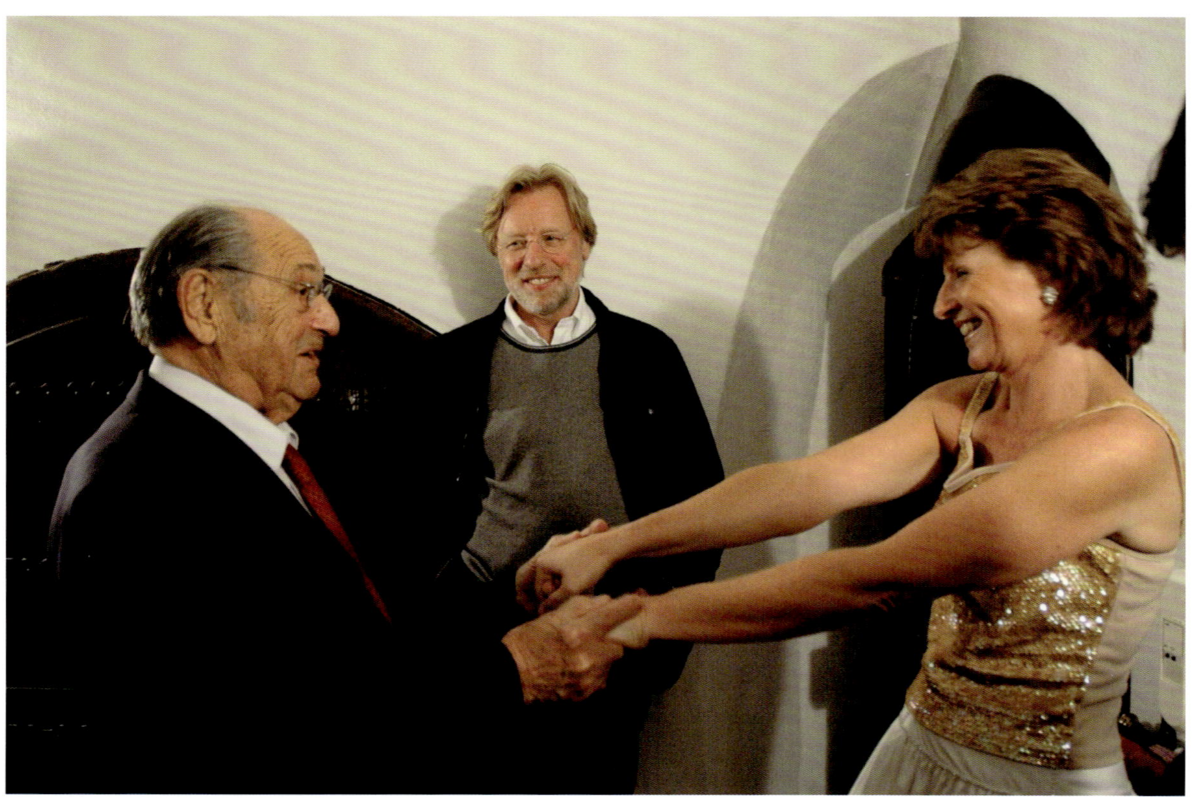

Bernard Greenhouse, Frans Helmerson und Maria Kliegel

Nachwort

Die Fotos für den Bildband „Cellisten" sind alle in den Jahren 2005 bis 2009 entstanden. In diesem Zeitraum war ich als Festivalfotografin in Kronberg, Manchester und in Prades sowie in zahlreichen anderen Konzertorten tätig. Die Idee zu diesem Bildband wuchs mit der Anzahl der Cellisten. Mich faszinierte die jeweils individuelle Ausstrahlung der Musiker bald mehr als die rein fotodokumentarische Aufnahme ihrer Konzerte, für die ich ja engagiert war.
Die Hingabe an das Instrument, das Einfangen der Atmosphäre und die Ausstrahlung des jeweiligen Künstlers nahmen mich gefangen; sie sind für mich auch ein Stück Zeit- und Musikgeschichte. Dieser Band erhebt keinen Anspruch auf Vollständigkeit, doch sind sicher die berühmtesten und spannendsten Cellisten versammelt. Es war mir eine Ehre und ein Vergnügen, sie in ihrem Spiel festzuhalten.
Ich bedanke mich hier für das Vertrauen und die Zusammenarbeit, die mir auf Proben und während der Konzerte entgegengebracht wurden. Mein Dank gilt auch den Konzertveranstaltern, besonders Raimund Trenkler in Kronberg, Ralph Kirshbaum in Manchester und Michel Lethiec in Prades. Ein ganz besonderer Dank gilt dem Autor Harald Eggebrecht für das einfühlsam passende, geistreiche Essay, das meinen Fotografien den richtigen Rahmen gibt. Sein Buch „Grosse Cellisten" war mir wie ein Leitstern. Auch danke ich meinem großzügigen Sponsor, der ungenannt bleiben möchte. Ohne ihn hätte dieser Band nicht gedruckt werden können. Schließlich danke ich meinem Verleger und allen Freunden und Beratern, die diesen Bildband mental unterstützt haben.

Uta Süße-Krause
September 2009